Harald Werneck, Martina Beham, Doris Palz (Hg.)
Aktive Vaterschaft

»Forschung Psychosozial«

Harald Werneck, Martina Beham, Doris Palz (Hg.)

Aktive Vaterschaft

Männer zwischen Familie und Beruf

Psychosozial-Verlag

Bibliografische Information der Deutschen Nationalbibliothek
Die Deutsche Nationalbibliothek verzeichnet diese Publikation in der Deutschen Nationalbibliografie; detaillierte bibliografische Daten sind im Internet über <http://dnb.d-nb.de> abrufbar.

Originalausgabe

E-Mail: info@psychosozial-verlag.de
www.psychosozial-verlag.de

Umschlagabbildung: gettyimages/parenting
Umschlaggestaltung nach Entwürfen des Ateliers Warminski, Büdingen.
Printed in Germany
ISBN 978-3-89806-551-1

Inhaltsverzeichnis

Tabellenverzeichnis

Abbildungsverzeichnis

I. Einführung: Männer zwischen Familie und Beruf

Doris Palz, Harald Werneck, Martina Beham

Die Vereinbarkeit von Familie und Beruf wird trotz vielfältiger Anstrengungen unterschiedlicher Organisationen und Institutionen nach wie vor im überwiegenden Maße als weibliches Problem wahrgenommen und diskutiert. Dies auch deshalb, weil bis heute in erster Linie Frauen den Balanceakt zwischen Erwerbsarbeit und Familienarbeit praktizieren. Die große Mehrzahl der Männer und Väter sehen – oft in weitgehender Übereinstimmung mit ihren Partnerinnen – ihre familiäre Rolle sehr stark in der traditionell überlieferten finanziellen und materiellen Absicherung ihrer Familie. Damit wird in logischer Konsequenz der Beruf als hauptsächliches Aufgabenfeld betrachtet – Haushalt sowie Kindererziehung und -betreuung obliegt demnach großteils den Frauen.

Väter werden von Partnerinnen und Kindern nach wie vor sehr häufig als lediglich punktuell anwesend erlebt. Zeitig am Morgen verlassen sie das Haus, kehren oft erst spät abends wieder nach Hause zurück und haben mitunter selbst in der Freizeit berufliche Aufgaben zu erfüllen. Väter und Männer werden auf Grund dieser Situation nicht selten als Gast in der eigenen Wohnung wahrgenommen.

Hat das Thema *„Männer zwischen Familie und Beruf"*, wie es das vorliegende Buch aufgreift, unter dem Aspekt, dass in überwiegender Mehrheit Frauen von der Mehrfachbelastung durch Beruf, Familie, Haushalt und Kinderbetreuung betroffen sind, dann aber überhaupt Relevanz? In der gesellschafts- und wirtschaftspolitischen Diskussion wird diese Frage nicht nur positiv beantwortet, es wird in der Lösung der Vereinbarkeitsproblematik, wie sie sich dem Mann darstellt, ein wesentlicher Schlüssel zur echten Gleichstellung der Geschlechter gesehen.

Es kann vor allem im urbanen Raum beobachtet werden, dass die traditionelle Rollenaufteilung zwischen Mann und Frau langsam aufgeweicht wird. Vor allem bei der jüngeren Generation kann festgestellt werden, dass die Rolle der Männer und Väter in den Familien einem Veränderungsprozess unterworfen ist. Dies ist einerseits auf die eigenen familiären Erlebnisse junger Männer und Väter zurückzuführen, die ihre Väter mehrheitlich abwesend erlebt haben und kaum Beziehung zu ihren Vätern hatten. Andererseits sind es aber äußere Einflüsse und Notwendigkeiten, die Bewegung in die traditionellen Rollenbilder gebracht haben. Die Ausbildung und Erwerbsbeteiligung der Frauen ist in den letzten Jahrzehnten signifikant gestiegen. Damit verbunden stellen Frauen höhere Ansprüche an ihre Partner und fordern mehr oder weniger deutlich und nachdrücklich die Mithilfe im Haushalt und bei der Kinderbetreuung und -erziehung – was aber nicht automatisch eine Reduzierung der Ansprüche an die Ernährerfunktion impliziert. Und immer mehr Männer stehen diesen Wünschen von sich aus aufgeschlossen gegenüber und denken über eine ausbalancierte Gewichtung ihrer Lebensinhalte nach. Der einseitige Schwerpunkt Berufsleben, hinter dem Familie und Privatleben marginalisiert werden, wird immer öfter hinterfragt, der Wunsch der Väter, am Heranwachsen ihrer Kinder Teil zu haben, immer häufiger ausformuliert. Zuletzt ist auch genau dieser Punkt, die vermehrte Väterbeteiligung an der Erziehung der Kinder, zum gesellschafts- und sozialpolitischen Ziel geworden. Immer mehr wissenschaftliche Arbeiten weisen nach, welch schwerwiegende Folgen die Absenz von männlichen Bezugspersonen insbesondere für Burschen, aber auch Mädchen haben kann. So wird auch von familienpolitischer Seite einem neuen Bild von Väterlichkeit das Wort geredet. Es ist heute unbestritten: Väter werden in den Familien gebraucht, Väter sind wichtige Bezugspersonen für ihre Kinder, und besonders die Söhne brauchen den Vater als männliches Vorbild – zur eigenen Orientierung in der männlichen Sozialisation und Identitätsentwicklung.

Als weiteres Argument für mehr Väterbeteiligung bei Erziehungs- und Haushaltsaufgaben werden schließlich auch die permanent sinkenden Geburtenzahlen in den westlichen Industrienationen angeführt, die Politikern und Politikerinnen Kopfzerbrechen bereiten und sie in der Frage einer besseren Vereinbarkeit von Beruf und Familie aktiv werden lassen. Ein Ergebnis davon ist etwa die Einführung der Väterkarenz und das dadurch öffentlich gemachte Bestreben, einen kulturellen Wandel herbei zu führen.

> Väter, die Karenz in Anspruch nehmen, stellen in gewissem Sinne Vorreiter einer neuen Verteilungspraxis von Erwerbs- und Familien-/ Hausarbeit dar. Sie verändern mit ihrer Lebenspraxis althergebrachte Vorstellungen, was Männer in unserer Gesellschaft zu tun und zu lassen haben, wozu sie geeignet und damit auch zuständig seien. An den Reaktionen, mit denen sich diese Väter in ihrem beruflichen und privaten Umfeld konfrontiert sehen, lassen sich darum Schlüsse auf die gesellschaftlich vorherrschenden Männlichkeitsbilder und deren Wandel ziehen. (Gräfinger, 2005)

Es ist der Druck der gut qualifizierten Frauen, die ihre Karriere nicht der Familienarbeit hintanstellen wollen, es ist die Unzufriedenheit der Männer, die nicht mehr nur für ihren Beruf leben wollen, es ist der allgemeine Wertewandel, der auch Männer immer stärker nach einer Balance, einer Ausgeglichenheit, zwischen den drei großen Lebensbereichen Beruf, Familie und Erfüllung ganz persönlicher Bedürfnisse und Interessen suchen lässt und es ist ein politischer Umdenkprozess zu Gunsten der Familien, in denen verstärkt das Engagement der Väter und die Einbeziehung der Männer in den Spagat zwischen Beruf und Familie gefordert ist. Alles zusammen führt dazu, dass Männer ihr traditionelles Rollenbild des abwesenden Familienernährers nach und nach zu Gunsten ihrer Familien verändern.

Dieser Prozess geht allerdings nur langsam vor sich. Viele mitunter massive Hindernisse stehen in der Praxis einem raschen Wandel des tradierten geschlechterspezifischen Rollenbildes innerhalb der Familien im Wege. Im Sinne einer positiven Betrachtung ist aber festzustellen, dass die ersten Schritte bereits gegangen sind. Vereinzelt tragen Männer ihre persönliche Vereinbarkeitsproblematik an ihre Vorgesetzten und Unternehmen heran. Und Unternehmen mit familienorientierter Kultur suchen gemeinsam Lösungen.

Zögerlich aber doch ist festzustellen, dass Karenzväter auch im Alltag sichtbarer werden. Jedenfalls ist es längst zur Selbstverständlichkeit geworden, dass Väter mit Kinderwagen und Wickeltasche spazieren gehen. Immer häufiger werden Väter mit Einkaufswagen und Kindern auch im Supermarkt gesehen.

Wenn auch noch immer mit sehr viel Misstrauen behaftet, so reift in der Gesellschaft doch langsam der Gedanke an den aktiven Vater, an den Mann, der für sich das Recht in Anspruch nimmt aus familiären Gründen beruflich zurück zu stecken, ohne dass er deshalb als unmännlich oder als Faulpelz empfunden wird.

Das Thema *„Männer zwischen Familie und Beruf“* ist ein aktuelles Thema, und zwar gerade weil es noch wenige Männer sind, die an dem grundsätzlich artikulierten Wunsch, nach einer fairen Partnerschaft und aktiven Vaterschaft auch nach der Geburt des ersten Kindes noch festhalten und in die Tat umsetzen. Können 3 Monate vor der Geburt des Kindes noch ca. 13% als sehr bewusste und engagierte (werdende) Väter bezeichnet werden, so sinkt dieser Prozentsatz 3 Jahre nach der Geburt auf ca. 9% (Werneck, 1998, 2005).

Es stellt sich die Frage, warum die Diskrepanz zwischen Wollen und Tun so groß ist.

Die Kluft zwischen der Bereitschaft der Männer, die Wichtigkeit familiärer Verantwortung anzuerkennen und der tatsächlichen Umsetzung wird meist auf das bessere Einkommen der Männer zurückgeführt. Aus ökonomischen Gründen können es sich gerade junge Familien kaum leisten, auf das meist höhere Einkommen des Mannes zu verzichten. Andererseits stoßen Väter, die sich zur Entlastung ihrer Partnerinnen stärker im Haushalt engagieren und intensiver das Heranwachsen ihrer Kinder miterleben und mitgestalten wollen, auch auf Barrieren am Arbeitsplatz und auf Vorurteile in der Gesellschaft. Aufgebaut auf einer stark leistungs- und wettbewerbsorientierten Sozialisation werden Männer bei einem Abweichen vom tradierten Rollenbild behindert. Männer, die Teilzeitarbeit oder Väterkarenz beantragen, werden seitens der Arbeitgeber und besonders der männlichen Kollegen häufig mit Unverständnis oder Missmut konfrontiert und müssen mit einer Behinderung bzw. einem Stillstand in ihrer Karriere rechnen. Im Freundeskreis und oder auch im familiären Umfeld ernten sie zum Teil Zweifel über ihre Entscheidung und werden unter Umständen ins wenig schmeichelhafte „Softy-Eck“ gestellt.

Das internationale und interdisziplinäre EU-geförderte Forschungsprojekt „Work changes Gender“ übt in diesem Zusammenhang auch sehr deutliche Kritik an der bisher in Europa praktizierten Gleichstellungspolitik:

> Politik zur Gleichstellung der Geschlechter wird oft gleichgesetzt mit Frauenförderung. Dass nur Frauen ein Vereinbarkeitsproblem haben, während Männer sich über den Beruf identifizieren, wird in der Politik immer noch ganz selbstverständlich vorausgesetzt. Männer werden nur mittelbar einbezogen, um die Akzeptanz für Gleichstellung von Frauen zu fördern z.B. um Frauen verstärkt den Zugang zu „männlichen“ Berufen und Positionen zu verschaffen. (Puchert et al. 2005, S. 5)

Nach wie vor wird eine Beteiligung von Männern an Erziehungs- und Hausarbeit nicht mit Blick auf das eigene Interesse der Väter eingefordert, sondern lediglich um Frauen bei ihrem täglichen Spagat zu entlasten. Männer spielen aus dieser Perspektive lediglich die Rolle eines „strategischen Moments" für eine an Frauen orientierte Vereinbarkeitspolitik.

Erfahrungen aus der ehemaligen BRD und DDR zeigen, dass die unterschiedlichen Arbeitsmodelle und Lebensentwürfe von Frauen nicht automatisch unterschiedliche Männlichkeitsmodelle zur Folge hatten. Während in der alten BRD bei Paaren das Modell eines (männlichen) Alleinverdieners und einer (weiblichen) Zuverdienerin dominierte, war in der DDR das ZweiverdienerInnen Modell etabliert. Dies führte aber nicht zu einer verstärkten Übernahme von Kinderbetreuungsaufgaben durch Männer, diese wurden hauptsächlich zwischen Frauen und staatlichen Betreuungsorganisationen aufgeteilt. Heute können Männer in Deutschland zwar auf rechtliche und betriebliche Regelungen zurückgreifen, wenn sie sich in der Kinderbetreuung und Familienarbeit engagieren wollen, sie erfahren aber nach wie vor wenig Unterstützung auf „kultureller Ebene". Vater und Partner in einer neugegründeten Familie zu sein, verschafft einem Mann nicht automatisch die Legitimation, die Erwerbsarbeit für eine Zeit hinter die Familie stellen zu dürfen. Es bedarf vielmehr immer noch zusätzlicher Erklärungen, was darauf hinweist, dass Väterkarenz nach wie vor ungewohnt und gesellschaftlich nicht anerkannt ist (vgl. z.B. Gräfinger, 2001).

Während sich für Frauen die Vereinbarkeitsproblematik vor allem in einem Zeit- und Koordinationsdilemma äußert, liegt für Männer das Problem wesentlich tiefer in einem tradierten Rollenbild, das die männliche Identität über beruflichen bzw. monetären Erfolg und einen guten Mitarbeiter über Anwesenheit und Verfügbarkeit definiert. Trotz Veränderungen in den Einstellungen wirken sich Kinder auf die Erwerbsbiografie von Männern nach wie vor anders aus als auf jene von Frauen. Die männliche Berufskarriere scheint noch immer mit einer familienbezogenen Berufspause oder einer Teilzeitbeschäftigung kaum vereinbar.

Männer stehen nicht nur zwischen den unterschiedlichen Anforderungen zweier unterschiedlicher Lebensbereiche, sondern auch zwischen der männlichen Selbstdefinition über Beruf, Einkommen, Erfolg von der meist weder sie selbst noch ihre Partnerinnen frei sind, und der Erwartungshaltung ihrer Partnerinnen bezüglich einer fairen Teilung der Verantwortung für Hausarbeit und Kinder. Männer, die sich an der Familienarbeit im gleichen Maße beteiligen wollen wie Frauen, müssen das althergebrachte Männerbild ablegen und ein für das männliche Selbstverständnis völlig neues aufbauen. Eine Arbeit, die schon aufgrund der unterschiedlich verlaufenden Sozialisation von Männern und Frauen erschwert wird.

In seinem Vortrag anlässlich der 1. Europäischen Väterkarenz in Wien im September 2004 forderte der deutsche Soziologe Walter Hollstein eine Verbesserung der gesellschaftlichen Sozialisationsbedingungen für das männliche Geschlecht, damit Männer überhaupt in die Lage versetzt werden, eine Balance zwischen Leistungsfähigkeit und Beziehungsfähigkeit herzustellen.

> Wenn ich mir die neuesten empirischen Untersuchungen zur Verfasstheit von Männern anschaue, dann ist es noch immer so, dass Männer als Buben frühzeitig auf Leistung ge-

> trimmt werden, nicht auf Beziehungsfähigkeit wie Mädchen; dass Buben sehr früh von Gefühlen weg gebracht werden, sich abspalten müssen von Gefühlen, die gesellschaftlich als weiblich etikettiert werden, wie z.B. nachgiebig sein, Trauer zeigen, Schwäche zugeben, fürsorglich sein und dergleichen mehr. Das führt, summarisch formuliert, dazu, dass diese Buben als Männer dann ihre Identität einigermaßen ausschließlich über ihren Status, über ihre Arbeitsleistung speisen und dokumentieren. (Hollstein, 2004, S. 165f)

Familienarbeit ist für Frauen Arbeit, die zumindest teilweise anerkannt wird, dies gilt aber nicht im gleichem Maße für Männer. Für Männer, im Selbst- wie auch im Fremdbild, gilt primär nur bezahlte Erwerbsarbeit als Leistung – das ist einer der gravierenden Hürden in der realen Umsetzung einer ausgewogenen Aufteilung von Erwerbsarbeit und Familienarbeit. Die einseitige Ausrichtung der Männer auf den Beruf ist zwar – wie oben bereits ausgeführt – gesellschaftlich tief verankert, aber in Wahrheit, nachdem sich das Rollenbild der Frau dramatisch geändert hat, ein sich gegen die Männer selbst wendender Anachronismus. Er hat zur Folge, dass Männer heute die Erwartungshaltungen ihrer Partnerinnen immer weniger erfüllen können und mag mit ein Grund sein, warum immer mehr Ehen geschieden werden. Er hat zur Folge, dass immer mehr Männer auf allen Hierarchiestufen unter stressbedingten Gesundheitsproblemen leiden, und er kann psychische Probleme zur Folge haben, wenn Väter erkennen, dass sie einen Teil ihres Lebens verpasst haben, dass sich Familie und Freunde entfremden, die Kinder plötzlich erwachsen sind, ohne dass sie ihre Kindheit wirklich wahrgenommen oder auf deren Erziehung Einfluss genommen haben.

Von solchen Entwicklungen möchten Männer wegkommen. Manche haben bereits Erfahrungen mit alternativen Lebensmodellen, die sowohl in wissenschaftlichen Studien aufgegriffen, als auch in praktischen Projekten als Beiträge zur Förderung einer tatsächlichen Gleichstellung und Gleichbehandlung beider Geschlechter Eingang finden.

Es geht beim Thema „*Männer zwischen Familie und Beruf*“ aber nicht nur um die Barrieren aus Rollenbildern und Vorurteilen, die sich in Bezug auf Beruf und Leistung der Männer manifestieren. Es geht auch um ein neues Rollenbild als Vater, das mit der partnerschaftlichen Arbeitsteilung förmlich einander wechselseitig bedingend Hand in Hand geht. Working Fathers – Männer wollen sich heute bereits mehrheitlich aktiv an der Betreuung und Erziehung ihrer Kinder beteiligen und deren Entwicklung bewusst erleben.

Wie dies gelingen kann, ist für Männer ebenso eine Frage wie für Frauen. Wesentlich weniger als Frauen können Männer aber auf Erfahrungen und Modelle zurückgreifen. Es gilt also neue Wege zu beschreiten. Gerade hier bestehen besonders viele Unsicherheiten bei den Männern und angehenden Vätern. Was sind eigentlich „Neue Väter“, und müssen sie vielleicht gar die besseren Mütter sein? Wann ist ein Mann ein partnerschaftlicher Mann und guter Vater? Nach Allan Guggenbühl, Psychotherapeut und Dozent in Zürich, geht es nicht sosehr um die Frage, ob der Mann traditionell weibliche Verhaltensweisen annimmt, um ein guter Vater zu sein, sondern vielmehr um die Frage nach den Eigenschaften des Mannes und wie diese Eigenschaften in der Familie am besten eingebracht werden können. Zu diesen spezifisch männlichen Eigenschaften zählt er die Objektorientiertheit, systembezogenes Denken, die Problemlösungsstrategien, die sich von jenen der Frauen oft grundlegend unterscheiden ebenso wie die Sprache und schließlich auch die Neigung zu Risikobereitschaft. Guggenbühl (2004, S. 55ff) vertritt die Ansicht, dass Männer konkrete Einsätze brauchen. Frauen sollten daher überlegen, wie sie möglichst konkret Aufgabenstellungen an ihre Männer übergeben. Für Väter sei es demnach wichtig, sich über Taten einzubringen. Es gelte Modelle und Wege zu finden, die Väter motivieren, sich ihren Fähigkeiten und Neigungen entsprechend einzubringen.

Die soziale Funktion, also etwa offen sein für die Probleme des Kindes, hat sich in der Studie „Die Rolle des Vaters in der Familie" von W. Fthenakis, vor den Vaterschaftskonzepten des Vaters als Brotverdiener und der instrumentellen Funktion des Vaters, der etwas für das Kind tut (z.B. auf eine gesunde Ernährung achten) als die sowohl von den befragten Erwachsenen wie auch Jugendlichen am wichtigsten eingeschätzte Funktion des Vaters herausgestellt. Vielleicht aber liegt in der folgenden Feststellung der Studie von Fthenakis der eigentliche Schlüssel für das Gelingen einer partnerschaftlichen Arbeitsteilung.

> Berufstätige Väter, deren Partnerinnen ebenfalls berufstätig sind, beteiligen sich um so mehr an kindbezogenen Aufgaben, je höher ihre berufliche Arbeitsmotivation ist. Je mehr Aufgaben sie sich mit ihrer Partnerin teilen, umso besser sind sie während der Arbeitszeit für die Familie erreichbar. Familie und Beruf sind bei ihnen keine Gegensätze, sondern ergänzen sich; es gibt Väter, die in beiden Bereichen stark engagiert sind und auch solche, die sich weder für den Beruf, noch für die Familie besonders stark engagieren. Die Partnerinnen entlasten aber auch ihre Männer, indem sie sie umso weniger an kindbezogenen Aufgaben beteiligen, je mehr Verständnis sie für die arbeitsbezogenen Probleme der Männer aufbringen. Dagegen scheinen Familien- und Arbeitswelt bei den Vätern, deren Partnerinnen nicht berufstätig sind, mehr voneinander getrennt zu sein. (Fthenakis & Minsel, 2001, S. 7)

Auch in der Forschung (bezogen auf den deutschsprachigen Raum) lässt sich im letzten Jahrzehnt ein merkbarer Anstieg an Aktivitäten im Bereich der Väterforschung erkennen: So finden sich bereits auf den meisten einschlägigen Kongressen bzw. Fachtagungen, etwa aus dem Bereich Entwicklungspsychologie eigene Arbeitsgruppen bzw. Sub-Symposien oder zumindest einige Einzelbeiträge zum Thema Väter. An einigen Standorten befassen sich Projektteams nun schon über einen längeren Zeitraum hinweg – von teils unterschiedlichen Forschungsansätzen ausgehend – mit ausgewählten Aspekten der Väterforschung, wie z.B. in München, an der Universität und am Staatsinstitut für Frühpädagogik, an den Universitäten Innsbruck, Konstanz, Mainz, Osnabrück, Wien oder am Staatsinstitut für Familienforschung an der Universität Bamberg, um nur exemplarisch einige zu nennen.

(Zu) wenig spiegeln sich diese Forschungsaktivitäten allerdings noch in einer Zunahme einschlägiger Publikationen. Zieht man beispielsweise als einen Indikator für den aktuellen Stand bzw. die Entwicklung der Vaterforschung eine Analyse der prominentesten Datenbank psychologischer Literatur aus den deutschsprachigen Ländern („PSYNDEX") in den letzten 15 Jahren heran[1], so lässt sich kein eindeutiger „Aufwärtstrend" der Väterforschung belegen (siehe Tabelle 1). Der Anteil an von der Datenbank erfassten Publikationen, in welchen sich der Wortteil „Vater" bzw. „Väter" im Abstract findet, bewegt

Tabelle 1: Nennungen von Publikationen aus der Datenbank PSYNDEX mit den Begriffen bzw. Begriffsteilen „Vater"/„Väter" bzw. „Mutter"/„Mütter" im Abstract bzw. im Titel

Jahr	erfasste Werke	Va(e)ter* in Abstr.	% a	Va(e)ter* in Titel	% a	Mu(e)tter* in Abstr.	% a	Mu(e)tter* in Titel	% a
1990	7867	87	1.1	69	0.9	193	2.5	156	2.0
1991	8117	107	1.3	87	1.1	216	2.7	173	2.1
1992	8347	118	1.4	84	1.0	229	2.7	164	2.0
1993	8998	129	1.4	101	1.1	273	3.0	209	2.3
1994	9401	117	1.2	81	0.9	251	2.7	190	2.0
1995	9009	114	1.3	78	0.9	245	2.7	192	2.1
1996	9160	132	1.4	103	1.1	267	2.9	203	2.2
1997	7828	103	1.3	81	1.0	188	2.4	153	2.0
1998	8006	83	1.0	63	0.8	180	2.3	147	1.8
1999	8269	106	1.3	76	0.9	240	2.9	182	2.2
2000	8212	92	1.1	74	0.9	213	2.6	177	2.2
2001	7967	108	1.4	70	0.9	249	3.1	192	2.4
2002	7765	135	1.7	110	1.4	234	3.0	191	2.5
2003	7874	88	1.1	64	0.8	236	3.0	188	2.4
2004	6951	67	1.0	55	0.8	171	2.5	150	2.2
1990-2004	123.771	1.586	1.3	1.196	1.0	3.385	2.7	2.667	2.2

a jeweils die Prozentsätze an den gesamten erfassten Werken pro Zeitraum (Zeilenprozente).

sich relativ konstant knapp über 1%, jener mit den Stichwort(teil)en „Mutter" bzw. „Mütter" knapp unter 3%. Ausgehend von der Vermutung, dass möglicherweise der Anteil an Publikationen zunahm, in welchen Väter Hauptgegenstand der Untersuchung bzw. Publikation waren (und nicht nur beiläufig in den Zusammenfassungen erwähnt wurden), wurden als nächster Schritt die Nennungen der Publikationen mit dem Wort(teil) „Vater"/„Väter" im Titel analysiert. Jedoch ergaben sich auch hier über die letzten 15 Jahre hinweg keine bedeutsamen Veränderungen: Die entsprechenden Einträge schwanken geringfügig um 1% aller psychologischen Fachpublikationen (analog für die Mütter: knapp über 2%).

[1] Dabei werden Werke (Zeitschriftenaufsätze, Bücher, Sammelwerksbeiträge, Kongressberichte, Dissertationen und Reporte) bzw. deren Abstracts mit dem Wort(-teil) „Vater" oder „Väter" berücksichtigt. (Zum Vergleich erfolgt auch eine analoge Recherche für das Suchwort bzw. den Suchwortteil „Mutter" oder „Mütter".) Diese Vorgehensweise inkludiert zwar auch Werke, die nicht der Vaterforschung im engeren Sinn zugeordnet werden können, als Orientierungshilfe, die vor allem in Betrachtung der zeitlichen Entwicklung bzw. im Vergleich zu den Nennungen der Wort(teil)e „Mutter" bzw. „Mütter" Rückschlüsse auf die Stellung der Vaterforschung erlaubt, scheint sie dennoch sinnvoll (Werneck, 1998).

Auch in der zusammenfassenden Graphik (siehe Abbildung 1) der relevanten Prozentwerte (an „Väter"- bzw. „Mütter"-Publikationen) werden über die Jahre hinweg zwar gewisse Schwankungen ersichtlich, nicht jedoch ein eindeutiger Anstieg (oder Abfall).

Abbildung 1: Prozentanteile der Nennungen von Publikationen (aus der Datenbank PSYNDEX) mit den Begriffen bzw. Begriffsteilen „father" bzw. „mother" im Abstract bzw. im Titel (von 1990 - 2004)

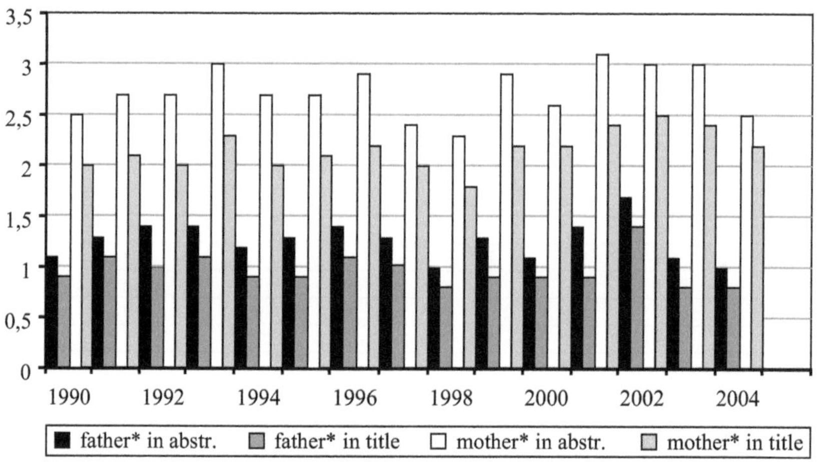

Dass dieses relativ konstante Entwicklungstempo sich nicht nur auf den deutschsprachigen Raum bezieht, sondern dem internationalen Trend entspricht, belegt eine analoge Analyse der – im Vergleich zum PSYNDEX etwa zehnmal so umfangreichen – internationalen Datenbank PsycINFO, die forschungsrelevante Publikationen (in über 35 Sprachen) nicht nur aus der Psychologie, sondern auch aus der Medizin, Psychiatrie, Pädagogik, Pflegewissenschaft, Soziologie, Anthropologie usw. erfasst (siehe Tabelle 2).

Das Bild ähnelt sehr jenem aus den deutschsprachigen Ländern: auch international ist keine eindeutige Zunahme der Publikationen zum Väterthema erkennbar. Der Anteil der Väter-Publikationen ist etwa vergleichbar jenem aus dem PSYNDEX. Der Anteil an Publikationen zu bzw. über Mütter ist international vergleichsweise etwas höher (Relation Väter- zu Mütter-Publikationen ca. 1:3) als in den deutschsprachigen Ländern (ca. 1:2). Außerdem ist der Anteil an Publikation, die sich auf Väter (und auch Mütter) konzentrieren – jene, wo sich die Schlagwörter jeweils im Titel der Publikation finden, nicht nur im Abstract – international vergleichsweise niedriger (siehe Abbildung 2).

Tabelle 2: Nennungen von Publikationen aus der Datenbank PsycINFO mit den Begriffen bzw. Begriffsteilen „father“ bzw. „mother“ im Abstract bzw. im Titel

Jahr	erfasste Werke	father* in abstr.	% a	father* in title	% a	mother* in abstr.	% a	mother* in title	% a
1990	57080	521	0.9	130	0.2	1420	2.5	512	0.9
1991	57289	555	1.0	171	0.3	1435	2.5	527	0.9
1992	59463	574	1.0	164	0.3	1479	2.5	471	0.8
1993	62890	636	1.0	205	0.3	1539	2.4	581	0.9
1994	60590	565	0.9	165	0.3	1539	2.5	504	0.8
1995	59441	850	1.4	173	0.3	2102	3.5	533	0.9
1996	61244	780	1.3	158	0.3	2070	3.4	549	0.9
1997	61631	842	1.4	202	0.3	2164	3.5	602	1.0
1998	63507	835	1.3	176	0.3	2133	3.4	549	0.9
1999	64378	845	1.3	166	0.3	2179	3.4	557	0.9
2000	68653	819	1.2	176	0.3	2134	3.1	558	0.8
2001	73091	898	1.2	202	0.3	2324	3.2	588	0.8
2002	81557	843	1.0	215	0.3	2369	2.9	598	0.7
2003	92079	878	1.0	216	0.2	2407	2.6	681	0.7
2004	87674	994	1.1	232	0.3	2492	2.8	657	0.7
1990-2004	1,010.567	11.435	1.1	2.751	0.3	29.786	2.9	8.467	0.8

a jeweils die Prozentsätze an den gesamten erfassten Werken pro Zeitraum (Zeilenprozente).

Abbildung 2: Prozentanteile der Nennungen von Publikationen (aus der Datenbank PsycINFO) mit den Begriffen bzw. Begriffsteilen „father“ bzw. „mother“ im Abstract bzw. im Titel (von 1990 - 2004)

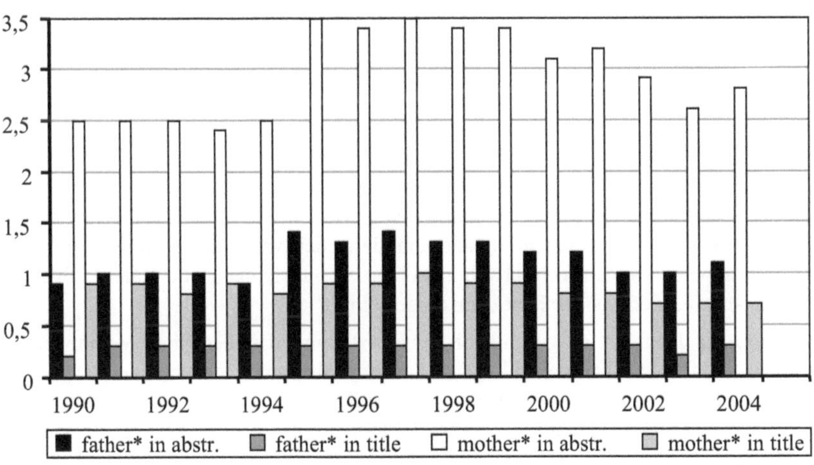

Als Vergleich wurde zuletzt schließlich noch die umfassendste Datenbank aus der Soziologie, SocINDEX, analysiert (gleiche Vorgangsweise wie bei PSYNDEX und PsycINFO). Der Anteil an erfassten Publikationen zum Thema „father" bzw. „mother" ist zwar relativ geringer als bei den vorigen Datenbanken, die Muster verlaufen allerdings sehr ähnlich.

Tabelle 3: Nennungen von Publikationen aus der Datenbank SocINDEX mit den Begriffen bzw. Begriffsteilen „father" bzw. „mother" im Abstract bzw. im Titel

Jahr	erfasste Werke	father*in Abstr.	% a	father* in Titel	% a	mother* in Abstr.	% a	mother* in Titel	% a
1990	42190	264	0.6	75	0.2	608	1.4	225	0.5
1991	43566	298	0.7	102	0.2	692	1.6	250	0.6
1992	40898	310	0.8	84	0.2	693	1.7	207	0.5
1993	44817	329	0.7	111	0.2	723	1.6	267	0.6
1994	49794	348	0.7	104	0.2	769	1.5	301	0.6
1995	52344	397	0.8	125	0.2	854	1.6	312	0.6
1996	55864	364	0.7	112	0.2	905	1.6	336	0.6
1997	56999	453	0.8	158	0.3	969	1.7	374	0.7
1998	60120	385	0.6	127	0.2	879	1.5	298	0.5
1999	65882	439	0.7	138	0.2	1027	1.6	353	0.5
2000	70761	571	0.8	167	0.2	1315	1.9	395	0.6
2001	69747	535	0.8	161	0.2	1176	1.7	367	0.5
2002	69623	493	0.7	140	0.2	1079	1.5	336	0.5
2003	83935	476	0.6	125	0.1	1093	1.3	333	0.4
2004	91910	526	0.6	131	0.1	1060	1.2	296	0.3
1990-2004	898.450	6.188	0.7	1.860	0.2	13.842	1.5	4.650	0.5

a jeweils die Prozentsätze an den gesamten erfassten Werken pro Zeitraum (Zeilenprozente).

Auch anhand soziologischer Publikationen lässt sich also kein Zuwachs an Publikationen zum Thema Väter (und auch Mütter) feststellen (siehe Abbildung 3).

In der vorliegenden Publikation wird das Dilemma der Väter, die zwischen Familie und Beruf hin- und hergerissen sind, ausführlich abgehandelt und kritisch analysiert. Die 15 Beiträge fokussieren zum einen auf die veränderte/sich verändernde Rolle von Vätern und zum anderen werden Vereinbarkeitsprobleme von Männern und Vätern allgemein sowie in spezifischen Lebenssituationen dargestellt.

Manfred Auer diskutiert, ausgehend von der Feststellung, dass berufliche Verantwortung nach wie vor fest in Männerhand liegt, in Zusammenhang mit Vereinbarkeitsfragen drei potentielle Rollen von Männern: Männer in der Rolle als ‚Profiteure', als ‚Betroffene' bzw. als ‚Gestalter'. Ein Schlüssel in der Minderung von Vereinbarkeitsproblemen liegt für M. Auer in der Steigerung der Chancengleichheit der Geschlechter. Dauerhafte und stabile Veränderungen im Verhältnis von Erwerbsarbeits- und Elternschaftskarrieren – und damit im Verhältnis der Geschlechter – sieht Auer in Gestaltungsansätzen und -aktivitäten auf allen gesellschaftlichen Ebenen bzw. deren Zusammenwirken.

Abbildung 3: Prozentanteile der Nennungen von Publikationen (aus der Datenbank SocINDEX) mit den Begriffen bzw. Begriffsteilen „father“ bzw. „mother“ im Abstract bzw. im Titel (von 1990 - 2004)

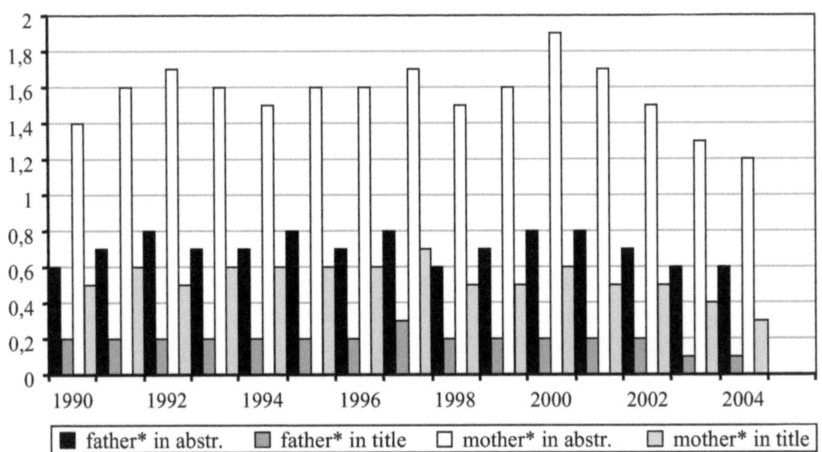

Martina Beham und *Ulrike Zartler* stellen anhand der Ergebnisse der österreichischen Studie zu ‚Ursachen und Folgen von Scheidung für Kinder, Frauen und Männer' dar unter welchen Bedingungen sich ein hohes Berufsengagement auf das Scheidungsrisiko auswirkt. Ein (zu) hohes Berufsengagement von Vätern stellt demnach einen gewichtigen Stressor dar, der die Partnerschaftsqualität negativ beeinflusst, insbesondere dann, wenn die Partnerinnen unter der (Rückkehr zur) geschlechtsspezifischen Rollenteilung anlässlich der Geburt von Kindern leiden und ihre Partner wenig Sensibilität dafür zeigen, welche Probleme mit der Retraditionalisierung für ihre Partnerinnen einhergehen.

Sonja Brauner setzt sich mit der Bedeutung väterfreundlicher Strukturen auseinander und unterstreicht in ihrem Beitrag die Bedeutung und den Nutzen eines Vaterschutzmonats für Kinder, Frauen und Männer. Die Chance für Väter wird aufgrund von Erfahrungen von Karenzvätern sowie entwicklungspsychologischer Befunde (siehe z.B. Steinhardt, Datler & Gstach, 2002) darin gesehen, dass Väter in den ersten Wochen die Chance erhalten, eine intensive Beziehung zu ihrem Kind aufzubauen, die später nur schwer nachzuholen ist.

Zentrale Ergebnisse der Arbeitsklima-Index-Daten 1997 bis 2003 zur Lage berufstätiger Väter in Österreich stellen *Christoph Hofinger* und *Edith Enzenhofer* dar. Wenig überraschend belegen auch die quantitativen empirischen Befunde (erneut) wie in Österreich ebenso wie in Ländern mit vergleichbaren Sozialsystemen mit der Geburt des ersten Kindes die Erhalterrolle zementiert wird. Hofinger und Enzenhofer stellen aber auch positive Veränderungen dar. Aus Sicht der Betroffenen wird die Vereinbarkeit von Beruf und Familie in den letzten Jahren etwa weniger schwierig erlebt, wofür es nach Hofinger und Enzenhofer unterschiedliche Erklärungen gibt: entweder eine wachsende Sensibilität der Wirtschaft für Vereinbarkeitsprobleme und/oder mehr Kinderbetreuungsangebote sowie eine sinkende durchschnittliche Kinderzahl, wodurch sich Vereinbarkeitsprobleme ebenfalls reduzieren.

Bernhard Kalicki, Gabriela Peitz und *Wasssilios F. Fthenakis* präsentieren zentrale Ergebnisse der LBS-Familien-Studie und beschreiben die Reichweite der Veränderungen, die durch die Geburt des ersten Kindes ausgelöst wird. Beginnend im letzten Drittel der Schwangerschaft wurden Paare, die zusammen lebten und ein gemeinsames Kind erwarteten, wiederholt zu zentralen Themen der Partnerschafts- und Familienentwicklung befragt. Im Fokus ihrer Betrachtungen steht dabei die Frage unter welchen Bedingungen sich Väter gut in ihre Väterrolle einfinden und wie ihnen die Anpassung an die neue Situation gelingt.

Renate Liebold setzt sich in ihrem Beitrag mit Vereinbarkeitsproblemen von Männern in Führungspositionen auseinander und stellt dar wie diese zunehmend unter Druck geraten ein immer begründungsbedürftigeres Modell aufrecht zu erhalten. Das Vereinbarkeitsproblem von Arbeit und Familie stellt sich nach Liebold für Männer in Führungspositionen vor allem als Verteidigungsproblem dar, der Verteidigung der Arbeit gegenüber den Ansprüchen aus der familiären Sphäre.

Harald Lothaller, Sonja Jagoditsch und *Gerold Mikula* stellen die Ergebnisse aus Österreich eines EU-Projektes dar, bei dem das subjektive Erleben der Probleme der Vereinbarkeit von Berufsarbeit und Familienarbeit untersucht wurde. Unter anderem wird in dem Beitrag der Frage nachgegangen, ob und wie verschiedene Aspekte der Arbeitsbelastung und der Aufteilung der Familienarbeit mit der Beziehungszufriedenheit in Zusammenhang stehen. Als stärkster Prädiktor der Beziehungszufriedenheit für die Männer erweist sich die Anerkennung durch die Partnerin. Je mehr Anerkennung Männer für die Erledigung von Aufgaben der Familienarbeit und im Beruf erhalten, desto höher ist ihre Beziehungszufriedenheit. Die Beziehungszufriedenheit ist bei Männern zudem umso höher, je gerechter sie die Aufteilung der Hausarbeit wahrnehmen und je geringer ihr Anteil an der Hausarbeit im Vergleich zur Partnerin ist.

Doris Palz setzt sich in ihrem Beitrag zum Thema „Vaterschaft und Wirtschaft“ mit den Rollen und Ambivalenzen von Vätern heute auseinander und reflektiert die Gründe für die mangelnde (wenngleich steigende) Familienorientierung der Wirtschaft sowie die Vorteile für die Unternehmen. Anhand von konkreten Praxisbeispielen und Initiativen werden Wege zur Forcierung der Familienfreundlichkeit in der Wirtschaft aufgezeigt.

Alexander Röhler ist im Rahmen des von der Deutschen Forschungsgemeinschaft geförderten Projektes „Hausarbeit in Partnerschaften“ der Frage nachgegangen wie sich die „work-life-balance“ verändert, wenn der Mann in einer Paarbeziehung mit „männlichem Haupternährer-Modell“ im Falle von Arbeitslosigkeit den Status des „breadwinners“ verliert. Im vorliegenden Beitrag werden zentrale Ergebnisse anhand eines exemplarischen Interviews mit einem verheirateten Vater in einer traditionellen Paarbeziehung in Ostdeutschland dargestellt.

Bislang wenig beachtet worden ist in der Familienforschung die Frage, wie die Rollenaufteilung unter anderen sozialstrukturellen Rahmenbedingen geregelt wird, beispielsweise, wenn das Einkommen der Frau höher ist als das des Mannes. Auf der Basis dieses Forschungsstandes wurde am Staatsinstitut für Familienforschung an der Universität Bamberg eine Pilotstudie durchgeführt. *Harald Rost* beschreibt anhand zentraler Ergebnisse dieses Pilotprojektes, wie die Arbeitsteilung bei Paaren, bei denen die Frau sozioökonomisch besser gestellt ist als der Mann aufgeteilt ist.

Elli und Christian Scambor präsentieren Ergebnisse des interdisziplinären europäischen Männerforschungsprojekt ,Work Changes Gender', das in den Jahren 2001-2004 unter Beteiligung von Österreich, Deutschland, Norwegen, Spanien, Bulgarien und Israel durchgeführt wurde. Im Rahmen dieser Untersuchung wurden die mit dem Umbruch männlicher Erwerbsverhältnisse einhergehenden Veränderungen des männlichen Selbstverständnisses sowie die darin enthaltenen Möglichkeiten für die Gleichstellung der Geschlechter analysiert.

Alexandra Schmidt-Wenzel ist in ihrer Dissertation, die im Rahmen des Graduiertennetzwerkes „Lernkultur Kompetenzentwicklung“ aus Mitteln des Bundesministeriums für Bildung und Forschung und des europäischen Sozialfonds gefördert wurde, der Frage nachgegangen auf welche Weise Eltern ihre familiären Kompetenzen erwerben, erweitern und festigen, die sich einerseits in leistungsbezogenen Kompetenzen wie Organisations- und Koordinationsfähigkeit, Problemlöse- und Entscheidungsfähigkeit, Lernfähigkeit usw. und zum anderen in sozialen Kompetenzen wie der Fähigkeit zur Übernahme von Verantwortung, Kommunikations- und Kontaktfähigkeit, Einfühlungsvermögen, Vermittlungsfähigkeit, Führungskompetenz und Teamfähigkeit äußern.

Eduard Waidhofer setzt sich anhand theoretischer Erkenntnisse und empirischer Arbeiten in seinem Beitrag mit männlicher Sozialisation und Männerrollen heute auseinander und reflektiert die Auswirkungen der traditionellen Auffassung von Männlichkeit bezüglich Beziehungsgestaltung und Gesundheit. Zu den großen Herausforderungen der sich entwickelnden Männerbewegung zählt nach Waidhofer, einen Beitrag zu leisten, die von gesellschaftlichen Zwängen und Erwartungen geprägte Männerrolle abzulegen.

Mit einem interkulturellen Vergleich der Vaterschaftskonzepte von Männern beschäftigt sich *Manuela Westphal*. Sie bezieht sich auf Väter aus zwei Einwanderungsgruppen unterschiedlich strukturierter Herkunftsgesellschaften (die ehemalige Sowjetunion und die Türkei), die unter verschiedenen sozialpolitischen Bedingungen als Staatsbürger oder als Ausländer nach Deutschland einwanderten, und vergleicht diese mit der Gruppe der einheimischen westdeutschen Männer bzw. Väter. Wie sich eingewanderte Männer mit ihrer Vaterrolle und Vaterschaft auseinandersetzen und wie sie auf die Veränderungen der Lebenssituation durch die Migration reagieren ist das übergreifende Thema ihres Beitrages.

Irene Tazi-Preve stellt auf Basis des Population Policy Acceptance Survey (PPA II), bei dem es sich um die Befragung eines repräsentativen Bevölkerungsquerschnitts handelt, drei Thesen bezüglich Väterbild und Väterforderung dar, die an die Patriarchatskritik der feministischen Forschung anschließen. Auf der Verhaltensebene ist, wie die dargestellten empirischen Befunde zeigen, hinsichtlich der Aufteilung von Kinderbetreuung und Hausarbeit demnach kaum ein Wandel festzustellen. Traditionelle Modelle der Aufgabenverteilung innerhalb der Partnerschaft erlangen nach Ansicht der Befragten größeren Verhandlungsspielraum und Väter in Karenz sind für Männer und für Frauen weit gehend vorstell-, aber derzeit noch (nur erschwert) realisierbar. Das männliche Selbstbild, so ein weiteres Ergebnis, wird zunehmend dann hinterfragt, wenn sowohl Männer als auch Frauen zu einem beträchtlichen Teil die berufsbedingte Abwesenheit des Vaters in der Familie beklagen.

Der Überblick über die Vielfalt des Themas, über die vielfältigen einander beeinflussenden Faktoren, die nur langsame Veränderungsprozesse in der Familienpolitik zulassen, zeigt den Handlungsbedarf auf, Geschlechtergleichstellung nicht nur von der Seite der Frauen her aufzuzeigen. Eine Familienpolitik, die es Paaren ermöglichen will, ihre individuellen Vorstellungen von Arbeits- und Rollenteilung ungehindert zu leben und ihren Kinderwunsch zu erfüllen, muss auch in der Väter- und Männerarbeit noch einiges voran bringen.

In diesem Sinne wollen auch die Artikel des vorliegenden Buches dazu beitragen, etwas in Bewegung zu bringen bzw. diese zu verstärken.

Literatur

Fthenakis, W. & Minsel, B. (2001). *Die Rolle des Vaters in der Familie. Zusammenfassung des Forschungsberichts.* München: Institut für Frühpädagogik.

Gräfinger, E. (2001). *Die Welt von innen – Männer in Karenz.* Universität Wien. Diplomarbeit.

Gräfinger, E. (2005). *Väter im Erziehungsurlaub: Reaktionen. Erfahrungen, Erkenntnisse.* [online verfügbar unter www.familienhandbuch.de/cmain/f_Aktuelles /a_Elternschaft /s_905html].

Guggenbühl, A. (2004): *„Betreuung, Pannenhilfe oder sporadische Einsätze? Vaterarbeit auf der Grundlage männlicher Eigenschaften".* in: Bundesministerium für soziale Sicherheit, Generationen und Konsumentenschutz (Hrsg.), 1. Europäische Väterkonferenz. (S. 54-60). Wien: BMSG.

Hollstein, W. (2004). *Die Vereinbarkeit ist auch ein Männerproblem.* in: Bundesministerium für soziale Sicherheit, Generationen und Konsumentenschutz (Hrsg.), 1. Europäische Väterkonferenz. (S. 162-171). Wien: BMSG.

Puchert, R., Gärtner, M. & Höyng, S. (eds.) (2005). *Work Changes Gender: Neuorientierung männlicher Lebensweisen; Neue Formen der Arbeit, Chancen für die Gleichstellung der Geschlechter.* Kurzbericht. [online verfügbar unter www.work-changes-gender.org/kurzbericht.pdf].

Steinhardt, K., Datler, W. & Gstach, J. (Hrsg.) (2002). *Die Bedeutung des Vaters in der frühen Kindheit.* Giessen: Psychosozial Verlag.

Werneck, H. (1998). *Übergang zur Vaterschaft. Auf der Suche nach den „Neuen Vätern“*. New York: Springer.

Werneck, H. (2005). Die „neuen“ Väter. [online verfügbar unter www.familienhandbuch.de/cmain/f_Aktuelles/a_Elternschaft/s_255html].

II. Verantwortung in Männerhand – Rollen von Vätern in der Vereinbarkeit

Manfred Auer

1 Berufliche Verantwortung in Männerhand

Die männliche Dominanz in der Gesellschaft sowohl auf staatlicher Ebene als auch insbesondere in Organisationen – seien es privatwirtschaftliche Unternehmen oder auch die öffentliche Verwaltung – ist weitgehend ungebrochen. Am Beispiel von Führungskräften in Unternehmen wird diese Vorherrschaft besonders deutlich (vgl. z.B. Neuberger, 2002). In Top-Managementpositionen befinden sich – je nach Untersuchung und Land – zwischen 80% und 90% Männer und auch im mittleren Management ist die weit überwiegende Mehrheit männlich. Die Zahlenspielereien, die amerikanische Forscherinnen in diesem Bereich anstellen, haben jedenfalls nicht nur Unterhaltungswert (vgl. Neuberger, 2002): Je nach Berechnungsmethode und mehr oder weniger pessimistischem Ansatz wird sich nach diesen Prognosen eine Parität von Männern und Frauen im Bereich des höheren Managements in den USA spätestens in 470 frühestens aber in 60 Jahren einstellen.

Diese strukturell offenbar relativ verfestigte Machtposition gibt Männern, insbesondere männlichen Führungskräften, eine besondere Verantwortung für den Bereich der Vereinbarkeit von Familienleben und Erwerbstätigkeit. Diese Männer treffen nicht nur Entscheidungen für sich selbst und ihre Familien, sondern weit darüber hinaus auch für ihre männlichen und weiblichen Mitarbeiter und deren Familien.

Allerdings wird diese Verantwortung noch nicht in einem zufrieden stellenden Ausmaß wahrgenommen. Die Trennung zwischen Erwerbsarbeit und Familie, zwischen öffentlichem und privatem Leben ist nach wie vor stark in den „Köpfen" und Handlungen, aber auch in den Strukturen und Kulturen von Organisationen verankert. Andererseits können sich Führungskräfte dieser Problematik immer weniger entziehen. Der Konflikt zwischen Elternschaft und Erwerbsarbeit wird durch erwerbstätige, beruflich sehr engagierte und gleichzeitig familienorientierte Mütter und zum Teil auch Väter immer stärker in Erwerbsorganisationen „hineingetragen" (vgl. Auer, 2000): Auch Frauen, je höher die Bildung desto stärker, orientieren sich zunehmend an einer „doppelten Lebensplanung", d.h. sie wollen Erwerbsarbeit und Familienleben mehr oder weniger gleichwertig realisieren. Aufgrund der steigenden Zahl der Familien, in denen beide Elternteile erwerbstätig sind, sein möchten und/oder aus ökonomischen Gründen sein müssen, werden Erwerbsorganisationen und deren Führungskräfte mit dem Vereinbarungsproblem zunehmend konfrontiert.

2 Familiäre Verantwortung in Frauenhand

Neben der männlichen Dominanz in Organisationen stellt die nach wie vor beobachtbare weitgehende Zurückhaltung von Vätern in der Kinderbetreuung und Hausarbeit und damit die Übertragung der nahezu alleinigen Verantwortung für die Vereinbarkeit von Familienleben und Erwerbsarbeit an Mütter einen weiteren wichtigen Ausgangspunkt dar. Diese Konzentration des Vereinbarkeitsproblems auf Frauen kann als ein wesentliches Element der gesellschaftlichen „gender order“ bezeichnet werden. Besonders deutlich wird dies im Zusammenhang mit konkreten Vereinbarkeitsmaßnahmen wie Elternkarenz„urlaub“ oder Teilzeitarbeit – hier ist der Anteil von Vätern noch immer verschwindend gering. Dabei dürfte der oft genannte Grund des höheren Einkommens von Männern tatsächlich eine zentrale Bedeutung haben und Teil einer rationalen Haushaltsentscheidung darstellen. Hinter diesen ökonomisch rationalen Entscheidungen verbergen sich aber meist noch eine Reihe anderer Ursachen, insbesondere tief verwurzelte sozio-kulturelle Selbstverständlichkeiten über die Aufgaben und Rollen von Vätern und Müttern (Auer, 2000). Werden die erwähnten Selbstverständlichkeiten durchbrochen und kommt es tatsächlich zu familieninternen Diskussionen, dann setzen sich in diesen „Verhandlungen“ in der Regel die Erwerbsarbeitskarrieren der Männer durch. Dabei wird der symbolische, statusbezogene Stellenwert der Erwerbsarbeit und des Einkommens als ein kulturelles Machtmittel von Männern bei Vereinbarkeitsentscheidungen in Familien und Personalentscheidungen in Organisationen eingesetzt (Auer, 2000). Die drohende materielle, aber nicht zuletzt auch symbolische Abwertung eines Mannes in den Augen anderer Männer und zum Teil wohl auch in den Augen von Frauen – etwa durch den vorübergehenden Ausstieg aus dem Erwerbsarbeitssystem – stellt ein wesentliches Hindernis für egalitärere Lösungen dar. Jedenfalls setzt sich in der Regel bei solchen Entscheidungen auf der Paar- bzw. Familienebene die Erwerbsarbeitskarriere der Väter durch.

Allerdings sind in diesem Kontext auch Veränderungstendenzen in Richtung mehr Vielfalt von männlichen Einstellungen und – in einem geringeren Ausmaß – Praktiken zu erkennen (z.B. Peinelt-Jordan, 1996). Insofern stellt sich tatsächlich die Frage, ob Vereinbarkeit weiterhin als „no man's land“ (Gerson, 1993) bezeichnet werden kann.

Der Wunsch von Vätern nach einer aktiven Beteiligung an Kinderbetreuung bzw. -erziehung scheint nicht nur ein Lippenbekenntnis zu sein, sondern Lebens- und Familienkonzepte, die sich vom klassischen „breadwinner“-Modell unterscheiden, werden zunehmend auch gelebt. Diese sind zwar nicht mit der Gleichverteilung der Lasten der Kinderbetreuung oder des Haushalts zu verwechseln, aber diese Praktiken unterscheiden sich jedenfalls von einer eindeutigen Rollen- und Aufgabenzuweisung. Dazu kommt, dass der Begriff familienaktiver Vater mittlerweile durchaus positiv besetzt ist, was noch einmal die Veränderung auf einer zumindest symbolischen Ebene deutlich macht. Damit erfährt auch die Rolle von Vätern für die positive Entwicklung von Kindern eine größere Aufmerksamkeit und Akzeptanz (Peinelt-Jordan, 1996, S. 112). Von vielen berufstätigen Vätern wird work-life-balance zudem als Teil des professionellen Selbstverständnisses gedeutet. Neben finanziellem Erfolg, Gesundheit und Zeitsouveränität sind dabei erfüllende und konstruktive soziale Beziehungen, insbesondere auch zur Lebenspartnerin und zu den eigenen Kindern, besonders zu erwähnen (Stiefel, 1997, S. 23ff).

3 Rollen von Männern

Von diesen grundsätzlichen Aspekten ausgehend werden in diesem Beitrag drei Rollen von Vätern bzw. Männern im Zusammenhang mit Vereinbarkeit von Erwerbsarbeit und Familienleben charakterisiert und diskutiert: *„Profiteure“*, *„Betroffene“* und *„Gestalter“*.

Väter als „Profiteure“ der dominierenden gesellschaftlichen, organisationalen und familialen Vereinbarkeitsstrukturen bedeutet, dass Väter in der Regel sehr viel weniger von negativen beruflichen Konsequenzen aufgrund der Vereinbarung von Erwerbsarbeit und Familienleben betroffen sind. Einkommensverluste und Karriereeinbrüche oder jedenfalls Karriereverzögerungen treffen in allererster Linie Frauen, nicht Männer. Im Gegenteil kann Familie für berufstätige Männer einen fast idealen Rahmen für ein hohes berufliches Engagement schaffen. Sie werden von Reproduktionspflichten entlastet, emotional unterstützt und sind in einen sozialen Rahmen eingebettet, der einen entsprechenden Ausgleich zum Berufsleben anbietet. Bei Führungskräften übernehmen Partnerinnen zum Teil auch Repräsentationsaufgaben sowie das Management sozialer Netzwerke (Böhnisch, 1999; Reis, 2002). Auch im Fall einer notwendigen geographischen Mobilität etwa für eine Beförderung ist die Flexibilität der Familie gefordert.

Väter profitieren insgesamt durch die Ausrichtung des Familienlebens auf ihre Erwerbstätigkeit bzw. Berufskarriere. Diese Unterstützung kommt berufstätigen Müttern in der Regel nicht so zuteil. So zeigt etwa Wajcman (1998) in ihrer Untersuchung über Unterschiede zwischen weiblichen und männlichen Managern, dass Frauen als Managerinnen generell eine wesentlich geringere private Unterstützung erfahren. Berufstätige Mütter sind stärker in Haus- und Familienarbeit eingebunden und verfügen deshalb auch über weniger freie Zeit, vor allem auch über weniger Eigenzeit, also Zeit für sich selbst.

Allerdings sind Männer nicht einfach nur Profiteure der dominierenden gesellschaftlichen Vereinbarkeitssituation und können die Vereinbarkeitsproblematik in jedem Fall auf eine Partnerin abschieben, sondern sie sind auch *Betroffene* der Vereinbarkeitsproblematik. So werden beruflich außergewöhnlich engagierte Männer vielfach mit veränderten Ansprüchen an ihre Rolle als Partner und Vater – vor allem von ihren Partnerinnen – konfrontiert. Besonders schwierig wird diese Situation dann, wenn sich gleichzeitig die beruflichen Anforderungen hinsichtlich Flexibilität und Wettbewerbsdruck verändern

(Kasper et al., 2003). Ellguth u.a. (1998 zitiert nach Kasper, Meyer & Schmidt, 2003) bezeichnen diese Situation sehr treffend als „Double-Squeeze".

Das Vereinbarkeitsproblem kann dann zu einem Verteidigungsproblem für Väter werden, nämlich zu einer Verteidigung der Erwerbsarbeitskarriere gegenüber den Ansprüchen der Familie (Liebold, 2001). Die Konflikthaltigkeit dieser Situation auf individueller und Familienebene ist dabei unübersehbar. Tatsächlich kann Familie – auch im Falle relativ klarer Rollenverteilungen zwischen Mann und Frau – zum Karrierehemmschuh werden, wie sich dies insbesondere im Kontext geographischer Mobilität zeigt. Nahezu alle Untersuchungen zu Auslandseinsätzen belegen, dass die Familie ein entscheidender Faktor dafür ist, ob der Einsatz überhaupt zustande kommt bzw. ob dieser Einsatz erfolgreich ist (vgl. z.B. Brett & Stroh, 1995; Domsch & Lieberum, 1998).

Ein weiteres wesentliches Problem für sehr berufsengagierte Väter, die sich nicht zuletzt durch ein hohes Ausmaß an Überstunden auszeichnen, besteht im Versäumen der Entwicklung der eigenen Kinder. Im Rahmen einer britischen Studie (Institute of Personnel and Development, 1999) erklären etwa 44% der Väter, die im Durchschnitt mehr als 48 Stunden pro Woche arbeiten, dass die Beziehung zu ihren Kindern durch dieses Ausmaß an Erwerbsarbeit beschädigt wurde. 27% dieser Väter haben das Gefühl, dass sie das Erleben des Aufwachsens ihrer Kinder dem Job geopfert haben.

Eine besondere Betroffenheit liegt bei vereinbarungswilligen und -aktiven Vätern vor, die aufgrund mangelnder gesellschaftlicher und betrieblicher Unterstützung diese Rolle nur sehr eingeschränkt wahrnehmen können. So ist die soziale Akzeptanz von vereinbarkeitsorientierten Männern noch immer relativ gering – erstaunlicherweise auch bei Frauen, wie Peinelt-Jordan (1996, S. 129f) in seiner Arbeit über Männer zwischen Familie und Beruf zeigt. In dieser Arbeit wird auch deutlich, wie schwierig es ist, eine entsprechende Anerkennung und Unterstützung in Erwerbsorganisationen zu erhalten. Ein zentrales Hindernis stellt dabei zunächst die dominierende Unternehmens- und Arbeitsplatzkultur dar. Familienaktive Männer finden in Erwerbsorganisationen in der Regel nur sehr wenig kulturelle (und damit dann auch strukturelle) Unterstützung. Sie werden als wenig arbeits-, karriere- und leistungsorientiert wahrgenommen, obwohl das weder auf männliche Vollzeitarbeitskräfte, die sich stärker in der Familie engagieren, noch auf teilzeitarbeitende Männer zutreffen muss (vgl. ebenda).

Haas et al. (2002) demonstrieren in einer empirischen Studie in Schweden, dass die Organisationskultur ein wesentlicher Faktor für das Antreten eines Elternkarenzurlaubes für Väter darstellt.

Auch Brandt & Kvande (2002) weisen in einer norwegischen Untersuchung auf die wichtige Rolle der Arbeitsplatzbedingungen, insbesondere der Arbeitsplatzkultur hin. Speziell in Branchen, Berufen und Arbeitsbereichen, in denen traditionelle männliche Wertvorstellungen dominieren, fällt es Vätern besonders schwer, Vereinbarkeit von Familie und Erwerbsarbeit aktiv zu betreiben.

Einen weiterern wichtigen Aspekt stellt der organisationale Diskurs über Arbeitszeit dar. Soweit die investierte Arbeitszeit mit Produktivität und beruflichem Engagement gleichgesetzt wird, ist die Vereinbarkeit für in Familie und Beruf gleichermaßen engagierte Väter einigermaßen schwierig. Dies kann einhergehen mit einer für die Vereinbarkeit problematischen Arbeitszeitpraxis, die von der jederzeitigen Verfügbarkeit der (männlichen) Arbeitskräfte ausgeht. Meetings am Abend oder andere Überstunden sind dann oft übliche und schwer zu durchbrechende Praxis.

Vereinbarkeitsorientierte Väter, die diesen Vorgaben nicht immer folgen können oder auch wollen, werden dann sehr leicht zu betrieblichen „Außenseitern", die gegen mehr oder weniger informelle Normen verstoßen. Eine wesentliche Rolle für die Akzeptanz von vereinbarkeitsaktiven Vätern spielen deshalb einerseits die direkten Vorgesetzten sowie die Unternehmensleitung (Peinelt-Jordan, 1996), andererseits aber die „peergroup", also die zentrale, meist männliche Bezugsgruppe im Unternehmen (z.B. Benard & Schlaffer, 1992). Die vermutete oder tatsächliche Ablehnung oder Missbilligung von vereinbarkeitsorientierten Maßnahmen, sei es Elternkarenz oder flexiblere Arbeitszeitregelungen sind ein wesentliches Hemmnis für diese Väter. Peinelt-Jordan (1996) sieht deshalb nicht unbegründet teilzeitarbeitende Männer – insbesondere wenn sie mit dies der Zielsetzung der Vereinbarkeit von Familie und Beruf tun – als „exotische Minderheit".

Viele Männer antizipieren diese sozialen und kulturellen Barrieren und meiden offizielle Regelungen bzw. Maßnahmen zur Vereinbarkeit von Beruf und Familie, weil sie als loyal zur Erwerbsorganisation, als hoch arbeitsmotiviert und -engagiert, als materielle Versorger ihrer Familien und damit als „männlich" gelten wollen (vgl. Pleck, 1993, S. 233). Es fehlt ihnen das Gefühl ein Recht, noch besser eine Berechtigung zu haben, formelle Vereinbarkeitsmaßnahmen anwenden zu können (Lewis, 1997) und sie weichen deshalb stärker auf informelle Vereinbarkeitspraktiken aus (Pleck, 1993). Diese informellen Formen der Vereinbarung bestehen in kurzfristigen, „inoffiziellen" Arbeitsunterbrechungen, im Nutzen des täglichen zeitlichen Handlungsspielraumes bzw. des Erholungsurlaubes oder im vielleicht auch mal eher großzügigen Einsatz von Gleitzeitregelungen für die Familienarbeit.

Dauerhafte und stabile Veränderungen im Verhältnis von Erwerbsarbeits- und Elternschaftskarrieren – und damit im Verhältnis der Geschlechter – können nur durch Gestaltungsansätze und -aktivitäten auf allen gesellschaftlichen Ebenen und deren Zusammenwirken erreicht werden (vgl. z.B. Kränzl-Nagl, Marin, Prinz, Riedel, Riepl & Thenner, 1998, S. 34ff; Lewis & Lewis, 1996, S. 161ff). Weder die ausschließliche Veränderung von Handlungsmustern in den Familien noch der strukturelle und kulturelle Wandel von Erwerbsorganisationen noch die alleinige Initiative des Staates bzw. der Sozialpartner werden zu raschen Fortschritten und zu einer nachhaltigen Verbesserung der Vereinbarungssituation führen.

Männer bzw. Väter sind mögliche *Gestalter* auf allen diesen Ebenen. Im folgenden wird aber vor allem auf die Ebene von Erwerbsorganisationen und damit auf die Rolle von Führungskräften eingegangen, weil betriebliche Maßnahmen der Vereinbarkeit genauer und flexibler auf spezifische Bedingungen und Interessen von Organisationen sowie Bedürfnisse und Wünsche von Beschäftigten abgestimmt werden können als dies durch staatliche oder auch kollektivvertragliche Initiativen möglich ist. Viele Entscheidungen über die Bedingungen der Vereinbarung (Arbeitszeit, Entgelt, berufliche Entwicklungsmöglichkeiten,...) fallen vor allem auf der Ebene der Erwerbsorganisationen. Gerade eine proaktive betriebliche Personalpolitik kann deshalb die Vereinbarungsproblematik wesentlich entschärfen und die Gleichstellung der Geschlechter erheblich vorantreiben. Zudem scheint das Gestaltungspotential angesichts der Zurückhaltung der meisten Erwerbsorganisationen bei weitem noch nicht ausgeschöpft; von manchen AutorInnen (z.B. Habisch, 1995, S. 2f) wird aufgrund der notwendigen ökonomischen Ausrichtung von Unternehmen auch eine besondere Kreativität und Innovationskraft in der Gestaltung des Spannungsfeldes Erwerbsarbeit-Familienleben erwartet.

Aufgrund der Schlüsselrolle von Führungskräften bzw. Vorgesetzten für die organisationale Vereinbarungspraxis (vgl. Peinelt-Jordan, 1996, S. 70ff) ist ihre Motivation sich um diesen Bereich zu kümmern als ein wichtiger Aspekt zu sehen. Diese Motivation kann zunächst vor allem aus ökonomischen Überlegungen kommen. Mittlerweile liegen einige Untersuchungen vor, die positiven Kosten-Nutzen Überlegungen für Vereinbarkeitsmaßnahmen zulassen (Prognos, 2005), auch wenn sich nicht jeder ökonomische Vorteil solcher Maßnahmen in Zahlen ausdrücken lässt. Dazu kommt, dass es gesetzliche Vorgaben gibt, die Führungskräfte, insbesondere Personalmanager, zwingen sich um die Problematik zu kümmern. Darüber hinaus stellt sich die Frage der gesellschaftlichen und sozialen Verantwortung von Unternehmen im Kontext der für viele Familien und Individuen schwierigen Vereinbarkeit von Familienleben und Erwerbsarbeit. Gerade hier könnten Betriebsräte in ihrer Funktion als Interessenvertretung der Arbeitnehmer ansetzen.

Darüber hinaus stellt die Aus- und Weiterbildung von Vorgesetzten sowie Betriebsräten in diesem Bereich einen wichtigen Ansatzpunkt für mehr Sensibilität und einen proaktiven Umgang mit der Vereinbarkeitsproblematik dar (vgl. z.B. Michaels & McCarty, 1993; Pierce & Delahaye, 1996). Eigene Erfahrungen können für die Sensibilisierung von Führungskräften eine wichtige Rolle spielen. So ist etwa das Beispiel eines Personalmanagers eines multinationalen Unternehmens durch die Medien gegangen, der nicht nur selbst durch Teilzeitarbeit versucht hat, Kinderbetreuung und Karriere unter einen Hut zu bringen, sondern in dieser Zeit auch im Rahmen einer Dissertation an betrieblichen Konzepten für eine Verbesserung der Vereinbarkeit gearbeitet hat. Dabei stellen die hohe Qualifikation und Berufsorientierung der Lebenspartnerinnen von vor allem jüngeren Führungskräften und deren „andere" Anspruchshaltung an familiale Beziehungsstrukturen einen wesentlichen Hintergrund dar (Kasper et al., 2003). Zudem könnte von Seiten der Erwerbsorganisation bzw. der Unternehmensleitung die Verbesserung der Vereinbarkeit von Familie und Beruf auch als Teil der Leistungsbeurteilung von Führungskräften verstanden werden. Ähnliches wird im Kontext betrieblicher Gleichstellungspolitik diskutiert bzw. gefordert.

(Männliche) Führungskräfte können eine Reihe von Funktionen für eine Verbesserung der Vereinbarkeit erfüllen:

Zunächst einmal erhöht das Engagement von männlichen Führungskräften für die Vereinbarkeit grundsätzlich ihre Akzeptanz in der Organisation. Insofern ist die Einbindung von einflussreichen Männern in die Konzeptualisierung und Implementierung von Vereinbarkeitsmaßnahmen strategisch von großer Bedeutung um jedenfalls einen Teil des Widerstands einzudämmen. Eine besondere Rolle können dabei männliche Führungskräfte spielen, die selbst Vereinbarkeitsmaßnahmen ergriffen haben, weil sie eine Art Vorbildwirkung haben können. Männliche Führungskräfte, die sich aktiv um Vereinbarkeit bemühen und auch formelle, öffentliche Maßnahmen dafür ergreifen, senden ein wichtiges Signal für die Personalpolitik von Unternehmen aus und tragen damit zu einer Veränderung der Unternehmenskultur bei. Blair-Loy und Wharton (2002) machen in ihrer Untersuchung deutlich, dass die Unterstützung von Vereinbarkeit durch mächtige (männliche) Vorgesetzte und KollegInnen die Wahrscheinlichkeit der Annahme von Vereinbarkeitsmaßnahmen wesentlich erhöht.

Eine wichtige Rolle könnten männliche Führungskräfte auch beim Aufbrechen des dominierenden Verständnisses von Arbeitszeit und Produktivität spielen. Eine Veränderung der Vorstellung, dass Anwesenheit am Arbeitsplatz nicht absolut gleichzusetzen ist mit Produktivität und beruflichen Engagement, kann ohne die Unterstützung von Führungskräften kaum durchgesetzt werden (Lewis, 1997).

Dazu kommt, dass für die tägliche und flexible Umsetzung von Vereinbarkeitsmaßnahmen die direkten, oft eben männlichen Vorgesetzten eine zentrale Rolle spielen. Das formelle Anbieten von Vereinbarkeitsinstrumenten in einem Unternehmen kann im Konflikt mit der gelebten Praxis von Vorgesetzten stehen, d.h. die direkten Vorgesetzten müssen die Existenz solcher Maßnahmen nicht nur akzeptieren, sondern ihre praktische Umsetzung aktiv unterstützen.

Eine besondere Bedeutung haben männliche Führungskräfte selbstverständlich für vereinbarkeitsorientierte männliche Arbeitskräfte (vgl. Lewis, 1997). Diese benötigen in der Regel noch mehr an sozialer und kultureller Unterstützung, weil Traditionen und Selbstverständlichkeiten durchbrochen werden müssen. Es geht darum, die Familienrollen von Vätern in der Organisation sichtbar zu machen und ihnen eine gewisse Legitimation zu geben, in dem vereinbarungsaktiven Vätern eine klare und öffentliche Wertschätzung entgegengebracht wird. Die in Organisationen übliche selbstverständliche Zuweisung des Vereinbarkeitsproblems an Frauen kann nur durch eine aktive Haltung von Führungskräften durchbrochen werden. Diese veränderte Haltung in Erwerbsorganisationen ist aber fundamental für eine mehr egalitäre Praxis der Vereinbarkeit. „It is important for organisations to take on board the idea that women and men both have two permanent roles, and that the task of balancing work and family responsibilities concerns both men and women and affects the lives of both" (Rapoport & Moss, 1989, S. 49). Auch Pleck (1993, S. 234) fordert eine verstärkte Aufmerksamkeit der organisationalen Praxis für die Vereinbarungsproblematik von Männern, wobei er die wichtige Rolle der Arbeitsplatzkultur für das Handeln von erwerbstätigen Vätern hervorhebt. Tatsächlich dürfte im Aufbrechen von an traditionellen sozialen Positionen der Geschlechter festhaltenden männlichen Arbeitsplatzkulturen ein wichtiger Ansatzpunkt für Veränderungen liegen, weil dadurch sozialer Druck von vereinbarungswilligen Vätern genommen wird und – neben informellen Vereinbarungspraktiken – auch formelle Vereinbarungsschritte (etwa Berufsunterbrechung, Teilzeitarbeit,...) leichter gesetzt werden können (vgl. Benard & Schlaffer, 1992; Peinelt-Jordan, 1996, S. 288f).

Vereinbarkeit von Familie und Beruf – gerade auch für Väter – ist immer im Kontext von (betrieblicher) Gleichstellungspolitik zu sehen. Eine Verbesserung der Vereinbarkeit muss mit einer Vergrößerung der Chancengleichheit der Geschlechter einhergehen. Ansonsten läuft sie Gefahr möglicherweise sogar zu einer Verfestigung der gender-order beizutragen. Vereinbarkeitsmaßnahmen müssen einerseits für beide Geschlechter gelten und akzeptiert werden und andererseits ist zunehmend mehr auf die individuelle Problemsituation und zwar unabhängig vom Geschlecht einzugehen – wie dies etwa im Rahmen eines differenzierten Personalmanagements (Kühne, 1997) geschehen könnte. Insgesamt geht es aber nicht nur um das Anbieten von Vereinbarkeits- oder Gleichstellungsmaßnahmen, sondern um eine grundlegende Veränderung von Unternehmenskulturen und damit um Vereinbarkeit von Erwerbsarbeit und Familienleben als ein Teil organisationalen Lernens (z.B. Senge, 1990). Das bedeutet, es geht auch um den grundsätzlichen Wandel der kollektiven Basisannahmen von Erwerbsorganisationen und damit um eine Veränderung von Handlungsmustern, die bisher einer für Unternehmen und Individuen produktiven Vereinbarkeit im Wege gestanden sind.

4 Literatur

Auer, M. (2000). *Vereinbarungskarrieren – eine karrieretheoretische Analyse des Verhältnisses von Erwerbsarbeit und Elternschaft.* München, Mering: Hampp.

Benard, C. & Schlaffer, E. (1992). Väter üben den Spagat. Vatersein zwischen Familie und Arbeit. *gdi-impuls, 1*, 22-29.

Blair-Loy, M. & Wharton, A. (2002). Employees' Use of Work-Family Policies and the Workplace Social Context. *Social Forces, 80* (3), 813-845.

Böhnisch, T. (1999). *Gattinnen – die Frauen der Elite.* Münster: Westfäl. Dampfboot.

Brandt, B. & Kvande, E. (2002). Reflexive fathers: Negotiating parental leave and working life. *Gender, Work and Organization, 9* (2), 186-203.

Brett, J. M. & Stroh, L. K. (1995). Willingness to relocat internationally. *Human Resource Management, 34* (3), 405-424.

Domsch, M. & Lieberum, U. B. (1998). Auslandseinsatz weiblicher Führungskräfte. In G. Krell (Hrsg.), *Chancengleichheit durch Personalpolitik. Gleichstellung von Frauen und Männern in Unternehmen und Verwaltungen. Rechtliche Regelungen – Problemanalysen – Lösungen* (S. 201-211). Wiesbaden: Gabler.

Gerson, K. (1993). *No man's land: Men's changing commitments to family and work.* New York: Hardcover.

Haas, L., Allard, K. & Hwang, P. (2002). The impact of organizational culture on men's use of parental leave. *Community, Work & Family, 5* (3), 319-342.

Habisch, A. (1995). Vorwort. In A. Habisch (Hrsg.), *Familienorientierte Unternehmensstrategie. Beiträge zu einem zukunftsorientierten Programm* (S. 1-8). München, Mering: Hampp.

Institute of Personnel and Development (1999). Living to work? London: *IPD survey report 8*.

Kasper, H., Meyer, M. & Schmidt, A. (2003). ManagerInnen – zwischen Berufs- und Privatleben. *Zeitschrift für Personalforschung, 17* (3), 304-327.

Kränzl-Nagl, R., Marin, B., Prinz, C., Riedel, B., Riepl, B. & Thenner, M. (1998). *Reconciling family & working life.* Forschungsbericht des Europäischen Zentrums für Wohlfahrtspolitik und Sozialforschung in Zusammenarbeit mit den Vereinten Nationen. Wien.

Kühne, D. (1997). *Gleichstellung von Frauen im Rahmen eines differenzierten Human Resource Management.* Wiesbaden: Gabler.

Lewis, S. (1997). „Family friendly" employment policies: A route to changing organizational culture or playing about at the margins. *Gender, Work and Organization, 4* (1), 13-23.

Lewis, S. C. & Lewis, J. (1996). Rethinking Employment: A partnership approach. In S. C. Lewis & J. Lewis (Hrsg.), *The work-family challenge. Rethinking employment* (S. 159-167). London, Thousand Oaks, New Dehli: Sage.

Michaels, B. & McCarty, E. (1993). Family ties and bottom lines. *Training & Development, 3*, 70-72.

Neuberger, O. (2002). *Führen und Führen lassen.* Stuttgart: Lucius & Lucius.

Peinelt-Jordan, K. (1996). *Männer zwischen Familie und Beruf. Ein Anwendungsfall für die Individualisierung der Personalpolitik.* München, Mering: Hampp.

Pierce, J. & Delahaye, B. (1996). Human resource management implications of dual-career couples. *The International Journal of Dual-Career Couples, 7* (4), 905-923.

Pleck, J. (1993). Are „family-supportive" employer policies relevant to men. In J.C. Hood (Hrsg.), *Men, work, and family* (S. 217-237). Newbury Park, London, New Dehli: Sage Publications.

Prognos AG (2005). Die Initiative „Lokale Bedürfnisse für Familien". [online verfügbar unter www.prognos.com/cgi-bin/cms/start/news/D/show/news/1137680209].

Rapoport, R. & Moss, P. (1989). Exploring ways of integrating men and women as equals at work. Parental leave in Sweden & career breaks in the UK. Report to the Ford Foundation. London: Sage.

Reis, C. (2004). *Men working as managers in a european multinational company.* München, Mering: Hampp.

Senge, P. (1990). *The fifth discipline.* New York: Doubleday.

Stiefel, R. T. (1997). Der post-materialistische Umgang mit Erfolg: Life Styling-Materialien für die MAO-Praxis. *Management-Andragogik und Organisationsentwicklung, 19* (3), 23-28.

Wajcman, J. (1998). *Managing like a man: Women and men in corporate management.* Pennsylvania: State University Press: Polity Press.

III. Retraditionalisierung und ihre Folgen – Väter und Scheidungsrisiko

Martina Beham & Ulrike Zartler

1 Vereinbarkeit – (k)ein Frauenproblem

Beruf und Familie stellen die zwei zentralen Lebensbereiche des Menschen dar, wie zahlreiche Einstellungs- und Meinungsumfragen zeigen. Zwei Bereiche, die in einer wechselseitigen, wenn auch nicht gleichgewichtigen Beziehung stehen und in Einklang gebracht werden müssen (Dörfler, 2004; Höpflinger, Charles & Debrunner, 1991; Keiser, 1997; Lutz, 2000; Rupp, 1996; Schweitzer, 2000). Eine Herausforderung, die nicht neu ist. Neu ist aber, dass sich die Rahmenbedingungen, unter denen dies zu erfolgen hat, geändert haben. Durch zunehmend längere Ausbildungszeiten, die einhergehen mit einem gestiegenen Heirats- und Erstgeburtsalter, fallen die Bemühungen um eine berufliche Konsolidierung bzw. um einen Karriereaufbau zeitlich mit der – aus biologischen Gründen – begrenzten Phase der Familiengründung zusammen (Beham, 1998; Herlyn & Krüger, 2003). Berufliche und familiäre Anforderungen treten rein zeitlich stärker in Konkurrenz. Erschwert wird die Vereinbarkeit aber auch durch Veränderungen in der Berufswelt. Nicht nur infolge von steigenden Berufsqualifizierungen, sondern auch durch Umstrukturierungen am Arbeitsmarkt steigt der berufliche (Mobilitäts-)druck und stellt Familien vor neue Vereinbarkeitsprobleme (Ruckdeschel, 2003; Schneider, Limmer & Ruckdeschel, 2002). Mobilität, Flexibilität, jederzeitige Erreichbarkeit und Verfügbarkeit – dies sind Kriterien und Anforderungen, welche heute die Arbeitswelt prägen (Griffig, 2003, S. 101). Für eine wachsende Zahl von Frauen und Männern geht es bei der Lösung der Vereinbarkeitsprobleme auch darum, die beruflichen Anforderungen nach Mobilität mit den persönlichen Bedürfnissen und familiären Erfordernissen nach Stabilität und einem gemeinsamen Familienalltag abzustimmen.

Dass die berufliche Situation Auswirkungen auf die Familie hat, darüber berichten bereits die Arbeiten von Melvin Kohn und MitarbeiterInnen (Kohn, 1977; Kohn & Schooler, 1983; Kohn, Slomczynski & Schoenbach, 1986), die der Frage nachgingen, welchen Einfluss Merkmale der Arbeit wie Komplexität und Selbstbestimmung auf die individuelle Entwicklung der Kinder haben. Diesen Arbeiten zufolge beeinflusst die Art der Arbeit das Wertesystem, was sich auch in den Erziehungsvorstellungen niederschlägt. Auch zeigen amerikanische Untersuchungen aus den 90er Jahren übereinstimmend, dass Arbeitsüberlastung bei beiden Eltern Überforderungsgefühle und Unzufriedenheit begünstigt, mit häufigeren Konflikten sowohl zwischen den Partnern als auch zwischen Eltern und Kindern einhergeht (Barling & MacEwen, 1992) und bei Kindern zu mehr Problemverhalten sowie zu beeinträchtigtem Wohlbefinden (Crouter, Bumpus, Maguire & McHale, 1999) führen kann. Das Ausmaß der Erwerbstätigkeit wirkt sich nicht nur auf die Präsenz in der Familie aus, sondern vielfach auch auf die Alltags- und Beziehungsgestaltung (Cowan & Cowan, 1987; Fthenakis, Kalicki & Peitz, 2002; Rosenstiel, 2001).

Trotz der mehrfach belegten Bedeutung – und einer intensiven Beschäftigung mit dem Einfluss von Aspekten der Erwerbstätigkeit auf Familie in der amerikanischen Literatur der 90er Jahre (vgl. zusammenschauend Kracke & Hofer, 2002) – konzentrierte sich die deutschsprachige Forschung in Zusammenhang mit Erwerbstätigkeit und Familie geschlechtsspezifisch auf spezifische Fragen. Es sind z.B. zahlreiche Arbeiten durchgeführt worden, die den Einfluss der Bildungsexpansion der Frauen auf die Familiengründung untersuchen (vgl. z.B. Birkelbach, 1998; Blossfeld, Huinink & Rohwer, 1991; Dieckmann & Weick, 1993; Kühn, 2004).

Auch in der Scheidungsforschung galt – ausgehend von einem traditionellen Rollenbild – das Interesse ausschließlich der scheidungsrisikosteigernden Wirkung der Erwerbsbeteiligung von Müttern (Beck & Hartmann, 1999; Greenstein, 1990, 1995; Hartmann & Beck, 1999; Hill & Kopp, 1999; Klein & Stauder, 1999; Poortman, 2002; Stauder, 2002; Vannoy & Philliber, 1992). So etwa wird aus familienökonomischer Perspektive eine strikte geschlechtsspezifische Rollenteilung nicht nur als die effizienteste Möglichkeit der Arbeitsteilung betrachtet (Klein & Stauder, 1999; Künzler, 1995), sondern, so die theoretische Annahme, aufgrund ihrer Klarheit zudem als jene gesehen, die mit dem geringsten Scheidungsrisiko behaftet ist (Klein & Stauder, 1999; Hartmann, 1999). Die empirischen Befunde von Hartmann und Beck (1999) zeigen allerdings, dass die negative Wirkung der Berufstätigkeit der Ehefrau für die jüngeren Eheschließungskohorten zurückgeht und prognostizieren, dass sie sich in dem Maß weiter verringern wird, in dem soziale Entwicklungen zu einer Verhaltensänderung von Männern führen und in dem Bedingungen zur Vereinbarkeit von Beruf und Familie geschaffen werden. Zudem zeigen die Befunde von Diekmann und Weick (1993), dass eine sorgfältige Differenzierung von Kausalitäten und Wechselwirkungen wichtig ist, denn die steigenden Scheidungszahlen rufen auch Veränderungen im Bildungs-, Ausbildungs- und Erwerbsverhalten von Frauen hervor (vgl. auch Hartmann & Beck, 1999; Zartler, Wilk & Kränzl-Nagl, 2004). Die Zuordnung von Ursache und Wirkung ist keineswegs so eindeutig wie vielfach angenommen.

Die Vereinbarkeit von Beruf und Familie und allenfalls damit verbundene negative Folgeprobleme wurden lange Zeit ausschließlich als Frauenthema behandelt. In zahlreichen Arbeiten wurde belegt, dass Frauen heute doppelt und dreifach belastet sind und dass sie – ob erwerbstätig oder nicht – das Gros an Betreuungs- und Versorgungsarbeit, aber auch Planungs-, Organisations- und Abstimmungsarbeit leisten (siehe z.B. Bacher & Wilk, 1996; Klaus & Steinbach, 2002; Röhler, Steinbach & Huinink, 2000; Wilk, 1997).

Langsam entwickelt sich eine Sensibilität, dass Vereinbarkeitsprobleme nicht ausschließlich Frauenprobleme sind. Auch zunehmend mehr Väter sind zwischen den Anforderungen von Beruf und Familie hin- und hergerissen und geraten in ein Vereinbarkeitsdilemma, weil sie sich nicht mehr primär als die Ernährer der Familie sehen, sondern auch Erzieher ihrer Kinder sein möchten (Fthenakis & Minsel, 2001, 2002). Vor allem junge Väter beginnen nach einer Balance zwischen einem erfüllten Privat- und Familienleben und einem erfolgreichem Berufsleben zu suchen und die sozialen Folgekosten einer allzu arbeitszentrierten Lebensführung zu reflektieren. Konträr zu diesen Wünschen zeigen die wenigen Befunde zu den Auswirkungen von Erstvaterschaft auf das berufliche Engagement allerdings, dass der Großteil der Väter nach der Geburt des ersten Kindes mehr Zeit in den Beruf investiert, um den Verdienstausfall zu kompensieren (Fthenakis et al., 2002; Peinelt-Jordan, 1996) bzw. den beruflichen Anschluss und/oder Aufstieg nicht zu verpassen.

Trotz Veränderungen im Denken stellen sich Vereinbarkeitsprobleme für Frauen und Männer daher nach wie vor in sehr unterschiedlicher Form dar. Während sie sich bei Frauen vor allem in einem Zeit- und Koordinationsdilemma äußern, liegt das Dilemma für Väter darin, dass sie zunehmend mehr ein ausgedehntes Berufsengagement gegenüber den Ansprüchen und Erwartungen ihrer Partnerinnen und Kinder verteidigen müssen und sich ihre eigenen Ansprüche an ihre Rolle als Vater ändern. Ellguth, Liebold & Trinczek (1998) sprechen bei ihrer Untersuchung von Führungskräften in dem Zusammenhang von einem double-squeeze-Effekt. Väter geraten doppelt unter Druck, weil parallel zu den steigenden Anforderungen im Beruf die Ansprüche seitens der Familie steigen. Auch wird Vätern nach wie vor viel eher die Hauptverantwortung für die Einkommenssicherung der Familien zugeschrieben (Rerrich, 2000), und sie unterliegen einem höheren Druck, dauerhaft in der Lage zu sein, die Familie zu ernähren. Ein (längerfristiger) Rückzug aus dem Beruf muss nach wie deutlich mehr begründet werden als bei Müttern.

Fthenakis (1999) gehen, wie sie dies in einem Buchtitel zum Ausdruck bringen, bezüglich der Veränderungen der Väter von einer sanften Revolution aus. Diese findet nach Fthenakis und MitarbeiterInnen darin ihren Ausdruck, dass zunehmend mehr Väter heute bedauern, dass der Beruf in ihrem Leben einen zu hohen Stellenwert hat und dass auch junge Väter bemüht sind, ihren Kindern (mehr) Zeit zu widmen – auf Kosten ihrer eigenen Frei- und Rekreationszeit (Vaskovics, Rost & Rosenkranz, 2000).

Nach wie vor meiden Väter aber (aus unterschiedlichen Gründen) meist offizielle Regelungen, die es ihnen ermöglichen würden, ihr Familienengagement zu erhöhen. Mehrheitlich sind es, wie die Arbeiten der Bamberger Forschungsgruppe (Rost, 2001; Vaskovics & Rost, 1999), sowie auch jene von Beham & Haller (2005) zeigen, finanzielle und berufliche Rahmenbedingungen, die einer partnerschaftlichen Arbeitsteilung in Beruf und Familie entgegenstehen.

Folge davon ist: Kinder zu haben wirkt sich auf die Erwerbsbiografie von Männern nach wie vor anders als bei Frauen kaum in Form von Unterbrechungen oder Einschränkungen aus (Beham & Haller, 2005; Doblhammer, Lutz & Pfeiffer, 1997). Der Anteil von

Vätern, die von der gesetzlichen Möglichkeit, die Karenzzeit zu teilen, Gebrauch machen, aber auch der Anteil teilzeitarbeitender Männer, die sich aus familiären Gründen dazu entschließen, ist immer noch verschwindend gering. Die männliche Berufskarriere scheint noch immer mit einer familienbezogenen Berufspause oder einer Teilzeitbeschäftigung kaum vereinbar. Die Vereinbarkeitsmuster von Paaren bleiben traditionell. Nicht einmal 1% aller Paare mit Kindern praktiziert in Österreich einen Rollentausch, bei dem der Mann Teilzeit arbeitet und die Frau vollzeitbeschäftigt ist (Franco & Winqvist, 2002). Die Geburt von Kindern, vor allem vom ersten Kind, geht für viele Frauen kurzfristig einher mit einer Unterbrechung der Erwerbstätigkeit und mittelfristig mit einer Reduktion der Erwerbsarbeitszeit und einem (zumindest) teilweisen Verlust der ökonomischen Unabhängigkeit. 28% aller Paare mit Kindern praktizieren ein modifiziertes Ernährermodell, bei dem der Mann Vollzeit und die Frau Teilzeit arbeitet (Franco & Winqvist, 2002, S. 3) und das Gros der Haus- und Familienarbeit sowie der Betreuung des Kindes übernimmt. Wie u.a. die Ergebnisse der deutschen LBS-Studie (vgl. Fthenakis, Kalicki & Peitz et al., 2002) zeigen, führt die Retraditionalisierung der Rollenverteilung bei Müttern vielfach nicht nur zu Unzufriedenheit mit der praktizierten Aufteilung der Arbeiten, sondern auch zu Einbußen in der Qualität der Partnerbeziehung.

Hinweise für Österreich zur Beantwortung der Frage, unter welchen Bedingungen sich ein hohes Berufsengagement der Väter negativ auf die Partnerschaftszufriedenheit auswirkt und in weiterer Folge das Scheidungsrisiko beeinflusst, finden sich in der Studie „Ursachen und Folgen von Scheidung/Trennung für Kinder, Frauen und Männer", welche im Auftrag des Bundesministeriums für Soziale Sicherheit und Generationen am Europäischen Zentrum für Wohlfahrtspolitik und Sozialforschung durchgeführt wurde (Zartler et al., 2004). Auf einige zentrale Ergebnisse dieser Untersuchung wird im Folgenden eingegangen.

2 Empirische Ergebnisse

Die Studie war methodenpluralistisch angelegt und bestand aus: a) Sekundäranalysen zur ökonomischen Situation (Mikrozensus, Family and Fertility Survey, European Community Household Panel), b) Analysen zur rechtlichen Situation, c) qualitativen Leitfadeninterviews in Wien und im Südburgenland[1] zum einen mit Familien, die etwa 3 bis 5 Jahre vor dem Befragungszeitpunkt eine Trennung oder Scheidung erlebten und in denen jeweils beide ehemaligen Partner sowie die gemeinsamen Kinder zwischen 9 und 14 Jahren einzeln befragt wurden (n = 40 Interviews)[2], und zum anderen mit ExpertInnen aus unterschiedlichen Einrichtungen und Institutionen, die beruflich in ihrer Alltags-

[1] Der großstädtische Ballungsraum Wien mit hoher Scheidungsrate und hohem infrastrukturellen Standard und die strukturell und ökonomisch bislang benachteiligte Region Südburgenland mit einer niedrigen Scheidungsrate ermöglichen einen Extremgruppenvergleich.

[2] 12 Interviews mit Frauen, 12 mit Männern, 16 Interviews mit Kindern (9-14 Jahre alt).

praxis mit der Thematik „Scheidung/Trennung" konfrontiert sind (n = 16 Interviews). Die folgenden Ergebnisse konzentrieren sich in erster Linie auf die qualitativen Leitfadeninterviews mit Frauen und Männern.

Die Befunde verdeutlichen, dass in den befragten Scheidungsfamilien ein hohes Berufsengagement von Vätern einen gewichtigen Stressor darstellte, der die Partnerschaftsqualität negativ beeinflusste, weil die Partnerinnen unter der (Rückkehr zur) geschlechtsspezifischen Rollenteilung anlässlich der Geburt von Kindern litten und die Väter wenig Sensibilität dafür zeigten, welche Probleme die Retraditionalisierung für ihre Partnerinnen mit sich brachte (siehe auch Zartler & Werneck, 2004).

Differenzen in den Wertorientierungen und Lebensentwürfen beider Partner, die häufig in Zusammenhang mit der Entwicklung zu einer Scheidung bzw. Trennung stehen, manifestieren sich u.a. in unterschiedlichen Vorstellungen über die partnerschaftliche Rollenteilung. Der zentrale Stellenwert, welchen die traditionelle Arbeitsteilung und die Unzufriedenheit damit als subjektive Scheidungsursache einnehmen, wird in der durchgeführten Studie bestätigt. Unterschiedliche Rollenleitbilder, insbesondere die familiale Arbeitsteilung und die Verantwortlichkeit der Väter betreffend, spielt aus Sicht der befragten Frauen und Männer eine wesentliche Rolle im Trennungsprozess. Rückblickend betrachtet sehen sowohl die befragten Frauen als auch die befragten Männer die traditionelle Rollenteilung, die einherging mit einem hohen beruflichen Engagement des Mannes, wenig Zeit für die Partnerin und die Kinder sowie weitgehend einseitiger Verantwortungsübernahme seitens der Frau für die Kinderbetreuung, als eine der zentralen Ursachen für die Beendigung ihrer Beziehung. Die befragten Männer investierten im Verlauf der Partnerschaft – typischerweise nach der Geburt der Kinder – zunehmend mehr Zeit und Energie in ihre beruflichen Tätigkeiten und berichten fallweise von 60 und mehr Arbeitsstunden pro Woche. Daraus resultierte, dass für die Familie immer weniger Zeit verwendet wurde bzw. werden konnte. Diese Entwicklung scheint in vielen Fällen in starker Wechselwirkung zu den ersten Anzeichen beginnender Beziehungsprobleme zu stehen.

Traditionelle Konzeptionen der Rollenbilder und eine traditionelle Arbeitsteilung finden sich in beiden Untersuchungsgebieten, in besonders ausgeprägter Form im ländlichen Raum, wie folgende Aussage[3] illustriert:

> Zu der Zeit (nach der Familiengründung, Anm.) war es so, wie ich mir das vorgestellt hätte, das heißt, wie man sich eine richtig schöne, brave, glückliche Familie am Land vorstellt: zwei Kinder, ein schönes Haus ohne Schulden, dann einen Blumenschmuckwettbewerb haben wir sogar einmal gewonnen und, und na ja alles tutti paletti, ich meine die Mama ist daheim bei die Kinder, der Papa bringt das große Geld. (Herr Brandstätter)

Dass den Frauen in diesem Idealbild die Zuständigkeit für die alltägliche Umsetzung der (männlichen) Vorstellungen eines harmonischen Familienlebens zugeschrieben wurde, erlebten sie teils als Belastung, wie z.B. im Fall von Familie Bruckmeyer/Bauer:

[3] Zur besseren Lesbarkeit wurden den Interviewpassagen fiktive Namen zugeordnet.

> Er hat immer gesagt, er wünscht sich eine Familie, er will das haben und so, und ich habe immer das Gefühl gehabt, er macht eigentlich nichts dafür. Also er möchte irgendwie, dass es nach außen irgendwie so passt und dass wir halt irgendwie alle uns verstehen und dass das alles gut ist und er ... ahm, ja, er muss sich da gar nicht so, er bleibt lieber so ein bisschen von außen und betrachtet das irgendwie. (Frau Bruckmeyer)

Ihr ehemaliger Partner, Herr Bauer, hingegen betont seine Rolle als Ernährer der Familie und beschreibt seine Rollenvorstellungen folgendermaßen:

> Ich bin ja der Vater, ich bin ja nicht die Mutter, da habe ich ziemlich viel Schuld gehabt, im Nachhinein, dass ich Sachen übernommen habe, wo ich eigentlich gar nichts, nicht wirklich ... wo es nicht sinnvoll ist, da was zu tun, ja. Und da aber dafür meine Vaterpflichten vernachlässigt habe, ja. Also existenzielle Sicherung oder irgendwie zu sagen, das machen wir jetzt einmal so oder das machen wir so oder in die Richtung geht's oder in die Richtung geht's, ja, also bestimmte Verantwortung auch zu übernehmen für die Kinder dann auch oder solche Sachen, ja. (Herr Bauer)

Aus der darauf basierenden praktizierten traditionellen Rollenteilung resultierten jedoch bald Konflikte:

> Jetzt hat sie diese traditionelle Rolle, ja, dass sie praktisch daheim sitzt mit den Kindern und ich bin nicht da, so. Das war schon die erste Situation. (Herr Bauer)

Die Problematik, dass Männer die instrumentellen Anteile ihrer Vaterrolle im Vordergrund sahen und dem Beruf höhere Priorität einräumten, während Frauen eine Prioritätensetzung zugunsten der Familie erwarteten, führte bereits zu einem frühen Zeitpunkt der Beziehung zu Unzufriedenheit seitens der Frauen. Sowohl Männer als auch Frauen betrachten diese Rollenteilung bzw. die daraus resultierenden Konflikte retrospektiv häufig als eine der Hauptursachen für die Scheidung/Trennung, wie dies auch bei Familie Weber der Fall war:

> Sobald die Waltraud (Tochter) da war, hatte er das große Bedürfnis, er muss jetzt die Familie ernähren und einen Standard schaffen für diese Familie. Und da waren eigentlich Sätze von mir, dass ich das gar nicht brauche und nicht will, dass ich eigentlich lieber seine Anwesenheit will oder so. (Frau Weber)

> Es war ihr Problem eigentlich das zu Hause sein. (...) Sie hat, glaube ich, auch wirklich über Jahre gelitten darunter, dass ich einen interessanten Job habe und sie zu Hause bei den Kindern ist, und ausgetragen ist es dann worden sozusagen über meine Mitarbeit zu Hause. (Herr Weber)

Insbesondere mit der Geburt von Kindern ging häufig eine Zementierung der traditionellen Rollenteilung einher; in der Mehrzahl der Partnerbeziehungen kümmerte sich die Frau zumindest für einige Zeit nach der Geburt vorwiegend um Kinder und Haushalt, während der Mann seiner Rolle als Familienernährer nachging. Besonders deutlich tritt dieses Muster zutage, wenn der Aufbau der Karriere des Mannes mit zeitintensiven Betreuungsphasen für die Kinder zusammenfällt, wie im Fall von Familie Wagner:

> Na ja, der erste Gedanke an eine Trennung war dann schlicht und einfach, wie ich mit zwei Kleinkindern zuhause saß und dachte, wozu habe ich einen Mann, oder wozu haben die Kinder einen Vater (lacht). ... Das war, seit es die Verena gibt, weil genau mit dem Zeitpunkt der zweiten Schwangerschaft die Selbstständigkeit des Mannes zusammenfiel.

> Das heißt ich habe die zweite Schwangerschaft mit Victoria als Kleinkind relativ alleine verbracht und einfach auch diese Kleinkindphase. (Frau Wagner)

Ihr Ex-Mann, Herr Wagner, meint ebenfalls, dass seine ausgedehnte Zeitaufwendung für den Beruf – bedingt durch die Gründung einer eigenen Firma – und die daraus resultierende Tatsache, dass seine Ex-Frau zusätzlich zu ihrer eigenen Berufstätigkeit nahezu die gesamte Arbeit mit Kindern und Haushalt verrichtete, immer wieder ein Konfliktpunkt gewesen sei. Auch er hat diese Zeit als sehr arbeits- und energieintensiv in Erinnerung:

> Wie ich nach Hause gekommen bin um vier in der Früh bin ich halt tot ins Bett gefallen und bin um sieben wieder auf und dann, die Victoria hat grad zum Schule gehen angefangen, die Victoria in die Schule geführt und dann bin ich wieder ins Büro gefahren. (Herr Wagner)

Auch einige der befragten Kinder betrachten das Arbeitsausmaß des Vaters bzw. dessen Prioritätensetzung zwischen Beruf und Familie als grundlegend für die Konflikte zwischen den Eltern und damit letztlich als Ursachen für die Scheidung. Die 10jährige Tochter des Paares Wagner vermutet dieselben Trennungsgründe wie ihre Eltern sie beschreiben:

> Meine Eltern haben immer gestritten, weil der Papa immer so spät nach Hause gekommen ist, weil der ist Architekt, und da ist er der Chef, und da ist er immer so lange im Büro gewesen, und die Mama hat dann alles allein machen müssen. (Verena, 10 Jahre)

Ein anderes Kind berichtet:

> Geschäftsreise war er immer, und wenn er da war, hat er auch nie was unternommen, da waren wir nur sehr selten weg, aber zu den Familienfesten haben wir ihn doch immer wieder dazu gebracht, dass er kommt, weil meine Mutter hat dann schon gesagt: Du vernachlässigst dein Kind. Und dann ist er halt sonst eigentlich immer gekommen. (Wilma, 13 Jahre)

Aus Sicht der befragten Frauen resultierte aus dem starken beruflichen Engagement des Mannes bzw. seiner Prioritätensetzung hinsichtlich Arbeitszeit, Freizeit und Familienzeit primär das Gefühl, mit der Verantwortung für die Familien-, Haushalts- und Beziehungsarbeit überfordert und allein gelassen zu sein. Sie konstatieren retrospektiv eine fehlende Kongruenz zwischen ihren eigenen Erwartungen und jenen des Partners, insbesondere hinsichtlich seiner Rolle als Familienvater. Sie erwarteten v. a. die Übernahme von Verantwortung in der Kinderbetreuung, sowie eine (zeitliche) Prioritätensetzung zugunsten der Familie. Ihre Ex-Partner sahen aber (auch aus Sicht der Frauen) eher ihre instrumentelle Rolle als Ernährer der Familie im Vordergrund und räumten dem Beruf höhere Priorität ein – auch, um der Familie einen angemessenen Lebensstandard bieten zu können.

Die Begründungsmuster seitens der Väter für das hohe Berufsengagement unterscheiden sich: Von mehreren Männern wird dezidiert mit der finanziellen bzw. existenziellen Notwendigkeit argumentiert, dass die – entstandene bzw. erweiterte – Familie vermehrte finanzielle Ressourcen und somit eine erhöhte Arbeitszeitinvestition notwendig machte, also „dass es einfach eine existenzielle Frage geworden ist“ (Herr Bauer). Einige Männer erklären ihre erhöhte Arbeitszeit durch mehrere Ursachen gleichzeitig:

> Ich will nicht sagen, dass ich der Karrieretiger war, aber ... es haben sich ein paar Projekte angetan, die also mehr Arbeitszeit verlangt haben ... ah ... Dann war ein bisserl Freizeitwunsch von mir auch da, also sozusagen ... was alleine zu tun. (Herr Wiesmüller)

Andere Männer gestehen sich zum Befragungszeitpunkt (also einige Jahre nach der Scheidung/Trennung) ein, dass das hohe berufliche Investment nicht immer sachlich begründet war, sondern teils auch als *„Ausrede"* (Herr Wagner) bzw. als Fluchtverhalten aus der sich verschlechternden Paarbeziehung bzw. angespannten Familiensituation interpretiert werden kann:

> Das ist auch dann halt ein Fluchtg'schichterl, dass man dann sagt, okay, jetzt muss ich halt mehr arbeiten, und das war dann nicht so schön. (Herr Weiss)

Welche Bedeutung die Männer ihrem Berufsengagement für das Scheitern der Beziehung beimessen, variiert in den einzelnen Fällen. Einige Männer betrachten ihr Berufsengagement sehr wohl als mitverantwortlich für das Scheitern und sehen dadurch einen beträchtlichen Anteil des Auseinanderlebens in ihrer Partnerschaft erklärt, wie die folgende Aussage zeigt: „Wenn ich weniger gearbeitet hätte, hätte ich mehr Zeit gehabt, dann hätte sie keinen anderen Freund gefunden" (Herr Baumann). Andere wiederum lasten die Konflikte, die sich aus der Beschränktheit der zeitlichen Ressourcen ergaben, eher ihrer Partnerin an, „weil's gemeint hat, dass ich für die Familie nur mehr sehr wenig mache" (Herr Winkler). Herr Winkler kritisiert die bestehende Rollenteilung in der ehemaligen Partnerbeziehung aus seiner Sicht folgendermaßen:

> Ich muss ganz ehrlich sagen, ich seh' nicht ein, dass ich da den ganzen Tag arbeiten gehen soll ..., dann vielleicht am Abend noch ... alle ... äh ... Rundummaßnahmen um die Kinder auch noch zu machen, da fragt man sich schon: Was tut sie dann, net? (Herr Winkler)

Diskussionen über die Arbeitsaufteilung, etwa im Haushalt, werden teilweise als überbewertet erlebt: „Diese Diskussionen um Hausarbeit und so weiter, alles das, da bin ich sozusagen eher zu viel darauf eingegangen als zu wenig." (Herr Weber)

Dies verweist zugleich auf ein psychologisches Grundproblem (auch) im Kontext von Partnerbeziehungen: Den jeweils eigenen Arbeitsbereichen werden von den Partnern in aller Regel unterschiedliche Wertigkeiten beigemessen. Die eigenen Arbeitsbereiche werden als wichtiger (und meist auch arbeitsintensiver) beurteilt, bzw. werden die primären Tätigkeitsbereiche des anderen Partners eher geringer eingeschätzt als von diesem selbst (Doblhammer et al., 1997; Lerner & Mikula, 1994; Lothaller et al., 2004). So war vielen Männern nicht klar, wie wichtig ihren Partnerinnen Unterstützung bei (für sie) alltäglichen Routineangelegenheiten gewesen wäre: „Ganz ein typisches Beispiel war das, dass meine Frau dann bei der Scheidung auch gesagt hat, er hat schon seit zwanzig Jahren die Wohnung nicht zusammengekehrt oder zusammengeräumt." (Herr Weidinger).

Für einige Frauen hatten dementsprechend die hohe Erwerbsorientierung des Partners und die traditionelle Arbeitsteilung auch zur Folge, dass aus ihrer Sicht die Leistungen in der Kindererziehung und Haushaltsführung vom Partner nicht ausreichend anerkannt und in ihrem Wert geschätzt wurden:

> Da habe ich mich ganz lange irgendwie eigentlich abgelehnt gefühlt dadurch, dass er viel mit, draußen irgendwie mit Leuten zusammen gekommen ist, oder auch mit Frauen, die halt Beruf und Kinder checken, und ich bin mir da irgendwie ... nicht geachtet vorgekommen (...) abgelehnt in dem, was ich tu. (Frau Bruckmeyer)

Ihr Ex-Partner, Herr Bauer, hingegen hatte für einige Zeit versucht, sich vorwiegend den Kindern zu widmen und machte ganz ähnliche Erfahrungen: Er fühlte sich mit der alleinigen Zuständigkeit für Kinder und Haushalt „einfach unterfordert" und war „nicht mehr bereit, nur bei den Kindern daheim zu sein", was zu den erwähnten Konflikten mit seiner Ex-Partnerin führte. Für die Situation seiner Ex-Partnerin zeigt er jedoch retrospektiv durchaus Verständnis:

> Zu der Situation der Trennung ist es gekommen, also immer, immer dieser, ja einerseits diesen schweren Konflikt gehabt, dass es eher drum ging, dass die Carola gesagt hat, na ja, ich tue mich selbst verwirklichen praktisch und sie bleibt auf der Strecke, wo ich auch nicht wirklich, wo ich denke, sie hat nicht ganz unrecht, ja. (Herr Bauer)

Das Gefühl, mit der Verantwortung für die Familien-, Haushalts- und Beziehungsarbeit überfordert und allein gelassen zu sein, das fehlende Eingehen der Männer auf die emotionalen Bedürfnisse ihrer Partnerinnen, sowie die Frustration darüber, dass eine Realisierung der Idealvorstellungen in der Beziehung nicht möglich erschien, führten im Lauf der Zeit bei den Frauen zu einer steigenden Unzufriedenheit mit der Beziehung und zur emotionalen Entfremdung vom Partner:

> Also es hat eine große Unzufriedenheit von mir gegeben und ein großes, so ein, das Gefühl, dass ein Grundbedürfnis schon lange nicht befriedigt wird in der Beziehung, so nach Nähe und nach Zuwendung und nach Zeit miteinander. Er hat eben ein Geschäft und war sehr beschäftigt mit dem und wollte das auch ausbauen und das war auch so ein Grund, wo ich gesagt habe, da komm ich nicht mehr mit, wenn er da noch mehr Energie hineinnehmen möchte. (...) Ich habe immer so eine Vision gehabt, wenn Kinder da sind, dass es Aufgabenteilung gibt. (Frau Wiener)

Die Unzufriedenheit der Frauen hinsichtlich der traditionellen Rollenteilung bezog sich nicht nur auf ihre Vorstellungen von Familie und Partnerschaft, sondern auch auf ihre eigenen Berufsperspektiven. Sie erlebten die praktizierte Rollenteilung diesbezüglich als einschränkend für ihre eigene berufliche Entwicklung, da das hohe Arbeitsengagement ihrer Ex-Partner einher ging mit reduzierten Möglichkeiten einer eigenen Berufstätigkeit:

> Bei der Geburt vom zweiten Kind ist er ziemlich in eine Ausbildung eingestiegen und war wenig daheim und hat da halt irgendwie auch ziemlich viel Bestätigung gefunden irgendwie. Einerseits natürlich hat er arbeiten gehen müssen, auf der anderen Seite habe ich halt auch sehr wenig Platz und Raum gehabt überhaupt, dass ich auch irgendwas mache. Also ich bin praktisch daheim gehangen jetzt irgendwie zehn Jahre lang und da gab es halt immer wieder Streitigkeiten deswegen. (Frau Bruckmeyer)

Auch wenn die befragten Frauen während ihrer Beziehung einer Berufstätigkeit nachgingen und dies von ihren Partnern generell unterstützt wurde, so war dies nicht unproblematisch, da die Rollenteilung bestehen blieb und sie somit auch die Verantwortung für die Organisation der Kinderbetreuung während der Zeit ihrer Berufsausübung übernahmen bzw. übernehmen mussten: „Das waren so Konfliktpunkte, das war dann einfach immer mein Part, ja. Also es war irgendwie so selbstverständlich, wenn ich dann diesen

Termin wahrnehmen muss, dann hab ich auch dafür zu sorgen, dass die Kinderbetreuung da ist.“ (Frau Weber)

In einigen Fällen wird von tendenzieller (männlicher) Skepsis gegenüber einer Berufstätigkeit der Frau berichtet, welche sowohl mit finanziellen als auch alltagspraktischen Einwänden hinsichtlich der praktizierten Rollenteilung argumentiert wurde, wie z.B. von Herrn Birkner:

> Sie wollte schon einen Halbtagsjob auch, ned. Nur das ist ... sie hat Verkäuferin gelernt und das ist halt, da einen Halbtagsjob Vormittag finden, ist ned leicht, ned. Und ich sage, Nachmittag, wenn die Kinder vom Kindergarten heimgehen, dass sie am Nachmittag arbeiten geht und ich muss die Kinder irgendwo hingeben, das ... für die paar tausend Schilling, was du dann verdienst, ist ... bringt's eigentlich ned, ned. (Herr Birkner)

Aus Sicht seiner ehemaligen Partnerin trug die Diskussion um die von ihr gewünschte Berufstätigkeit wesentlich dazu bei, dass sie begann, die Beziehung zu überdenken und sich sukzessive von ihrem Mann zu entfernen. Erst als sie ihrem Mann von ihren Trennungsabsichten berichtete, war er zum Einlenken bereit:

> Dann hat er gesagt, nein, also wenn es nicht sein muss, will er es nicht [die Berufstätigkeit seiner Frau, Anm.]. Und wie ich dann das ausgesprochen habe daheim, dass ich gesagt habe, dass ich halt mit dem Gedanken spiele, dass ich eine Scheidung will, dann hat er gesagt, na ja, dann soll ich halt arbeiten gehen, wenn es mir hilft, ned. Dann hab ich gesagt, es ist ganz einfach schon zu spät jetzt. Ich sag, ich hab mich dann so kleinweis irgendwo ... aussi entfernt aus der Beziehung. (Frau Birkner)

Ähnliches berichtet auch Frau Weber, die lange Zeit darunter gelitten hatte, dass ihr Ex-Partner seiner eigenen Berufstätigkeit höhere Priorität als ihrer einräumte:

> Also wie es sozusagen wirklich so war, dass er gemerkt hat, jetzt ist es ihr aber wirklich, wirklich ernst, ja, dann war auf einmal alles möglich. Es war die Teilung der Hausarbeit, die Ausführung des Berufes, die Kinderbetreuung, alles war möglich, wo wir vorher um Jahre gestritten und gekämpft haben, und dann war es aber zu spät. (Frau Weber)

Auch die befragten Männer berichten davon, dass ihnen die negativen Konsequenzen ihrer starken beruflichen Orientierung, verbunden mit dem entsprechenden Zeitaufwand und der beschriebenen traditionellen Rollenteilung, häufig erst wesentlich später als ihren Partnerinnen bewusst wurden (bzw. wurden sie in der männlichen Wahrnehmung auch erst später thematisiert), nämlich dann, wenn die Konflikte in der Partnerbeziehung kumulierten:

> Ich habe keinen fixen Job gehabt, habe einfach alles genommen, was ich habe nehmen können und habe da schon sehr, sehr viel gearbeitet gehabt, und das ist aber auch von ihr erst sozusagen gekommen dieses Feedback, dass das für sie belastend war, wie es dann generell so zu Krisen, also Jahre später ist das eigentlich erst gekommen dieses Feedback. Zu dem Zeitpunkt war das nicht wirklich ein Problem und auch mir nicht bewusst, nur im Nachhinein ist es dann schon so gewesen, auch die Rückmeldung von ihr, dass gerade in der Zeit da offensichtlich bei ihr viel passiert ist. (Herr Weber)

Insgesamt zeigen die Ergebnisse der Untersuchung, dass das Bewusstsein für die Notwendigkeit und Sinnhaftigkeit, auch Zeit und Energie in die Aufrechterhaltung einer funktionierenden Beziehung zu investieren, bei den befragten Männern allgemein nur gering ausgeprägt zu sein scheint. Partnerschaft wird von den befragten Männern zumeist als ein sich im Wesentlichen selbst organisierender und entwickelnder Prozess konzipiert (Zartler & Werneck, 2004). Im Zuge der Trennung lässt sich hier bei manchen Männern – für die betreffende Beziehung allerdings zu spät – ein gewisser Einsichts- bzw. Umdenkprozess erkennen, wie etwa folgende Aussage zum Ausdruck bringt: „Wo ich zu wenig gemacht habe, ist auf der Beziehungsebene" (Herr Weber).

3 Zusammenfassung

Veränderungen in Familie und Beruf führen dazu, dass es zunehmend häufiger zu Phasen im Leben von Familien kommt, in welchen es sich als schwierig erweist, Beruf und Familie in Einklang zu bringen. In der deutschsprachigen Forschung wurden Vereinbarkeitsprobleme lange Zeit ausschließlich als Frauenthemen behandelt. In zahlreichen Arbeiten wurde und wird belegt, dass Frauen heute doppelt und dreifach belastet sind und dass sie, ob erwerbstätig oder nicht, das Gros an Betreuungs- und Versorgungsarbeit, aber auch Planungs-, Organisations- und Abstimmungsarbeit leisten. Langsam entwickelt sich eine Sensibilität, dass auch zunehmend mehr Väter zwischen den Anforderungen von Beruf und Familie hin- und hergerissen sind und in ein Vereinbarkeitsdilemma geraten. Während sich Vereinbarkeitsprobleme bei Frauen vor allem in einem Zeit- und Koordinationsdilemma äußern, liegt das Dilemma für Väter darin, dass sie zunehmend mehr ein ausgedehntes Berufsengagement gegenüber den Ansprüchen und Erwartungen ihrer Partnerinnen und Kinder verteidigen müssen.

Trotz Veränderungen in den Einstellungen wirken sich Kinder auf die Erwerbsbiografie von Männern nach wie vor anders aus als auf jene von Frauen. Die männliche Berufskarriere scheint noch immer mit einer familienbezogenen Berufspause oder einer Teilzeitbeschäftigung kaum vereinbar.

Unter Bezugnahme auf die Ergebnisse der österreichischen Studie „Ursachen und Folgen von Scheidung/Trennung für Kinder, Frauen und Männer", durchgeführt im Auftrag des Bundesministeriums für Soziale Sicherheit und Generationen am Europäischen Zentrum für Wohlfahrtspolitik und Sozialforschung (Zartler et al., 2002, 2004), wurde im vorliegenden Beitrag dargestellt, unter welchen Bedingungen sich ein hohes Berufsengagement auf das Scheidungsrisiko auswirkt.

Die Ergebnisse verdeutlichen (erneut) die Notwendigkeit weitergehender bewusstseinsbildender Maßnahmen, die dazu beitragen, dass Männer und Frauen ihre tiefsitzenden Rollenmuster reflektieren und deren negative Konsequenzen für die Partnerbeziehung erkennen. Neben der Bereitschaft beider Partner – in Abhängigkeit von der jeweiligen Lebenssituation – stets neu zu verhandeln, wie eine für beide Partner (einigermaßen) faire Aufteilung von Berufs- und Familienarbeit aussieht, besteht ein Bedarf an Maßnahmen, die Männer ermutigen, in stärkerem Maße als bisher familiäre Verantwortung zu übernehmen und von bestehenden Rechten Gebrauch zu machen. Das Verhalten von

Frauen und Männern kann und wird sich aber nicht ausreichend ändern, wenn es nicht gleichzeitig zu einem Umdenken und zu Veränderungen in den Unternehmen und zu weitergehenden Initiativen der Politik kommt, die zu einer nachhaltigen Verbesserung der Vereinbarkeitssituation führen.

4 Literatur

Bacher, J. & Wilk, L. (1996). Geschlechtsspezifische Arbeitsteilung – Ausmaß und Bedingungen männlicher Mitarbeit im Haushalt. In M. Haller, K. Holm, K. Müller, W. Schulz & E. Cyba (Hrsg.), *Österreich im Wandel. Werte, Lebensformen und Lebensqualität 1986 bis 1993* (S. 165-187). München: Oldenburg.

Barling, J. & MacEwen, K. E. (1992). Linking work experiences to facets of marital functioning. *Journal of Organizational Behavior, 13*, 573-583.

Beck, N. & Hartmann J. (1999). Die Wechselwirkung zwischen Erwerbstätigkeit der Ehefrau und Ehestabilität unter der Berücksichtigung des sozialen Wandels. *Kölner Zeitschrift für Soziologie, 51 (4)*, 655-680.

Beham, M. (1998). *Lebenslanger Verzicht oder späte Mutterschaft? Über die Wahlfreiheit und den biografischen „Nicht"-Entscheidungsprozess von kinderlosen Frauen und späten Müttern ab 35 Jahren.* Unveröffentlichte Dissertation, Universität Linz.

Beham, M. & Haller, R. (2005). Wie Paare heute Beruf und Familie in Einklang bringen. In M. Haller, W., Schulz & A. Grausgruber (Hrsg.), *Österreich in der Jahrhundertwende. Gesellschaftliche Werthaltungen und Lebensqualität 1986-2004.* (S. 401-430). Opladen: VS Verlag für Sozialwissenschaften.

Birkelbach, K. W. (1998). *Berufserfolg und Familiengründung. Lebensläufe zwischen institutionellen Bedingungen und individueller Konstruktion.* Wiesbaden: Westdeutscher Verlag.

Blossfeld, H.-P., Huinink, J. & Rohwer, G. (1991). Wirkt sich das steigende Bildungsniveau der Frauen tatsächlich negativ auf den Prozess der Familienbildung aus? Eine Antwort auf die Kritik von Josef Brüderl und Thomas Klein. *Zeitschrift für Bevölkerungswissenschaft, 17* (3), 337-351.

Cowan, C. & Cowan P. A. (1987). Men's involvement in parenthood: Identifying the antecedents and understanding the barriers. In P. W. Berman, F. A. Pedersen (Eds.), *Men's transitions to parenthood* (pp. 145-174). Hillsdale, NJ: Erlbaum.

Crouter, A. C., Bumpus, M. F., Maguire, M. C. & McHale S. M. (1999). Linking parents' work pressure and adolescents' well-being: Insights into dynamics in dual-earner families. *Developmental Psychology, 35*, 1453-1461.

Dieckmann, A. & Weick, S. (Hrsg.). (1993). *Der Familienzyklus als sozialer Prozess. Bevölkerungssoziologische Untersuchungen mit den Methoden der Ereignisanalyse.* Berlin: Duncker & Humblot.

Doblhammer, G., Lutz, W. & Pfeiffer, C. (1997). *Familien- und Fertilitätssurvey (FFS) 1996. Materialiensammlung. Heft 2.* Wien: Österreichisches Institut für Familienforschung.

Dörfler, S. (2004). *Die Wirksamkeit von Abhängigkeit zur besseren Vereinbarkeit von Familie und Erwerbsarbeit. Working paper. Nr. 36.* Wien: Österreichisches Institut für Familienforschung.

Ellguth, P., Liebold R. & Trinczek R. (1998). „Double Squeeze". Manager zwischen veränderten beruflichen und privaten Anforderungen. *Kölner Zeitschrift für Soziologie und Sozialpsychologie, 50* (3), 517-535.

Franco, A. & Winqvist, K. (2002). Frauen und Männer, die Arbeit und Familie vereinbaren. Europäische Gemeinschaften. *Statistik kurz gefasst. Bevölkerung und soziale Bedingungen, 9,* 1-6.

Fthenakis, W. (1999). *Engagierte Vaterschaft. Die sanfte Revolution in der Familie.* Opladen: Leske + Budrich.

Fthenakis, W., Kalicki, B. & Peitz G. (2002). *Paare werden Eltern. Die Ergebnisse der LBS-Studie.* Opladen: Leske + Budrich.

Fthenakis, W. & Minsel, B. (2001). *Die Rolle des Vaters in der Familie. Zusammenfassung des Forschungsberichtes.* Bundesministerium für Familie, Senioren, Frauen und Jugend. Berlin: Kohlhammer.

Fthenakis, W. & Minsel, B. (2002). *Die Rolle des Vaters in der Familie.* Stuttgart: Kohlhammer.

Greenstein, T. N. (1990). Marital disruption and the employment of married women. *Journal of Marriage and the Family, 52,* 657-676.

Greenstein, T. N. (1995). Gender ideology, marital disruption, and the employment of married women. *Journal of Marriage and the Family, 57,* 31-42.

Griffig, M. (2003). Arbeits-/Familien-/Lebenszeit – Vereinbarkeitsstrategien zwischen Wunsch und Wirklichkeit. In A. Habisch, H.-L. Schmidt & M. Bayer (Hrsg.), *Familienforschung interdisziplinär* (S. 99-106). Eichstätt-Ingolstadt: Vektor-Verlag.

Hartmann, J. (1999). Soziale Einbettung und Ehestabilität. In T. Klein & J. Kopp (Hrsg.), *Scheidungsursachen aus soziologischer Sicht* (S. 233-254). Würzburg: Ergon Verlag.

Hartmann, J. & Beck, N. (1999). Berufstätigkeit der Ehefrau und Ehescheidung. In T. Klein & J. Kopp (Hrsg.), *Scheidungsursachen aus soziologischer Sicht* (S. 179-202). Würzburg: Ergon Verlag.

Herlyn, I. & Krüger, D. (Hrsg.). (2003). *Späte Mütter. Eine empirisch-biografische Untersuchung in West- und Ostdeutschland.* Opladen: Leske + Budrich.

Hill, P. B. & Kopp, J. (1999). Ehescheidung: Historische Entwicklungen und theoretische Erklärungen. In T. Klein & J. Kopp (Hrsg.), *Scheidungsursachen aus soziologischer Sicht* (S. 23-42). Würzburg: Ergon Verlag.

Höpflinger, F., Charles, M. & Debrunner, A. (Hrsg.). (1991). *Familienleben und Berufsarbeit: Zum Wechselverhältnis zweier Lebensbereiche.* Zürich: Seismo-Verlag.

Keiser, S. (1997). Vereinbarkeit von Familie und Beruf – nur eine Frauenfrage? In L. Böhnisch & K. Lenz (Hrsg.), *Familien. Eine interdisziplinäre Einführung* (S. 235-250). Weinheim: Juventa.

Klaus, D. & Steinbach, A. (2002). Determinanten innerfamiliärer Arbeitsteilung. Eine Betrachtung im Längsschnitt. *Zeitschrift für Familienforschung, 14,* 21-43.

Klein, T. & Stauder, J. (1999). Der Einfluss ehelicher Arbeitsteilung auf die Ehestabilität. In T. Klein & J. Kopp (Hrsg.), *Scheidungsursachen aus soziologischer Sicht* (S. 159-178). Würzburg: Ergon Verlag.

Kohn, M. L. (1977). *Class and conformity. A study in values.* Chicago: University of Chicago Press.

Kohn, M. L. & Schooler, C. (1983). *Work and Personality: An inquiry into the impact of social stratfication.* Norwood, NJ: Ablex.

Kohn, M. L, Slomczynski, K. & Schoenbach, C. (1986). Social stratification and the transmission of values in the family: A cross-national assessment. *Sociological Forum, 1,* 73-102.

Kracke, B. & Hofer, M. (2002). Familie und Arbeit. In M. Hofer, E. Wild & P. Noack (Hrsg.), *Lehrbuch Familienbeziehungen. Eltern und Kinder in der Entwicklung* (S. 94-123). Göttingen: Hogrefe.

Kühn T. (2004). *Berufsbiografie und Familiengründung. Biografiegestaltung junger Erwachsener nach Abschluss der Berufsausbildung.* Wiesbaden: Verlag für Sozialwissenschaften.

Künzler, J. (1995). Geschlechtsspezifische Arbeitsteilung: Die Beteiligung von Männern im Haushalt im internationalen Vergleich. *Zeitschrift für Frauenforschung, 13,* 115-132.

Lerner, M. & Mikula, G. (Hrsg.), (1994). *Entitlement and the affectional bond: Justice in close relationsships.* New York: Plenum.

Lothaller, H., Mikula, G. & Jagodisch, S. (2004). Familienarbeit und ihre Verteilung aus Sicht von Männern und Frauen. In Österreichische Gesellschaft für Interdisziplinäre Familienforschung (Hrsg.), *Working Father. Männer zwischen Beruf und Familie. Tagungsdokumentation* (S. 23-28). Wien.

Lutz, H. (2000). Frauen im Spannungsfeld zwischen Mutterschaft und Erwerbstätigkeit. *WIFO. Monatsberichte, 5.*

Peinelt-Jordan, K. (1996). *Männer zwischen Familie und Beruf. Ein Anwendungsfall für Individualisierung der Personalpolitik.* München: Rainer Hampp Verlag.

Poortman, A.-R. (2002). *Women's work and divorce: A matter of anticipation?* Paper presented at the conference „Divorce in a cross-national perspective. A european network.", Florence, 14.-15. November 2002.

Rerrich, M. (2000). Zusammenfügen, was auseinanderstrebt: Zur familialen Lebensführung von Berufstätigen. In W. Kidera, & G. Voß (Hrsg.), *Lebensführung und Gesellschaft. Beiträge zu Konzept und Empirie alltäglicher Lebensführung* (S. 247-263). Opladen: Leske + Budrich.

Röhler, H., Steinbach, A. & Huinink, J. (2000). Hausarbeit in Partnerschaften. Zur Erklärung geschlechtstypischer Arbeitsteilung in nichtehelichen und ehelichen Lebensgemeinschaften. *Zeitschrift für Familienforschung, 12,* 21-53.

Rost, H. (2001). Väter und Erziehungszeit – Ansatzpunkte für eine größere Beteiligung von Vätern an der Erziehungs- und Familienarbeit. In C. Leipert (Hrsg.), *Familie als Beruf: Arbeitsfeld der Zukunft* (S. 235-248). Opladen: Leske + Budrich.

Rosenstiel, L. v. (2001). Arbeit und Familie. In S. Walper & R. Pekrun (Hrsg.), *Familie und Entwicklung. Aktuelle Perspektiven in der Familienpsychologie* (S. 106-130). Göttingen: Hogrefe.

Ruckdeschel, K. (2003). Leben und Arbeiten – Perspektiven von Kindern, Müttern und Vätern. In A. Habisch, H.-L. Schmidt & M. Bayer (Hrsg.), *Familienforschung interdisziplinär* (S. 107-120). Eichstätt-Ingolstadt: Vektor-Verlag.

Rupp, M. (1996). Zwischen Konkurrenz, Ambivalenz und Präferenz, Familie und Beruf im weiblichen Lebensentwurf. In H. P. Buba & N. Schneider (Hrsg.), *Familie zwischen gesellschaftlicher Prägung und individuellem Design* (S. 273-286). Opladen: Westdeutscher Verlag.

Schneider, N., Limmer, R. & Ruckdeschel, K. (2002*). Mobil, flexibel, gebunden. Familie und Beruf in der mobilen Gesellschaft.* Frankfurt: Campus.

Schweitzer, M. (2000). *Frauen in Karenz. Ein Balanceakt zwischen Familie und Beruf.* Unveröffentlichte Dissertation, Wirtschaftsuniversität Wien.

Stauder, J. (2002). *Eheliche Arbeitsteilung und Ehestabilität.* Würzburg: Ergon.

Vannoy, D. & Philliber, W. W. (1992). Wife's employment and quality of marriage. *Journal of Marriage and the Family, 54*, 387-398.

Vaskovics, L. & Rost H. (1999). *Väter und Erziehungsurlaub.* Stuttgart: Kohlhammer.

Vaskovics, L., Rost, H. & Rosenkranz, D. (2000). *Was machen junge Väter mit ihrer Zeit? Die Zeitallokation junger Ehemänner im Übergang zur Elternschaft. ifb-Forschungsbericht. Nr. 2.* Bamberg.

Wilk, L. (1997). Koordination von Zeit, Organisation von Alltag und Verknüpfung individueller Biografien als familiale Gestaltungsaufgabe. In L. A. Vaskovics (Hrsg.), *Familienleitbilder und Familienrealitäten* (S. 229-247). Opladen: Leske + Budrich.

Zartler, U., Wilk, L. & Kränzl-Nagl, R. (Hrsg.). (2002). *Ursachen und Folgen von Scheidung/Trennung für Kinder, Frauen und Männer. Projektbericht.* Wien: Europäisches Zentrum für Wohlfahrtspolitik und Sozialforschung.

Zartler, U., Wilk, L. & Kränzl-Nagl, R. (Hrsg.). (2004). *Wenn Eltern sich trennen. Wie Kinder, Frauen und Männer Scheidung erleben.* Frankfurt: Campus.

Zartler, U. & Werneck, H. (2004). Die Auflösung der Paarbeziehung: Wege in die Scheidung. In U. Zartler, L. Wilk & R. Kränzl-Nagl (Hrsg.), *Wenn Eltern sich trennen. Wie Kinder, Frauen und Männer Scheidung erleben* (S. 57-105). Frankfurt/Main: Campus.

IV. Maßnahmen zur Väterförderung

Sonja Brauner

In den letzten Jahren boomt das Väterthema in den Medien, und auch in der Wissenschaft hat sich die Väterforschung bereits erfolgreich etabliert. Nach dem Motto „only bad news are good news" greifen die Medien das Väterthema eher negativ auf. Wenn Kinder, speziell wenn Buben schwierig werden, dann werden dafür die Väter verantwortlich gemacht. Die Väterforschung befasste sich zunächst mit den Folgen der abwesenden Vätern, und erst seit den 80er Jahren steht die Qualität der Vater-Kind-Beziehung (Fthenakis, 2000) im Zentrum der Forschung. Dabei hat sich das Engagement der Väter in den letzten Jahrzehnten sehr positiv verändert (Brauner, 2004). Männer nehmen heute ihre Vaterschaft viel ernster als ihre eigenen Väter, sie schieben stolz den Kinderwagen durch die Straßen. Sie wollen nach der Arbeit jede freie Minute mit ihren kleinen Lieblingen verbringen, die Realität sieht leider anders aus. Neue Studien zeigen, dass ein Drittel der Väter sich vorstellen kann in Karenz zu gehen (Lehner, 2003b; Stampler, 2004), aber nur ca. 2 Prozent der Väter gehen tatsächlich in Karenz. Das reale Engagement der Väter entspricht bei weitem nicht ihrem Selbstverständnis von aktiver Vaterschaft. Männer unternehmen mit ihren Kindern viel mehr wie noch vor 20 Jahren, dennoch gelingt es den wenigsten ihren eigenen Ansprüchen gerecht zu werden. Väter brauchen fördernde Strukturen und Rahmenbedingungen sowie eine väterfreundliche Gesellschaft, damit sie ihre Wünsche auch realisieren können.

1 Familiengründung – Ausschluss der Väter

Zwei Drittel der jungen Männer definieren sich primär als Erzieher (Zulehner, 2003), sie bemühen sich um eine tiefe emotionale Beziehung zu ihrem Kind und wollen es auch fürsorglich betreuen. Fthenakis spricht von einer sanften Revolution bei den jungen Männern in Richtung mehr engagierte Vaterschaft (Fthenakis, 2000). Es steigt der Anteil an Männern in Geburtsvorbereitungskursen, und die meisten Väter sind bei der Geburt dabei – noch vor zwanzig Jahren wäre das undenkbar gewesen. Werdende Väter freuen sich auf ihr Kind, sie erleben die Geburt als intensives Erlebnis und fühlen tiefe Zuneigung und spontane Begeisterung. Laut Werneck (2004) sind Väter regelrecht verliebt in ihr Kind (Werneck, 2004; Stampler, 2004). Danach kommt aber meist schnell die Ernüchterung, denn zwei Tage später müssen sie wieder an ihren Arbeitsplatz zurückkehren[1]. Diese Zeit reicht gerade für den Weg zum Standesamt und die letzten Vorbereitungen im Kinderzimmer, aber sicher nicht zum Aufbau einer intensiven Beziehung zum Kind oder für einen positiven Start in die Vaterschaft. Die beruflichen Belastungen begrenzen die Möglichkeiten, wie sehr sich ein Vater am familiären Leben beteiligen und wie aktiv er seine Vaterrolle ausleben kann. Anstatt mehr Zeit mit ihren Kindern zu verbringen arbeiten die Väter nach der Geburt eines Kindes mehr als vorher[2]. Der moderne Mann ist unter den jüngeren Männern im Vormarsch, gleichzeitig hat eine stärkere Polarisierung zwischen dem modernen und dem traditionellen Typ stattgefunden (Beck-Gernsheim, 2000, Bundesministerium für soziale Sicherheit und Generationen, 2000; Ott & Pape, 2002). Die neueste österreichische Männerstudie (Zulehner, 2003) hat ergeben, dass sowohl der Anteil der modernen als auch der traditionellen Männer zugenommen hat und dafür der Anteil der pragmatischen und unbestimmten abgenommen hat. Dies entspricht der Pluralisierung der Lebensstile. Väter engagieren sich vor allem als Spiel- und Freizeitväter, nur wenige übernehmen den weniger attraktiven Pflege- und Versorgungsbereich (Procter & Gamble, 2001; Zulehner, 2003). Die Hauptlast der Familienarbeit und der Kinderbetreuung wird immer noch von den Frauen getragen.

Für eine Frau ist es selbstverständlich, dass sie nach dem Mutterschutz in Karenz geht. Damit übernimmt sie automatisch die Verantwortung für Erziehung, Pflege und Haushalt, während der Vater für den Unterhalt der Familie aufkommt. Die Familiengründung beinhaltet eine Falle für die Gleichberechtigung der Frauen am Arbeitsmarkt und eine Einschränkung für das väterliche Engagement in der Familie. Weder die stärkere Einbeziehung von Männern in Schwangerschaft und Geburt noch die gestiegene Erwerbstätigkeit von Frauen haben zu einer Veränderung des männlichen Erwerbsverhalten geführt. Fast hundert Prozent der Mütter gehen in Karenz, unabhängig davon, ob sie ein modernes oder ein traditionelles Weltbild haben und dies ihrem Rollenverständnis als Mutter entspricht. In diese Traditionalisierungsfalle schlittern auch gleichberechtigte Partnerschaften, die bisher alle familiären Pflichten gemeinsam erledigten. Frauen und Männer werden in der Phase der Familiengründung gegen ihren Willen in eine traditionelle Arbeitsteilung hinein gedrängt: Er in die Ernährerrolle, sie in die Familienrolle. Das kann zu enormer Unzufriedenheit mit dem eigenen Leben, Spannungen in der Partnerschaft bis hin zur Trennung führen. Die Paarbeziehung wird durch ein Kind enorm belastet, viele Väter reagieren mit Eifersucht darauf, dass sich plötzlich alles um das Kind dreht, sie fühlen sich bedroht durch die enge Mutter-Kind-Beziehung[3]. Jedes zweite Paar berichtet von einer Zunahme von Missstimmungen und Spannungen in der Partnerschaft,

---

1 Je nach Kollektivvertrag stehen einem Vater ein bis zwei arbeitsfreie Tage anlässlich der Geburt eines Kindes zu. Viele Väter nehmen sich in dieser Zeit ein bis zwei Wochen Urlaub, sofern es ihnen ihr Arbeitgeber gestattet, aber diese Wochen fehlen ihnen dann im ersten Lebensjahr des Kindes.

2 LBS-Studie steigt die durchschnittliche Arbeitszeit von Vätern innerhalb der ersten vier Lebensjahre des Kindes von ca. 33 Stunden auf ca. 43 Stunden pro Woche an. (Fthenakis, 2002).

3 Gereiztheit durch nächtliche Störungen und keine Lust auf Sex bei der Partnerin können die Beziehung sehr belasten. Dazu kommen noch unterschiedliche Erziehungsvorstellungen z.B.: ab wann ein Kind verwöhnt wird. (Preuß, 2002).

nur bei 12 Prozent der Eltern hat sich die Qualität der Beziehung durch die Geburt eines Kindes verbessert (Fthenakis, 2002).

Eine positive Familienerfahrung der Mutter mit dem ersten Kind erhöht die Wahrscheinlichkeit, dass sich die Eltern zu einem zweiten Kind entschließen (LBS-Familien-Studie, 2001). Je unzufriedener die Mutter mit der Rollenaufteilung ist, desto eher entscheidet sie sich gegen ein zweites Kind. Nach dem 2. Kind verschärft sich die Situation, es steigt die Unzufriedenheit, und die Männer beteiligen sich noch weniger in der Familie (Ott & Pape, 2002). Ein stärkeres Engagement der Väter würde sich positiv auf die Geburtenzahlen auswirken. Die Familiengründung ist eine Schlüsselphase im Bewusstsein von vielen Männern. Wenn sie sich in dieser Phase nicht klar werden, dass sie ihr Leben ändern müssen, weil sie Zeit für ihr Kind brauchen, werden sie vielleicht erst bei ihren Enkeln erkennen, was sie bei ihren eigenen Kindern versäumt haben. Väter brauchen beim Übergang zur Vaterschaft unterstützende Rahmenbedingungen und eine väterfreundliche Gesellschaft, um in ihre neue Rolle hinein wachsen zu können.

2 Aktive Väterförderung durch den Vaterschutzmonat

Das Leben von Kindern wird bis zu ihrem zehnten Lebensjahr fast ausschließlich von Frauen dominiert: von der Mutter, den Erzieherinnen und Lehrerinnen, bis auf den Vater kommen sie mit Männern so gut wie nicht in Berührung. Ob aus der Männer-, Frauen- oder Kinderperspektive her betrachtet, sind Wissenschaft, Politik und auch Gesellschaft der Meinung, dass sich Väter in der Familie stärker engagieren sollten. Zum gleichen Ergebnis kommen Studien über die Wünsche der betroffenen Väter, und dennoch ändert sich ihr Verhalten nur gering. In der Familiengründungsphase werden die Weichen gestellt, eine einmal eingeführte Arbeitsteilung zwischen den Geschlechtern lässt sich später nur mehr mit einem enormen, finanziellen und persönlichen Aufwand verändern. Maßnahmen der Väterförderung müssen sich auf diese Phase konzentrieren. Der Schlüsselfaktor für eine gerechtere Aufteilung der Familienarbeit kommt damit den ersten Lebensjahren (Karenzzeit) des Kindes zu. Wichtig wäre ein deutliches Signal, dass Väter in der Familie von Anfang an erwünscht sind.

Die Österreichischen Kinderfreunde haben ein ganz konkretes Modell zur Väterförderung entwickelt, denn moralische Appelle alleine verändern keine gesellschaftlichen Strukturen. Der neuralgische Punkt, bei dem angesetzt werden muss, ist der Übergang zur Vaterschaft. Schon seit Jahren fordern Väterexperten einen Vaterschaftsurlaub (Sauerborn, 1999; Werneck, 2004) und mehr Unterstützung unmittelbar für die Zeit nach der Geburt (Wegscheider, 2003), um ein deutliches Signal in Richtung Väter zu setzen.

Die Kinderfreunde fordern einen *Vaterschutzmonat:* Jeder österreichische Vater soll das Recht auf 4 Wochen zusätzlichen Urlaub anlässlich der Geburt seines Kindes erhalten[4]. Die Bezeichnung Vaterschutzmonat wurde bewusst analog zum Mutterschutz gewählt, um den Vätern deutlich zu zeigen, dass sie für ihr Kind ebenso wichtig sind wie die Mutter. Der Vater erhält in dieser Zeit vollen Lohnausgleich und Kündigungsschutz. Der werdende Vater muss die Schwangerschaft seiner Frau bzw. seine Absicht in Vaterschutz zu gehen rechtzeitig dem Arbeitgeber melden. Die Mutter hat in besonderen Fällen ein Einspruchsrecht, wenn während der Schwangerschaft die Beziehung beendet wurde oder Gewalt im Spiel ist. Der Vaterschutzmonat ist eine Familienleistung und soll durch den Familienlastenausgleichsfonds (FLAF) finanziert werden. Die Kosten werden zu Beginn ca. 70 Millionen Euro betragen[5], da in etwa mit einer 50-prozentigen Inanspruchnahme gerechnet werden kann. Mit dieser Summe kann die Gesellschaft zeigen, wie viel ihr das Engagement der Väter wert ist, und einen kleinen Schritt in Richtung Einkommensgerechtigkeit zwischen Frauen und Männern setzen. Es ist zwar nur ein Monat, aber der erste Monat ist der wichtigste für den Aufbau der Vater-Kind-Beziehung und eine sichere Bindung zwischen Vater und Kind („väterliches Bonding"; Werneck, 2004).

Die Idee einen Vaterschutzmonat einzuführen ist eine konkrete Maßnahme, die relativ einfach greifen könnte: Die Kosten für den Staat sind überschaubar, die indirekten Kosten für die Wirtschaft für die Überbrückung des einen Monats sind verkraftbar und der individuelle Aufwand für die betroffenen Väter relativ gering. Durch den vollen Lohnersatz werden sich engagierte Väter diesen Monat kaum entgehen lassen. Eine Befragung werdender Väter ergab, dass 50% den Vaterschutzmonat sofort in Anspruch nehmen würden, insgesamt wurde die Idee von 95% positiv bewertet (Stampler, 2004). In Frankreich wurde 2002 der Vaterschaftsurlaub von 3 auf 14 Tage ausgeweitet und noch im ersten Jahr von 60% der Väter angenommen (Lavaud, 2004).

Die begleitende „papa aktiv"-Kampagne der Kinderfreunde zur Bekanntmachung des Vaterschutzmonats stieß auf ein sehr breites und positives Medienecho[6]. Zahlreiche ExpertInnen und Organisationen unterstützen die Forderung. Die Kritik von Seiten der Wirtschaft und der Österreichischen Bundesregierung bezieht sich in erster Linie auf die Finanzierbarkeit, nicht aber über dessen Nutzen für die Eltern[7]. Der Vaterschutzmonat gibt dem Paar einen Monat Zeit, um sich auf die neue Rolle als Vater und Mutter umzustellen. Die Mutter wird in der schwierigen Anfangszeit entlastet, und der Vater könnte von Anfang an aktiv in seine Vaterrolle hinein wachsen. Er kann in den ersten Wochen

4 Dies sollte ebenso für Adoptivkinder gelten.

5 Berechnet nach dem Durchschnittseinkommen von Männern (ca. 1.800,- Euro) Brutto im Monat, und einer zu erwartenden Geburtenzahl von ca. 78.000 Geburten pro Jahr, ergibt das eine maximale Summe bei 100%iger Inanspruchnahme von ca. 140 Millionen Euro. Die Kosten reduzieren sich, wenn der Vaterschutzmonat analog zum Mutterschutz von der Sozialversicherung befreit wird.

6 Es gibt bereits eine überparteiliche Plattform zum Vaterschutzmonat. Mehr Information unter www.kinderfreunde.at.

7 Ein parlamentarischer Antrag wurde am 26. Mai 2004 von FPÖ und ÖVP abgelehnt.

die Entwicklung seines Kindes miterleben. In dieser Zeit verändert sich der Säugling fast täglich. Das Leben des Paares wird durch die Bedürfnisse des Kindes völlig auf den Kopf gestellt, vielen Eltern fällt es schwer, sich auf die neue Situation einzustellen. Die Belastungen durch ein Kind im ersten Lebensjahr werden oft unterschätzt, ein Säugling benötigt einen 24-stündigen Bereitschaftsdienst, besonders die nächtlichen Störungen bringen viele Mütter an die Grenzen ihrer Belastbarkeit (Klepp, 2004; Preuß, 2002). Die Hauptbetreuungsperson, meist die Mutter, ist enorm auf Unterstützung durch den Partner, Mutter, Freundinnen, ... angewiesen. Besonders in den ersten Wochen ist es daher wichtig, dass Väter Zeit haben, ihre Partnerin zu unterstützen und eine eigenständige Vaterrolle zu entwickeln. Der Vaterschutzmonat ist ein wichtiges Symbol, dass Männer als Erzieher, Pfleger und aktive Väter erwünscht sind.

Väter sehen zu 77 Prozent ihre Kinder als Bereicherung an, mittlerweile befürworten bereits 38 Prozent der Männer eine gerechte Aufteilung der Erwerbs- und Familienarbeit zwischen Mann und Frau. Dies entspricht dem veränderten Selbstverständnis von Vätern, die ihre Vaterrolle vor allem in der sozialen Funktion, in der Erzieherrolle sehen. Väter nennen als Hauptgründe gegen Karenz den hohen Einkommensverlust, die Angst vor dem Verlust des Arbeitsplatzes oder einem zukünftigen Karriereknick (Stampler, 2004; Lehner, 2003b; Zulehner, 2003). Die ökonomische Abhängigkeit vieler Frauen von ihren besser verdienenden Partnern verhindern Väter-Karenz, obwohl die Mütter die gleichen Benachteiligungen am Arbeitsmarkt erwarten.

Tabelle 4: Gründe gegen die Vater-Karenz

Gründe, die Väter-Karenz verhindern	**Väter**	**Mütter**
Einkommensverlust	74%	77%
Anschluss im Beruf verhindern	32%	39%
... nicht auf Karriere verzichten	31%	35%
In meinem Beruf Unterbrechung unmöglich	31%	47%
Nie daran gedacht	20%	38%
Kann nicht an Arbeitsplatz zurück	19%	31%
Nicht vorstellbar, zu Hause zu sein	16%	30%
Kommt für mich nicht in Frage	12%	37%
Reaktion von Vorgesetzten	10%	17%

Quelle: Lehner, 2003b

Väter sind eher bereit (Zulehner, 2003), ihre Arbeitszeit zu reduzieren als voll aus dem Erwerbsleben auszusteigen. Familienpolitische Maßnahmen wie zum Beispiel das Kinderbetreuungsgeld, das einen Vollausstieg fördert, richten sich in erster Linie an Frauen und verschärfen die Situation[8]. Maßnahmen, die sich an Väter wenden, müssen einen ihrem Einkommen entsprechenden Lohnersatz und das Recht auf Arbeitszeitverkürzung enthalten (Brauner, 2004).

Karenz und Wiedereinstieg sind auch bei Frauen mit einem Karriereknick verbunden. Vereinbarkeit von Beruf und Familie gelingt umso leichter, je kürzer die Dauer der Unterbrechung und umso höher die Qualifikation und das Einkommen sind (Lutz, 2004; Städtner, 2002). Die niedrige Kinderzahl von Akademikerinnen zeigt, dass bei Frauen mit besseren Chancen am Arbeitsmarkt die Entscheidung immer öfter gegen das Kind ausfällt. Junge Frauen wollen weder auf Kind noch auf Karriere verzichten; dafür brauchen sie Partner, die sich in der Kinderbetreuung stärker engagieren. Solange Männer mehr verdienen als Frauen, wird es schwer sein, die geschlechtsspezifische Arbeitsteilung zu ändern. Die Einkommensverluste durch Karenz und kinderbedingte Teilzeit können von Frauen im späteren Erwerbsverlauf nicht mehr aufgeholt werden. Der hohe Einkommensunterschied zwischen Frauen und Männern lässt sich vor allem auf die ungleiche Aufteilung von unbezahlter Familienarbeit und bezahlter Erwerbsarbeit zurückführen (Guger, Buchegger, Lutz, Mayrhuber & Wüger, 2003). Es kommt darauf an, wie viel Wert einer Gesellschaft Kinder sind. Österreich zählt nicht nur innerhalb der Europäischen Union zu den Ländern mit der niedrigsten Geburtenrate, sondern auch der Kinderwunsch pro Frau ist stark gesunken[9]. Wenn kein Wunsch vorhanden ist, greifen auch die besten familienpolitischen Rahmenbedingungen nicht mehr, um die Geburtenrate anzuheben.

Im Folgenden wird aufgezeigt, dass sowohl die Männer/Väter, die Kinder, aber auch die Frauen/Mütter von aktiver Väterförderung, wie zum Beispiel dem Vaterschutzmonat, profitieren würden.

2.1 Wie Männer vom Vaterschutzmonat profitieren

Immer mehr Männer wollen eine aktive Rolle im Leben ihrer Kinder einnehmen. Sie sehen sich als engagierte, gefühlvolle, partnerschaftliche und kompetente Väter. Die Wirtschaftsstrukturen und die Angst um den Arbeitsplatz verhindern jedoch eine ausgeglichene work-life-balance. Auf Vätern lastet aufgrund der höheren Einkommen nach wie vor der Druck der Ernährerrolle, auch wenn sie sich selbst immer weniger dafür verantwortlich fühlen (Zulehner, 2003). Männer definieren sich meist in erster Linie über

[8] Das Kinderbetreuungsgeld erschwert den Wiedereinstieg durch die Förderung der langen Erwerbsunterbrechung und die mangelnde Anbindung an das Arbeitsrecht (Lücken im Kündigungsschutz). (Lutz 2003); Die OECD kritisiert, dass dadurch die Integration von Frauen am Arbeitsmarkt erschwert wird und zuwenig Kinderbetreuung vorhanden ist. (OECD, 2003).

[9] Das Kinderbetreuungsgeld erschwert den Wiedereinstieg durch die Förderung der langen Erwerbsunterbrechung und die mangelnde Anbindung an das Arbeitsrecht (Lücken im Kündigungsschutz). (Lutz 2003); Die OECD kritisiert, dass dadurch die Integration von Frauen am Arbeitsmarkt erschwert wird und zuwenig Kinderbetreuung vorhanden ist. (OECD, 2003).mographische Forschung, 2004).

den Beruf, und sind auch in diesem Bereich eindeutig privilegiert. Dies bedeutet aber nicht, dass der einzelne Mann als Individuum davon profitiert, sondern die Männer als Gruppe. Der Druck, im Beruf erfolgreich zu sein, bringt für den einzelnen Mann oft mehr Nachteile als Vorteile. Der sichtbarste Nachteil des konkurrenzorientierten Lebensstils von Männern zeigt sich in der geringeren durchschnittlichen Lebenserwartung von Männern (Bundesministerium für soziale Sicherheit, Generationen und Konsumentenschutz, 2004; Lehner, 2003a).

Durch eine aktive Vaterschaft können Männer sich persönlich weiterentwickeln, sich selbst finden und den eigenen Handlungsspielraum erweitern. Ihr Leben erhält eine zusätzliche Dimension, sie definieren sich nicht mehr ausschließlich über ihren beruflichen Erfolg, was in Zeiten wirtschaftlicher Krisen und hoher Arbeitslosigkeit sehr nützlich ist. Die Anforderungen an Männer haben sich nicht nur in der Familie, sondern auch im Beruf stark verändert: Ein Mann soll heute einen verlässlichen, kooperativen und teamfähigen Partner in allen Lebenslagen abgeben. Familienfreundliche Personalpolitik ermöglicht ein ausgeglichenes Familienleben, da familiäre Krisen sich negativ auf die Arbeitsfähigkeit auswirken. Der Betrieb profitiert darüber hinaus auch von den „soft skills“: Teamfähigkeit, Zuhören können, Kompromissfähigkeit, ... die Männer in der Familie erlernen (Bundesministerium für soziale Sicherheit und Generationen, 2000; Ott & Pape, 2002).

Die Voraussetzung zur Vaterschaft im Sinne von Beschützen, den anderen Annehmen und eine enge Beziehung zum Kind aufbauen, ist eine gute Beziehung zu sich selbst, die Beschäftigung mit der eigenen Männlichkeit und dem eigenen Vater (Pittmann, 1996). Das innere Vaterbild entwickelt sich in der frühen Kindheit aus den Erfahrungen mit dem Vater oder anderen männlichen Bezugspersonen. Wenn kein Vater vorhanden ist, kann eine väterliche Bezugsperson, ein Adoptiv- oder Pflegevater, ein Großvater oder ein Onkel die Vaterrolle übernehmen. Eine schlechte Beziehung kann zu einer lebenslangen Suche nach der Liebe und Anerkennung des Vaters führen. Für eine gelingende Vaterschaft sind positive Erfahrungen mit dem eigenen Vater sehr hilfreich. Durch die Geburt eines Kindes erhält der Mann die Chance sein inneres Vaterbild zu erneuern (Gebauer, 2003). Durch die väterliche Zuwendung zum eigenen Kind, geben viele Männer das an ihre Kinder weiter, was sie sich selbst als Kind am meisten ersehnt hatten. Sie können der Vater sein, den sie sich immer gewünscht haben. Pittmann beschreibt, wie er immer wieder versuchte, seinem schweigsamen Vater das Geheimnis zu entlocken, was es heißt, ein Mann zu sein: „Er (mein Sohn) schaffte es, mir das einzige zu vermitteln, das zu vermitteln meinem Vater nicht gelungen war: Das anerkennende Einverständnis eines Mannes, dass auch ich ein Mann war und ich deshalb aufhören konnte, es jedem beweisen zu müssen“ (Pittmann, 1996, S. 340). Zum fürsorglichen Umgang mit dem eigenen Kind gehört auch das sich selbst umsorgen. Damit ist gemeint, sich selbst annehmen, verwöhnen und die eigene Person als eine liebenswerte akzeptieren, die nicht nur nach ihren Leistungen beurteilt wird. Den Vater in sich selbst finden heißt, auf die Bedürfnisse von Körper, Geist und Seele achten.

Neben der Einstellung zum Kind und der Lebenssituation des Vaters kommt dem Verhalten der Mutter eine entscheidende Rolle zu, ob ein Mann als Vater aktiv wird. Wenn die Frau an die sozialen Kompetenzen ihres Partners glaubt, dann lässt sie ihn näher an das Kind heran. „Gatekeeping" (Fthenakis, 2001, S. 84.) ist der wissenschaftliche Ausdruck für die steuernde Funktion, die der Mutter zukommt. Weiters hängt die Vater-Kind-Beziehung von der Qualität der Partner-Beziehung ab, was auch in der Scheidungsforschung (Amendt, 2004; Bundesministerium für soziale Sicherheit, Generationen und Konsumentenschutz, 2003) immer wieder festgestellt wird. Die Rolle der Mutter ist klar definiert und wird besonders in den ersten Lebensjahren in unserer Kultur eindeutig überbewertet. Väter verfügen über dieselben biologischen Voraussetzungen für einen einfühlsamen Umgang und eine kompetente Interaktion mit dem Kind wie Mütter. Dies belegen zahlreiche interkulturelle Vergleichsstudien (Werneck, 2002). Fthenakis fordert deshalb die Aufwertung von Vaterschaft unabhängig von Mutterschaft (Fthenakis, 2001). Beide Begriffe stehen gleichwertig als Ausdruck für die gemeinsame elterliche Verantwortung. Vaterschaft muss ein eigenständiger kultureller Wert sein, unabhängig von den jeweiligen strukturellen Bedingungen, unter denen sie gelebt wird, und z.B. auch nach Trennungen anerkannt werden.

Der Übergang zur Vaterschaft beinhaltet individuelle, familiäre und kontextuelle Veränderungen (Fthenakis, 2001). Der Vater muss seine Identität und sein Selbstwertgefühl neu definieren, seine Lebensziele der neuen Situation anpassen und die emotionale Unruhe durch das Baby verarbeiten. Innerhalb der Familie verändert sich das Rollenverhalten der Eltern, und die Paar-Beziehung muss sich auf die neuen Belastungen einstellen. Dieser Übergang wirkt über das enge Familiensystem hinaus, es müssen die Beziehungen zu den eigenen Eltern neu definiert werden, und auch das soziale Netz des Paares verändert sich tiefgreifend. Übergangsphasen beinhalten Chancen für einen Neuanfang. Vor allem die tiefe emotionale Ergriffenheit des Vaters durch sein Baby sollte genutzt werden. Die intensiven Gefühle, die Väter in der ersten Zeit zu ihrem Kind entwickeln können, sind die Basis für eine enge Vater-Kind-Beziehung. Wichtig ist dabei, dass Väter auch Exklusivzeit mit ihrem Säugling verbringen, Zeit in der sie alleine sind und von niemandem beobachtet oder gestört werden können (Werneck, 2004). Diese intensive Beziehungsqualität ist später nur schwer nach zuholen.

Aktive Vaterschaft bedeutet, sein Kind zu lieben und ihm zu zeigen, wie man mit denen, die man liebt, umgeht – unabhängig davon, ob es sich um biologische oder soziale Vaterschaft handelt. Um ein väterliches Bewusstsein zu entwickeln, brauchen Männer Zeit – der Vaterschutzmonat würde eine wichtige Unterstützung in der Übergangsphase zur Vaterschaft bieten.

2.2 Wie Kinder vom Vaterschutzmonat profitieren

Eine alte Weisheit der Geschlechterforschung besagt, dass wir nicht als Frauen und Männer geboren werden, sondern wir werden dazu gemacht. Buben und Mädchen formen ihre geschlechtliche Identität erst durch soziale Interaktionen mit ihren Eltern, ihrer sozialen Umwelt und der Gesellschaft. Als Mitscherlich (1963) den Begriff von der „vaterlosen Gesellschaft" prägte, bezog sich dieser auf die Trennung der Väter von der Familie aufgrund von Arbeit oder Krieg. Heute fehlen Väter nicht mehr nur wegen ihrer Berufstätigkeit, sondern zunehmend aufgrund ihrer Freizeitinteressen[10]. Vätern ist die Bedeutung ihres Einflusses auf die Entwicklung von Söhnen wie Töchtern nicht bewusst. Schon in den ersten Lebensjahren unternehmen Kinder alles, um die Aufmerksamkeit, Liebe und Anerkennung ihres Vaters zu erhalten. Kinder haben einen regelrechten „Vater-Hunger" (Hurrelmann & Ulrich, 1998). Dabei geht es um die Dreiecksbeziehung, um eine zweite Bezugsperson, die dem Kind helfen kann, die enge Beziehung zur Mutter zu lockern. Kinder brauchen eine zusätzliche Bezugsperson, bei AlleinerzieherInnen kann diese Rolle von den Großeltern, Onkel/Tante, FreundInnen, ... übernommen werden. Zur Entlastung von Frauen, die ihre Kinder alleine erziehen kann sogar gesagt werden, für die emotionale Entwicklung eines Kindes ist es besser ohne Vater aufzuwachsen, als mit einem Vater der das Kind physisch oder psychisch misshandelt (Gebauer, 2003; Lehner, 2003). Ein aktiver Vater, bzw. eine aktive Bezugsperson erleichtert Mutter und Kind sich aus der Symbiose zu lösen (Triangulierung). Je intimer die Beziehung zwischen Vater und Kind in der Frühkindheit ist, umso leichter löst sich das Kind von seiner Mutter. Jeder Schritt in die eigene Selbständigkeit ist auch immer ein Fort-Schritt, ein Schritt fort, aus der Symbiose mit der Mutter.

Kinder brauchen die Differenzerfahrung mit einer zweiten Bezugsperson zur Erweiterung ihres Handlungsspielraumes. Der Vater hat andere Fähigkeiten, Vorlieben und Umgangsformen wie die Mutter. Es wird immer wieder behauptet, dass vor allem Söhne (Petri, 1997; Pittmann, 1996; Schnack & Neutzling, 1998), aber auch Töchter (Olivier, 1997; Onken, 1993) ihren Vater als Vorbild zur Entwicklung ihrer sexuellen Identität benötigen. Dies lässt sich leicht widerlegen, denn auch Kinder von homosexuellen Eltern (Fthenakis, 2001) entwickeln mit der gleichen Wahrscheinlichkeit eine heterosexuelle Identität wie Kinder aus heterosexuellen Partnerschaften. Väter gehen mit ihren Kindern anders um, sie spielen anders, sie bringen andere Beziehungsaspekte ein. Die Vater-Kind-Beziehung wirkt sich entscheidend auf die Entwicklung des Selbstwertes und das Selbstvertrauen des Kindes aus. Väter fördern besonders die kognitive Entwicklung und die positive Leistungsbereitschaft von Buben und Mädchen (Fthenakis, 2001).

Der Vater lehrt das kleine Mädchen nicht nur den Umgang mit dem anderen Geschlecht, sondern auch mit anderen Menschen. Die Art der Zuwendung, die Intensität und vor allem, ob auf Leistung, hübsches Aussehen, ... Wert gelegt wird, prägt das spätere Verhalten von Frauen gegenüber Männern (Onken, 1993). Ist der Vater abwesend oder emotional nicht verfügbar, suchen Söhne Ersatzobjekte, oder sie beginnen die Väter zu

[10] Kinder selbst meinen, dass ihre Väter zu wenig Zeit mit ihnen verbringen (Novy, 1998). Nur ein Drittel der Väter betreut unter der Woche eine halbe Stunde sein Kind, am Wochenende sind es nur mehr 14,4% (Zulehner, 2003).

idealisieren. Der Vater wird zum Held, unerreichbar – nur dass Väter auch ganz normale Menschen sind und keine Helden (Schnack & Neutzling, 1998).

Der Mythos von der männlichen Überlegenheit widerspricht den realen Erlebnissen von Buben im Kindergarten oder im Volksschulalter, da gleichaltrige Mädchen manchmal schon weiter in der Entwicklung sind (Auinger et al., 2002). Männlichkeitsprobleme entstehen, wenn der Sohn den Vater als Konkurrenten und nicht als solidarische Bezugsperson erlebt. Die fehlende Solidarität zwischen Vater und Sohn lässt keine offene Aussprache über Gefühle und Ängste zu. Sie lernen dann, was einen Mann ausmacht entsprechend dem väterlichen Verhalten: Härte, Leistung und Konkurrenz (Petri, 1997). „Wären die Väter nicht abwesend, sondern wie die Mütter alltäglich in Familien- und Erziehungsvorgänge mit all ihren Stärken und Schwächen integriert, bekämen sie von diesem familien-bezogenen Vater-Sein aus einen Zugang zu den Vermittlungsrollen des Kindergärtners und Grundschullehrers" (Auinger et al., 2002, S. 33).

Buben wie Mädchen brauchen eine Vielfalt an vorgelebten Rollenmodellen. Denn es gibt nicht mehr nur eine männliche oder eine weibliche Identität, sondern es gibt eine Vielfalt an Rollen, aus denen Männer und Frauen auswählen können, wie sie Leben wollen. Und dafür brauchen Kinder keinen Vater als Vorbild im Sinne eines unerreichbaren Helden, sondern konkrete Väter, zum Angreifen und Liebhaben.

2.3 Wie Mütter vom Vaterschutzmonat profitieren

Frauen sind nicht mehr bereit, sich zwischen Beruf und Familie aufzureiben. Sie erwarten von ihren Partnern eine gerechte Aufteilung zwischen bezahlter Erwerbsarbeit und unbezahlter Hausarbeit. Bisher wurde das Thema Vereinbarkeit von Beruf und Familie immer nur mit Frauen assoziiert, da Kinder die Biographien von Müttern stärker verändern als die von Vätern. FamilienexpertInnen forderten in den letzten Jahren immer wieder eine gerechtere Aufteilung von Familien- und Erwerbsarbeit, um der Vielfalt der Lebensformen von Familien gerecht zu werden (Ott & Pape, 2002; OECD, 2003)[11]. Die gestiegene Erwerbsquote von Frauen hat bisher nur zur Doppel- und Dreifachbelastung von Müttern geführt.

Sich als Vater soweit als möglich um sein Kind zu kümmern, ist mittlerweile für viele Männer selbstverständlich geworden (Brauner, 2004). Die Verantwortung für die Hausarbeit lässt sich jedoch nicht so leicht ins vorherrschende Männlichkeitsbild einfügen. Frauen wiederum fällt es oft schwer, ihre familiäre Macht abzugeben und zu akzeptieren, dass Männer eigene Vorstellungen von Hausarbeit und Erziehung haben (Preuß, 2002). Ihr Verhalten hat einen entscheidenden Einfluss auf das väterliche Engagement ihres Partners. Sie kann ihn ermutigen und in die Familie einbinden oder ihn durch Vorwürfe

[11] Der 2. Österreichische Familienbericht (Bundesministerium für soziale Sicherheit und Generationen, 2000) widmete dem Thema Familien- und Erwerbsarbeit einen ganzen Band.

oder permanente Kritik abschrecken. Die Beziehung zu ihrem Kind ist Vätern sehr wichtig, aber sie sind dabei noch sehr unsicher und ziehen sich dementsprechend schnell wieder zurück (Fthenakis, 2001). Wenn Väter in Karenz gehen, dann ist meistens die Frau (oder ihr Arbeitgeber) dahinter die treibende Kraft, denn sie muss in der Zwischenzeit das Familieneinkommen sicherstellen (Wegscheider, 2003).

Im gleichen Ausmaß wie Väter sich in der Familie stärker engagieren, müssen Frauen versuchen sich beruflich zu etablieren. Jede Stunde, die ein Vater weniger arbeitet, erhöht die potentiellen Erwerbschancen seiner Partnerin. Der prognostizierte Fach- und Führungskräftemangel macht deutlich, dass auf qualifizierte Frauen in der Wirtschaft nicht verzichtet werden kann. Insofern ist jede Form der Väterförderung indirekt eine Förderung des beruflichen Engagements der Frauen.

Durch den Vaterschutzmonat können Männer ihre Partnerin in den ersten Wochen nach der Geburt pflegen und unterstützen. Das Paar kann in dieser Zeit gemeinsam die Weichen für sein zukünftiges Leben mit einem Kind stellen.

3 Weitere Maßnahmen zur Väterförderung

Das Bewusstsein der Frauen wie auch der Männer hat sich geändert, aber die Familien sind nicht in der Lage, aus eigener Kraft das System zu verändern. Mit dem Vaterschutzmonat alleine ist es nicht getan. Es ist ein erster Schritt in die richtige Richtung und gibt den Vätern Zeit, sich auf ihre Rolle als Vater einzustellen. Die Mutter spürt neun Monate lang, dass sie ein Kind bekommt, die meisten Väter realisieren dies erst, wenn sie das Kind in den Armen halten. Dieser eine Monat gibt dem Vater Zeit zum Nachdenken: „Was bin ich bereit in meinem Leben für mein Kind zu verändern, wie will ich als Vater sein?“

Der Vaterschutzmonat bietet Vätern die Chance, eine intensive Beziehung zu ihrem Kind aufzubauen, die später kaum mehr nachzuholen ist. Väter, die während dieser Zeit eine positive Erfahrung mit ihrem Kind machen, werden sich eher zutrauen, auch in Karenz zu gehen (Wegscheider, 2003). Väter, die in Karenz waren, berichten von der tollen Erfahrung, die sie mit ihrem Kind gemacht haben. Das wichtigste Ergebnis der Karenz ist der Aufbau einer stabilen Beziehung zum Kind. Der Vater wird zur ersten Ansprechperson, wenn das Kind etwas braucht.

Als zweiter Schritt wäre neben einer Anhebung des Väteranteils durch attraktivere Karenzmodelle vor allem die Möglichkeit der Arbeitszeitreduktion enorm wichtig. Väter entwickeln jetzt schon bezogen auf ihre jeweilige Arbeitssituation sehr individuelle Lösungen ummehr Zeit für ihr Kind zuhaben (Brauner, 2004) und fordern eine flexiblere

Handhabung des Kinderbetreuungsgeldes[12]. Eltern sollen wählen, ob sie nacheinander in Vollkarenz oder gleichzeitig in Teilkarenz gehen wollen. Um Vätern eine Partizipation am Familienleben zu ermöglichen, muss die Reduktion und Flexibilität von Arbeitszeit aufgrund von Betreuungspflichten erleichtert werden. Wie weit das neue Elternteilzeitgesetz hier eine Erleichterung für Väter bringt, wird noch zu überprüfen sein. Teilzeitarbeit aufgrund von Kinderbetreuung sollte steuerlich gefördert werden, da es negative Auswirkungen auf die Pension und das Lebenseinkommen hat. Männer profitieren viel öfter von steuerfreien Zulagen und günstigen Steuersätzen für Sonderzahlungen. Dies soll auch für leitende Angestellte möglich sein. Eltern in Karenz dürfen nicht diskriminiert werden, hier ist auch ein Umdenken der Wirtschaft gefordert.

Hier zeigt sich ein Vergleich mit Schweden angebracht, das im Bereich der Gleichstellung der Geschlechter schon viel weiter ist als Österreich[13]. Seit Mitte der 80er-Jahre gibt es in Schweden gezielte Väterförderung. Analog zum Vaterschutzmonat gibt es 10 Tage nach der Geburt, die zu 80 Prozent angenommen werden. Der internationale Trend ist steigend, der Vaterschaftsurlaub beträgt in Belgien 10 Tage, in Dänemark, Frankreich und Großbritannien 14 Tage, in Finnland 18 Tage, in Norwegen und Island sind es sogar vier Wochen. Um in Schweden zusätzlich auch noch den Anteil der Väter in der Karenz zu erhöhen, wurde das „verpflichtende Papa-Monat" auf zwei Monate erhöht[14]. 50 Prozent der Väter nehmen ihr Recht auf bezahlten Elternurlaub (Karenz) im ersten Lebensjahre des Kindes wahr, insgesamt übernehmen Väter 15,5 Prozent des gesamten Elternurlaubes. In Betrieben, beim Militär, in der Gewerkschaft, in Sportvereinen, überall dort, wo Männer sind, wurden Bildungskampagnen (Lehner, 2003a) zum Thema männlicher Lebensgestaltung gemacht. Für Väter werden eigene Vatertrainingsprogramme entwickelt. In Schweden ist es normal, dass Väter in Pflegeurlaub gehen, wenn ihr Kind krank ist (sie übernehmen 43 Prozent der Pflegetage). In Schweden hat ein Umdenken stattgefunden, dass Väter im Bereich Pflege, Fürsorge und Haushalt erwünscht sind (Jalmert, 2003) und sie werden dabei von Staat und Wirtschaft auch unterstützt.

Der Vergleich mit den Schweden zeigt auch, dass, wenn die Rahmenbedingungen (Kinderbetreuung, Ganztagsschule, ...) und das väterliche Engagement stimmen, dann steigen sowohl die Geburtenraten, die Frauenerwerbsquoten als auch das Wirtschaftswachstum. Wenn man Frauen die nötigen Ressourcen zur Verfügung stellt, dann werden sie auch genutzt. Die EU-Länder mit der geringsten Infrastruktur für Vereinbarkeit, die den Müt-

---

12 Der Kündigungsschutz sollte an die Bezugsdauer angepasst werden. Eine kostengünstige Adaptierung des Kinderbetreuungsgeldes unter Beibehaltung der Leistungshöhe von insgesamt 15.480,- Euro (430 Euro x 36 Monate für beide Eltern) wäre durch die Änderung der Auszahlungshöhe nach Dauer der Inanspruchnahme – z.B.: bei halber Bezugsdauer doppelte Summe pro Monat: 860 Euro x 18 Monate – je nach den Bedürfnissen der Eltern. siehe www.kinderfreunde.at.

13 Die Frauenerwerbsquote liegt in Schweden bei 76%. Ein gut ausgebautes Netz an öffentlicher Kinderbetreuung und der hohe Anteil von Vätern in Karenz ermöglicht den Frauen einen raschen Wiedereinstieg nach der Geburt (meist innerhalb eines Jahres nach der Geburt) (Schwedisches Institut, 2003).

14 60 Tage der insgesamt 390 Tage Elternurlaub sind für den Vater reserviert. Wenn er sie nicht in Anspruch nimmt, verfallen sie. Die Höhe des Elterngeldes beträgt 80% des Letztgehaltes.

tern keine Alternative zum Vollausstieg aus dem Erwerbsleben anbieten, haben die niedrigste Geburtenrate.

Väterfreundliche Familienpolitik ist nicht nur Aufgabe des Staates, es ist auch die Wirtschaft gefragt, ihren Beitrag zu leisten. In Deutschland entwickelte eine Werbeagentur eine Plakat-Kampagne zum Väterthema (Blum, 2000). Die Kampagne wurde von der Kölner Werbeagentur Haverkamp, Nessbach & Lux entwickelt und dem Bundesministerium für Frauen, Jugend, Familie und Gesundheit in Nordrhein-Westfalen kostenlos zur Verfügung gestellt. Motor dahinter war die persönliche Betroffenheit eines Vaters, der in seiner Agentur eine neue Unternehmenskultur einführte: Straffe Zeitvorgaben, effizienter Arbeitsstil und keine Überstunden am Abend. Die Plakate bestehen aus schwarz-weiß Fotos von Vätern mit ihren Kindern aus dem Alltag, kombiniert mit Versatzstücken aus dem Arbeitsleben (Timer oder Handy). Zum Beispiel: Ein Foto mit Vater und Baby und dazu die Headline: „Mit 39 bekam er einen neuen Chef, den er über alles liebte", daneben die Botschaft: „Verpass nicht die Rolle deines Lebens", geschrieben am Display eines Handys.

Das Abschaffen von Steuererleichterungen und jeder Form von Begünstigungen für Überstunden würde schon für viele Väter mehr Zeit für die Familie bringen. Derzeit läuft in Deutschland eine Kampagne von Vätern gegen länger arbeiten, unter dem provokanten Titel: „Männer gegen länger"[15]. Die derzeitige Arbeitszeitdiskussion in Richtung Arbeitszeitverlängerung ist familienfeindlich. Die Spin Group Väterkarenz versucht auch in Österreich offensiv für mehr Väterfreundlichkeit in den Betrieben zu werben[16]. Sie betonen, wie wichtig die professionelle Bewerbung des Themas ist, denn Väter müssen aus einer Männerperspektive her angesprochen werden. Kampagnen für Männer (Lehner, 2003a) wären in allen großen Institutionen, die das öffentliche Bewusstsein prägen, wichtig: Medien, Bildung, Gewerkschaft und Politik. Gender Mainstreaming sollte nicht nur ein Lippenbekenntnis sein, sondern auch aktiv verändernde Prozesse einleiten. Hollstein (2004) fordert eine neue soziale Bewegung aus Frauen und Männer für eine gemeinsame Geschlechterpolitik. „Geschlechterdemoktratie bedeutet gleiche Chancen, gleiche Rechte, gleiche Pflichten und gleiche Gratifikation für Männer und Frauen in allen Bereichen von Leben und Arbeiten" (Hollstein, 2004). Die Frauen haben sich schon verändert, jetzt muss sich auf Männerseite etwas bewegen. Väterförderung muss neben strukturellen Maßnahmen auch Beratungsangebote und Vätertrainingsprogramme beinhalten. Das beste Männer-Bewusstsein hilft nichts, wenn die Strukturen eine Veränderung nicht zulassen, aber auch umgekehrt, die väterfreundlichsten Rahmenbedingungen greifen nicht, wenn kein Bewusstsein vorhanden ist. Der Vaterschutzmonat könnte ein erster Schritt dazu sein.

---

[15] Dahinter steht eine deutsche Väterinitiative, die das Vätermagazin „paps de. Eine Welt für Väter" herausgibt. Sie haben diverse Aktionen gestartet: Unterschriftenliste, offene Briefe an Entscheidungsträger und Medienarbeit. Mehr Information: www.paps.de.

[16] Mittels Unternehmensberatung wollen sie die Betriebe fit für Väter machen. Mehr Information unter: www.väterkarenz.at.

4 Literatur

Amendt, G. (2004). *Scheidungsväter.* Universität Bremen, Institut für Geschlechter und Generationenforschung.

Auinger, H., Böhnisch, L., Dickinger, P., Ecker, N., Holzhacker, C., Krisch, R., Nemeth, P. & Schauer, A. (2002). *Männliche Sozialisation und geschlechtsspezifische Arbeit mit Burschen. Zwischen Theorie und Praxis. Ein Handbuch zur Jugendarbeit* (Wissenschaftliche Reihe Verein Jugendzentren der Stadt Wien, Band 3). Wien: Verein Wiener Jugendzentren.

Beck-Gernsheim, E. (2000). *Was kommt nach der Familie. Einblicke in neue Lebensformen.* München: Beck

Blum, C. (2000). Ein Vater wie aus der Werbung. *Weltbild-Magazin 6.*

Brauner, S. (2004). Individuelle Machbarkeit aktiver Vaterschaft, *Eine Befragung von Vätern über das erste Lebensjahr ihres Kindes.* Wien: Österreichisches Institut für Kinderrechte und Elternbildung. [online verfügbar unter www.kinderrechteinstitut.at/index.php?page_new=30500].

Bundesministerium für soziale Sicherheit und Generationen (2000). *2. Österreichischer Familienbericht. Bd. 2, Familie und Arbeitswelt.* Wien: Autor.

Bundesministerium für soziale Sicherheit, Generationen und Konsumentenschutz. (2003). *Vaterentbehrung, Eine Literaturanalyse.* Wien: Autor.

Bundesministerium für soziale Sicherheit, Generationen und Konsumentenschutz. (2004). *1. Österreichische Männergesundheitsbericht.* Wien: Autor.

Fthenakis, W. E. (2000). *Engangierte Vaterschaft. Die sanfte Revolution in der Familie.* Opladen: Leske + Budrich.

Fthenakis, W. E. (2001). Die Rolle des Vaters. In R. Rohr, T. Gesterkamp & W. E. Fthenakis (Hrsg.), *Vater, Sohn und Männlichkeit* (S. 77-99). Innsbruck: Tyrolia.

Fthenakis, W. E. (Hrsg.). (2002). *Paare werden Eltern. Die Ergebnisse der LBS-Familienstudie.* Opladen: Leske + Budrich.

Gebauer, K. (2003). *Väter gesucht. 16 exemplarische Geschichten.* Düsseldorf: Walter.

Guger, A., Buchegger, R., Lutz, H., Mayrhuber, C. & Wüger, M. (Hrsg.). (2003). *Schätzung der direkten und indirekten Kinderkosten.* Wien: Österreichisches Institut für Wirtschaftsforschung.

Hausegger, T., Schrems, J. & Strobl, M. (2003). *Väterkarenz - Recherche im Auftrag des Landes Steiermark.* Wien: Prospect Research&Solution und Quintessenz.

Hollstein, W. (2004*). Geschlechterdemokratie. Männer und Frauen: Besser miteinander leben.* Wiesbaden: Verlag für Sozialwissenschaften.

Hurrelmann, K. & Ulrich, D. (1998). *Handbuch der Sozialisationsforschung.* Weinheim: Beltz.

Jalmert, L. (2003, Oktober). *„The Role of Men and Boys in achieving Gender Equality"– Some Swedish and Scandinavian Experiences.* United Nation, Expert Group meeting, Brasilia.

Klepp, D. (2004). Was Mütter brauchen. Lebensqualität von Frauen mit Kindern im Vorschulalter. *Beziehungsweise, 5.* [online verfügbar unter www.oif.ac.at/presse/ bzw/inhalt.asp?Rubrik=3&ID_Art=1&BZWJahr=2004].

Lavaud, B. (2004). Das Recht des Kindes auf den Vater. *Arbeit&Wirtschaft, Nr. 7/8,* 14-15.

Lehner, E. (2003a). Frauen-, Männer-, Geschlechterpolitik oder: Wer braucht Männerpolitik? In P. M. Zulehner (Hrsg.), *MannsBilder. Ein Jahrzehnt Männerentwicklung* (S. 225-235). Ostfildern: Schwabenverlag.

Lehner, E. (2003b). *Väterkarenz zwischen Wunsch und Wirklichkeit.* Referat, gehalten auf der Pressekonferenz „Väterkarenz“, Wien. [online verfügbar unter www.vaeter karenz.at].

Lutz, H. (2004). *Wiedereinstieg und Beschäftigung von Frauen mit Kleinkindern. Ein Vergleich der bisherigen Karenzregelung mit der Übergangsregelung zum Kinderbetreuungsgeld.* Wien: Österreichisches Institut für Wirtschaftsforschung.

Max-Plank-Institut für Demographische Forschung. (2004). *Demographische Forschung. Aus erster Hand (Nr.4).* Rostock: Autor.

Notz, G. (1995). *„Auf der Suche nach den neuen Vätern“. Ausflüge von Männern in Frauenräume.* Frankfurt: Verlag für Akademische Schriften.

Novy, K. & Adam, G. (1998). *Von Spielgefährten, Arbeitstieren, Sportlern und anderen Vätern.* Bericht zur Lage der Kinder 1998, Katholische Jungschar. Wien.

OECD (2003). *Babies and Bosses. Reconciling work and familiy life. Austria, Irland and Japan.* Paris: OECD Publication.

Olivier, C. (1997). *Die Söhne des Orest. Ein Plädoyer für Väter.* München: dtv.

Onken, J. (1993). *Vatermänner. Ein Bericht über die Vater-Tochter-Beziehung und ihren Einfluss auf die Partnerschaft.* München: Beck.

Ott, U. & Pape M. (2002). *New Family. Elternreiche Kinder, nicht kinderreiche Eltern sind die Zukunft.* Wien: Ueberreuter.

Petri, H. (1997). *Guter Vater, Böser Vater. Psychologie der männlichen Identität.* Bern: Scherz-Verlag.

Pittmann, F. (1996). *Warum Söhne ihre Väter brauchen. Der schwierige Weg zur Männlichkeit.* München: dtv.

Preuß, S. (2002). *Von nun an zu dritt. Wie Babys das Leben ihrer Eltern verändern.* Düsseldorf: Walter.

Procter & Gamble. (2001). *Väter-Studie 2001, Väter, Windeln und wie weiter?* Wien: Ludwig Boltzmann Forschungsstelle für Politik und zwischenmenschliche Beziehungen.

Rohr, R., Gesterkamp, T. & Fthenakis, W. E. (Hrsg.). (2001). *Vater, Sohn und Männlichkeit.* Innsbruck: Tyrolia.

Sauerborn, W. (1999). Väterförderung. In: Pircher, E. & Sensenig, E. (Hrsg.). *Väterförderung – Politik der Zukunft? Vereinbarkeit von Beruf und Privatleben für Männer und Frauen im Betrieb.* Internationale Tagungsdokumentation zu Managing E-Quality. Wien.

Schnack, D. & Neutzling, R. (1998). *Kleine Helden in der Not. Jungen auf der Suche nach Männlichkeit.* Reinbeck: Rowohlt.

Schwedisches Institut (2003). *Tatsachen über Schweden* (Bericht). [online verfügbar unter www.si.se bzw. www.sweden.se/upload/Sweden_se/german/factsheets/SI/Die_ Gleichstellung_von_Frauen_ und_Männern_TS82m.pdf].

Städtner, K. (2002). *Arbeitsmarktrelevante Konsequenzen der Inanspruchnahme von Elternkarenz* (working paper 25). Wien: Österreichisches Institut für Familienforschung.

Stampler, G. (2004). (2004). *Vorstellungen und Wünsche werdender Väter, Eine Befragung im Auftrag der Österreichischen Kinderfreunde.* Wien: Österreichisches Institut für Kinderrechte und Elternbildung. [online verfügbar unter www.kinderrechte-institut.at/index.php?page_new=30500].

Wegscheider, A. (2003). *Väterkarenz als Mittel zur Chancengleichheit in Betrieb und Gesellschaft.* Unveröffentlichte Diplomarbeit, Universität Linz.

Werneck, H. (2002). *Die „neuen" Väter.* [online verfügbar unter www.familienhandbuch.de].

Werneck, H. (2004). *Kinder brauchen Väter. Väter brauchen Kinder.* Dokumentation der Fachtagung „Männer zwischen Beruf und Familie" Wien: [online verfügbar unter www.kinderfreunde.at bzw. www.kinderfreunde.at/index.php?page_new=10470].

Zulehner, P. M. (Hrsg). (2003). *MannsBilder. Ein Jahrzehnt Männerentwicklung.* Ostfildern: Schwabenverlag.

V. Mehr Beruf, weniger Familie? – Zur Lage der berufstätigen Väter in Österreich

Christoph Hofinger & Edith Enzenhofer

Vater sein ist nach einem abgedroschenen Sprichwort angeblich – im Gegensatz zum Vater werden – sehr schwer, allerdings spiegelt sich diese These nicht unbedingt in den Daten des österreichischen Arbeitsklima-Index[1] wider: Berufstätige Väter[2] sind im Vergleich zu berufstätigen Männern ohne Kind zufriedener mit ihrem Leben, und zwar um 4,4 Prozentpunkte. Für berufstätige Frauen ist der beglückende Effekt des Elternseins

Abbildung 4: Lebenszufriedenheit bei berufstätigen Eltern im Vergleich zu Berufstätigen ohne Kinder nach Geschlecht (in Prozent)

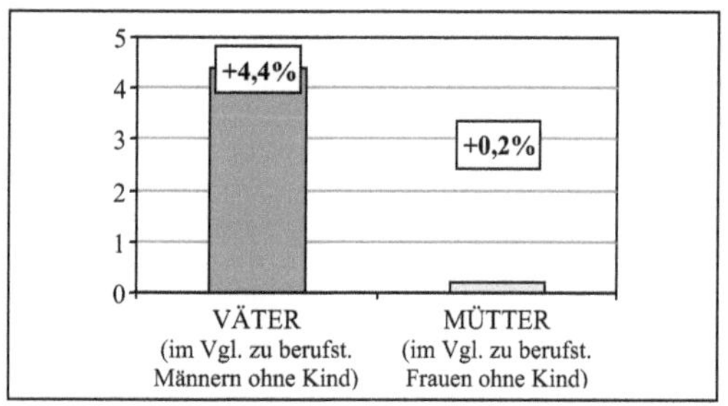

Angaben: Prozent-Anteil derjenigen, die mit ihrem Leben zufrieden sind (kumulierte Werte 1 und 2 auf einer fünfstufigen Skala 1 = „sehr zufrieden", 5 = „gar nicht zufrieden", n = 23.846 Interviews von 1997 bis 2003).

---

1 Der von SORA gemeinsam mit dem IFES für die Arbeiterkammer OÖ entwickelte Arbeitsklima-Index ist ein Indikator für Arbeitszufriedenheit und Arbeitsbelastungen im Beruf, gibt aber auch Auskunft über allgemeinere Aspekte der Lebenszufriedenheit. Er beruht als standardisiertes Messinstrument für den wirtschaftlichen und sozialen Wandel aus der Sicht der ArbeitnehmerInnen auf vierteljährlichen Face-to-Face-Erhebungen auf repräsentativer Basis (n = ca. 900 unselbständig Beschäftigte). Weitere Informationen: www.arbeitsklima.at sowie Hofinger & Michenthaler (1998).

2 Als „Berufstätige" werden in diesem Beitrag unselbständig Beschäftigte ohne Selbständige bezeichnet, da über Selbständige ohne zumindest geringfügige Anstellung im Arbeitsklima-Index keine Daten vorliegen. Als „Väter" werden diejenigen Befragten klassifiziert, in deren Haushalt mindestens ein Kind bis 15 Jahre wohnt; die tatsächlichen Verwandtschaftsverhältnisse werden zwar nicht abgefragt, aber in der überwiegenden Anzahl der Fälle dürfte es sich um ein Kind handeln, dem gegenüber der Befragte einen Elternstatus innehat.

jedoch nicht nachweisbar: Sie sind um nur 0,2 Prozentpunkte zufriedener mit ihrem Leben als berufstätige Frauen ohne Kinder, ein Unterschied weit unter jeder Signifikanz und Relevanz.[3]

Ist das Väter-Sein für berufstätige Männer eine Bereicherung? Offensichtlich, obwohl sich die österreichischen Männer nach eigenen Angaben schwerer tun als berufstätige Frauen, Familie und Beruf unter einen Hut zu bringen. Während immerhin 41% der berufstätigen Mütter ihren Beruf mit privaten Interessen und familiären Verpflichtungen „sehr gut" vereinbaren können, sind dies bei den berufstätigen Vätern nur 32% (Tabelle 5).

Tabelle 5: Anteil der berufstätigen Väter und Mütter, die Berufstätigkeit mit privaten Interessen und familiären Verpflichtungen „sehr gut" vereinbaren können (Angaben in Prozent)

	Väter	**Mütter**	**alle Eltern**
Vollzeit	32	31	31
Teilzeit	49	51	51
gesamt	33	41	37

Angaben in Prozent, n = 10.132; Fragestellung im Wortlaut: „Wie gut können Sie Ihre Berufstätigkeit mit Ihren sonstigen privaten Interessen und familiären Verpflichtungen vereinbaren? Geben Sie bitte eine Note von 1 bis 5. Note 1 bedeutet „sehr gut", 5 „sehr schlecht".

Dieser geschlechtsspezifische Unterschied lässt sich jedoch fast vollständig auf die unterschiedliche Teilzeitquote von Vätern und Müttern zurückführen: Teilzeitbeschäftigte Väter und Mütter schaffen es rund zur Hälfte, Berufliches und Privates sehr gut zu vereinbaren, im Falle von Vollzeitbeschäftigung sinkt dieser Anteil bei beiden Geschlechtern auf unter ein Drittel. Der „kleine" Unterschied auf dem Arbeitsmarkt manifestiert sich in den Teilzeitquoten an sich: Nur 4% der unselbständigen Väter haben eine vertraglich festgesetzte Arbeitszeit von weniger als 35 Stunden in der Woche, während dies für eine knappe Mehrheit der berufstätigen Mütter zutrifft (inwieweit Männer nach der Geburt eines Kindes in punkto Arbeitszeiten noch zulegen, wird weiter hinten in diesem Beitrag ausgeführt).

1 Der Vater als „Erhalter"

Die drastischen Unterschiede in der Teilzeitquote verdeutlichen, dass in Österreich nach wie vor die Väter zum überwiegenden Teil die „Familienerhalter" sind, gerade auch im monetären Sinne. Väter tragen in der überwiegenden Zahl mehr als die Hälfte zum

[3] Der Effekt, dass berufstätige Männer mit Kind mit dem Leben zufriedener sind als ihre kinderlosen Kollegen, bleibt auch altersbereinigt bestehen.

Haushaltseinkommen bei – 71% der unselbständig beschäftigten Väter erwirtschaften mehr als 60%, 30% der Väter sogar mehr als 90% des Haushaltseinkommens.

Der entscheidende Faktor dafür, dass den österreichischen Vätern nach wie vor die „Erhalterrolle“ zukommt, ist die Einkommens-Ungleichheit der Geschlechter bereits vor der Geburt von Kindern. Vier von fünf Männern bis 40 Jahre, die in einer Partnerschaft leben, aber (noch) keine Kinder haben, tragen bereits mehr als die Hälfte zum Haushaltseinkommen bei. Das heißt, nur jeder fünfte „gebundene“ kinderlose Mann bis 40 verdient maximal gleich viel wie seine Partnerin. Im Durchschnitt liegt in kinderlosen Partnerschaften der Beitrag des Mannes zum Haushaltseinkommen bei 64,5%.[4]

Diese Asymmetrie führt bei sehr vielen Paaren zur – auch in Anbetracht der derzeitigen sozialpolitischen Regelungen – Entscheidung, bei Geburt eines Kindes auf das kleinere Einkommen zu verzichten, also in der Regel das Einkommen der Partnerin. Selbst wenn Paare mit der Einstellung in die Zeit der Elternschaft gehen, dass Haushaltsarbeit und Kinderbetreuung möglichst partnerschaftlich geteilt und beide Elternteile in etwa gleich stark ins Arbeitsleben integriert werden sollen, werden diese Pläne durch den Zwang, das Haushaltseinkommen zu optimieren, schnell obsolet. Es ist ökonomisch rational, das kleinere Einkommen entweder durch Sozialtransfers (Kindergeld) bzw. ein Teilzeiteinkommen zu ersetzen und das höhere Einkommen in voller Höhe zu behalten – oder sogar auszubauen, zum Beispiel durch Überstunden.

Abbildung 5: Anteil des Männer-Einkommens am Haushaltseinkommen in Partnerschaften nach Kinderzahl (in Prozent)

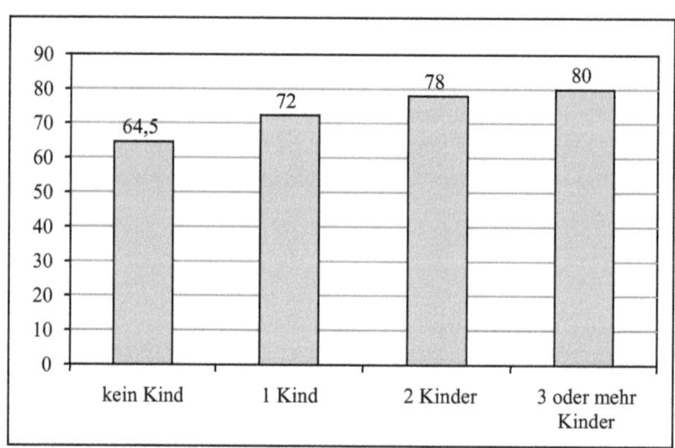

Angaben in Prozent, n = 4187

[4] Basis: Männliche Arbeitnehmer bis 40, die verheiratet sind oder in Lebensgemeinschaft leben, n = 4187 (ungewichtet).

Spätestens durch die Geburt des ersten Kindes wird in Österreich wie auch in Gesellschaften mit vergleichbarem Sozialsystem (vgl. Fthenakis, Kalicki & Peitz, 2002) die Erhalterrolle des Mannes zementiert. *Väter* bis 40 Jahre erwirtschaften im Schnitt 76% des Haushaltseinkommens – nach der Geburt eines Kindes verdienen Männer in neun von zehn Fällen mehr als ihre Partnerin.

Mit jedem weiteren Kind wird der Erhalterstatus des Mannes von neuem quasi bestätigt: Bei drei oder mehr Kindern wird der durchschnittliche Anteil der Partnerin am Haushaltseinkommen mit knapp einem Fünftel marginal.

Auch wenn viele Väter sich vielleicht eine Zeit lang sogar ausschließlich ihren Kindern widmen wollen würden – in Österreich hat dies nur eine Minderheit der berufstätigen Männer in die Tat umsetzen können: Während 58% der Arbeitnehmerinnen angeben, in ihrem Berufsleben eine Unterbrechung wegen Kinderbetreuung gehabt zu haben, gilt dies für weniger als 1% der berufstätigen Männer.

2 Arbeitszeit – Wunsch und Wirklichkeit

Dass Väter in Österreich noch mehr als kinderlose Männer zum Haushaltseinkommen beitragen, liegt im Wesentlichen daran, dass sie nach der Geburt von Kindern ihre Arbeitszeit häufiger erhöhen als senken – ganz im Gegensatz zu ihren Partnerinnen.

Im Arbeitsklima-Index werden drei verschiedene Variablen zur Arbeitszeit erhoben. Die vereinbarte Arbeitszeit laut Arbeitsvertrag, die in der Realität im Schnitt erreichte Arbeitszeit pro Woche sowie die „Wunscharbeitszeit" bei unverändertem Stundenlohn. Nur ein Teil der österreichischen Arbeitnehmerinnen hat sich mit dem/der ArbeitgeberIn

Abbildung 6: Arbeitszeit nach Geschlecht und Elternschaft (in Stunden pro Woche)

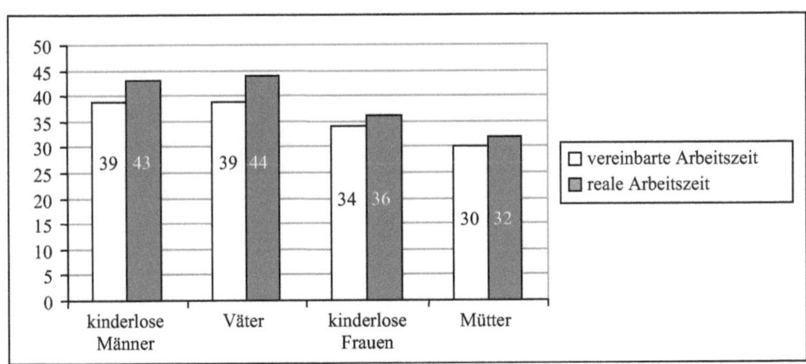

Datenbasis n = 26.040 Interviews von 1997-2004

tatsächlich jenes Stundenausmaß vereinbaren können, dass den persönlichen Bedürfnissen entspricht. 68% der Beschäftigten haben genau ihre Wunscharbeitszeit vereinbart. 20% der Beschäftigten würden lieber mehr arbeiten, und 13% weniger.

Rund zwei Drittel (65%) der Männer haben die gewünschte Arbeitszeit, 12% würden gerne weniger arbeiten und 23% mehr. Bei den Frauen haben fast drei Viertel (72%) die Wunscharbeitszeit vereinbart. 13% würden gerne weniger arbeiten, 15% hätten gerne einen Vertrag über mehr Arbeitsstunden.

Die realen Arbeitszeiten der österreichischen Beschäftigten liegen zum Teil deutlich über der vereinbarten Arbeitszeit. Weder Väter noch Mütter bleiben von Überstunden verschont. Väter leisten sogar noch mehr Überstunden als ihre kinderlosen Kollegen.

Die Auswertungen der Arbeitsklima-Index-Daten zeigen, dass sich berufstätige Väter von kinderlosen männlichen Arbeitnehmern in Punkto Arbeitszeit weit weniger unterschieden als berufstätigen Mütter von kinderlosen Arbeitnehmerinnen.

Die vereinbarte Arbeitszeit liegt bei kinderlosen Männern im Schnitt bei 38,6 Stunden, Väter haben im Schnitt einen Arbeitsvertrag über 39,0 Stunden, Väter erhöhen also ihre Arbeitszeit im Schnitt um eine knappe halbe Stunde. Kinderlose Frauen haben im Schnitt 34,0 Stunden Arbeitszeit vereinbart, berufstätige Mütter haben im Schnitt einen 29,6-Stunden-Vertrag, reduzieren also ihre vereinbarte Arbeitszeit um 4,4 Stunden. Das Alter der Kinder spielt hier übrigens nur eine untergeordnete Rolle, das heißt, der gender gap bei den Arbeitszeiten ist kein auf die Vorschulzeit der Kinder beschränktes Phänomen, sondern bleibt nach der Geburt des Kindes für lange Zeit bestehen.

Die realen Arbeitszeiten – und diese sind ja letztendlich für die Vereinbarkeit mit der Elternrolle relevant – liegen allerdings, wie bereits erwähnt, meist deutlich über dem vertraglichen Stundenausmaß. Kinderlose Männer arbeiten inklusive Überstunden im Schnitt 42,7 Stunden pro Woche, Väter sogar noch etwas mehr, nämlich 43,5 Stunden.

Abbildung 7: Reale Wochenarbeitszeit bei berufstätigen Eltern im Vergleich zu Berufstätigen ohne Kinder nach Geschlecht (in Stunden pro Woche)

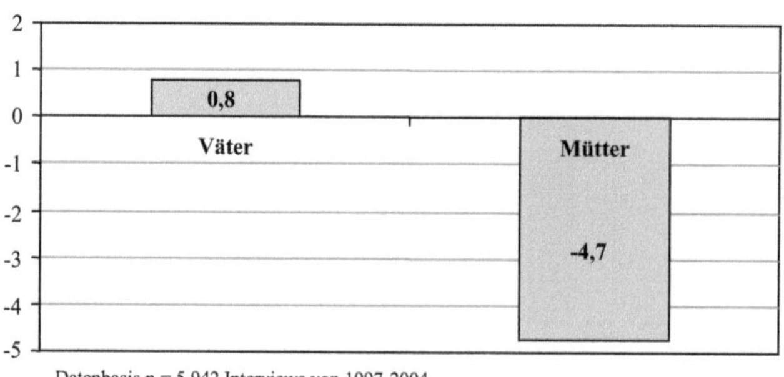

Datenbasis n = 5.942 Interviews von 1997-2004

Bei den weiblichen Arbeitskräften gibt es wieder eine starke Tendenz in die umgekehrte Richtung: Kinderlose Arbeitnehmerinnen kommen im Schnitt auf eine Realarbeitszeit von 36,4 Stunden in der Woche, ihre Kolleginnen mit Kind arbeiten doch deutlich weniger, sie kommen auf durchschnittlich 31,7 Stunden.

Die bevorzugte Arbeitszeit bei gleichem Stundenlohn liegt bei Männern bei 39,8 Stunden, weibliche Beschäftigte präferieren im Schnitt 32,2 Wochenstunden. Auch hier besteht zwischen Männern mit und ohne Kind kaum ein Unterschied: für beide Gruppen wäre – statistisch gesehen – in etwa eine 40-Stunden-Woche ideal (Bevorzugte Arbeitszeit: Kinderlose: 39,5 Stunden, Väter: 40,2 Stunden).[5] Kinderlose Frauen würden am liebsten 34,3 Stunden arbeiten, wohingegen berufstätige Frauen mit Kind im Schnitt 29,5 Wochenstunden als ideale Arbeitszeit ansehen.

Sämtliche eben genannten Werte haben sich in den mittlerweile mehr als sieben Jahren der Arbeitsklima-Index-Messungen von 1997 an als weitgehend konstant erwiesen. Die Bedürfnisse und Wünsche der kinderlosen ArbeitnehmerInnen und der berufstätigen Eltern bezüglich Arbeitszeit haben sich also in den letzten Jahren in diesem Punkt kaum verändert.

3 Arbeitszeit-Schere zwischen den Geschlechtern

Ein höchst aufschlussreiches Bild ergibt sich, wenn man die reale Arbeitszeit von Männern und Frauen im Altersverlauf betrachtet. Abbildung 8 veranschaulicht, dass männliche und weibliche BerufseinsteigerInnen mit annähernd gleicher Arbeitszeit starten. Im Alter der Familiengründung tut sich jedoch eine deutliche Schere zwischen den Geschlechtern auf. Berufstätige Frauen mit Kind reduzieren ihre Arbeitszeit in sehr starkem Ausmaß, während Väter sogar noch mehr arbeiten als ihre kinderlosen Kollegen.

Mütter bis 20 Jahre sind die einzige Gruppe, die mehr arbeitet als ihre kinderlosen Geschlechtsgenossinnen – in dieser Altersgruppe sind vollzeitbeschäftigte Mütter zu finden. Mütter zwischen 26 und 46 haben durchwegs ihre Arbeitszeit deutlich reduziert. Erst danach beginnen berufstätige Frauen mit Kind allmählich wieder, ihre Arbeitsstunden auszudehnen. Bei den kinderlosen Frauen geht die Arbeitszeit mit steigendem Alter allmählich zurück.

Die durchschnittliche Real-Arbeitszeit von Männern und insbesondere von Vätern verändert sich hingegen im Lebensverlauf kaum, sondern bewegt sich praktisch im ganzen erwerbstätigen Alter deutlich über der 40-Stunden-Grenze. Väter beginnen sogar in noch jüngeren Jahren damit, mehr Überstunden zu machen.

[5] Solche Ideale setzen natürlich auf die gängige Wahrnehmung von Vollzeit auf; bei einer generellen 35-Stunden-Woche beispielsweise würden sich die Wunscharbeitszeiten vermutlich auch in diesem Bereich bewegen.

Abbildung 8: Wochenarbeitszeit nach Geschlecht, Alter und Elternschaft (in Stunden pro Woche)

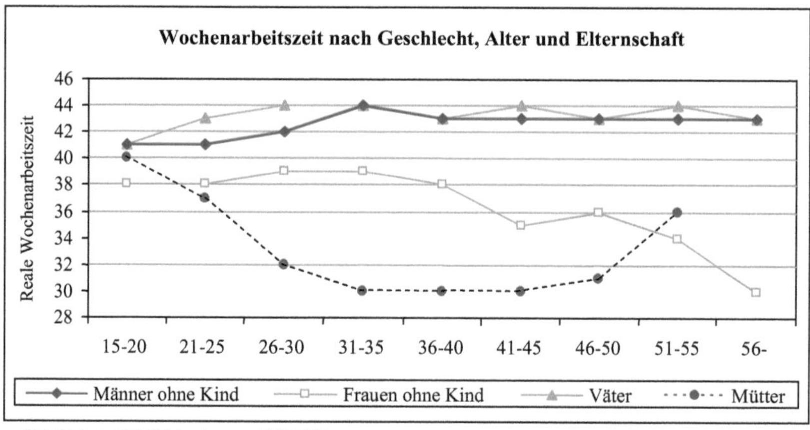

Datenbasis n = 26.040 Interviews von 1997-2004

4 Väter leisten mehr Überstunden

Väter aus fast sämtlichen Bildungsschichten leisten mehr Überstunden als kinderlose Arbeitnehmer – mit einer Ausnahme. Väter mit Hochschulabschluss reduzieren ihre Überstundenlast im Vergleich zu den kinderlosen Hochschulabsolventen. Möglicherweise ist dies darauf zurückzuführen, dass Männer in akademischen Berufen es sich finan-

Abbildung 9: Anteil der Männer, die Überstunden leisten (mehr als 40 Stunden reale Arbeitszeit pro Woche)

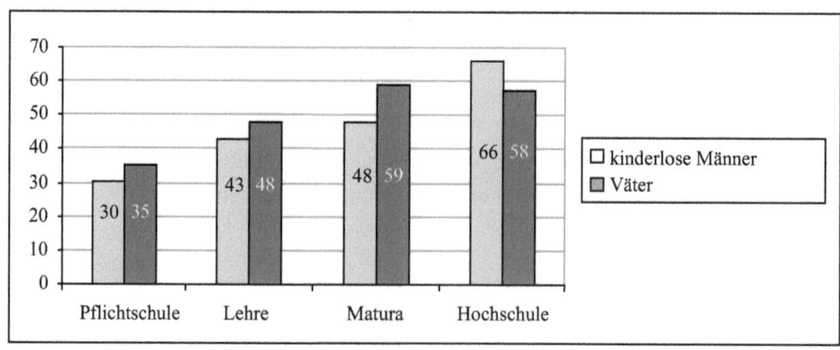

Angaben in Prozent. Datenbasis n = 14.326 Interviews 1997-2004

ziell am ehesten leisten können, ihre Arbeitszeit zu reduzieren, ohne dass dadurch die existenzielle Absicherung der Familie gefährdet wäre. Allerdings sei hier angemerkt, dass in der Gruppe der männlichen Hochschulabsolventen der Anteil derjenigen, die mehr als 40 Stunden pro Woche arbeiten – und damit sowohl der Spielraum als auch der Bedarf nach Arbeitszeitreduktion – eindeutig am höchsten ist.

Es mag aber nicht nur an der von vorneherein höheren Arbeitszeit der männlichen Berufstätigen mit Hochschulabschluss liegen, sondern auch an in diesem Segment häufiger auftretenden Einstellungs- und Wertemustern, die zumindest den Versuch einer Arbeitszeitreduktion nach der Geburt von Kindern erstrebenswert erscheinen lassen. Bei den Akademikern stimmt zwar die Richtung, aber nicht das Ergebnis: gemeinsam mit den übrigen Vätern mit Matura gehören sie auch nach der Geburt eines Kindes immer noch zu denjenigen, die am häufigsten Überstunden leisten.

Die Daten des Arbeitsklima-Index bestätigen die Vermutung, dass Überstunden die Vereinbarkeit von Beruf und Familie erschweren. 85% der befragten Väter, die keine Überstunden leisten, empfinden Beruf und Familie als gut oder sehr gut vereinbar, aber nur 71% jener Väter, die mehr als 40 Stunden arbeiten. 8% der Väter, die auf so hohe Arbeitszeiten kommen, halten Beruf und Familie für nicht oder gar nicht mehr vereinbar. Von den Vätern ohne permanente Überstunden geben dies nur 3% an.

Abbildung 10: Vereinbarkeit von Beruf und Familie nach Überstunden (in Prozent)

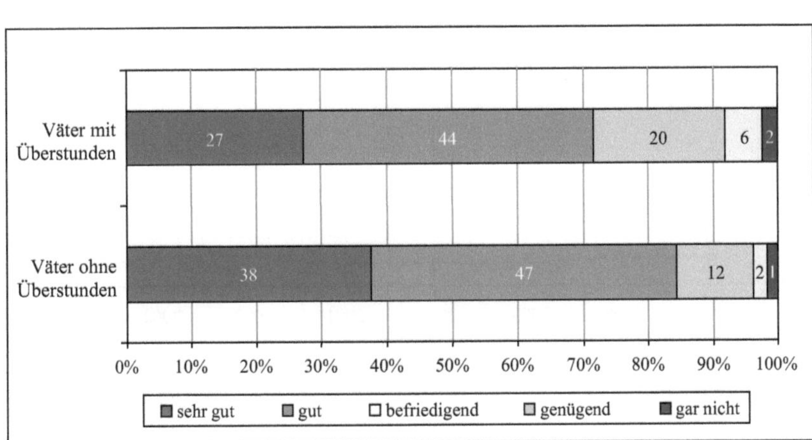

Datenbasis n = 5.377 Interviews 1997-2004

5 Väter in Teilzeit sind die Minderheit

Einen Teilzeitarbeitsvertrag (weniger als 35 Wochenstunden) haben 5% der berufstätigen Männer und 41% der berufstätigen Frauen.[6] Hier ist ein eindeutiger gender gap festzustellen. Eine sich aufdrängende Erklärung wäre die Elternschaft, die Frauen stärker beansprucht als Männer. Es zeigt sich aber, dass die hohe Teilzeitquote der weiblichen Berufstätigen keineswegs ausschließlich mit dem Faktum Mutterschaft zu erklären ist. Denn auch bei den kinderlosen Frauen ist die Teilzeitquote wesentlich höher als bei Männern. Nicht ganz ein Drittel (31%) der Frauen ohne Kind, aber 53% der berufstätigen Mütter arbeiten Teilzeit.

Zwischen kinderlosen Männern und Vätern hingegen findet sich ein zwar geringer, aber doch vorhandener Unterschied in die umgekehrte Richtung: Die Teilzeitrate der Väter ist etwas geringer als jene der kinderlosen Männer. 6% der kinderlosen Männer und 4% der Väter arbeiten Teilzeit.

Abbildung 11: Teilzeitquote nach Geschlecht, Elternschaft und Jahr der Erhebung (in Prozent)

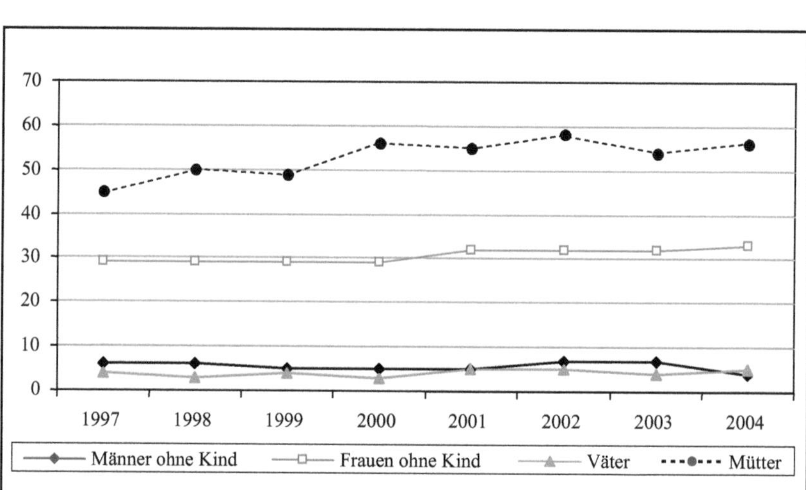

Datenbasis n = 26.040 Interviews von 1997-2004

Abgesehen davon, dass die Teilzeitraten von Vätern und Müttern stark auseinanderklaffen, ist auch festzustellen, dass die Werte bei den Müttern seit 1997 kontinuierlich angestiegen sind, bei den Vätern hingegen über die Zeit etwa konstant blieben. In diesen Daten dürfte sich auch widerspiegeln, dass während der erstarkenden Konjunktur ab

6 Teilzeit ist definiert als unselbständige Beschäftigung um Ausmaß von weniger als 35 Wochenstunden.

1997 eine wachsende Zahl von Müttern versucht hat, über Teilzeitjobs das Familieneinkommen zu erhöhen.

6 Väterteilzeit ist Bildungssache

Teilzeit erweist sich bei Männern und insbesondere auch bei Vätern als eine in höchstem Maße bildungsabhängige Variable, während bei Frauen – mit einer Ausnahme – lediglich die Mutterschaft einen Unterschied ausmacht.

Von den Vätern mit Pflichtschule und Lehrabschluss arbeiten je 2% in Teilzeit, dieser Wert liegt noch etwas unter jenem der kinderlosen Männer mit gleichem Bildungsniveau. Im Arbeitersegment ist Teilzeitarbeit von Vätern also entweder sozial nicht erwünscht und/oder finanziell nicht möglich. Bei den Arbeitnehmern mit Matura ist der Anteil der Väter in Teilzeit mit 7% halb so hoch wie jener der kinderlosen Männer (14%). Bei den kinderlosen männlichen Hochschulabsolventen liegt die Teilzeitquote bei 12%, und von den Vätern, die über einen Hochschulabschluss verfügen, arbeiten aber deutlich mehr Teilzeit, nämlich 18%.

Zum Vergleich: Bei kinderlosen Frauen liegt die Teilzeitquote über alle Bildungsschichten hinweg bei rund einem Drittel (31% bis 35%). Bei den berufstätigen Müttern bilden Frauen mit Pflichtschule einen „Ausreißer“: In dieser Bildungsschicht nehmen nur 41% der Frauen Teilzeitarbeit in Anspruch, während sich die Teilzeitrate in den anderen Bildungsgruppen zwischen 53% (Matura) und 58% (Hochschule) bewegt.

Über die letzten sieben Jahre betrachtet zeigen sich zwei Veränderungen: Es arbeiten tendenziell mehr Frauen mit Pflichtschule in Teilzeit als früher, und bei männlichen Akademikern sowohl mit als auch ohne Kind ist die Teilzeitrate leicht angestiegen.

7 Vereinbarkeit wird leichter

Zum Schluss noch eine erfreuliche Nachricht: Die Vereinbarkeit von Beruf und Familie ist in den letzten Jahren aus Sicht der Betroffenen etwas leichter – oder, wenn man will, weniger schwierig – geworden. Die Ergebnisse könnten darauf hindeuten, dass die Unternehmen bzw. auch der öffentliche Dienst als Arbeitgeber auf die Bedürfnisse von Müttern und Vätern mit der Zeit mehr Rücksicht nehmen – z.B. in Form von mehr Zeitautonomie und flexibleren Lösungen. Möglicherweise stehen auch mehr Kinderbetreuungsangebote zur Verfügung, die es leichter machen, diese beiden Seiten des Lebens unter einen Hut zu bekommen. Auch die über die Jahre sinkende durchschnittliche Kinderzahl könnte bei diesem Trend eine Rolle spielen.

Abbildung 12: Vereinbarkeit von Beruf und Familie nach Jahr der Erhebung

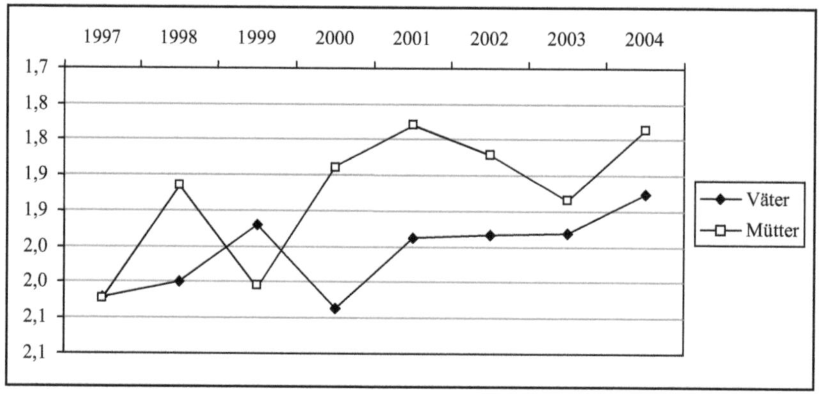

Angaben: Mittelwerte einer fünfstufigen Skala: 1=sehr gut vereinbar, 5=sehr schlecht vereinbar.
Datenbasis n = 26.040 Interviews von 1997-2004

8 Ausblick: Gibt es für die österreichischen Väter einen Weg zu mehr Familie und weniger Beruf?

Bereits bei Paaren ohne Kinder verdienen Männer meist mehr als ihre Partnerinnen. Diese Einkommensschere zwischen Männern und Frauen geht bei jedem Kind weiter auseinander. Der monetäre gender gap ist vermutlich einer der wichtigsten Faktor dafür, dass in den meisten Familien dem Mann die Rolle des „Familien-Erhalters" – selbst wenn er sie ursprünglich gar nicht anstrebt – mehr oder weniger ausgeprägt zukommt.

Um diese Einkommen-Rollenzuschreibungs-Spirale wenigstens teilweise zu durchbrechen, müssten die Paare zumindest im Durchschnitt mit einer annähernd gleichen Ausgangslage in die Zeit der Elternschaft gehen, was aber noch nicht der Fall ist: Die im Arbeitsklima-Index wie in anderen Studien sichtbare Schere zwischen Männer- und Fraueneinkommen geht – auch im europäischen Vergleich – weit auf und zeigt über die Jahre keine Tendenz zur Schließung (vgl. Böheim, Hofer & Zulehner, 2002; Rechnungshof, 2002).

Die geschlechtsspezifischen Ungerechtigkeiten auf dem Arbeitsmarkt werden durch die Ausgestaltung bestimmter Leistungen der Sozialpolitik noch verfestigt. Konkret verstärkt das im Jahr 2002 eingeführte Kinderbetreuungsgeld[7] die Tendenz, das niedrigere Einkommen zugunsten der Sozialtransfers zu „opfern". Dies ließe sich durch eine zu-

[7] Trotz begrüßenswerter Komponenten wie etwa die Ausweitung des BezieherInnenkreises auf Selbstständige und Nicht-Erwerbstätige.

mindest partielle Einkommenskoppelung des Kinderbetreuungsgeldes entschärfen (vgl. u.a. Kartusch, 2004, S. 90; Lutz, 2003, S. 217). Maßnahmen wie eine höhere Zuverdienstgrenze, verbunden mit flexibleren Auszahlungszeiträumen und ein verpflichtendes Papamonat nach skandinavischem Vorbild würden dazu beitragen, dass die Väterkarenz nicht nur ein viel beschworenes Wunschbild, sondern auch in Österreich ein alltägliches Phänomen werden könnte.

9 Literatur

Böheim, R., Hofer, H. & Zulehner, C. (2002). Lohnunterschiede zwischen Frauen und Männern in Österreich: Ein Vergleich zwischen 1983 und 1997. *Kurswechsel, 1*, 50-56.

Fthenakis, W. E., Kalicki, B. & Peitz, G. (2002). *Paare werden Eltern. Die Ergebnisse der LBS-Familien-Studie*. Opladen: Leske + Budrich.

Hofinger, C. & Michenthaler, G. (1998). Der Arbeitsklima-Index: Ein mikrobasiertes Messinstrument für die Entwicklung der Arbeitswelt. *Diskurs Sozial, 1*, 17-38.

Kartusch, A. (2004). Elternkarenz und Kinderbetreuungsgeld – das österreichische Modell. In A. Kartusch, I. Ilieva & K. Lukas (Hrsg.), Gleichheit von Frauen und Männern in Bulgarien, Österreich und der Europäischen Union (S. 79-94). Sofia: Bulgarian Academy of Sciences, Austrian Science and Research Liaston Office Sofia.

Lutz, H. (2003). Auswirkungen der Kindergeldregelung auf die Beschäftigung von Frauen mit Kleinkindern – Erste Ergebnisse. *Wifo Monatsberichte, 3*, 213-227.

Rechnungshof (2002). *Einkommensbericht des Rechnungshofes 1/2002.* Wien: Rechnungshof.

VI. Die Bewältigung des Übergangs zur Vaterschaft

Bernhard Kalicki, Gabriele Peitz & Wassilios E. Fthenakis

Die Familiengründung gilt als ein Ereignis, das in seiner Bedeutung in aller Regel unterschätzt wird. Die psychologische Bewältigungsforschung ordnet die Geburt eines Kindes zwar den „kritischen Lebensereignissen" zu (Filipp, 1995), junge Paare und insbesondere auch werdende Eltern können sich jedoch häufig nicht ausmalen, wie sehr dieses Ereignis ihr Leben verändern wird. Dabei liegt inzwischen eine ganze Reihe von empirischen Studien vor, die die Auswirkungen der Familiengründung beschreiben und die zugrunde liegenden Dynamiken näher beleuchten (zum Überblick vgl. Reichle & Werneck, 1999) und dabei auch die Perspektive der Väter berücksichtigen (z.B. Werneck, 1998).

Im Folgenden soll die Reichweite der Veränderungen, die von der Geburt des ersten Kindes ausgelöst werden, illustriert werden. Die Bedeutung einer erfolgreichen Bewältigung dieses Übergangs für das individuelle Wohlbefinden und für die Qualität der elterlichen Partnerschaft wird hervorgehoben. Das Augenmerk liegt dabei auf der Erfahrungswelt der Väter, auf ihren Sorgen und Ängsten, ihren Wünschen und auf ihren Anstrengungen, den eigenen Ansprüchen sowie den Erwartungen ihrer Partnerinnen gerecht zu werden. Hierzu werden Daten einer derzeit laufenden, familienpsychologischen Längsschnittstudie herangezogen, die das Veränderungsgeschehen in einem breiten Erhebungsansatz abbilden (vgl. Fthenakis, Kalicki & Peitz, 2002).

Beginnend im letzten Drittel der Schwangerschaft wurden insgesamt 175 Paare, die zusammen lebten und ein gemeinsames Kind erwarteten, wiederholt zu zentralen Themen der Partnerschafts- und Familienentwicklung befragt. Erfragt wurden neben demografischen Angaben und Daten zur äußeren Lebenssituation der Familie insbesondere Einschätzungen zu Schwangerschaft und Entbindung, die Erfahrungen in der Elternrolle, Aspekte der Paarbeziehung (Verteilung von Aufgaben und Verantwortungsbereichen zwischen den Partnern; Qualität der Paarinteraktion und subjektive Partnerschaftszufriedenheit), Persönlichkeitsmerkmale und Befinden der BefragungsteilnehmerInnen, aber auch Entwicklungsmerkmale des Kindes. Um die spezifischen Effekte der Geburt des *ersten* Kindes (und damit des Übergangs zur Elternschaft) zu erfassen, wurde einer Gruppe werdender Eltern („Ersteltern") eine Gruppe von Paaren gegenübergestellt, die ein nachfolgendes Kind bekamen („Zweiteltern"). Die neunte und vorerst letzte Befragung erfolgte im Winter 2004/2005. Die Kinder, die zu Beginn dieser Studie erwartet wurden, waren da bereits neun Jahre alt. Neben diesem für entsprechende Studien beachtlichen Zeitintervall und dem breit angelegten Themenkatalog der Befragungen ist diese Studie durch die systematische Berücksichtigung beider Elternteile, also auch der Väter, gekennzeichnet. Die vorliegenden Daten geben daher Aufschluss darüber, mit welchen Veränderungen der Übergang in die Elternschaft für die Väter verbunden ist und unter welchen Bedingungen die Anpassung an die Vaterrolle gelingt.

1 Schwangerschaft und Entbindung

Für die Bewältigung von Schwangerschaft und Entbindung kommt der subjektiven Haltung zur Elternschaft eine entscheidende Rolle zu, wie sie in Begriffen wie der Erwünschtheit oder Gewolltheit der Schwangerschaft zum Ausdruck kommt. Nun sind Aussagen über die Erwünschtheit von Kindern ihrerseits in hohem Maße sozial valent – Kinder als erwünscht zu betrachten, gilt als wünschenswert –, weshalb die Haltung der BefragungsteilnehmerInnen zur anstehenden Elternschaft über deren emotionale Reaktion erfasst wurde. Im Einzelnen schätzten die TeilnehmerInnen das Ausmaß ihrer Freude über die Schwangerschaft und den Stolz auf die Schwangerschaft ein, aber auch die erlebte Bedrohlichkeit und ihren Ärger über die Schwangerschaft. Die emotionale Bewertung der Schwangerschaft ist Regulations- und Anpassungsprozessen unterworfen, die bereits vor der Geburt des Kindes einsetzen und eine Eindämmung geburtsbezogener Ängste und den Erhalt des subjektiven Wohlbefindens bewirken. Um solch frühe Bewältigungsprozesse abbilden zu können, wurde zum ersten Befragungszeitpunkt, also im letzten Drittel der Schwangerschaft, neben der aktuellen emotionalen Bewertung der Schwangerschaft auch die emotionale Reaktion auf die Nachricht von der Schwangerschaft ermittelt („primary appraisal“, vgl. Lazarus, 1966). In der erlebten Veränderung dieser Einschätzungen spiegeln sich Prozesse der antizipatorischen Bewältigung („präventives Coping“).

Wie die durchschnittlichen Emotionseinschätzungen der Frauen und Männer für beide Zeitpunkte zeigen, nehmen die negativen Emotionen *Ärger* und *erlebte Bedrohlichkeit* während der Schwangerschaft deutlich ab, *Freude* und *Stolz* nehmen hingegen zu (siehe Abbildung 13). Interessant ist hierbei, dass sich diese Anpassungsprozesse sowohl bei Frauen als auch bei Männern nachweisen lassen. Lediglich die Steigerung der positiven Emotionen fällt bei Frauen stärker aus.

Psychologische Bewältigungsmodelle betonen neben der Umbewertung bedrohlicher Ereignisse außerdem die Bedeutung der wahrgenommenen Kontrolle bzw. von subjektiven Kompetenzüberzeugungen für die erfolgreiche Bewältigung (vgl. Brandtstädter & Renner, 1990; Heckhausen & Schulz, 1995). So beschreibt die Theorie der kognitiven Anpassung (Taylor, 1983) unterschiedliche Prozesse, die angesichts bedrohlicher Erfahrungen zum Erhalt oder Wiedergewinn von Lebenszufriedenheit und voller Handlungsfähigkeit beitragen. Die *Sinnsuche* umfasst alle Versuche, das bedrohliche Ereignis zu verstehen und ihm eine positive Bedeutung zu geben. In genau diesem Sinne lassen sich die dargestellten Befunde zur (emotionalen) Umbewertung der Schwangerschaft lesen.

Daneben ist der *Wiedergewinn eines Gefühls von Kontrolle* über das bedrohliche Ereignis eine wesentliche Voraussetzung dafür, den Zustand der Hilflosigkeit und Orientierungslosigkeit zu überwinden. Das Kontrollempfinden kann sich übrigens auch auf illusionäre Einschätzungen eigener Handlungspotentiale stützen, die trotz ihres eingeschränkten Realitätsgehalts durchaus adaptiv sind (Taylor & Brown, 1988).

Abbildung 13: Emotionale Bewertung der Schwangerschaft zu Beginn (schwarze Balken) und gegen Ende der Schwangerschaft (graue Balken) bei Frauen und Männern (Emotionsskala jeweils von 0 [niedrig] bis 8 [hoch])

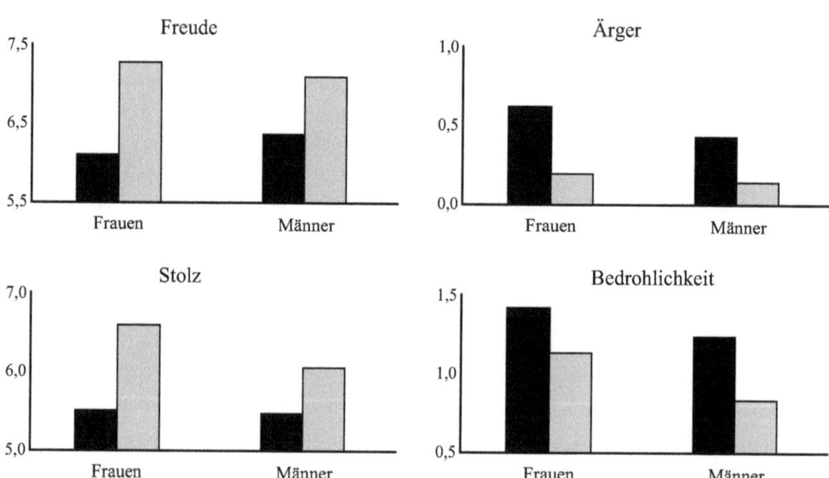

Die subjektiv erlebte (bzw. konstruierte) Kontrolle über das ambivalente, zunächst auch bedrohliche Ereignis wurde über Attributionen der Verantwortung für den Eintritt der Schwangerschaft erfasst. So schätzten die TeilnehmerInnen sowohl ihren eigenen Beitrag zum Zustandekommen der Schwangerschaft ein („Ich habe alles getan, eine Schwangerschaft herbeizuführen bzw. zu verhindern" bei einer bipolaren Antwortskala von „+3/herbeiführen" über „0/weder - noch" bis „-3/verhindern") als auch das Zutun ihres Partners bzw. ihrer Partnerin ein („Mein Partner/meine Partnerin hat alles getan, eine Schwangerschaft herbeizuführen bzw. zu verhindern" bei gleicher Antwortskala). Abbildung 14 gibt die durchschnittlichen Verantwortungszuschreibungen der Erst- und Zweiteltern wieder. Wie die linke Grafik verdeutlicht, schätzen die noch kinderlosen Partner (werdende Eltern) den Beitrag von Frau und Mann am Zustandekommen der Schwangerschaft als gleich hoch ein. Männer und Frauen stimmen in dieser egalitären Verantwortungszuschreibung überein (die marginalen Mittelwertunterschiede sind statistisch nicht bedeutsam). Die rechte Grafik enthält die Einschätzungen der Paare, die den Übergang in die Elternrolle bereits vollzogen haben und nun ein weiteres Kind erwarten (Zweiteltern). Diese Mittelwerte spiegeln ein Muster der Verantwortungszuschreibung, das traditionellen Auffassungen von den Geschlechtsrollen entspricht: Die Verantwortung der Frau für die Schwangerschaft und anstehende Elternschaft wird als deutlich höher eingeschätzt als die des Mannes. Frauen und Männer stimmen in dieser geschlechtsabhängigen Verantwortungszuweisung erneut überein. Die Hintergründe dieser unterschiedlichen Erklärungsmuster von werdenden Eltern und Elternpaaren werden wir später aufklären.

Abbildung 14: Wahrgenommene Verantwortung der Frau bzw. des Mannes für den Eintritt der Schwangerschaft nach Ansicht von Frauen und Männern; Einschätzungen von Ersteltern (links) bzw. Zweiteltern (rechts) im letzten Drittel der Schwangerschaft

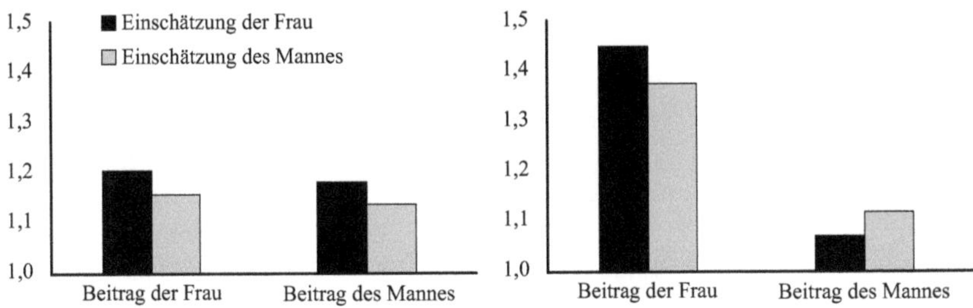

Je weiter die Schwangerschaft fortgeschritten ist, desto stärker prägen Ängste und Befürchtungen rund um die Entbindung das Wohlbefinden der werdenden Eltern. Bislang erhielten vor allem die Geburtsängste der Schwangeren Aufmerksamkeit (z.B. Lukesch, 1983), entsprechende Sorgen und Ängste der Männer wurden kaum untersucht. Der Einbezug von Vätern in die Erforschung von Geburtsängsten macht es erforderlich, Geburtsängste geschlechtsspezifisch zu konzeptualisieren und zu erfassen (Kalicki, Fthenakis, Engfer, Peitz & Dittmann, 1996). Die Ängste der Männer vor der anstehenden Geburt des Kindes lassen sich auffächern in die *Angst um Frau und Kind* (z.B. Angst davor, dass die Frau bei der Entbindung sterben könnte; Angst vor ärztlichen Kunstfehlern), die *Angst vor Blut* (z.B. Angst vor dem Anblick von viel Blut; Angst vor medizinischen Geräten wie Spritzen oder Skalpellen) sowie die *Angst vor Kontrollverlust* (z.B. Angst, die Schmerzen der Frau hilflos mit ansehen zu müssen; Angst, die Klinik nicht rechtzeitig zu erreichen).

Das Ausmaß der Geburtsängste der Schwangeren sowie die weitere Befindlichkeitsentwicklung in den ersten Monaten nach der Geburt des Kindes stehen nun in engem Zusammenhang zur Art der Verantwortungsattribution (vgl. auch Kalicki, Fthenakis & Peitz, 1999). Je stärker die Frau die Verantwortung für den Eintritt der Schwangerschaft übernimmt, desto geringer sind ihre Geburtsängste, desto niedriger ist ihre Depressivität 4 Monate nach der Entbindung und desto stärker ist die Abnahme der Depressivität von der Schwangerschaft bis 4 Monate nach der Geburt. Die Verantwortungsübernahme bzw. -delegation bemisst sich als Differenzwert von eigenem Beitrag und wahrgenommenem

Beitrag des Mannes: Von einer Übernahme der Verantwortung durch die Frau kann demnach dann gesprochen, wenn sie ihren eigenen Beitrag höher einschätzt als den ihres Partners. Die Verantwortungsübernahme durch die Frau ist dabei auch funktional für das Befinden des Partners und für die Qualität der Partnerschaft: Je stärker die Frau die Elternschaft zu ihrem persönlichen Projekt macht, desto niedriger fällt die Depressivität des Mannes vier Monate nach der Geburt des Kindes aus und desto positiver erlebt der Mann die Partnerschaft (siehe Tabelle 6, linke Datenspalte). Im Gegensatz hierzu zeigen die geburtsbezogenen Ängste der Männer keinerlei Beziehung zur Verantwortungsattribution des Mannes. Die Geburtsängste der Männer stehen vielmehr in Verbindung

Tabelle 6: Korrelation der attributiven Verantwortungsübernahme von Mutter bzw. Vater mit Maßen der individuellen und dyadischen Anpassung

	Verantwortungs-übernahme der Mutter (Einschätzungen der Frau)	Verantwortungs-übernahme des Vaters (Einschätzungen des Mannes)
Anpassung der Mutter		
Geburtsangst (T1)	-.20**	.12
Depressivität (T4)	-.19*	.19*
Anstieg der Depressivität (von T1 zu T4)	-.19*	.19*
Partnerschaftsqualität (T4)	.07	-.13
Verbesserung/Erhalt der Partnerschaftsqualität (von T1 zu T4)	.09	-.21**
Anpassung des Vaters		
Geburtsangst (T1)	-.12	.10
Depressivität (T4)	-.19*	.14
Anstieg der Depressivität (von T1 zu T4)	-.15	.14
Partnerschaftsqualität (T4)	.28**	-.15
Verbesserung/Erhalt der Partnerschaftsqualität (von T1 zu T4)	.28**	-.22**

Anmerkungen: N = 148-173 * p < .05 ** p < .01 (zweiseitige Tests)
T1: im letzten Drittel der Schwangerschaft
T4: 18 Monate nach der Geburt des Kindes

mit der selbstperzipierten eigenen Kompetenz zur Ausübung der Vaterrolle und mit der Rollenkompetenz der Partnerin, aber auch mit dem Ausmaß der Schwangerschaftsbeschwerden der Frau (eingehender hierzu Kalicki et al., 1996). Eine geschlechtsrollenuntypische Übernahme der Verantwortung durch den Mann – der Mann schreibt sich selbst einen relativ hohen Beitrag am Zustandekommen der Schwangerschaft zu – erweist sich bemerkenswerterweise als dysfunktional für die Familienentwicklung, die geschlechtsrollenkonforme Delegation der Verantwortung an die Frau hingegen als funktional: Je stärker der Mann seine Partnerin verantwortlich macht für den Eintritt der Schwangerschaft, desto günstiger entwickelt sich die Beziehungsqualität und desto stärker stabilisiert sich das Befinden der Frau in den ersten Monaten nach der Geburt des Kindes (siehe Tabelle 6, rechte Datenspalte). Offenbar zahlt es sich für die Paare unter den gegebenen Handlungsmöglichkeiten nicht aus, von dem traditionellen Muster der Verantwortungszuweisung – die Elternschaft und die damit verbundenen Aufgaben sind primär Sache der Mutter – abzuweichen. Dies wird weiter verständlich, wenn man die Umverteilung der Rollen beider Partner betrachtet, wie sie regelmäßig nach der Familiengründung abläuft.

2 Die Neuverteilung von Rollen zwischen den Partnern

In weiten Teilen unserer Gesellschaft hat sich ein Partnerschaftsmodell etabliert, das eine annähernd gleiche (egalitäre) Verteilung von Aufgaben und Verantwortungsbereichen zwischen Frau und Mann, aber auch gleiche Entwicklungschancen für Frauen und Männer in möglichst allen Lebensbereichen vorsieht. Demgemäß beobachten wir bei den kinderlosen Paaren eine gleich hohe Erwerbsbeteiligung von Frauen und Männern: Vor dem Eintritt der Schwangerschaft arbeiten Frauen und Männer, die später ihr erstes Kind bekommen werden, durchschnittlich etwa 30 Stunden pro Woche. Der Übergang in die Elternschaft führt nun zu einer Neuverteilung der Erwerbsrolle im Sinne traditioneller Muster. Die Väter steigern ihr berufliches Engagement, die Mütter reduzieren ihre Erwerbsarbeit erheblich, nämlich im Durchschnitt auf unter 10 Stunden pro Woche (siehe Abbildung 15, linke Grafik). Diese traditionelle Rollenverteilung ist bei jenen Paaren, die ein nachfolgendes Kind bekommen, bereits etabliert (Abbildung 15, rechte Grafik).

Abbildung 15: Veränderung der Wochenarbeitszeit von Frauen und Männern vom Eintritt der Schwangerschaft bis 3 Jahre nach der Geburt des Kindes bei Ersteltern (links) und Zweiteltern (rechts)

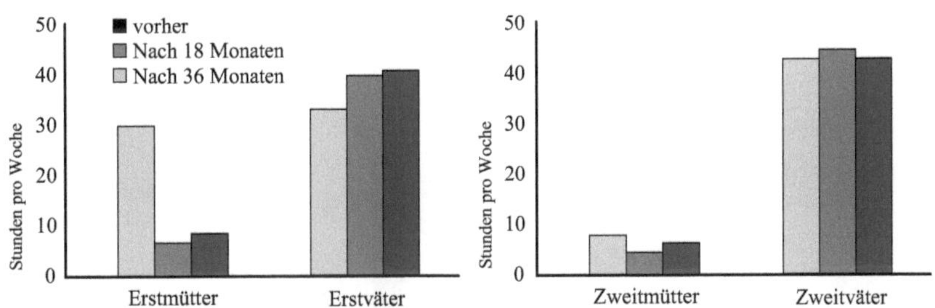

Diese Aufspaltung der Lebenswelten beider Partner bleibt nicht ohne Auswirkung. Unmittelbar und dramatisch sind die Folgen für die persönliche Einkommensentwicklung. Die Einkommensverteilungen der kinderlosen Frauen und Männer (persönliches monatliches Netto-Einkommen vor Eintritt der Schwangerschaft) decken sich sehr stark (siehe Abbildung 16, obere Grafik). Drei Jahre nach der Geburt des ersten Kindes divergieren die Einkommensverteilungen deutlich (mittlere Grafik). Bei den Paaren, die ein nachfolgendes Kind bekommen haben, bestehen 3 Jahre nach der Geburt des Kindes noch drastischere Einkommensunterschiede zwischen den Partnern; hier ist etwa jede zweite Frau ohne jedes persönliche Einkommen (Abbildung 16).

Schließlich werden auch die Aufgaben, die innerhalb der Familie anfallen, mit der Familiengründung zunehmend geschlechtsspezifisch aufgeteilt. So beteiligen sich die Väter immer weniger an der Erledigung der Hausarbeit und auch die Sorge um das Kind bleibt die primäre Aufgabe der Mutter (vgl. Kalicki, Peitz & Fthenakis, 2002; Peitz, 2004). Abbildung 17 illustriert zunächst die Umverteilung der Hausarbeit zu Lasten der Mutter. Zwar beteiligen sich die Männer auch in noch kinderlosen Partnerschaften nicht in gleichem Maße an der Hausarbeit, nach der Geburt des Kindes ziehen sie sich aber noch weiter aus diesem Aufgabenfeld zurück.

Aufschlussreich ist zusätzlich die Aufteilung der Tätigkeiten, die mit der Pflege und Versorgung eines dreijährigen Kindes zusammenhängen. Hierbei ist zwischen eher spaßbetonten, zeitlich disponiblen Aufgaben wie dem Spielen mit dem Kind oder den abendlichen Routinen rund um das Zubettbringen des Kindes einerseits („Pleasure-Aktivitäten“, z.B. mit dem Kind spielen, auf den Spielplatz gehen, das Kind baden, es zu Bett bringen) und den reinen Versorgungsaufgaben andererseits (z.B. das Kind nachts versorgen, sich beim Essen um das Kind kümmern, Kinderfeste organisieren) zu unterscheiden. Wie die in Abbildung 18 wiedergegebenen Ergebnisse zeigen, werden die Pleasure-Aktivitäten in den weitaus meisten Familien von beiden Partnern übernommen. Die Versorgungsaufgaben liegen jedoch überwiegend im Verantwortungsbereich der Mutter.

Abbildung 16: Verteilung des persönlichen Einkommens bei noch kinderlosen Paaren (obere Grafik: „Ersteltern“ vor Eintritt der Schwangerschaft), 3 Jahre nach der Geburt des ersten Kindes (mittlere Grafik: „Ersteltern“ 3 Jahre nach der Geburt des Kindes) sowie 3 Jahre nach der Geburt eines nachfolgenden Kindes (untere Grafik: „Zweiteltern“ 3 Jahre nach der Geburt des Kindes)

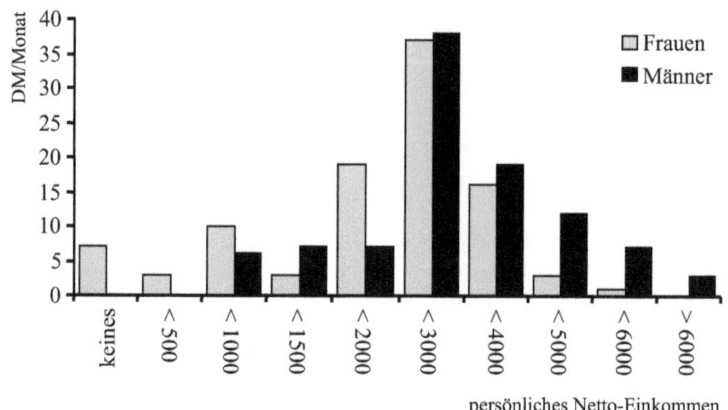

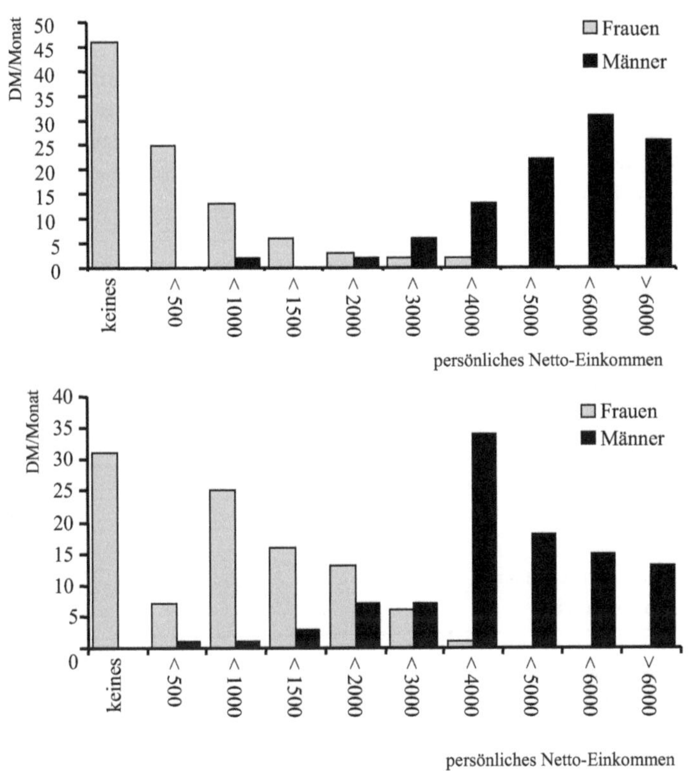

Abbildung 17: Selbsteingeschätzte Beteiligung der Partner an der Hausarbeit im Zeitraum von der Schwangerschaft bis 34 Monate nach der Geburt des Kindes bei Ersteltern (linke Grafik) und Zweiteltern (rechte Grafik) (Angaben in Prozent)

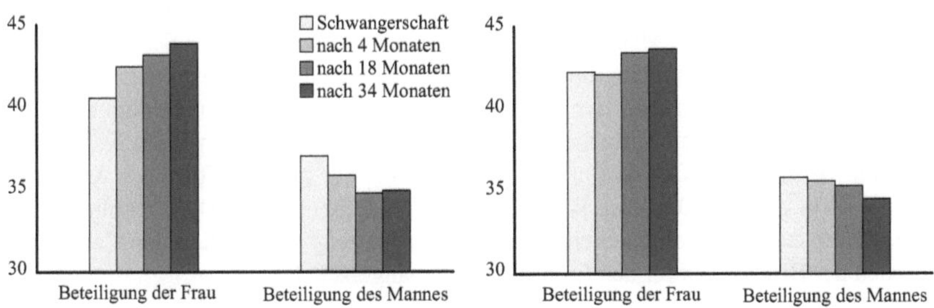

Abbildung 18: Aufteilung der Betreuung und Versorgung des dreijährigen Kindes zwischen den Partnern (Angaben in Prozent)

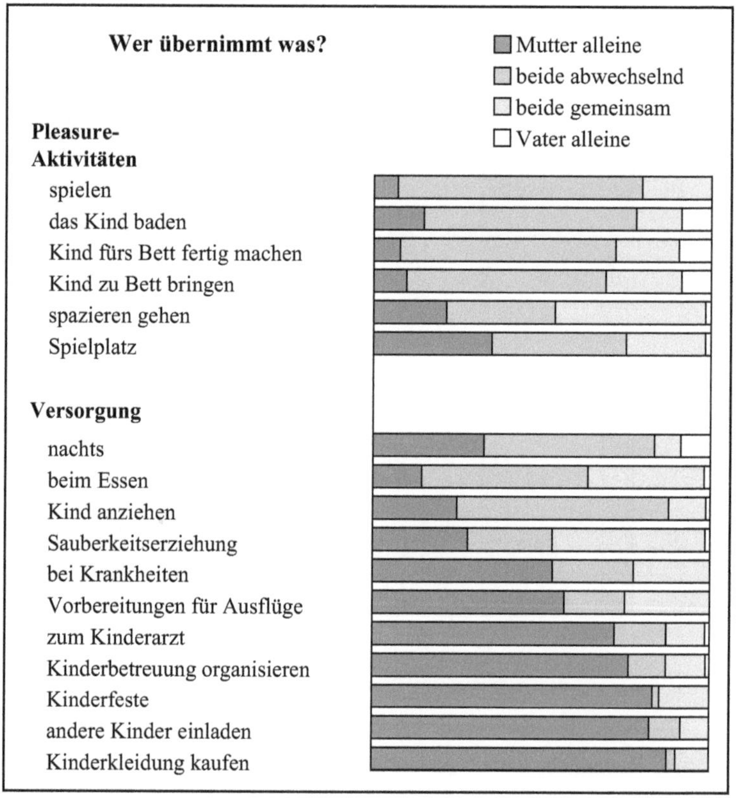

Wer übernimmt was?

Mutter alleine
beide abwechselnd
beide gemeinsam
Vater alleine

Pleasure-Aktivitäten
spielen
das Kind baden
Kind fürs Bett fertig machen
Kind zu Bett bringen
spazieren gehen
Spielplatz

Versorgung
nachts
beim Essen
Kind anziehen
Sauberkeitserziehung
bei Krankheiten
Vorbereitungen für Ausflüge
zum Kinderarzt
Kinderbetreuung organisieren
Kinderfeste
andere Kinder einladen
Kinderkleidung kaufen

Zusammengefasst bestätigen diese Ergebnisse, dass der Übergang zur Elternschaft mit der Sozialisation geschlechtsstereotyper Rollenerwartungen und Handlungsmuster einhergeht. Noch kinderlose Paare leben ein relativ egalitäres Partnerschaftsmodell, beide Partner sind erwerbstätig, beteiligen sich an den familiären Aufgaben und schreiben sich wechselseitig in gleichem Maße die Verantwortung für den Eintritt der Schwangerschaft zu. Die Paare, die die Familiengründung bereits vollzogen haben, leben ein traditionelles Partnerschaftsmodell, bei dem der Vater die Brotverdienerfunktion übernimmt und die Mutter für die familiären Aufgaben zuständig ist. Passend hierzu weisen Mütter und Väter die Brotverdienerfunktion nach wie vor dem Vater zu (vgl. Fthenakis & Minsel, 2002; Kalicki et al., 2002). Der Wechsel hin zu traditionellen Geschlechtsrollen bleibt nicht auf die faktische Rollenverteilung beschränkt, er zeigt sich auch in den Kausalattributionen der Betroffenen für den Eintritt der Schwangerschaft.

3 Die Bewältigung des Übergangs zur Vaterschaft

Die Neustrukturierung der Paarbeziehung gemäß traditioneller Rollenmodelle geht einher mit Veränderungen der Partnerschaftsqualität. So lässt sich regelmäßig eine Abnahme der Beziehungsqualität im Übergang zur Elternschaft beobachten, die von Frauen und Männern jedoch z.T. unterschiedlich erlebt wird (Abbildung 19). Männer nehmen die Verschlechterung der sexuellen Beziehung stärker wahr als die Frauen. Bei den länger bestehenden Beziehungen (Zweiteltern) schätzen die Männer die Sexualität in der Partnerschaft deutlich schlechter ein als die Frauen. Männer und Frauen beobachten gleichermaßen eine Abnahme der Paarkommunikation, eine Zunahme von Streit und Konflikten und einen Anstieg der Unzufriedenheit mit dem Partner bzw. der Partnerin. Bemerkenswert sind wiederum die deutlich unterschiedlichen Einschätzungen der Partner in bestehenden Familien (Zweiteltern). Hier beschreiben die Männer das Streit- und Konfliktverhalten ihrer Partnerinnen – in diesem Sinne sind die Daten dieser Subskala des eingesetzten Partnerschaftsfragebogens (PFB; vgl. Hahlweg, Schindler & Revenstorf, 1982) zu lesen – deutlich negativer als es ihre Partnerinnen tun. Dies verweist auf die systematische Benachteiligung von Frauen infolge der Familiengründung, die eng mit der Traditionalisierung des Geschlechterverhältnisses verknüpft ist (vgl. Fthenakis & Kalicki, 2000).

Mütter und Väter sind einer Reihe von Einschränkungen und Belastungen ausgesetzt. Sechs Wochen nach der Geburt des Kindes bestätigen 42% der Väter, dass ihre Bedürfnisse nach Zärtlichkeit und Erotik zu kurz kommen. 38% fühlen sich durch das Baby sehr angebunden. 35% haben den Eindruck, ihre Partnerin sei seit der Entbindung nur noch für das Baby da. 23% machen sich häufig Sorgen, ob die Familie mit dem Geld

Abbildung 19: Veränderung der Partnerschaftsqualität (PFB-Maße Sexualität, Kommunikation und Streit) sowie der Unzufriedenheit mit dem Partner vom letzten Schwangerschaftstrimester bis 34 Monate nach der Geburt des Kindes, differenziert nach Elterngruppe (Ersteltern versus Zweiteltern) und Beurteilergeschlecht (Frauen [schwarze Gradienten] versus Männer [graue Gradienten]) (Angaben in Prozent)

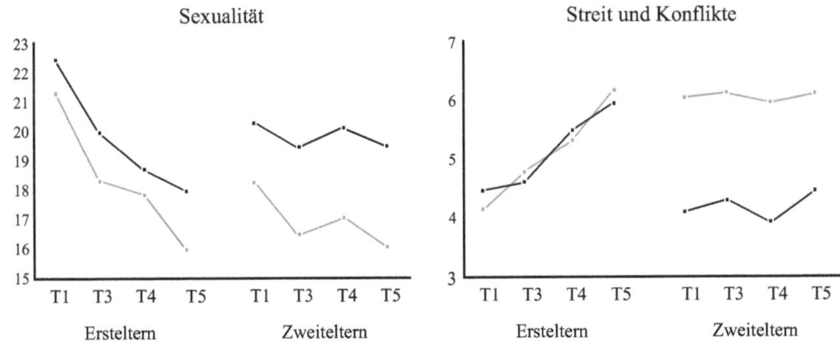

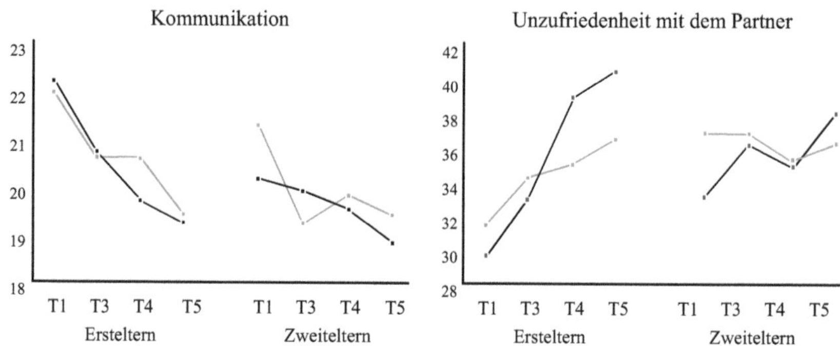

auskommen wird (Fthenakis et al., 2002). Ob die Eltern in der gewandelten Lebenssituation glücklich bleiben, hängt nicht zuletzt von individuellen Passungskonstellationen und Anpassungsprozessen ab (vgl. Kalicki et al., 1999). Das Zusammenwirken von Belastungsfaktoren und individuellen Ressourcen und Kompetenzen prägt demnach das Wohlbefinden der Person. Diese Mechanismen sollen anhand zweier Befunde verdeutlicht werden, die die Bewältigung der Vaterrolle betreffen.

Abbildung 20: Die Abhängigkeit der Gewaltneigung des Mannes (zu T5, d.h. 3 Jahre nach der Geburt des Kindes) von der wahrgenommenen Kindschwierigkeit (zu T3, d.h. 4 Monate nach der Geburt) bei unterschiedlich positiver emotionaler Reaktion auf die Schwangerschaft (erfasst zu T1, d.h. vor der Geburt des Kindes)

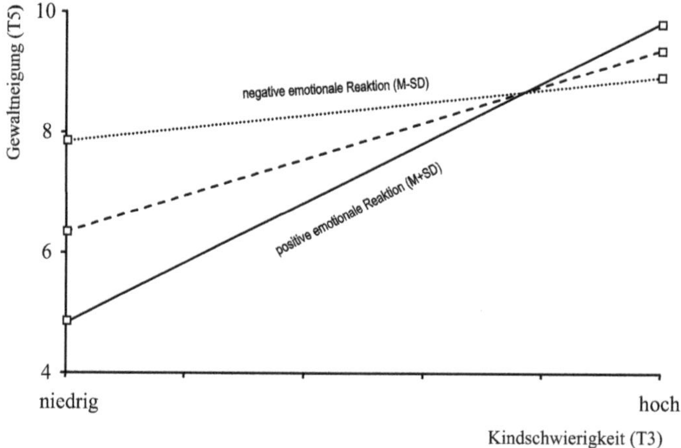

Gerade in ihren ersten Lebensmonaten sind Kinder nicht nur eine Freude, sondern auch eine Belastung, da sie vollkommen von der Pflege und Betreuung ihrer Eltern abhängig sind. Da ihr Verhalten nur bedingt vorhersagbar und von den Eltern kontrollierbar ist, sind sie zudem ein unbequemer Stressor. Babys unterscheiden sich jedoch auch in ihrer „Schwierigkeit“, etwa in der Regelmäßigkeit ihres Schlaf-Wach-Rhythmus, ihrer Responsivität, ihrer Grundstimmung, ihrer Anpassungsfähigkeit oder in ihrem Schreiverhalten (vgl. Engfer, 1986). In diesem Sinne schwierige Kinder können ihre Eltern überfordern. So variiert die aus einer Überforderung resultierende Gewaltneigung von Vätern 3 Jahre nach der Geburt des Kindes systematisch mit der früh wahrgenommenen Kindschwierigkeit (siehe Abbildung 20, mittlere Gerade). Ob dieser Zusammenhang auftritt, hängt jedoch von der Haltung des Mannes zur Elternschaft ab: Hatte der werdende Vater bereits auf die Schwangerschaft eher verhalten, also mit negativen Emotionen (Ärger, Angst) und nur schwach positiven Emotionen (wenig Stolz, kaum Freude) reagiert, ist die spätere Gewaltneigung des Vaters insgesamt erhöht. Hatte der werdende Vater die Schwangerschaft jedoch positiv aufgenommen, hängt die spätere Gewaltneigung tatsächlich von der erlebten Kindschwierigkeit ab. Eine positive Einstellung zu einem Kind, das sich dazu noch als unproblematisch und „einfach“ herausstellt, erleichtert also die Anpassung an die Vaterrolle.

Auch eine traditionelle oder egalitäre Aufteilung der Hausarbeit führt nicht generell zu Zufriedenheit oder Unzufriedenheit bei den Beteiligten, erst die Übereinstimmung des praktizierten Partnerschaftsmodells mit den persönlichen Partnerschaftsidealen bestimmt die Zufriedenheit. Anhand der Belastung des Mannes mit Hausarbeit lässt sich dessen Befinden nicht vorhersagen (siehe Abbildung 21, mittlere Gerade). Vertritt der Mann traditionelle Rollenauffassungen, so steigt seine Depressivität mit dem Grad der Belastung durch Hausarbeit. Vertritt der Mann hingegen egalitäre Rollenauffassungen, wird sein Wohlbefinden durch die geringe Beteiligung an der Hausarbeit beeinträchtigt.

Abbildung 21: Die Abhängigkeit der Depressivität des Mannes (zu T5, d.h. 3 Jahre nach der Geburt des Kindes) von der Beteiligung an der Hausarbeit (zu T3, d.h. 4 Monate nach der Geburt) bei Männern mit ausgesprochen traditionellen, durchschnittlichen und nicht-traditionellen Rollenauffassungen

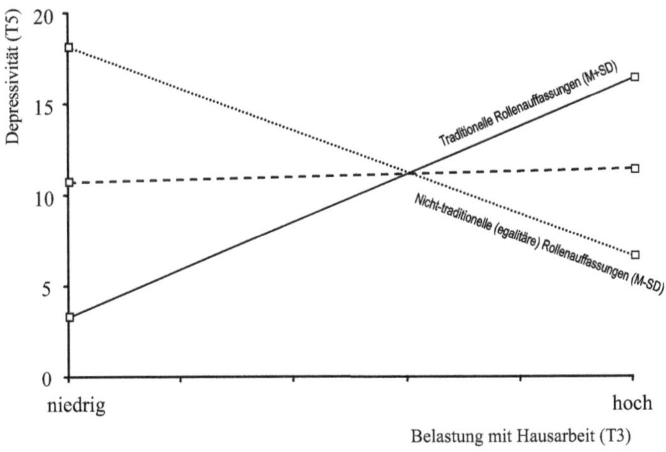

4 Diskussion

Die Geburt eines Kindes und der Eintritt in die Elternrolle gelten gemeinhin als freudige Ereignisse. Wie die geschilderten Daten zeigen, sehen werdende Eltern der Elternschaft jedoch mit durchaus gemischten Gefühlen entgegen. Bei Männern, die davor stehen, Vater zu werden, setzen wie bei ihren Partnerinnen, bereits vor der Geburt des Kindes Anpassungs- und Bewältigungsprozesse ein, die die zunächst ambivalente Haltung zur Schwangerschaft zunehmend positiv einfärben. Diese antizipatorische Bewältigung trägt dazu bei, die Handlungsfähigkeit junger Mütter und Väter zu sichern.

Die geschilderten Erkenntnisse verdeutlichen außerdem, wie grundlegend der Übergang zur Elternschaft die Lebenssituation der Eltern verändert. Ob es gelingt, diese Veränderungen erfolgreich zu bewältigen, hängt neben Merkmalen der elterlichen Paarbeziehung, die etwa bei der Aushandlung von Aufgaben- und Verantwortungsbereichen der Partner und bei der Lösung auftretender Konflikte zum Tragen kommen, auch von den individuellen Lebensplänen und der Erwünschtheit der Schwangerschaft, von persönlichen Rollenkompetenzen und Ressourcen ab. Inwiefern die Paare jedoch ihre Vorstellungen von Elternschaft und Familienleben durchsetzen können, ist wiederum von gesellschaftlichen und sozialen Randbedingungen abhängig, die den Handlungs- und Entscheidungskontext definieren. Angesichts bestehender Unterschiede in den Handlungsspielräumen von Frauen und Männern scheint es sowohl für die individuelle Anpassung der Eltern als auch für die elterliche Partnerschaft nicht risikolos zu sein, von den gewohnten Rollenmustern abzuweichen.

Diese Zusammenhänge lassen vermuten, dass geschlechtsspezifische Bewältigungsstrategien beim Übergang zur Elternschaft zum Erhalt traditioneller Rollenmodelle beitragen. Für die Überwindung traditioneller Familienmodelle genügt es offenbar nicht, eine kollektive Bewusstseinsveränderung zu fordern. Die Kräfte, die junge Paare in traditionelle Rollenschemata drängen, scheinen derart stark, dass erst ein Eingriff in die faktischen Handlungsmöglichkeiten von Frauen und Männern echte Wahl- und Entscheidungsmöglichkeiten schaffen und die Geschlechtergerechtigkeit befördern kann.

5 Literatur

Brandtstädter, J. & Renner, G. (1990). Tenacious goal pursuit and flexible goal adjustment: Explication and age-related analysis of assimilative and accommodative strategies of coping. *Psychology & Aging, 5*, 58-67.

Engfer, A. (1986). Antecedents of perceived behavior problems in infancy. In G. A. Kohnstamm (Ed.), *Temperament discussed* (pp. 165-180). Lisse: Swets & Zeitlinger.

Filipp, S. H. (Hrsg.). (1995). *Kritische Lebensereignisse.* Weinheim: Beltz.

Fthenakis, W. E. & Kalicki, B. (2000). Die „Gleichberechtigungsfalle" beim Übergang zur Elternschaft. In J. Maywald, B. Schön & B. Gottwald (Hrsg.), *Familien haben Zukunft* (S. 161-170). Reinbek: Rowohlt.

Fthenakis, W. E., Kalicki, B. & Peitz, G. (2002). *Paare werden Eltern. Die Ergebnisse der LBS-Familien-Studie*. Opladen: Leske + Budrich.

Fthenakis, W. E. & Minsel, B. (2002). *Die Rolle des Vaters in der Familie*. Stuttgart: Kohlhammer.

Hahlweg, K., Schindler, L. & Revenstorf, D. (1982). *Partnerschaftsprobleme: Diagnose und Therapie*. Berlin: Springer.

Heckhausen, J. & Schulz, R. (1995). A life-span theory of control. *Psychological Review, 102*, 284-304.

Kalicki, B., Fthenakis, W. E., Engfer, A., Peitz, G. & Dittmann, A. (1996, September). *Individuelle und kontextuelle Ressourcen beim Übergang zur Elternschaft.* Beitrag zum 40. Kongress der Deutschen Gesellschaft für Psychologie, München.

Kalicki, B., Fthenakis, W. E. & Peitz, G. (1999, April). *The emergence of traditional gender-roles at the transition to parenthood.* Beitrag zum SRCD Meeting, Albuquerque/New Mexico.

Kalicki, B., Peitz, G. & Fthenakis, W. E. (2002). Subjektive Elternschaftskonzepte und faktische Rollenausübung: Theoretische Überlegungen und empirische Befunde. In W. E. Fthenakis & M. R. Textor (Hrsg.), *Mutterschaft, Vaterschaft* (S. 170-183). Weinheim: Beltz.

Kalicki, B., Peitz, G., Fthenakis, W. E. & Engfer, A. (1999). Passungskonstellationen und Anpassungsprozesse beim Übergang zur Elternschaft. In B. Reichle & H. Werneck (Hrsg.), *Übergang zur Elternschaft* (S. 129-146). Stuttgart: Enke.

Lazarus, R. S. (1966). *Psychological stresses and the coping process*. New York: Wiley.

Lukesch, H. (1983). *Geburts-Angst-Skala (GAS)*. Göttingen: Hogrefe.

Peitz, G. (2004). Mutterrolle – Vaterrolle: Zündstoff für die Partnerschaft? *Frühe Kindheit, 3,* 32-36.

Reichle, B. & Werneck, H. (Hrsg.). (1999). *Übergang zur Elternschaft. Aktuelle Studien zur Bewältigung eines unterschätzten Lebensereignisses*. Stuttgart: Enke.

Taylor, S. E. (1983). Adjustment to threatening events: A theory of cognitive adaptation. *American Psychologist, 38*, 1161-1173.

Taylor, S. E. & Brown, J. D. (1988). Illusion and well-being: A social psychological perspective on mental health. *Psychological Bulletin, 103*, 193-210.

Werneck, H. (1998). *Übergang zur Vaterschaft. Auf der Suche nach den „Neuen Vätern"*. Wien: Springer.

VII. „Es gibt keine halbe Karriere" – Das Dilemma der Vereinbarkeit von Beruf und Familie aus männlicher Perspektive

Renate Liebold

1 Einleitung

Untersuchungen über die Vereinbarkeit von Beruf und Familie sind – aus nachvollziehbaren Gründen – in der Tradition der Frauenforschung verankert (vgl. u.a. Tölke, 1995) und in dem Maße, in dem sich die Frauenforschung zur Geschlechterforschung entwickelt hat, „wird die „andere Seite" des Geschlechterverhältnisses", nämlich der Mann, wissenschaftlich interessant (Döge & Meuser, 2001, S. 7). Dass Männern gegenwärtig auch über den (sozial)-wissenschaftlichen Kontext hinaus mehr Interesse entgegengebracht wird und eine zunehmende Präsenz des Themas Mann vor allem in den Massenmedien zu verzeichnen ist, liegt u.a. daran, dass die „Fraglosigkeit (ihrer) Existenz zu schwinden beginnt" (Meuser, 1998, S. 11). Modernisierungstheoretischen Annahmen zufolge sind zwar im männlichen Lebenszusammenhang ökonomische Selbständigkeit und Familienexistenz keine Widersprüche. Im Gegenteil: Individualisierung (im Sinne marktvermittelter Existenzsicherung) bestärkt männliches Rollenverhalten. Dies ist aber nur die eine Seite der Medaille. Es ist davon auszugehen, dass die Veränderungen weiblicher Lebenszusammenhänge, ihre erweiterten, vor allem berufsbiographischen Optionen Folgen für die männliche Lebensführung haben, da diese sich eben nicht mehr unhinterfragt am traditionell-komplementären Geschlechterarrangement orientieren können. Pointiert wurde diese Entwicklung von Beck und Beck-Gernsheim (1990, S. 199) als „erlittene Emanzipation" der Männer beschrieben. Das ist die zweite Seite der Medaille.

In verschiedenen Untersuchungen über Männer deutet sich an, dass diese beginnen, die Balance zwischen einem erfüllten Privat- und Familienleben und einem erfolgreichen Berufsleben zu suchen und dies als problematisches Unterfangen wahrzunehmen. Zunehmend werden die Asymmetrie der traditionellen Rollenverteilung und die Folgen ihres vor allem auf das Erwerbssystem fokussierten Lebensarrangements reflektiert (vgl. Ellguth, Liebold & Trinczek, 1998). Männer bezahlen ihr Festhalten an der traditionellen Arbeitsteilung mit einer Fremdheit im privaten Lebenszusammenhang (Schnack & Gesterkamp, 1996), den Männern, so Beck und Beck-Gernsheim (1990), dämmere ihre Unselbständigkeit in Alltagsdingen und ihre emotionale Angewiesenheit auf andere. Die neue Zauberformel lautet Work-Life-Balance und meint damit verschiedene Initiativen, die auch das männliche Vereinbarkeitsbedürfnis von Beruf und Familie zur Chefsache erklären. Es gehöre gewissermaßen zum professionellen Selbstanspruch eines verantwortungsvollen Mitarbeiters oder einer Führungskraft, auf die Ausgewogenheit von Arbeit und Privatleben zu achten und gegebenenfalls über ein verändertes Zeitmanagement zu verhandeln.

In dem vorliegenden Beitrag werden Männer in Führungspositionen[1] beschrieben, eine gesellschaftlichen Teilelite, für die die attestierte Akzentverschiebung zugunsten von (mehr) Familie und (mehr) Privatleben nur bedingt gilt. Trotz veränderter Leitbilder von Partnerschaft und Familie und der empirisch begründeten Vermutung, dass Männer – auch beruflich erfolgreiche Männer – nicht mehr in selbstverständlicher Weise davon ausgehen können, von ihren Ehefrauen und Partnerinnen vollständig von Haus- und Familienarbeit entlastet zu werden, orientieren sich Männer, die Karriere machen (wollen), nach wie vor am traditionellen Modell geschlechtsspezifischer Arbeitsteilung. Denn als Ergebnis unserer Untersuchung gleich vorweg: Nicht die Vereinbarkeit von Arbeit und (Familien-)Leben, sondern die Verteidigung der Arbeit gegenüber den Ansprüchen aus der familialen Sphäre ist das Anliegen von Männern in Führungspositionen.

Im Folgenden soll gezeigt werden, wie beruflich engagierte Männer das Thema Vereinbarkeit von Beruf und Familie im Laufe ihrer Erwachsenenbiographie erfahren und deuten sowie erzählerisch präsentierten. An Hand von exemplarischen Falldarstellungen wird das Dilemma im Lebenszusammenhang der Männer beschrieben, die zunehmend unter Druck geraten, ein immer begründungsbedürftigeres Familienmodell mit geschlechtsspezifischer Arbeitsteilung aufrechtzuerhalten, auf das sie aber gleichzeitig notwendigerweise angewiesen sind. Es wird gezeigt, wie diese Männer im Laufe ihres Lebens sukzessive ins familiale Abseits rücken, welche Konsequenzen ein berufliches Dauerengagement auf hohem Niveau für die lebensweltliche Verankerung über den Binnenraum der Familie hinaus nach sich zieht, und schließlich wird an einzelnen Beispielen skizziert, welche Bemühungen die Männer unternehmen (müssen), das „gescheiterte" Gesamtprojekt Arbeit und Familie vor sich selbst und ihren Familien zu erklären und auch zu verteidigen.

[1] Die Daten stammen aus einem von der DFG finanzierten Forschungsprojekt über „Lebensarrangements von Führungskräften im Kontext veränderter beruflicher und privater Herausforderungen". Dieses Projekt basiert auf 66 biographisch-narrativen Interviews mit Führungskräften der mittleren Managementebene, vor allem aus großen Industrieunternehmen. Es wurde am Institut für Soziologie der Universität Erlangen-Nürnberg sowie am Sozialwissenschaftlichen Forschungszentrum durchgeführt. Neben der Autorin ist Cornelia Behnke an der Projektarbeit beteiligt gewesen.

2 Exemplarische Ergebnisse

2.1 Berufliches Dauerengagement auf hohem Niveau: „Es gibt keine halbe Karriere“

Arbeit ist der Mittelpunkt im Leben einer Führungskraft. Karriere bedeutet überdurchschnittliches Engagement und uneingeschränkte Verfügbarkeit für das Unternehmen; sie wird von Anfang an als kontinuierliche Ausdehnung der eigenen Arbeitszeit und eine stete Intensivierung der Arbeit erfahren und von den Männern auch akzeptiert. Typisch, so unsere Ergebnisse, ist eine loyale Bindung an das Unternehmen, dass die Männer wohl als „einseitiges“ Verhältnis gegenüber der Firma interpretieren, trotz allem aber ungebrochen aufrechterhalten. Die folgende Interviewsequenz verdeutlicht dies in exemplarischer Weise. Sie gibt den Blick eines knapp 50-jährigen Managers – Bereichsleiter eines europaweit agierenden Industriekonzerns – auf seine berufliche Entwicklung wieder. Im Rückblick vergleicht er seine Karriere mit einer „Einbahnstraße“. Bemerkenswerterweise gibt es in dieser Perspektive auch keine denkbare Möglichkeit, sein berufliches Engagement zu reduzieren. Im Gegenteil: Karriere wird als ein Eingespurtsein interpretiert, aus dem es kein Entkommen gibt:

> Meine Frau kannte das eigentlich, also von Beginn unseres Kennenlernens her, dass ich schon eine Menge zu tun hatte. Und da gab es auch keine Alternative. Es gibt da keinen Weg zurück. Also wenn sie so einen Weg einschlagen, beruflich meine ich jetzt, da können Sie ja nur bei der Stange bleiben. Da können Sie nicht sagen: „Ach jetzt möchte ich doch ein bisschen zurückschrauben“. Das ist doch naiv. Es gibt keine halbe Karriere. Ich hab’ es erfahren, also ich möchte sagen, dass Karriere eine Einbahnstraße ist. (I: 14/40 Jahre)

Das extensive berufliche Engagement über das gesamte Erwerbsleben hinweg wird durch eine grundsätzlich positive Perspektive auf Arbeit erklärbar. Arbeit besitzt für Männer in Führungspositionen – sicherlich eine über Erfolg exponierte Gruppe von beruflich engagierten Männern – eine Attraktivität, wie sie Familie so nicht hat. Arbeit ist „Hingabe“, sie macht Spaß, bringt Befriedigung und wird mit Status, Macht und persönlicher Entwicklung identifiziert. Unsere empirischen Ergebnisse verdeutlichen, dass sich in diesem spezifischen Arbeitsverständnis und -bezügen berufliches Engagement gegen Begrenzungen sperrt und es den Männern nicht möglich ist, die Sphären Beruf und Familie in geteilter Aufmerksamkeit zu leben. Arbeit, so dokumentiert sich in den biographischen Schilderungen, lässt sich ebenso als ein Projekt, eine Art Abenteuer beschreiben, in das man(n) eintaucht. Familie hat, das kann unsere Untersuchung zeigen, nicht die Anziehungskraft, die Berufsarbeit bietet. Sie wird zum unvermeidlichen Anhängsel von Erwerbsarbeit. Neben diesem positiven Bezug auf Arbeit zielen die negativen Aspekte von Berufsarbeit in die gleiche Richtung: Der Stress, die eigene Position zu erhalten oder Stagnation zu vermeiden, der Konkurrenzdruck unter Kollegen, die stetig steigenden Mobilitäts- und Flexibilitätserwartungen der Unternehmen und nicht zuletzt ein begrenzter berufsbiographischer Horizont verstärken ebenfalls ein Arbeitsverhalten, das sich als berufliches Dauerengagement auf hohem Niveau beschreiben lässt.

2.2 Paararrangements mit geschlechtsspezifischer Arbeitsteilung: „Das war eigentlich klar"

Unsere empirischen Befunde zeigen, dass die Männer dennoch bereits in einer frühen Lebensphase an verbindlicher Partnerschaft und Familie orientiert sind. Typischerweise gibt es bei den von uns interviewten Führungskräften fast ausnahmslos einen nahtlosen Übergang zwischen Herkunftsfamilie und eigener Familiengründung. Mit anderes Worten: Das Gros der Führungskräfte zieht vom Elternhaus direkt ins neu gegründete Heim. Eine vorfamiliale Lebensphase mit dem Fokus auf Autonomie und Ungebundenheit wird damit nicht thematisiert. Umgekehrt schildern diejenigen Männer, die keinen nahtlosen Familienwechsel erleben, ihre „bindungslose" Zeit als emotionale Durststrecke, in der Arbeit eine exzellente Möglichkeit bietet, private Leere und den Mangel an außerberuflicher sozialer Einbindung zu überdecken.

Das Arbeitsverhalten der Männer in Führungspositionen verlangt eine Organisation des privaten und familialen Lebenskontextes, in der fest etablierte geschlechtsspezifische Rollenmuster und eine entsprechende Form der Arbeitsteilung gelten. Wir haben es in unserem Sample bei denjenigen Männern, die Kinder haben, über die Generationengrenze hinweg ausschließlich mit Paararrangements mit geschlechtsspezifischer Arbeitsteilung zu tun. Mit der Geburt des ersten Kindes steigen die Ehefrauen aus dem Erwerbsleben aus, um ab diesem Zeitpunkt ausschließlich Haus- und Familienarbeit zu leisten. Dabei ist den Männern wichtig, in den Interviews darauf verweisen zu können, dass das von ihnen gelebte traditionelle Arrangement nicht nur ihre eigene Präferenz widerspiegelt, sondern ein von beiden Seiten geschlossenes Agreement ist. Gerade wenn es darum geht, die immer wieder aufkeimenden Unzufriedenheiten der Ehepartnerinnen abzuwehren und das eigene berufliche Engagement zu verteidigen, muss auf die gemeinsame Basis ihres Arrangements verwiesen werden können. Exemplarisch kann hier ein Ende 40jähriger Interviewpartner erwähnt werden, der in seiner Erzählung pointiert zum Ausdruck bringt, dass ihm daran liegt, das gewählte arbeitsteilige Familienmodell ex post als eine mit seiner Frau gemeinsam gefällte Entscheidung zu präsentieren, obwohl klar ist, dass das gewählte Arrangement niemals wirklich zur Disposition stand:

> Dann haben wir diskutiert, wie das laufen soll. Und ich habe anfangs noch gesagt: „Im Grunde genommen ist das egal, ob du weiter arbeitest"– sie war leitende MTA, Abteilungsleiterin im medizinisch-technischen Bereich und ich in leitender Funktion wie gesagt. „Also eigentlich ist es egal. Du kannst weiterarbeiten oder ich kann weiterarbeiten, ich bleibe dann zu Hause". Da muss ich aber aus heutiger Sicht sagen: „Gott sei Dank, dass ich das nicht gemacht habe, denn das hätte wohl nicht hingehauen, da wär' ich nicht mit klar gekommen, also das hätte so nicht funktioniert. Und ich bin schon froh, dass es so gelaufen ist, wie es dann gelaufen ist, ja. Und das war dann auch kein Thema für sie. Aber wie gesagt, zu dem Zeitpunkt war noch die Frage, ja, wer bleibt zu Hause, nicht. Aber ganz ernst war's wahrscheinlich doch nicht. (I: 41/35 Jahre)

Hier dokumentiert sich, dass es sich bei dem wiedergegebenen Dialog zwischen dem Interviewpartner und seiner Frau um eine Art strategische Inszenierung von partnerschaftlichem Diskurs handelt. Das Gespräch hat nur scheinbar einen offenen Ausgang.

Dem Manager liegt daran, seine bereits gefällte Entscheidung zu verankern, seiner Frau aber gleichzeitig das Gefühl zu geben, sie sei als ebenbürtige Partnerin in die Entscheidungsfindung involviert.

Dennoch befinden sich die – vor allem die jüngeren Führungskräfte – durchaus auf der Höhe geschlechterpolitischer Diskussionen (vgl. Behnke & Liebold, 2000). Auf einer gesellschaftlichen Ebene werden Veränderungen zur Kenntnis genommen, in der die Frauen eigenständige berufliche Optionen verfolgen. Zugleich wird die eigene Welt in den Interviews regelmäßig als eine Art „glücklicher Anachronismus" präsentiert. Typischerweise stellen die jüngeren Manager ihre Partnerinnen als eine Art Ausnahmeerscheinung dar. Dazu beispielhaft das folgende Zitat eines 35jährigen Mannes:

> Ja also, ich meine, also ich würd' sagen, meine Frau ist sicher die geborene Mutter – das klingt jetzt etwas missglückt, aber sie geht sicher in dieser Aufgabe auf. Gott sei Dank, muss ich sagen, weil ich meine, ich hätte ein Problem damit, wenn man sich für Kinder entscheidet und wenn man sofort, jetzt hoff' ich auch, dass ich niemanden zu nahe trete, wenn man sofort, wie ich das zum Teil auch erlebt habe, also wenn das Kind da ist, dann macht das jetzt irgendein Mädchen und ich verwirkliche mich dann selber wieder im Job. Also ich meine (.), ich kann das verstehen, dass das jemand nicht opfern will. Absolut. Nicht, dass ich da diskreditierend auftreten will, aber für meine Frau war das, war das klar. (I: 43/40 Jahre)

In dieser Textpassage verdeutlicht sich zunächst einmal, dass die Reduktion der eigenen Berufstätigkeit keinesfalls zur Disposition steht und auch niemals zur Disposition stand. Vor diesem Hintergrund wird die Erleichterung des jungen Managers deutlich, eine Partnerin gefunden zu haben, für die Mutterschaft eine quasi natürliche Berufung darstellt. Das Familienmodell ist hier kein partnerschaftlicher Aushandlungsprozess, sondern, wie in dem vorliegenden Fall deutlich wird, eine glückliche Fügung – oder eben eine weniger glückliche, denn in der oben aufgeführten Interviewsequenz sind erwerbstätige Mütter zugleich implizit Gegenstand scharfer Kritik. Die Erwerbstätigkeit der Frau erscheint in der Skizze des Erzählers nicht nur als egoistischer, sondern als hedonistischer Akt der Selbstverwirklichung. Bemerkenswerterweise wird die weibliche Erwerbsarbeit nicht ökonomisch, sondern psychologisch gerahmt – ein Gesichtspunkt, der mit der eigenen Karriere niemals in Zusammenhang gebracht wird.

2.3 Familienleben als vermittelte Erfahrung: „Ich weiß gar nicht wie das ist, wenn ich mehr mitkriegen würde"

Familiengründung, formaler Karrierebeginn und die Entscheidung für ein arbeitsteiliges Familienmodell finden als parallele Ereignisse statt und leiten den Rückzug der Männer aus dem alltäglichen Familienleben ein, noch ehe dieses richtig begonnen hat. Durch die Asynchronität von Berufs- und Familienzeit ist die Welt der Familie für die beruflich engagierten Männer bereits in einer frühen Phase mit noch kleineren Kindern weniger eine „live"-Erfahrung; vielmehr wird sie über die Ehefrauen vermittelt. Einer unserer Interviewpartner, ein 40 Jahre alter Marketing-Manager, gesteht im Interview selbstkritisch ein, dass er abendlichen Arbeitsessen mit Kunden ab und zu den Vorzug einräumt, weil in den häuslichen vier Wänden abends lediglich eine „genervte Familie“ auf ihn wartet. Die praktizierte Arbeitsteilung mit seiner Partnerin, die selbst freiberuflich als Werbetexterin in zeitlich begrenzten Projekten arbeitet, ist immer wieder Konfliktherd, weil sie von ihm mehr Engagement im Familienkreis erwartet. Unser Interviewpartner kann die Perspektive seiner Ehefrau nachvollziehen, allerdings verspürt er das Bedürfnis nach einem aktiven Familienleben nur in eingeschränktem Maße. Er gibt der Welt der Arbeit mitunter den Vorzug gegenüber einem Abend im Familienkreis. Diese Prioritätensetzung explizit zu äußern, würde allerdings eine massive Beleidigung der Partnerin und einen grundsätzlichen Konflikt bedeuten. Er geht daher einen indirekten Weg, wählt Ausflüchte und Ausreden:

> Es gibt schon Situationen, wo ich zum Beispiel lieber mit Kunden zum Essen gehe als pünktlich nach Hause. Und dort erwartet mich eine genervte Familie, also es wird oft auch schon, es kommt nicht oft vor, aber manchmal denke ich mir: Oh Gott, das ist mir jetzt lieber, ich mach' das so. (I: 17/43 Jahre)

In den Interviews schildern sich die Männer als erschöpft und erholungsbedürftig, wenn sie die Firma verlassen und die Familienwelt betreten. Das Bedürfnis nach Entspannung und „geistigem“ Durchzug ist groß. Dies führt zusammen mit den zeitlich äußerst begrenzten Überlappungen von Freizeit und Familienleben zu einer Situation, in der es unsere Interviewpartner auch als angenehm empfinden, wenn ihnen das familiale „Tagesgeschäft“ nicht zu nahe rückt, sondern vermittelt und somit auch mit Abstand erfahren wird. Im Folgenden schildert ein Mann, Vater von zwei schulpflichtigen Kindern, wie er es förmlich genießt, wenn er nach einem langen Arbeitstag alleine vor dem Fernseher sitzen kann. Das Bedürfnis nach Kontakt mit seinen Kindern ist dann nicht vorhanden. Es genügen ihm die von seiner Ehefrau referierten Einblicke in das Familienleben:

> Na ja, wenn ich da abends nach Hause komm', meist ist es nicht vor acht oder neun, dann hat meine Frau das alles bereits gemanagt – das mit den Kindern meine ich. Bis sie dann mit ihrer Bügelwäsche kommt, habe ich schon mal durch's Programm gezappt. Das kann ich nur machen, wenn meine Frau nicht dabei ist, denn sie sagt, sie wird wahnsinnig, wenn ich am Zappen bin. Ich tu' das gern, das entspannt mich. (I: 9/52 Jahre)

Wenn die Ehefrau des eben zitierten Managers über die Entwicklung der Kinder referiert und ihren Mann darauf hinweist, was er als Vater versäumen würde, so geht es ihr nicht nur um die vernachlässigten Vaterpflichten, sondern auch um die positiven Dimensionen von Elternschaft. Sie möchte ihren Mann auch an den Freuden über den Nachwuchs beteiligen. Mit beiden Dimensionen von Elternschaft – Pflichten und Freuden – versucht die Ehefrau, ihren Mann in die Familie zu holen. Im folgenden Zitat gibt derselbe Interviewpartner seine Reaktion auf die immer wiederkehrenden Vorhaltungen seiner Frau wieder. Dass der moralische Appell an ihm abprallt, ist u.a. der Tatsache geschuldet, dass ihm die „Innenperspektive“ der Familie versperrt ist:

> ...also wenn sie es mir wieder sagt, dann ist das nix Neues für mich, das ist klar. Ja, das ist natürlich misslich. Das ist äußerst misslich, dass man viele Dinge nicht mitkriegt. Auf

> der anderen Seite, sage ich mal, ich weiß gar nicht, wie das ist, wenn man mehr mitkriegen würde. (I: 9/52 Jahre)

Die Vorhaltungen der Ehefrau provozieren bei dem Interviewpartner lediglich ein „theoretisches“ Einsehen. Inhaltlich hält er ihren Vorwürfen nichts entgegen. Sie treffen ihn allerdings nicht wirklich, weil es ihm an einer erfahrungsgebundenen Einsicht in das Familienleben fehlt. („Ich weiß gar nicht, wie das ist, wenn man mehr mitkriegen würde“.) Bereits die Wortwahl in der oben aufgeführten Interviewpassage („das ist natürlich misslich“) drückt Distanz aus. Wie soll er um versäumte Erfahrungen trauern, wenn er keine Vorstellung davon hat, was er versäumt. Das gelebte Familienleben, in das seine Frau ihn holen möchte, ist ihm fremd. In der Auseinandersetzung der beiden Beziehungspartner verdeutlicht sich die Inkongruenz ihrer Perspektiven. Der Umstand, etwas zu versäumen, wird als misslich empfunden, das Versäumte aber nicht wirklich vermisst.

2.4 Die sozialen Folgekosten einer beruflichen Erfolgsbiographie

Die Führungskräfte erfahren und wissen in unterschiedlicher Weise um die sozialen Folgekosten ihres erwerbszentrierten Lebens. Je nach Familien- und Berufsphase konturieren sich die privaten Schattenseiten des beruflichen Dauereinsatzes. Vor allem bei den älteren Führungskräften, also denjenigen, die sich bereits in einer nachfamilialen Phase befinden und damit gewissermaßen „freier“ auf ihr Familienleben zurückblicken können, nehmen die resümierenden und reflektierenden Passagen der Lebensgeschichte einen breiten Raum ein. Es ist diesen Männern möglich geworden, einen gedanklichen Perspektivenwechsel vorzunehmen und von der Warte eines Zurückblickenden auf die nicht intendierten Folgen, aber auch die karriereimmanenten Zwänge und Belastungen mit Distanz zu sehen und zu bewerten. Die gedanklich näher gerückte Perspektive eines neuen Lebensabschnitts, in dessen Mittelpunkt nicht mehr Arbeit stehen wird, lässt andere Betonungen und Bewertungen zu als es den jüngeren Managern möglich ist, die noch stärker karriereorientiert denken und zugleich stärker in die alltagspraktischen Zwänge eines Familienlebens mit noch jüngeren Kindern involviert sind. Im Gegensatz zu den jüngeren Führungskräften nehmen diejenigen Männer, für die der Ruhestand näher ins Blickfeld rückt, eine kritischere Haltung gegenüber ihrer berufszentrierten Lebensführung ein.

2.5 Die Angewiesenheit auf eine arrangierte Privatheit: „Weil man hat eigentlich als Mann kaum'ne Chance, was aufzubauen“

Der Sog der „Institution Arbeit, aus der es für die Männer in Führungspositionen kein Entkommen gibt, zeitigt nicht-intendierte Nach- und Nebenwirkungen: Regelmäßig formulieren die Männer in den Interviews ihre soziale Isoliertheit. Es gibt kaum ein „eigenständiges“ Privatleben über die Familie hinaus. Die Männer haben keinen eigenständigen Freundeskreis und keine Hobbys. Als einziger außerberuflicher Bezugspunkt bleibt die Familie. Diese „lebensweltliche Isolation" über den Kreis der Familie hinaus wird von den Interviewpartnern durchgängig als unausweichliche Folge ihrer Berufswelt beschrieben. Die folgende Interviewpassage dokumentiert diese Einsicht, in der ein Mann seine familiale Angewiesenheit als eine Art Gesetzmäßigkeit formuliert:

> Also das muss ich eigentlich sagen, wenn es um diese privaten Beziehungen geht, der Freundeskreis, mit dem wir zusammen sind, es ist meistens so, dass meine Frau, dass es Bekannte meiner Frau sind. Bei geselligen Zusammenkünften bin ich eigentlich das Anhängsel meiner Frau, wenn ich das mal so ausdrücken kann (.). Also ich hab' eigentlich in dem kleinen Ort – da sind wir vor zwanzig Jahren hingezogen – wenig Bekannte, weil man hat eigentlich als Mann kaum ne Chance, was aufzubauen, Bekannte kennen zu lernen. Man hat auch keine Chance irgendwie, äh, im Sport, sich also im Sport oder politisch zu betätigen. Das ist – alles, was man versucht hat, hat man wieder aufgegeben, weil es die paar Tage Freizeit, die man hat, noch weiter einschränkt, die man gemeinsam mit der Familie verbringen kann. (I: 10/57 Jahre)

Die Anstrengungen des Erzählers, sich in sozialen Netzwerken außerhalb von Beruf und Familie zu verankern, scheitern, weil die zeitlichen Anforderungen des Jobs, aber auch die Nicht-Kalkulierbarkeit der zeitlichen Beanspruchung eine Freizeitorganisation unmöglich machen. Da soziale Beziehungen Kontinuität verlangen, bleibt dem eben zitierten Manager nur seine Familie. Seine Frau wird für ihn zur sozialen Ressource schlechthin. Sie organisiert den Freundskreis, der im Wesentlichen ihr Freundeskreis ist. Er selbst erlebt sich als ihr „Anhängsel". Mit dieser Selbstbeschreibung präsentiert er sich als ein Opfer beruflicher Bedingungen. Indem der die Zwangsläufigkeit seiner Situation hervorhebt, entlastet er sich auch: Er trägt nur bedingt Verantwortung für seine soziale Situation, weil die Rahmenbedingungen seines Jobs die negativen Konsequenzen oktroyieren. Bemerkenswerterweise bringt er das Scheitern seiner Bemühungen, sich privat zu verankern, auch in den Zusammenhang mit seiner Familie. Da er nur über wenig Zeit außerhalb von Arbeit verfügt, gibt er individualistische Freizeitaktivitäten (wie Sport u.a.) auf und widmet die verbleibende freie Zeit ausschließlich seiner Familie. In dieser dargestellten Prioritätensetzung dokumentiert sich, dass seine private Isolation auch familiale Ursachen hat. Er ist doppelt gebunden: Zum einen begrenzt ihn sein Beruf; die (frei-)zeitlichen Dispositionsspielräume sind knapp. Zum anderen räumt er die wenige Freizeit, über die er verfügt, seiner Familie ein. Damit sind die Ressourcen für ein eigenständiges Leben außerhalb der Berufs- und Familienwelt ausgeschöpft.

Wenn die Männer im Rückblick über fehlende außerfamiliale Netzwerke sprechen, fällt auf, dass sie allesamt Anstrengungen unternommen haben, diese Situation zu verändern. Immer wieder schildern die Manager Versuche, ihre Freizeit aktiv zu gestalten und sich an geselligen Vergemeinschaftungen (Kirchenvorstände, Chöre u.a.) zu beteiligen. Aber trotz des Bedürfnisses, die konzentrischen Kreise um Familie und Arbeit zu erweitern und individuellen Interessen Platz einzuräumen, bleiben alle diese Anstrengungen lediglich episodale Ereignisse. Dies hängt u.a. auch mit einem spezifischen Arbeitsverständnis der Männer zusammen, das bereits an anderer Stelle als „ganzheitlich" beschrieben wurde. In den Schilderungen der Männer über (angedachte) Freizeitbeschäftigungen fällt auf, dass sie sich in ähnlicher Weise auf diese Aktivitäten beziehen, wie sie ihr berufliches Engagement beschreiben. Damit unterliegen beispielsweise auch sportliche Aktivitäten spezifischen Leistungskriterien, die keine Relativierung zulassen. Mit dieser Sichtweise, so einer unserer Interviewpartner, kann derjenige, der nur „ab und zu Tennis spielt, es gleich ganz sein lassen“. Mittelmäßigkeit ist auch hier das „Schreckgespenst“ von befriedigender Verausgabung. Mit dieser Devise des „ganz oder gar nicht“ gibt der eben zitierte Manager seine sportlichen Aktivitäten konsequenterweise auf.

2.6 Fremdwerden innerhalb der Familie: „Sie fragen nicht mich“

In den biographischen Erzählungen beschreiben die Führungskräfte einen Prozess des sukzessiven Fremdwerdens innerhalb der Familie. Sie erfahren und formulieren Entfremdung und eine marginalisierte Stellung innerhalb ihrer Familien, welche sich im Laufe der Zeit als „vaterlose Haushalte“ organisiert haben. Dabei fällt auf, dass dieses Fremdwerden auch formalsprachlich zum Ausdruck gebracht wird. In Formulierungen wie z.B. „die Familie“ drücken die Männer Distanz aus. Frau und Kinder sind die anderen und bilden den selbstverständlichen Teil der Familienwelt. Die Männer stehen nicht selten außerhalb dieser wahrgenommenen Einheit. Sie verorten sich selbst an der Peripherie dieser homogenen Gemeinschaft.

Bezeichnend ist, dass den Männern ihre familial randständige Position immer dann bewusst wird, wenn sie zu Hause anwesend sind: Dann stellen sie fest, dass ihnen der Bezug zu anfallenden Arbeiten fehlt und ihnen die Details familieninterner Ablaufmuster fremd geworden sind. Im Kontakt zu den Kindern spüren die Männer das Dilemma ihres „einseitigen“ Lebens. Am Beispiel des folgenden Interviewausschnittes kann gezeigt werden, wie ein älterer Manager in seiner biographischen Rückschau schonungslos offen das Fremdwerden innerhalb der Familie beschreibt:

> Meine Kinder, für meine Kinder war ich eigentlich in den ersten Jahren relativ fremd, weil wir ja die Firma hier aufgebaut haben. Und das hat bedeutet, dass ich – was weiß ich – abends so zwischen 22.00 und 23.00 Uhr nach Hause gekommen bin und unter Umständen – Montag war der schlimmste Tag – morgens um 2.00 Uhr wieder weg musste (.). Das war familiär insofern problematisch, dass ich wenig von meinen Kindern hatte oder meine Kinder wenig von mir. Aber meine Frau war natürlich mit den zwei Kindern, die zwei Jahre auseinander sind, nicht unerheblich beschäftigt, mit unterschiedlichen Schlafenszeiten und was da alles so ansteht. In dieser Zeit oder anders ausgedrückt, äh, man kann ja auch als Störfaktor in so einer Familie werden. (I: 11/57 Jahre)

Hier dokumentiert sich zweierlei: Im „Sog der Arbeit“ rückt für den Erzähler die Welt der Familie in weite Ferne, genauer: Er zieht sich aus seinem Privatleben fast völlig zurück und lebt in dieser frühen Elternphase ganz in seiner Arbeits- bzw. Firmenwelt. Für seine Frau und seine Kinder wird er zum „Schlafgänger“ par excellence. Zugleich erlebt der Erzähler sich zunehmend als „Fremdkörper“ in der Familie. Sein „Stören“ ist die Folge permanenter Abwesenheit. Eine mögliche Interpretation dieser schonungslosen Selbstthematisierung ist, dass der Erzähler, so er einmal anwesend ist, weit weg ist von alltagspraktischen Dingen. Die innere Logik des Familienalltags ist ihm fremd. Des Weiteren deutet diese Interviewpassage darauf hin, dass der Erzähler schon häufig mit seiner Frau über diese Jahre ihrer jungen Elternschaft gesprochen hat, und ihre Vorwürfe (dass er sie allein gelassen hat) sind implizit Gegenstand seiner Erzählung. Das Negativ-Image des abwesenden Vaters und Partners ist erst mit den Jahren als rückblickendes Selbstbild entstanden. Erlebt wurde es in der jeweiligen Zeit eher als diffuses Gefühl von Unstimmigkeit und schlechtem Gewissen.

Auch in anderen Interviews schildern die (vor allem älteren) Führungskräfte, wie sie aufgrund des beruflichen Dauereinsatzes ins familiale Abseits geraten. Einem unserer Interviewpartner fällt seine Außenseiterposition immer dann auf, wenn ihn seine mittlerweile erwachsenen Kinder nur mehr mittelbar wahrnehmen. Er ist für sie als Vater kein direkter Ansprechpartner, sondern lediglich der „Geldgeber" im Hintergrund. Das Beispiel, an dem ihm seine reduzierte Funktion innerhalb seiner Familie bewusst wird, ist die Frage der Kinder nach seinem Auto:

> Also das fällt mir total auf, wenn es darum geht, ob sie den Wagen haben können, wenn sie irgendwohin – also sie haben kein eigenes Auto, sondern studieren beide. Und wenn sie dann mal da sind und das Auto gerne haben möchten, äh, dann fragen sie meine Frau, sie fragen nicht mich. Also das ist, das ist einfach so. (I: 12/56 Jahre)

Im Rückblick rechtfertigt derselbe Interviewpartner selbstkritisch und in einer generalisierenden Perspektive auf das Geschlechterverhältnis die Selbstläufigkeit dieser Entwicklung als zwangsläufige Konsequenz seines beruflichen Erfolgs:

> Wenn man überlegt, dann bedeutet das doch auch, dass die Frau, die ist ja diejenige – und das hat sich dann einfach so eingependelt, dass die Frau auch von den Kindern so als die Person, ich sag' mal, angesehen wird, die die Entscheidungen auch für den tagtäglichen Krimskrams treffen muss. Das ist einfach so. Eigentlich muss man das als Mann, muss man das auch akzeptieren. Wenn man da sich noch drüber ärgern würde (lacht). Mir fällt's nur auf, aber sich darüber zu ärgern, das, ja also dann müsste man sagen: „Ok, dann muss ich was anderes machen". Dann hätte ich mich früher um die Erziehung der Kinder kümmern müssen, „einen anderen Job machen müssen". (I: 12/56 Jahre)

Neben der angesprochenen Selbstläufigkeit dieses Prozesses dokumentiert sich in dieser Passage zugleich der Unmut des Erzählers über seine Ohnmacht. Indem er sich in einem inneren Dialog quasi zurücknimmt und seinen Ärger im Keim erstickt, kommt nur noch deutlicher zum Ausdruck, wie ihn diese Umgehung seiner Person trifft. Im weiteren Verlauf seiner Erzählung wird deutlich, dass er nicht nur als Autoritätsfigur übergangen wird, sondern für seine Kinder zu einer Art Antihelden geworden ist, zu einer negativen Identifikationsfigur für ihr eigenes Leben. Sein Beruf und sein erwerbszentriertes Leben sind für sie Warnung und Abschreckung zugleich. Sie opponieren gegen ihn, indem sie ihre eigenen Berufsbiographien so ausrichten, dass sie nicht in die Spuren des Vaters gelangen. Das Fach Betriebswirtschaft wird abgelehnt, beide Kinder haben sich bei ihrer Studienwahl explizit gegen die väterlichen Vorgaben entschieden:

> Das kam für sie überhaupt nicht in Frage. Ich weiß nicht, ob sie, ich hab' manchmal das Gefühl, sie verbinden das damit, so wie sie mich, so wie sie mich kennen oder so. Sie

> sagen: „Mensch, da muss ich dann so wie der Alte hecheln“ oder ich weiß es nicht (lacht). (I: 12/56 Jahre)

Der Erzähler muss erkennen, dass ihn seine Kinder aus einer ganz bestimmten Perspektive, nämlich als Privatmensch, erleben: Selten anwesend, meistens erschöpft und nicht mehr in der Lage, sich außerhalb der Firmenwelt ein Leben aufzubauen. Dabei ist er nicht (nur) die tragische Figur, die er vermittelt, denn seine Arbeit, also das, mit dem er die meiste Zeit seines Lebens verbringt und wegen der er zu Hause übergangen und teilweise missachtet wird, macht ihm Spaß. Folgenschwer ist nur, dass er die Freude an seinem Job nicht vermitteln darf. Das, was seine Familie nachdrücklich erlebt, ist nur ein Teil der Wirklichkeit, denn wo sie Belastung vermuten, Stress interpretieren, Zeitnot ahnen, genießt er als Führungskraft Verantwortung und Eingebundenheit in eine Firmengemeinschaft. In den Augen seiner Familie allerdings ist er ein Verlierer, weil sie lediglich die sozialen Folgekosten seines Erwerbslebens wahrnehmen. Eine Entgegnung auf diese enge Sicht seiner Person findet nicht statt. Eine Kommunikation über das, was die berufliche Seite seines Lebens ausmacht, kommt nicht zustande:

> Das Schwierige ist, was ich den Leut-, was ich den Leuten gar nicht überbringen kann, äh, ob es meine Frau ist, ob's die Kinder sind, wenn ich sage, dass es mir Spaß bringt, dass ich das gar nicht als Belastung empfinde das Arbeiten. Das ist etwas, was sie gar nicht verstehen können. (I: 12/56 Jahre)

2.7 Vaterschaft im Zeitraffer: „Für den Urlaub überleg' ich mir immer was Besonderes“

Dennoch ist der geschlechterpolitische Wandel nicht spurlos an den Männern vorübergegangen. Es gilt, die Ansprüche der Ehefrauen und Partnerinnen, aber nicht zuletzt auch das eigene (vor allem bei jüngeren Männern veränderte) Skript von Vaterschaft zu erfüllen und das Dilemma zu ertragen, dass beides, nämlich Karriere und ein aktives Familienleben, so nicht möglich sind. In den biographischen Erzählungen fällt auf, dass die Männer diejenigen Situationen mit ihren Kindern hervorheben, in denen sie als Väter exponiert in Erscheinung treten bzw. Vaterschaft in geraffter Weise praktizieren. Nicht-Alltäglichkeit kennzeichnet dann die gelebte Vater-Erfahrung. Die Wochenenden, aber vor allem immer wieder die gemeinsam verbrachten Ferien mit Frau und Kindern werden thematisiert. Dabei wird der Urlaub regelmäßig als das familiale Jahresereignis herausgestrichen, denn dann wird in den zwei bis drei Wochen Freizeit unter „Extrembedingungen“ nachgeholt, was im Jahresdurchschnitt fehlt: nämlich Nähe. Bemerkenswerterweise exemplifiziert wird in vielen Interviews immer wieder der Wohnwagen – das typische Vehikel dieser „Ausnahmezeit“, weil hier die Funktion des Urlaubs auf den Punkt gebracht wird:

> ... weil das zu einer Art führt, sie müssen sich auf engstem Raum zusammenraufen. So, das ist nämlich, äh, wenn sie, was weiß ich, in irgendein Hotel gehen oder was weiß ich, dann kann jeder, jeder kann ausweichen, jeder kann seine Wege gehen. Äh, ja, in diesem

> Fall müssen sie einfach zusammenbleiben. Das ist wie auf 'nem Boot, alle sitzen in einem und es geht gar nicht anders, geht nur so. (I: 16/48 Jahre)

„Nähe in der Ferne“, so lässt sich die favorisierte mobile familiale Feriengemeinschaft auf den Begriff bringen. In der eben zitierten Interviewpassage klingt an, dass der Urlaub genutzt wird, um familiale Gemeinschaft entstehen zu lassen und familiale Verbundenheit zu erleben. Ohne Rückzugsmöglichkeiten und Zufluchtsorte für autonome Bedürfnisse wird das Wohnmobil für alle Teilnehmer zu einem Ort, an dem keiner ausscheren kann. Wie bereits eingangs erwähnt, ist eine mögliche Interpretation dieser „absoluten“ Familienerfahrung, dass die Männer in den wenigen Wochen beruflicher Freizeit etwas nachholen wollen, was im Alltag nicht möglich ist, nämlich ein aktives Familienleben. Gleichzeitig erinnert die in der eben zitierten Interviewpassage zugespitzte Vergemeinschaftung unter Extrembedingungen auch an quasi-therapeutische Trainingsprogramme von Firmen, in denen die TeilnehmerInnen (oft auch Führungskräfte) ein „Wir-Gefühl“ entwickeln sollen, um etwa berufliche Belastungen besser auszuhalten. Auf den familialen Kontext übertragen, würde diese Lesart bedeuten, dass der zitierte Manager mit seinem freizeitorientierten Intensivprogramm auch vorbeugend tätig wird. Der gemeinsame Urlaub erfüllt dann eben neben dem väterlichen Bedürfnis, Familienleben „live“ zu erleben bzw. nachzuholen, auch den Zweck, den nach dem Urlaub wieder in der Firma entschwindenden Vater in der Familie zu verankern und den Zusammenhalt der Familie zu festigen.

Allerdings bringt der Urlaub nicht immer die gewünschte Intensivierung des Familienlebens. Für einige Väter wird der Urlaub vielmehr zur ernüchternden Erfahrung, denn jetzt spüren die Männer die Folgen ihrer alltäglichen Abwesenheit. Beispielhaft für diese Enttäuschung steht die folgende Sequenz eines Interviews, in der ein Manager im Urlaub erkennt, dass das Verhältnis zu seinen Kindern distanziert ist und es ihm nicht gelingt, einen vertrauten Umgang herzustellen. Im Vergleich zu denjenigen Vätern, die auch im Alltag präsent sind, steht er den Bedürfnissen seiner Kinder eher unsicher und hilflos gegenüber:

> Da waren wir in Norwegen auf einer Hütte auf Urlaub und die Kinder, denen war stinklangweilig dann, weil sie nicht mehr wussten, was sie tun sollten. Gut, am Anfang haben wir zusammen noch Fische gebraten auf dem Boot. Am Anfang machte ihnen das schon Spaß, aber nach ein paar Tagen wird ihnen dann langweilig, muss man sich was Neues überlegen. Es ist nicht das Verhältnis, wenn man sieht, wenn man Väter sieht, die hier jeden Tag mit ihren Kindern unterwegs sind, das Verhältnis ist es nicht. (I: 36/38 Jahre)

Der als familiale Höhepunkt stilisierte gemeinsame Event wird zu einer ernüchternden Erfahrung, weil den beruflich engagierten Männern bewusst wird, dass das Einfühlungsvermögen in kindliche Bedürfnisse vor allem im alltäglichen Kontakt entsteht. In dem eben zitierten Interviewausschnitt spricht ein enttäuschter, aber nicht zuletzt auch ein gestresster Vater. Die vom Fischebraten gelangweilten Kinder verlangen nach neuen „Urlaubseinlagen“, und der Vater steht gewissermaßen unter Druck, den Kindern während des gemeinsam verbrachten Urlaubs etwas Besonderes bieten zu müssen, um sich als Vater zu profilieren. Der eben zitierte Mann vergleicht sich mit denjenigen Vätern, „die jeden Tag mit ihren Kindern unterwegs sind“ und erkennt, dass der fehlende Familienalltag im Urlaub kaum nachzuholen ist. Er wie auch andere Manager sind als Ausnahme-Väter nur an den Rändern Teil dieser familialen Gemeinschaft.

2.8 Der nahende Ruhestand als gedankliche Umkehr: „Die Meinung über Erfolg und weniger Erfolg ändert sich ja auch im Laufe der Zeit“

Als unbeabsichtigter Motor für Veränderungen wirkt das Lebensalter. In den biographischen Darbietungen der vor allem älteren Führungskräfte wird deutlich, dass sie mit zunehmendem Alter Zweifel an ihrer arbeitszentrierten Lebensführung zulassen und aussprechen. In dieser berufsbiographischen „Endzeitstimmung“ werden nachdenkliche Töne angeschlagen, und mit Blick auf die gesamte Lebensführung kommt es zu Momenten des Innehaltens und der Selbstreflexion. In diesen nachdenklichen Momenten wird der Wunsch nach Veränderung wach. Neue Akzentverschiebungen zugunsten von mehr Familie und Freundeskreis werden anvisiert. So auch für den folgenden Interviewpartner, der knapp 60 Jahre alt ist und dessen Ruhestand näher rückt. Als beruflicher „Hardliner“ hat er fast 40 Jahre lang viel gearbeitet und Karriere gemacht. Die negativen Konsequenzen seiner beruflichen Erfolgsbiographie liegen klar auf der Hand: Wenig Freunde, keine Hobbys. Hinzu kommt ein nüchterner Blick auf die Personal-Strategien des Unternehmens mit älteren Mitarbeitern, deren Erfahrungswissen weniger zählt als das angenommene Innovationspotenzial jüngerer Nachwuchs-Führungskräfte. Zwar gehört er zu den wenigen, die es schafften, sich auf der Position eines Bereichsleiters über so lange Jahre zu halten, aber er hat viele seiner Kollegen in ähnlichen Positionen unfreiwillig in den vorzeitigen Ruhestand gehen sehen, weil sie Platz machen mussten für jüngere Manager. Obwohl er im Interview Ängste vor der ungewissen Zukunft ohne Berufsarbeit äußert, wird er gleichzeitig angstfreier, was die berufliche Gegenwart betrifft; zumindest relativieren sich karriereimmanente Zwänge. Das Resultat ist eine gewisse Gelassenheit:

> Die Meinung über Erfolg und weniger Erfolg ändert sich ja auch im Laufe des Lebens. Ich hab’ mir seit einiger Zeit zum Ziel gesetzt, nicht mehr länger als zehn Stunden am Tag zu arbeiten. Das bedeutet, dass ich manchmal früher gehe als meine Mitarbeiter. Hab’ da manchmal ein schlechtes Gewissen, aber ich beruhige mich damit, wenn ich sage: „Was kann mir schon passieren?“ Also die Konsequenzen für die Zukunft meine ich. (I: 7/58 Jahre)

Der Perspektivenwechsel gegen Ende des Berufslebens ist ein allmählicher Prozess. Aber auch nachdenkliche Ereignisse, wie Krankheiten oder „runde“ Geburtstage provozieren ein Innehalten und haben Prioritätensetzungen zur Folge. Abschließend noch einen Ausschnitt aus dem Interview mit einem Manager, der an seinem 50sten Geburtstag von Zweifeln gepackt wird, ob sein bisheriges Leben, das bis dahin stets auf Arbeit fokussiert war, so weitergeführt werden soll. Der 50. Geburtstag wird als „Einschnitt“ erlebt. Während er in seiner Erzählung immer wieder sein vergleichsweise junges Alter herausstreicht, mit dem er die verschiedenen Etappen seiner Kariere erreicht hat, steht er nun gewissermaßen „auf der anderen Seite“. Er beobachtet den Führungskräftenachwuchs und sieht die Anwärter auf seine eigene Position. Die plötzliche Erkenntnis, älter geworden zu sein, ist auch deshalb schmerzhaft, weil ihm bewusst wird, dass die Zeit immer knapper wird. Es entsteht der Vorsatz, neue Akzente zu setzen, eine neue Balance zu finden: Zugunsten des sozialen Bereichs, nämlich Familie und Freundeskreis:

> Ja, so dass man dann plötzlich merkt: Halt, Stopp, ist doch 'ne ganze Menge Zeit verlau-, äh, vergangen. Und man vielleicht auch mal überlegt, wo liegen die Prioritäten, was ist wichtig? Äh, zum fünfzigsten war das so ein Einschnitt. Da hab' ich dann schon mal ein bisschen intensiver geschaut. Äh, und hab' also doch für mich festgestellt oder für mich festgelegt, es ist die Richtung Familie und äh Freundeskreis, den man pflegen muss, Kontakte. (I: 14/55 Jahre)

Auch wenn der hier zitierte Manager eine Umgewichtung nicht erreicht hat – zumindest nicht zum Zeitpunkt des Interviews –, weil kurz nach seinem 50. Geburtstag ein letzter Karriereschritt vollzogen wird, so bleibt das Ereignis trotzdem ein denkwürdiges. Seine Erkenntnis lässt sich als eine Art vorausahnendes Wissen für kommende Krisen lesen.

3 Resümee

Die Daten sprechen eine deutliche Sprache: Im männlichen Lebenszusammenhang der untersuchten Führungskräfte konkurrieren Familie und Partnerschaft kaum mit beruflicher Orientierung; vielmehr bietet Familie den Männern nach wie vor einen vorzüglichen Rahmen für berufliches Engagement. Familie bedeutet von Anfang an emotionale Einbettung und soziale Rahmung des eigenen auf Arbeit fokussierten Lebens. Anders als bei Frauen (vor allem den jüngeren), deren Hin- und Hergerissensein zwischen „Heim" und „Welt" in Untersuchungen regelmäßig als „ambivalentes Ganzes" beschrieben wird und deren Orientierungen immer beides, nämlich Beruf und Familie umfasst, lässt sich die Perspektive der Männer als eher einseitige Orientierung beschreiben. Beruf und Familie stellen im Lebenszusammenhang keinen solchen Widerspruch dar, weil sie nach wie vor komplementär denken und in ihren Partnerinnen nach wie vor „Zuarbeiterinnen" für dieses arbeitszentrierte Lebenskonzept finden.

Dass es Männer gibt, die viel arbeiten und Frauen, die als „Nur-Hausfrauen" oder doppelt belastet neben Erwerbsarbeit die Arbeiten des Alltags erledigen, ist keine neue (empirische) Erkenntnis. Bemerkenswert an unseren Ergebnissen ist allerdings die Rigidität der geschlechtsspezifischen Zuordnung und verblüffend das Festhalten der Männer an diesen alten Mustern, welche gesellschaftlichen Debatten zufolge zunehmend Verhandlungsmasse werden. Modernisierungstheoretische Diagnosen, denen zufolge die Veränderungen weiblicher Lebenszusammenhänge in einer Art Rückkoppelungseffekt Folgen für die männliche Lebensführung haben müssten, treffen für den hier vorgestellten Personenkreis nur in eingeschränkter Weise zu. Pointiert formuliert lassen sich die Männer mit derartigen beruflichen Erfolgsbiographien als geschlechterpolitische Anachronisten beschreiben, weil sie – wenn auch nicht ungebrochen, so doch mit erheblichem Aufwand – an einer alten Ordnung festhalten, die auf klar verteilten Geschlechtsrollen aufbaut. Nicht die Integration von Arbeit und Familienleben, sondern die Verteidigung der Arbeit gegenüber den Ansprüchen aus der familialen Sphäre ist das zentrale Anliegen der Männer in Führungspositionen. Das so genannte Vereinbarkeitsproblem von Arbeit und Familie stellt sich für diese Männer als Verteidigungsproblem dar (vgl. Liebold, 2001).

Dennoch – auch das lässt sich als Ergebnis festhalten – ist der geschlechterpolitische Wandel nicht spurlos an den Führungskräften vorübergegangen. Kontingenz, das Wissen und die Reflexionen über das eigene Handeln zeichnen „moderne“ Lebensgeschichten aus. Die Gleichheit in Paarbeziehungen, wie es J.-C. Kaufmann (1994, S. 179) formuliert, ist zwar nach wie vor konkret unauffindbar, aber die Idee entfaltet eine immense Kraft. Unsere empirischen Ergebnisse verdeutlichen, dass Männer in Führungspositionen zunehmend unter Druck geraten, ein immer begründungsbedürftigeres Familienmodell mit verteilten Zuständigkeiten aufrechtzuerhalten, auf das sie gleichzeitig notwendigerweise angewiesen sind. Dies dokumentiert sich nicht zuletzt in den wiedergegebenen Auseinandersetzungen mit den Ehefrauen als Ausdruck einer latenten Konflikthaftigkeit in den Paararrangements. Zugleich formulieren die Männer Entfremdung und eine marginalisierte Stellung innerhalb ihrer Familien, die sich im Laufe der Zeit als „vaterlose Haushalte“ entwickelt haben. Parallel dazu ließen sich verschiedene Erklärungen und Deutungen identifizieren, die von den Männern als Bewältigungsstrategien der sozialen Folgekosten ihres erwerbszentrierten Lebens genutzt werden; ihnen liegt das Bedürfnis zugrunde, Inkongruenzen in ihrem Leben zu glätten und die eigene Lebensgeschichte als ein stimmiges Gesamtgefüge zu erleben und darzubieten. Die Männer interpretieren sich beispielsweise als „Opfer“ karriereimmanenter Zwänge, rekurrieren auf eine spezifische Persönlichkeitsstruktur, die beruflichen Ergeiz und „Familienflucht“ erklärt und besonders ihr eigenes Arbeitsethos. Der tägliche Stress und die außergewöhnlichen Anforderungen sind so eine persönliche Herausforderung und gehören zum managerialen (Selbst-)Anspruch.

Insgesamt lassen sich die Familienarrangements der Führungskräfte als labile Gesamtgefüge charakterisieren, innerhalb derer die Männer zwischen Beharrlichkeit und einem Gespür für notwendige Interventionen und Zugeständnisse lavieren müssen, um den Status Quo ihres erwerbszentrierten Lebenskonzepts aufrechtzuerhalten (vgl. Behnke & Liebold, 2001). Damit wird deutlich, dass das anachronistisch anmutende Modell geschlechtsspezifischer Arbeitsteilung nicht mehr gänzlich ungebrochen gegeben ist. Gerade vor dem Hintergrund der „beruflichen Endlichkeit“ als biographischen Wendepunkt realisieren die (vor allem älteren) Männer die „Schattenseiten“ ihres erwerbszentrierten Lebens. Während die noch jüngeren Männer durch die alltagspraktischen Zwänge eines Familienlebens mit noch kleineren Kindern eher ein diffuses Gefühl von Unstimmigkeit und schlechtem Gewissen zum Ausdruck bringen, werden bei den älteren Führungskräften nachdenkliche Töne laut und der Blick richtet sich zwangsläufig und mit anderer Intensität auf die private Seite des Lebens, die bislang als „Anhängsel“ von Berufsarbeit gelebt und erfahren wurde. In ihrem biographischen Rückblick nehmen diejenigen Passagen Raum ein, die vor allem ein Bilanzierungs- und auch Rechtfertigungsbedürfnis zum Ausdruck bringen. In ihrer biographischen Gesamtevaluation, also einer Sicht auf das Leben, die die Bewertung des bisherigen und zukünftigen Lebens beinhaltet, sind sie gespalten: Zum einen dominiert das über das gesamte Berufsleben entstandene Selbstbild des erfolgsverwöhnten „Machers", zum anderen wird über die private Seite des Lebens das „Abhängige" „Unselbstständige" und „Isolierte" zum Ausdruck gebracht. Um die (zu Ende gehende) berufliche Erfolgsgeschichte und die private Lebenssituation als konsistent zu erleben und das bislang „gescheitere Projekt Arbeit und Leben" zu harmonisieren, müssen Anstrengungen unternommen werden, das zunächst noch fragmentierte Leben zu vermitteln und in einen geordneten Zusammenhang zu bringen. In den Erzählungen der älteren Führungskräfte dokumentiert sich dies u.a. in einer Art Trauerarbeit, in der das unwiederbringlich Verlorene und Nicht-Gelebte vergegenwärtigt und damit – zumindest ein Stück weit – bearbeitet wird.

4 Literatur

Beck, U. & Beck-Gernsheim, E. (1990). *Das ganz normale Chaos der Liebe*. Frankfurt/M.: Suhrkamp.

Behnke, C. & Liebold, R. (2000). Zwischen Fraglosigkeit und Gleichheitsrhetorik. Familie und Partnerschaft aus der Sicht beruflich erfolgreicher Männer. *Feministische Studien, 18* (2), 64–77.

Behnke, C. & Liebold, R. (2001). Beruflich erfolgreiche Männer: Belastet von der Arbeit – belästigt von der Familie. In P. Döge & M. Meuser (Hrsg.), *Männlichkeit und soziale Ordnung. Neuere Beiträge zur Geschlechterordnung* (S. 141-157). Opladen: Leske + Budrich.

Döge, P. & Meuser, M. (Hrsg.), (2001). *Männlichkeit und soziale Ordnung. Neuere Beiträge zur Geschlechterforschung*. Opladen: Leske & Budrich, 7-26.

Ellguth, P., Liebold, R. & Trinczek, R. (1998). „Double Squeeze". Manager zwischen veränderten beruflichen und privaten Anforderungen. *KZfSS, 50* (3), 517–535.

Kaufmann, J.-C. (1994). *Schmutzige Wäsche. Zur ehelichen Konstruktion von Alltag*. Konstanz: UVK.

Liebold, R. (2001). *„Meine Frau managt das ganze Leben zu Hause...". Partnerschaft und Familie aus der Sicht männlicher Führungskräfte*. Wiesbaden: Westdeutscher Verlag.

Meuser, M. (1998). *Geschlecht und Männlichkeit. Soziologische Theorie und kulturelle Deutungsmuster*. Opladen: Leske + Budrich.

Schnack, D. & Gesterkamp, T. (1996). *Hauptsache Arbeit. Männer zwischen Beruf und Familie*. Reinbeck: Klett-Cotta.

Tölke, A. (1995). Geschlechtsspezifische Aspekte der Berufs- und Familienentwicklung. In B. Nauck & C. Onnen-Isemann (Hrsg.), *Familie im Brennpunkt von Wissenschaft und Forschung* (S. 489-504). Neuwied: Luchterhand.

VIII. Familienarbeit und Berufstätigkeit aus der Sicht von Männern und Frauen[1]

Harald Lothaller, Sonja Jagoditsch & Gerold Mikula

In Österreich wie auch in den meisten anderen Industriestaaten hat die Berufstätigkeit von Frauen in den letzten Jahrzehnten deutlich zugenommen (Höllinger, 1991). Doppelverdienerhaushalte, also solche mit zwei Teil- oder Vollzeit berufstätigen Erwachsenen, sind mittlerweile die häufigste Haushaltsform in fast allen westeuropäischen Ländern (Franco & Winquist, 2002).

Dieses „Eindringen" der Frauen in die ehemalige Männerdomäne Berufsarbeit hat bisher jedoch nicht in gleichem Ausmaß zur Mitarbeit der Männer bei der Familienarbeit geführt (Gager, 1998; Riley, 2003). Der Anteil der Frauen an der Erledigung von Haushaltsarbeit und Kinderbetreuung beträgt zumeist deutlich über 50%, zum Teil bis zu 90%. Studien zeigen, dass diese ungleiche Aufteilung der Familienarbeit mehrheitlich nicht als ungerecht wahrgenommen und nicht als unzufrieden stellend erlebt wird (Coltrane, 2000; Mikula, 1998; Shelton & John, 1996).

Einschränkend für viele Studien ist anzumerken, dass oftmals nur Frauen oder von einander unabhängige Frauen und Männer, d.h. jeweils nur eine Person aus einem Haushalt, befragt wurden. Die Sichtweise der Männer wurde damit oftmals ganz ausgeklammert (Barnett & Shen, 1997), oder konnte zumindest nicht in direkte Relation zu jener der Frauen gesetzt werden. Die Ergebnisse, die im vorliegenden Beitrag vorgestellt werden, beruhen auf der getrennten Befragung beider Partner in Doppelverdienerhaushalten. Damit soll im Folgenden ein Bild davon gezeigt werden, wie die innerfamiliäre Aufgabenaufteilung und die Situation zwischen Familie und Beruf von Männern und Frauen erlebt werden, und welche Rolle dies für deren Beziehungszufriedenheit spielt. Das Hauptaugenmerk liegt dabei auf einer Gegenüberstellung der Sichtweisen von Männern und Frauen.

Im ersten Teil dieses Beitrags wird beleuchtet, wie Männer und Frauen den Aufwand für Familienarbeit und Beruf einschätzen, und wie sie die bestehende Aufteilung bewerten. Der zweite Abschnitt beschäftigt sich damit, wie berufstätige Eltern die Vereinbarkeit von Familie und Beruf erleben und mit der Arbeitsbelastung umgehen. Im dritten und

[1] Die Arbeit an diesem Artikel wurde durch Mittel der Euopäischen Kommission (Projekt-Nr.: SERD-2002-00011) gefördert.

letzten Teil wird darauf eingegangen, inwieweit die Arbeitsbelastung und die Aufteilung der Familienarbeit mit der Beziehungszufriedenheit von Männern und Frauen zusammen hängen.

Diesem Beitrag liegen die Daten aus einer umfangreichen Befragung von berufstätigen Eltern kleiner Kinder zu Grunde. Voraussetzung für eine Teilnahme war, dass es in der Familie mindestens ein Kind im Vorschulalter gab und keines, das älter als 12 Jahre alt war. Weiters mussten beide Partner mindestens 15 Stunden pro Woche berufstätig sein. An der Studie nahmen 206 Paare teil, wobei jeweils beide Partner eines Elternpaares mittels Fragebogen getrennt von einander befragt wurden. Die teilnehmenden Männer waren im Durchschnitt 36 Jahre alt, die Frauen 34 Jahre. Die jüngste Person war 22 Jahre alt, die älteste 55 Jahre. Von den befragten Paaren waren 85% verheiratet, für die meisten Personen war es die erste Ehe. Die Anzahl der Kinder schwankte zwischen einem und vier Kindern, wobei etwa die Hälfte der Familien zwei Kinder hatte. Die teilnehmenden Personen wiesen eine überdurchschnittlich hohe Bildung auf. Knapp die Hälfte verfügte über einen Hochschulabschluss und ein weiteres Fünftel über Matura. Damit einhergehend lag auch das monatliche Familieneinkommen etwas über dem österreichischen Bundesdurchschnitt.

1 Wie wird die Aufgabenaufteilung wahrgenommen und bewertet?

1.1 Berufsarbeit

Bei den befragten Paaren scheint die klassische „Brotverdiener-Rolle" zum überwiegenden Teil Männer-Sache zu sein. Die männlichen BefragungsteilnehmerInnen gehen zu 87% einer Vollzeitbeschäftigung nach. Die Frauen hingegen arbeiten zu 78% Teilzeit.

Diese Verteilung spiegelt sich auch im effektiven Stundenaufwand für den Beruf wider: wenn neben der normalen Arbeitszeit auch Überstunden, Heimarbeit, Fahrtzeiten etc. berücksichtigt werden, wenden die befragten Männer laut eigenen Angaben fast 52 Stunden pro Woche für ihre Berufstätigkeit auf. Die Schwankungsbreite reicht von 15 Stunden bis 90 Stunden. Die Angaben der Frauen darüber, wie viel Zeit die Männer für den Beruf aufwenden, zeichnen ein ähnliches Bild. Es zeigt sich kein Unterschied zwischen den Einschätzungen durch Männer und Frauen ($F_{(1;397)}$=.683, p=.41). Der effektive Zeitaufwand der Frauen für berufliche Tätigkeiten ist – nach eigenen Angaben – mit durchschnittlich 34 Stunden pro Woche deutlich geringer als jener der Männer ($F_{(1;200)}$=147.748, p<.01). Aus Sicht der Männer beträgt die effektive Berufsarbeitszeit der Frauen knapp 32 Stunden, wird also etwas niedriger eingeschätzt als durch die Frauen selbst ($F_{(1;397)}$=4.567, p<.05).

1.2 Familienarbeit

Tabelle 7 zeigt den Anteil der Frauen am gesamten Stundenaufwand für Haushaltsarbeit, Kinderbetreuung und Instandhaltungs- und Reparaturarbeiten. Die Darstellung erfolgt getrennt für die Sichtweisen von Männern und Frauen. Insgesamt zeigt sich bei beiden Sichtweisen ein ähnliches Bild, es zeigen sich jedoch teilweise Unterschiede in den Anteilen, die für die Frauen angegeben werden. Haushaltsarbeit und Kinderbetreuung ist bei den befragten Paaren primär Aufgabe der Frauen. Drei Viertel der Haushaltsarbeiten wie Putzen, Kochen und Wäsche waschen sowie zwei Drittel der Kinderbetreuung wie Wickeln, Spielen und Kinder mit Essen versorgen werden von den Frauen erledigt. Instandhaltungs- und Reparaturarbeiten, beispielsweise Wartung von Fahrzeugen, Gartenarbeiten sowie kleinere Reparaturen, werden hingegen zu fast zwei Drittel von den Männern erledigt.

Tabelle 7: Anteil der Frauen an der Familienarbeit aus Sicht von Männern und Frauen (in Prozent)

Tätigkeit	Aus Sicht der Männer	Aus Sicht der Frauen	Unterschied in den Angaben von Männern und Frauen
Haushaltsarbeit	70	76	$F_{(1;406)}$=13.356, p<.01
Kinderbetreuung	66	67	$F_{(1;406)}$=1.103, p=.29
Instandhaltung und Reparatur	32	41	$F_{(1;406)}$=16.558, p<.01

Abbildung 22 zeigt den Stundenaufwand in einer typischen Woche, den Männer und Frauen aus der Sicht von Männern und Frauen für die verschiedenen Bereiche der Familienarbeit sowie den Beruf haben. Die Männer wenden nach eigenen Angaben für Haushaltsarbeit in einer typischen Woche acht Stunden auf und für Kinderbetreuung 17 Stunden. Frauen wenden laut Angabe der Männer mit knapp 20 Stunden für Haushaltsarbeit

Abbildung 22: Gesamtarbeitszeitaufwand pro Woche aus der Sicht von Männern und Frauen

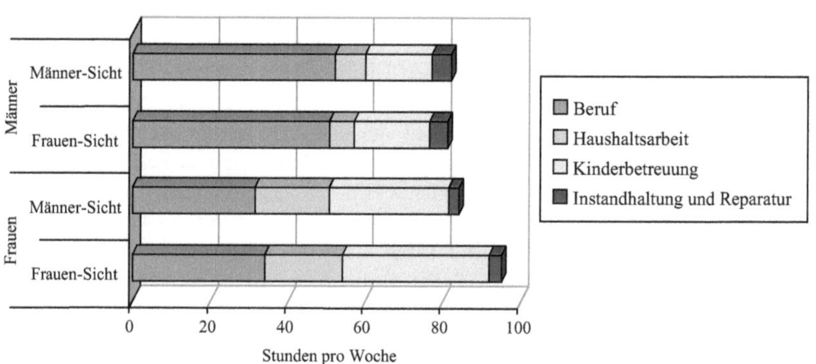

und 31 Stunden für Kinderbetreuung dafür deutlich mehr Zeit auf ($F_{(1;204)}$=190.155, p<.01 bzw. $F_{(1;203)}$=217.618, p<.01). Für Instandhaltungs- und Reparaturarbeiten wenden Männer weitere fünf Stunden auf, ihre Partnerinnen wenden aus Sicht der Männer mit etwas über zwei Stunden hierfür weniger Zeit auf ($F_{(1;204)}$=73.633, p<.01). Diese Einschätzung des Zeitaufwands durch die Frauen ergibt im Großen und Ganzen ein ähnliches Bild. Der Zeitaufwand der Männer für Haushaltsarbeit wird von ihren Partnerinnen mit knapp über sechs Stunden geringer eingeschätzt als von den Männern selbst ($F_{(1;397)}$=5.603, p<.05). Bei der Kinderbetreuung geben Frauen für sich selbst mit 38 Stunden deutlich mehr Zeitaufwand an als die Männer ($F_{(1;397)}$=16.562, p<.01). Auch für ihre Partner geben sie mit fast zwanzig Stunden etwas mehr an als die Männer selbst, der Unterschied ist aber knapp nicht signifikant ($F_{(1;397)}$=3.707, p=.06).

1.3 Gesamtarbeitszeit

Wie in Abbildung 22 ersichtlich beträgt die Gesamtarbeitszeit für Berufs- und Familienarbeit für einen Mann im Durchschnitt 81 Stunden pro Woche. Bei dieser Einschätzung unterscheiden sich Männer und Frauen nicht ($F_{(1;397)}$=.173, p=.68). Aus Sicht der Männer gibt es keinen signifikanten Unterschied zwischen ihrer eigenen Gesamtarbeitsbelastung und jener ihrer Partnerinnen, welche sie mit durchschnittlich 84 Stunden angeben ($F_{(1;198)}$=2.714, p=.10). Bei der Einschätzung der Gesamtarbeitszeit der Frauen unterscheiden sich Männer und Frauen deutlich von einander ($F_{(1;397)}$=20.764, p<.01). Für sich selbst geben die Frauen eine Gesamtarbeitszeit von durchschnittlich 95 Stunden pro Woche an und damit auch deutlich mehr als sie es für die Männer (M=81) angeben ($F_{(1;199)}$=65.790, p<.01).

1.4 Bewertung von Hausarbeit und Kinderbetreuung

Die befragten Personen wurden gebeten Hausarbeit[2] und Kinderbetreuung danach zu beurteilen, wie viel persönliche Belastung („Wie belastet fühlen Sie sich durch …?“) beziehungsweise Erfüllung („Wie sehr trägt … zu Ihrer persönlichen Erfüllung bei?“) für sie mit der Erledigung dieser Tätigkeiten verbunden ist.

Wie Abbildung 23 zeigt, ist bei Männern und Frauen die Erledigung von Hausarbeit mit mehr Belastung verbunden als die Kinderbetreuung. Bei den Männern ist der Unterschied – obwohl signifikant – nicht sehr groß ($F_{(1;204)}$=4.884, p<.05), bei den Frauen hingegen beträchtlich ($F_{(1;204)}$=90.198, p<.01). Außerdem trägt für beide die Erledigung von Kinderbetreuung deutlich mehr zur persönlichen Erfüllung bei als die Erledigung von Hausarbeit (Männer: $F_{(1;205)}$=464.516, p<.01; Frauen: $F_{(1;204)}$=779.820, p<.01). Ab-

2 Wenn im Folgenden von Hausarbeit gesprochen wird, dann werden darunter Haushaltsarbeit und Instandhaltungs- und Reparaturarbeiten zusammengefasst.

bildung 23 zeigt auch, dass die Männer durch die Erledigung von Hausarbeit weniger Belastung und mehr Erfüllung erleben als die Frauen ($F_{(1;408)}$=77.145, p<.01 bzw. $F_{(1;408)}$=4.711, p<.05). Die Erledigung von Kinderbetreuung ist für Männer mit weniger Belastung und weniger Erfüllung verbunden als für Frauen ($F_{(1;408)}$=5.060, p<.05, bzw. $F_{(1;408)}$=7.983, p<.01).

Abbildung 23: Erlebte Belastung und Erfüllung durch Hausarbeit und Kinderbetreuung

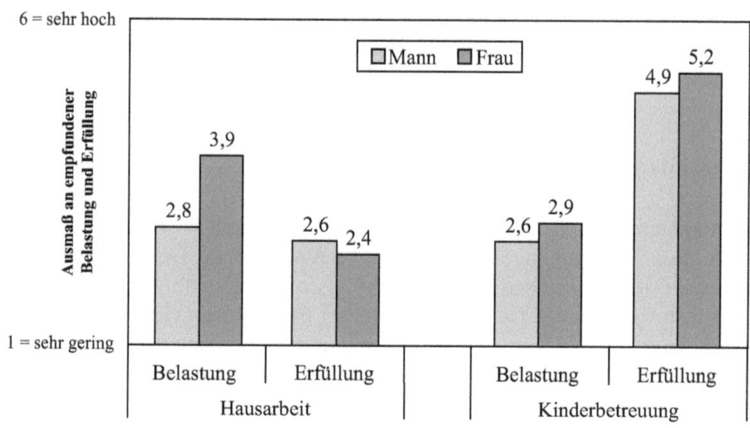

1.5 Bewertung der Aufteilung der Familienarbeit

Die Männer erledigen deutlich weniger Hausarbeit und Kinderbetreuung als ihre Partnerinnen. Die Mittelwerte in Abbildung 24 zeigen, dass Männer und Frauen die praktizierte

Abbildung 24: Wahrgenommene Gerechtigkeit der Aufteilung der Familienarbeit

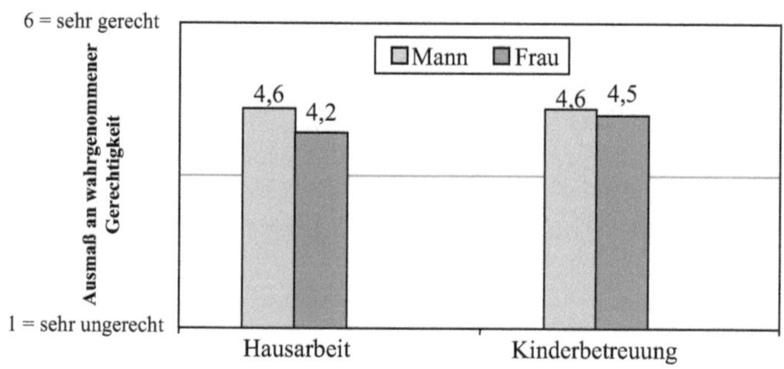

Aufteilung eher gerecht als ungerecht beurteilen. Tatsächlich bezeichnen etwa 81% der Männer und etwa 70% der Frauen die Aufteilung der Familienarbeit als „eher gerecht" bis „sehr gerecht". Bei der Aufteilung der Kinderbetreuung gibt es keinen Unterschied im Gerechtigkeitserleben zwischen den Geschlechtern ($F_{(1;410)}$=1.604, p>.21). Die Aufteilung der Hausarbeit erleben die Frauen weniger gerecht als die Männer ($F_{(1;410)}$=12.611, p<.01).

2 Wie wird die Vereinbarkeit von Familie und Beruf erlebt?

2.1 Schwierigkeiten der Vereinbarkeit von Familie und Beruf

Für berufstätige Eltern kann sich der Beruf negativ auf die Familie auswirken und die Familie negativ auf den Beruf. Zu solchen Schwierigkeiten kann es aus diversen Gründen kommen, beispielsweise aufgrund mangelnder Zeit und Energie oder gedanklicher Ablenkung. Die befragten Personen sollten einerseits angeben, inwieweit es die Situation zu Hause für sie selbst schwierig macht ihre beruflichen Verpflichtungen zu erfüllen und die gewünschte Zeit für Beruf und Karriere aufzuwenden. Andererseits sollten sie angeben, inwieweit die berufliche Arbeit es ihnen schwierig macht ihre Verpflichtungen zu Hause zu erfüllen und Zeit mit der Familie zu verbringen.

Abbildung 25 zeigt, dass die Männer in recht geringem Ausmaß durch die Situation zu Hause bedingte Schwierigkeiten im beruflichen Alltag und für die Karriere angeben. Schwierigkeiten aufgrund beruflicher Verpflichtungen für die Familie da zu sein und

Abbildung 25: Schwierigkeiten der Vereinbarkeit von Familie und Beruf

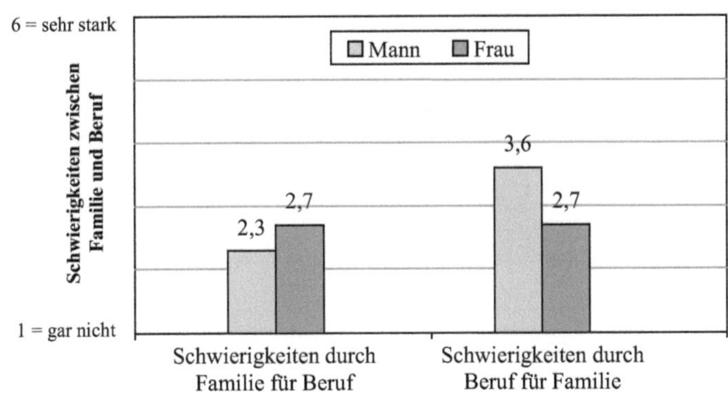

Zeit aufzubringen werden von den Männern in größerem Ausmaß angegeben ($F_{(1;205)}$=122.543, p<.01). Von den Frauen werden ihre eigenen Schwierigkeiten für die Familie durch den Beruf gleich hoch eingeschätzt wie jene für den Beruf durch die Familie ($F_{(1;204)}$=.248, p>.62).

Männer geben weniger Schwierigkeiten durch die Familie für den Beruf als Frauen an ($F_{(1;409)}$=10.307, p<.01), aber mehr Schwierigkeiten durch den Beruf für die Familie ($F_{(1;409)}$=41.683, p<.01).

2.2 Umgang mit der Arbeitsbelastung

Wie bereits erwähnt beträgt die zeitliche Belastung der befragten Männer durchschnittlich 80 Stunden pro Woche, wenn der Aufwand für Beruf und Familienarbeit zusammengenommen werden. Wenn diese Arbeitsbelastung Überhand nimmt, müssen möglicherweise in dem einen oder anderen Bereich Abstriche gemacht werden. Die befragten Personen wurden gebeten anzugeben, wie sie damit umgehen, wenn sich Familie und Beruf nicht unter einen Hut bringen lassen. Es wurden ihnen die fünf Bereiche Beruf, Partnerschaft, Kontakt mit Kind(ern), Hausarbeit und Freizeit vorgegeben. Für jeden sollte angegeben werden, wie sehr von der Person zurückgesteckt werden muss, wenn die Mehrfachbelastung von Familie, Beruf etc. Überhand nimmt.

In Abbildung 26 ist zu erkennen, dass Männer in den Bereichen unterschiedlich stark zurückstecken ($F_{(1;204)}$=78.013, p<.01; Tukey-HSD=0.158). Wenn die Arbeitsbelastung überhand nimmt, geben sie an bei der Freizeit am meisten Abstriche zu machen (M=4.7).

Abbildung 26: Ausmaß an Zurückstecken in verschiedenen Bereichen, wenn die Arbeitsbelastung Überhand nimmt

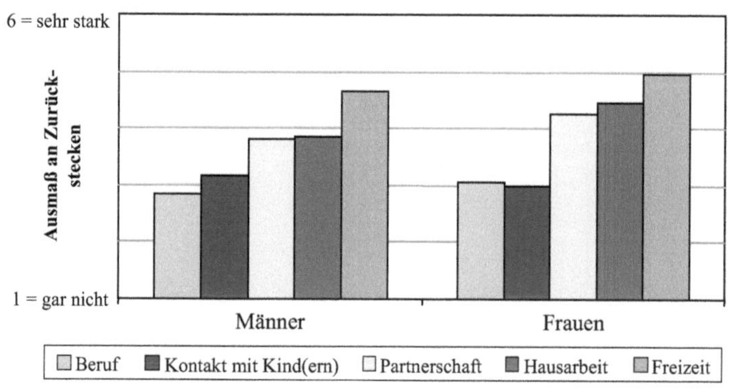

Bei Hausarbeit (M=3.8) und Partnerschaft (M=3.8), beispielsweise gemeinsamen Unternehmungen mit der Partnerin, geben die Männer ebenfalls an eher stark zurückzustecken. Die Angaben zum Zurückstecken in diesen beiden Bereichen sind allerdings deutlich geringer als bei der Freizeit. Weniger als bei Hausarbeit und bei der Partnerschaft wird aufgrund der Arbeitsbelastung der Kontakt mit Kind(ern) reduziert (M=3.2). Jener Bereich, wo Männer am wenigsten zurückstecken, ist der Beruf (M=2.9).

Die Frauen gehen nach eigenen Angaben ähnlich wie die Männer damit um, wenn ein Zurückstecken unumgänglich ist. Auch bei ihnen unterscheidet sich das Zurückstecken zwischen den Bereichen deutlich ($F_{(1;202)}$=103.001, p<.01; Tukey-HSD=0.175). Am stärksten wird bei der Freizeit (M=5.0) und eher stark beim Aufwand für Hausarbeit (M=4.4) und der Partnerschaft (M=4.3) reduziert. Bei den Bereichen Beruf (M=3.1) und Kontakt mit Kind(ern) (M=3.0) machen Frauen geringere Abstriche. Zwischen diesen beiden Bereichen gibt es bei den Frauen keinen Unterschied im Zurückstecken.

3 Spielen die Familienarbeit und Schwierigkeiten der Vereinbarkeit von Familie und Beruf eine Rolle für die Beziehungszufriedenheit?

Abschließend wird der Frage nachgegangen, ob und wie verschiedene Aspekte der Arbeitsbelastung und der Aufteilung der Familienarbeit mit der Beziehungszufriedenheit in Zusammenhang stehen und ob es hierbei Geschlechtsunterschiede gibt. Zu diesem Zweck wurden für Männer und Frauen getrennt schrittweise multiple Regressionsanalysen durchgeführt. Die Prädiktoren wurden in Anlehnung an die Übersicht von Mikula (1998) ausgewählt und lassen sich in vier Bereiche unterteilen: Arbeitsbelastung, Bewertungen der Aufgabenaufteilung in der Familie, Ergebnisse sozialer Vergleiche sowie Vereinbarkeit von Familie und Beruf.

3.1 Potentielle Prädikatoren der Beziehungszufriedenheit

Die Arbeitsbelastung wird für diese Analysen durch den wöchentlichen Stundenaufwand von Männern und Frauen für den Beruf sowie für Hausarbeit und Kinderbetreuung repräsentiert. Außerdem werden hier die zur Verfügung stehenden Freizeitstunden beider Partner berücksichtigt. Mehrere Studien zeigen, dass ein höherer Zeitaufwand von einem oder beiden Partnern vor allem für Beruf und Hausarbeit mit geringerer Beziehungszufriedenheit von Männern und Frauen einhergeht (Amato, Johnson, Booth & Rogers, 2003; Garrido & Acitelli, 1999; Kirchler & Venus, 2000; Rogers, 1996; Shelton & John, 1996; Stevens, Kiger & Riley, 2001). Mehr verfügbare Freizeitstunden könnten auch mehr Zeit für die Partnerschaft bedeuten und somit mit höherer Beziehungszufriedenheit einhergehen.

3.1.1 Bewertungen der Aufgabenaufteilung

Mehrere Studien weisen darauf hin, dass es für die Beziehungszufriedenheit eine Rolle spielt, wie die Aufteilung der Aufgaben wahrgenommen und bewertet wird. Zum Beispiel zeigt sich, dass eine Bewertung der Aufgabenaufteilung in der Familie als gerecht oder zufrieden stellend mit höherer Beziehungszufriedenheit einhergeht. Dieser Befund wurde vor allem für Frauen wiederholt bestätigt. Für Männer konnte diese Rolle der Gerechtigkeitswahrnehmung für die Beziehungszufriedenheit mehrmals nicht nachgewiesen werden (Grote & Clark, 2001; Mikula, 1998; Shelton & John, 1996; Thompson & Walker, 1989).

Major (1993) und Thompson (1991) haben postuliert, dass die Anerkennung, die man vom Partner/von der Partnerin für die Erledigung von Aufgaben erhält, bei der Bewertung der eigenen Situation eine Rolle spielt. Mehrere Studien zeigen tatsächlich für beide Geschlechter, dass eine Aufgabenaufteilung umso gerechter beurteilt wird, je mehr Anerkennung man bekommt (Grote, Naylor & Clark, 2002; Hawkins, Marshall & Meiners, 1995; Mikula, Freudenthaler, Schröpfer & Schmelzer-Ziringer, 1996). Wenige Studien haben bisher die Rolle von Anerkennung für die Beziehungszufriedenheit untersucht (Stevens et al., 2001). In der vorliegenden Arbeit wird der Rolle der Anerkennung, die man für die Erledigung von familiären und beruflichen Aufgaben durch den Partner bzw. die Partnerin erhält, für die Beziehungszufriedenheit nachgegangen.

3.1.2 Ergebnisse sozialer Vergleiche

Theoretische Analysen und empirische Befunde sprechen dafür, dass die Einschätzung und Bewertung der eigenen Situation hinsichtlich Berufstätigkeit und Familienarbeit damit zusammenhängt, mit wem man sich vergleicht und wie das Ergebnis dieses Vergleichs aussieht (Buunk & VanYperen, 1989, 1991; Donaghue & Fallon, 2003; Major, 1993; Mikula & Freudenthaler, 2002; Thompson, 1991). Im Hinblick auf die geleistete Familienarbeit sind besonders drei Vergleiche wichtig: der Vergleich zwischen einem selbst und dem Partner/der Partnerin, der Vergleich zwischen einem selbst und anderen Personen des eigenen Geschlechts sowie der Vergleich des Partners/der Partnerin und anderen Personen seines/ihres Geschlechts.

Für die Beziehungszufriedenheit zeigt sich, dass diese bei Frauen umso höher ist, je geringer ihr eigener Anteil am Gesamtaufwand für Hausarbeit und Kinderbetreuung ist bzw. je ausgeglichener die Aufteilung der Familienarbeit zwischen ihnen und ihrem Partner ist (Amato et al., 2003; Coltrane, 2000; Grote, Frieze & Stone, 1996; Kirchler & Venus, 2000). Für Männer gibt es hierzu weniger Studien und inkonsistente Befunde

(Coltrane, 2000). Einige Studien zeigen, dass die Beziehungszufriedenheit von Männern höher ist, wenn sie in Relation zur Partnerin weniger Familienarbeit erledigen (Amato et al., 2003; Grote et al., 1996). Andere Arbeiten zeigen hingegen, dass die Beziehungszufriedenheit der Männer höher ist, je ausgeglichener die Aufteilung der Familienarbeit ist bzw. je mehr sie selbst machen (Cowan & Cowan, 1988; Kirchler & Venus, 2000).

Für den Vergleich des Mannes mit anderen Männern bzw. der Frau mit anderen Frauen zeigen mehrere Studien, dass von Männern und Frauen die Aufteilung von Familienarbeit umso gerechter erlebt wird, je mehr der Mann im Vergleich zu anderen Männern erledigt (Gager, 1998; Mikula & Freudenthaler, 2002). In der vorliegenden Arbeit wird der Bedeutung von Vergleichen der Frau mit anderen Frauen bzw. des Mannes mit anderen Männern für die Beziehungszufriedenheit nachgegangen.

3.1.3 Schwierigkeiten in der Vereinbarkeit und ihre Bedeutung für die Beziehungszufriedenheit

Die Rolle von Schwierigkeiten in der Vereinbarkeit von Familie und Beruf für die Beziehungszufriedenheit der betroffenen Personen wurde bislang selten untersucht. Studien von Milkie und Peltola (1999), Rogers und Amato (2000) und Voydanoff und Donnelly (1989) berichten Zusammenhänge zwischen Beziehungszufriedenheit und Schwierigkeiten zwischen Familie und Beruf. In anderen Studien wurden diese Schwierigkeiten aufgesplittert in solche durch den Beruf für die Familie und solche durch die Familie für den Beruf. Diese wurden bisher allerdings nicht in Bezug auf die Rolle für die Beziehungszufriedenheit, sondern hinsichtlich anderer Beziehungsaspekte oder individueller Variablen wie dem persönlichen Wohlbefinden untersucht (Frone, 2003).

In der vorliegenden Arbeit werden sowohl die Schwierigkeiten, die jemand für sich durch die familiäre Situation für den Beruf sieht, als auch jene durch den Beruf für die Familie getrennt von einander berücksichtigt.

3.2 Ergebnisse

Es wurden getrennt für beide Geschlechter schrittweise Regressionsanalysen berechnet. Aufgrund hoher Korrelationen zwischen Hausarbeit und Kinderbetreuung wurden die Analysen getrennt für die beiden Bereiche durchgeführt. Die Ergebnisse sind in Tabelle 8 dargestellt.

Für die Männer erweist sich die Anerkennung durch die Partnerin als stärkster Prädiktor der Beziehungszufriedenheit. Je mehr Anerkennung Männer für die Erledigung von Familienarbeit und Beruf erhalten, desto höher ist ihre Beziehungszufriedenheit. Bei der Analyse für den Bereich der Kinderbetreuung zeigt kein anderer Prädiktor einen signifikanten Zusammenhang mit der Beziehungszufriedenheit. Bei der Analyse zur Hausarbeit erweisen sich zwei weitere Variablen als bedeutsam: Die Beziehungszufriedenheit ist bei

Männern umso höher, je gerechter sie die Aufteilung der Hausarbeit wahrnehmen und je geringer ihr Anteil an der Hausarbeit im Vergleich zur Partnerin ist. Keine Rolle für die Beziehungszufriedenheit der Männer spielen die Arbeitsbelastung von ihnen selbst und ihren Partnerinnen, Schwierigkeiten der Vereinbarkeit von Familie und Beruf und die Ergebnisse sozialer Vergleiche zwischen ihnen und anderen Männern bzw. ihren Partnerinnen und anderen Frauen.

Tabelle 8: Die Rolle von Arbeitsbelastung, Bewertungen der Aufgabenaufteilung, Ergebnisse sozialer Vergleiche und Vereinbarkeit von Familie und Beruf für die Beziehungszufriedenheit

	Hausarbeit		**Kinderbetreuung**	
	Männer	**Frauen**	**Männer**	**Frauen**
Arbeitsbelastung				
Stunden/Woche Frau	n.a.	n.a.	n.a.	n.a.
Stunden/Woche Mann	n.a.	n.a.	n.a.	n.a.
Freizeitstunden Frau	n.a.	n.a.	n.a.	n.a.
Freizeitstunden Mann	n.a.	n.a.	n.a.	n.a.
Berufsarbeitsstunden Frau	n.a.	n.a.	n.a.	n.a.
Berufsarbeitsstunden Mann	n.a.	-.127*	n.a.	n.a.
Bewertungen der Aufgabenaufteilung				
Gerechtigkeitsbeurteilung der Aufteilung der Tätigkeit	.203**	.389**	n.a.	.402**
Anerkennung durch PartnerIn	.511**	.359**	.533**	.372**
Ergebnisse sozialer Vergleiche mit anderen Personen				
Vergleich zwischen Frau und Mann	.203**	.190**	n.a.	.135*
Vergleich zwischen Frau und anderen Frauen	n.a.	n.a.	n.a.	n.a.
Vergleich zwischen Mann und anderen Männer	n.a.	n.a.	n.a.	n.a.
Vereinbarkeit von Familie und Beruf				
Eigene Schwierigkeit durch Familie für Beruf	n.a.	n.a.	n.a.	n.a.
Eigene Schwierigkeit durch Beruf für Familie	n.a.	-.119*	n.a.	-.137*
R^2 korrigiert	.341	.393	.280	.421
F	34.880**	25.634**	76.399**	35.582**

* p < .05, ** p < .01; n.a.: keine Aufnahme in die Regressionsgleichung

Für die Frauen zeigt sich ein ähnliches Bild. Im Gegensatz zu den Männern gibt es bei den Frauen aber wenig Unterschiede zwischen den Analysen für Hausarbeit und Kinderbetreuung. Frauen sind umso zufriedener mit der Beziehung, je mehr Anerkennung sie von ihren Partnern für die Erledigung von Familienarbeit und Beruf erhalten, je gerechter sie die Aufteilung von Hausarbeit bzw. Kinderbetreuung erleben und je weniger Schwierigkeiten für familiäre Verpflichtungen durch den Beruf sie erleben. Ebenfalls als signifikante Prädiktoren erweisen sich der Vergleich zwischen Frau und Mann sowie – nur in der Analyse für den Bereich Hausarbeit – der Stundenaufwand des Partners für seinen Beruf. Den beiden letztgenannten Befunden sollte jedoch nicht zuviel Bedeutung zugemessen werden, weil die einfachen Korrelationen der Beziehungszufriedenheit mit diesen beiden Variablen nicht signifikant sind. Eigene Schwierigkeiten durch die Familie für den Beruf und die Arbeitsbelastung beider Partner spielen auch bei den Frauen keine Rolle für die Beziehungszufriedenheit.

3.3 Diskussion

Die Ergebnisse zeigen, dass die Arbeitsbelastung, gemessen anhand der Zeit, die Männer und Frauen für verschiedene Tätigkeiten aufwenden, für die Beziehungszufriedenheit beider Partner keine Rolle spielt. Relevant für die Beziehungszufriedenheit sind hingegen die wahrgenommene Gerechtigkeit der Aufgabenaufteilung und die Anerkennung durch den Partner/die Partnerin – also subjektive Bewertungen und ein positiver Umgang miteinander im Hinblick auf die Familienarbeit (Mikula, 1998).

Das Erleben einer Aufgabenaufteilung zwischen den beiden Partnern als ungerecht könnte zu einem weniger positiven Bild der Partnerschaft führen (Milkie & Peltola, 1999) und somit auch mit geringerer Beziehungszufriedenheit einhergehen. Umgekehrt wird das Erleben von Gerechtigkeit oftmals als ein Indiz einer „guten Beziehung" ausgelegt und steht deshalb mit höherer Beziehungszufriedenheit in Zusammenhang (Gager, 1998; Thompson & Walker, 1989). Diese Rolle der wahrgenommenen Gerechtigkeit für die Beziehungszufriedenheit zeigen die Ergebnisse sowohl für Frauen als auch für Männer, für letztere allerdings nur für die Aufteilung der Hausarbeit. Shaw (1988) untersuchte die Bedeutung von Familienarbeit für Männer und Frauen und zeigte, dass Männer Kinderbetreuung oft nicht als Arbeit, sondern als eine Freizeitaktivität ansehen. Damit scheint es verständlich, dass die Gerechtigkeit der Aufteilung dieser Tätigkeit für die Männer keine Relevanz für die Beziehungszufriedenheit hat, während bei Frauen Hausarbeit und Kinderbetreuung in gleicher Art und Weise eine Rolle für die Beziehungszufriedenheit spielen. Frauen sehen Kinderbetreuung deutlich eher als Arbeit an, als Männer es tun. Möglicherweise liegt in diesem Unterschied der Grund dafür, dass bisherige Befunde zur Rolle des Gerechtigkeitserlebens für die Beziehungszufriedenheit von Männern inkonsistent sind. Verschiedene Studien verwendeten nämlich verschiedene Operationalisierungen.

Unabhängig vom Bereich der Familienarbeit sowie vom Geschlecht erweist sich die Anerkennung durch den Partner/die Partnerin als wichtiger Prädiktor für die Beziehungszufriedenheit. Je mehr Anerkennung durch den Partner/die Partnerin eine Person für die Erledigung von Familienarbeit und Beruf erhält, desto höher ist ihre Beziehungszufriedenheit. Dieser Befund ist insofern bedeutsam, als dieser Aspekt in bisherigen Studien zu Familienarbeit und Beziehungszufriedenheit wenig Beachtung fand.

Die Vereinbarkeit von Familie und Beruf ist für Frauen relevant für ihre Beziehungszufriedenheit, für Männer hingegen nicht. Bei Frauen gehen mehr Schwierigkeiten für die Familie durch den Beruf mit geringerer Beziehungszufriedenheit einher. Milkie und Peltola (1999) verweisen in diesem Zusammenhang darauf, dass familiäre Verpflichtungen für Frauen relevanter sind als jene des Berufs, da dies mit den von ihnen eingenommenen Rollen übereinstimmt. Schwierigkeiten für die Familie, die durch den Beruf entstehen, werden von Frauen eventuell als Rollenkonflikt erlebt und gehen mit Unbehagen und auch mit Unzufriedenheit in der Beziehung zum Partner einher.

In Übereinstimmung mit anderen Studien ist die Beziehungszufriedenheit der Männer umso höher, je weniger Hausarbeit sie im Vergleich zu ihrer Partnerin machen (Amato et al., 2003; Grote et al., 1996). In Anlehnung an Milkie und Peltola (1999) und die zuvor beschriebenen Rollenkonflikte für Frauen könnte auch dieser Befund ähnlich erklärt werden: Möglicherweise steht eine vermehrte Beteiligung bei Männern, die sich in der Brotverdiener-Rolle sehen, mit dieser Rolle im Widerspruch und führt damit zum Erleben von Rollenkonflikten (Riley, 2003). Grote et al. (1996) vermuten hinter ihrem gleich lautenden Ergebnis hingegen, dass die Erledigung von Hausarbeit durch ihre Frauen eine symbolische Bedeutung für die Männer haben könnte. Wie schon die wahrgenommene Gerechtigkeit spielt der Vergleich mit der Partnerin für den Bereich Kinderbetreuung keine Rolle für die Beziehungszufriedenheit von Männern. Für Frauen kann der Befund zum sozialen Vergleich mit dem Partner wie erwähnt nicht interpretiert werden.

4 Resümee

Das Bild, das die Ergebnisse von den von uns befragten berufstätigen Eltern zeichnen, legt nahe, dass die Männer stärker auf den Beruf und die Frauen eher auf die Kinder hin orientiert sind. Die Aufteilung der Familienarbeit, welche mehrheitlich nicht als ungerecht empfunden wird, folgt dabei traditionellen Mustern (Coltrane, 2000; Ferree, 1991). Kinderbetreuung und Haushaltsarbeit sind Sache der Frauen, der im Aufwand eher geringe Bereich der Instandhaltungs- und Reparaturarbeiten ist Aufgabe der Männer. Auf der anderen Seite wenden die Männer deutlich mehr Zeit für den Beruf auf als die Frauen.

Dieser Eindruck vom Mann als Ernährer und der Frau als Erzieherin verstärkt sich auch durch die Befunde zum Umgang mit der Arbeitsbelastung. Es ist anzunehmen, dass in jenem Bereich am wenigsten zurücksteckt wird, der als Hauptaufgabe angesehen wird (Greenhaus & Powell, 2003). Dieser Bereich ist nach den vorliegenden Ergebnissen für Männer der Beruf. Wenn die Arbeitsbelastung Überhand nimmt, dann reduzieren Männer demnach ihr Engagement in anderen Bereichen. Gut in dieses Bild fügt sich auch, dass die Schwierigkeiten, die durch den Beruf für die familiären Verpflichtungen entstehen, von den Männern deutlich größer angegeben werden als jene durch die Familie für Beruf und Karriere. In diesem Punkt hält sich bei den Frauen Beruf und Familie die Waage, insgesamt zeichnet sich aber auch für sie ein traditionelles Bild mit einer familienorientierten Ausrichtung.

Zu diesem Bild passt auch, dass der Aufwand für Familienarbeit und Schwierigkeiten der Vereinbarkeit von Familie und Beruf für Männer keine Relevanz für die Beziehungszufriedenheit haben. Für Frauen hingegen gehen mehr Schwierigkeiten für die Familie durch den Beruf mit geringerer Beziehungszufriedenheit einher. Dies lässt sich wiederum im Sinne einer Familienorientierung von Frauen interpretieren. Das zunehmende Engagement von Frauen in der Berufsarbeit bedingt anscheinend nicht automatisch, dass traditionelle Rollenbilder und Aufgabenaufteilungen zwischen Männern und Frauen überholt werden.

Für Männer und Frauen erweist sich im Hinblick auf die Bedeutung der Familienarbeit für die Beziehungszufriedenheit vor allem der positive Umgang der Partner miteinander als relevant. Je mehr Anerkennung eine Person für die Erledigung verschiedener Tätigkeiten vom Partner/von der Partnerin erhält, desto zufriedener ist sie in der Beziehung. Auch das Erleben von Gerechtigkeit geht mit höherer Beziehungszufriedenheit einher. Für das Gerechtigkeitserleben ist unter anderem wichtig, dass das Zustandekommen der Aufteilung von beiden Partnern als fair empfunden wird (Mikula, 1998). Diese partnerschaftlichen Prozesse und der Umgang miteinander sind zu einem guten Teil unabhängig von den gesellschaftlichen Rahmenbedingungen und von den Partnern selbst beeinflussbar und veränderbar.

5 Literatur

Amato, P. R., Johnson, D. R., Booth, A. & Rogers, S. J. (2003). Continuity and change in marital quality between 1980 and 2000. *Journal of Marriage and Family, 65*, 1-22.

Barnett, R. C. & Shen, Y.-C. (1997). Gender, high- and low-schedule-control housework tasks, and psychological distress. *Journal of Family Issues, 18* (4), 403-428.

Buunk, B. P. & VanYperen, N. W. (1989). Social comparison, equality, and relationship satisfaction: gender differences over a ten-year period. *Social Justice Research, 3* (2), 155-180.

Buunk, B. P. & VanYperen, N. W. (1991). Referential comparisons, relational comparisons, and exchange orientation: Their relation to marital satisfaction. *Personality and Social Psychology Bulletin, 17* (6), 709-717.

Coltrane, S. (2000). Research on household labor: Modeling and measuring the social embeddedness of routine family work. *Journal of Marriage and the Family, 62*, 1208-1233.

Cowan, C. P. & Cowan, P. A. (1988). Who does what when partners become parents: Implications for men, women, and marriage. *Marriage and Family Review, 12* (3-4), 105-131.

Donaghue, N. & Fallon, B. J. (2003). Gender-role self-stereotyping and the relationship between equity and satisfaction in close relationships. *Sex Roles, 48* (5-6), 217-230.

Ferree, M. M. (1991). The gender division of labor in two-earner marriages. *Journal of Family Issues, 12* (2), 158-180.

Franco, A. & Winquist, K. (2002). *9/2002*. Luxembourg: Eurostat.

Frone, M. R. (2003). Work-family balance. In J. C. Quick & L. E. Tetrick (Eds), *Handbook of occupational health psychology* (pp. 143-162). Washington DC: American Psychological Association.

Gager, C. (1998). The role of valued outcomes, justifications and comparision referents in perception of fairness among dual-earner couples. *Journal of Family Issues, 19* (5), 622-648.

Garrido, E. F. & Acitelli, L. K. (1999). Relational identity and household labor. *Journal of Social and Personal Relationships, 16* (5). Frauen und Männer, die Arbeit und Familie vereinbaren. *Statistik kurz gefasst*, 619-637.

Greenhaus, J. H. & Powell, G. N. (2003). When work and family collide: Deciding between competing role demands. *Organizational Behavior and Human Decision Processes, 90*, 291-303.

Grote, N. K. & Clark, M. S. (2001). Perceiving unfairness in the family: Cause or consequence of marital distress? *Journal of Personality and Social Psychology, 80* (2), 281-293.

Grote, N. K., Frieze, I. H. & Stone, C. A. (1996). Children, traditionalism in the division of family work, and marital satisfaction: „What's love got to do with it?“. *Personal Relationship, 3*, 211-228.

Grote, N. K., Naylor, K. E. & Clark, M. S. (2002). Perceiving the division of family work to be unfair: Do social comparisons, enjoyment, and competence matter? *Journal of Family Psychology, 16* (4), 510-522.

Hawkins, A. J., Marshall, C. M. & Meiners, K. M. (1995). Exploring wives' sense of fairness about family work: An initial test of the distributive justice framework. *Journal of Family Issues, 16* (6), 693-721.

Höllinger, F. (1991). Frauenerwerbstätigkeit und Wandel der Geschlechtsrollen im internationalen Vergleich. *Kölner Zeitschrift Für Soziologie Und Sozialpsychologie, 43* (4), 753-771.

Kirchler, E. & Venus, M. (2000). Zwischen Beruf und Familie: Gerechtigkeit und Zufriedenheit mit der Aufteilung der Arbeit zu Hause. *Zeitschrift Für Sozialpsychologie, 31* (2), 113-123.

Major, B. (1993). Gender, entitlement and the distribution of family labor. *Journal of Social Issues, 49* (3), 141-159.

Mikula, G. (1998). Division of household labor and perceived justice: A growing field of research. *Social Justice Research, 11* (3), 215-241.

Mikula, G. & Freudenthaler, H. H. (2002). Division of tasks and duties and the perception of injustice: The case of household chores. *Psychologische Beitraege, 44*, 567-584.

Mikula, G., Freudenthaler, H. H., Schröpfer, S. & Schmelzer-Ziringer R. (1996, August). *Distribution of burdens in close relationships: Women' sense of injustice concerning unequal division of household labor.* Paper presented at the 8th International Conference of Personal Relationships, Banff. Canada.

Milkie, A. M. & Peltola, P. (1999). Playing all the roles: Gender and work-family balancing act. *Journal of Marriage and the Family, 61*, 476-490.

Riley, S. (2003). The management of the traditional male role: a discourse analysis of the construction and function of provision. *Journal of Gender Studies, 12* (2), 99-113.

Rogers, S. J. (1996). Mothers' work hours and marital quality: Variations by family structure and family size. *Journal of Marriage and the Family, 58*, 606-617.

Rogers, S. J. & Amato, P. R. (2000). Have changes in gender relations affected marital quality? *Social Forces, 79* (2), 731-753.

Shaw, S. M. (1988). Gender Differences in the Definition and Perception of Household Labor. *Family Relations, 37*, 333-337.

Shelton, B. A. & John, D. (1996). The division of household labor. *Annual Review of Sociology, 22*, 299-322.

Stevens, D., Kiger, G. & Riley, P. J. (2001). Working hard and hardly working: Domestic labor and marital satisfaction among dual-earner couples. *Journal of Marriage and Family, 63*, 514-526.

Thompson, L. (1991). Family work: Women's sense of fairness. *Journal of Family Issues, 12* (2), 181-196.

Thompson, L. & Walker, A. J. (1989). Gender in families: Women and men in marriage, work, and parenthood. *Journal of Marriage and the Family, 51*, 845-871.

Voydanoff, P. & Donnelly, B. W. (1989). Work and family roles and psychological distress. *Journal of Marriage and the Family, 51*, 923-932.

IX. Vaterschaft und Wirtschaft

Doris Palz

Immer mehr Väter sehnen sich danach, ihren Kindern vom ersten Tag an mehr Zeit widmen zu können. Sie wollen ihre Rolle in der Erziehungsarbeit aktiver ausfüllen, als es dem traditionellen Männerbild entspricht und sie wollen Familien-, und Erwerbsarbeit mit ihrer Partnerin gerechter aufteilen (Lehner, 2003; Österreichisches Institut für Kinderrechte und Elternbildung, 2004; Zulehner, 2003). Für die Wirtschaft stellt sich mit dieser Veränderung in den Rollenbildern von Mann und Frau eine neue Herausforderung (Braun, 2004; Hundt, 2004). Väter fordern neben ihrer beruflichen Tätigkeit zunehmend mehr Zeit für Familienleben ein. Damit beginnt die Erwerbstätigkeit ihre bestimmende Rolle für die Identität des Mannes zu verlieren. Vereinbarkeit von Familie und Beruf ist nicht mehr ein ausschließlich weibliches Thema. Die Arbeitswelt reagiert zur Zeit zwar noch zögerlich auf diesen neuen Mann, aber was hinsichtlich der auch in wissenschaftlichen Studien nachgewiesenen positiven Effekte einer familienorientierten Unternehmenskultur den weiblichen Mitarbeitern gegenüber gilt (Bundesministerium für Familien, Senioren, Frauen und Jugend, 2003; Institut der deutschen Wirtschaft Köln, 2003), ist praktisch 1:1 auch auf die männlichen zu übertragen. Es bedarf noch einiges Mutes, bis z.B. die familienbedingte Teilzeitarbeit von Mitarbeiter Meier, die Tatsache dass Kollege Müller Dienstag und Donnerstag unbedingt pünktlich den Arbeitsplatz verlassen muss, weil er die Kinder aus dem Kindergarten abholen muss und der Kollege Moser in Väterkarenz ist, als normaler Arbeitsalltag akzeptiert wird. Nachteile erwachsen den Unternehmen aus diesem neuen Rollenverständnis nicht. Umfragen und Studien kommen vielmehr zum Ergebnis, dass sie durch die größere Ausgeglichenheit und Zufriedenheit der Mitarbeiter, durch deren Kompetenzerweiterungen aus der Familienarbeit und durch das positive Image, das ein familienfreundlicher Betrieb bekommt, einen nachhaltigen Gewinn erzielt (Nolte, 1995; Rost, 2004).

1 Das herkömmliche Männerbild

Betrachtet man die Verteilung von Erwerbs-, Familien- und Hausarbeit auf Frauen und Männer, so sind in der Praxis Kinder und Haushalt immer noch Frauensache. „Mann sein“ hingegen definiert sich in unserer Gesellschaft nach wie vor ganz zentral über die Teilhabe an Vollzeit-Erwerbsarbeit, über berufliche Leistungen, berufliches Fortkommen, Karriere (Brauner, 2004; Lehner, 2003; Österreichisches Institut für Kinderrechte und Elternbildung, 2004; Zulehner, 2003). Davon ist die soziale Stellung genauso abhängig wie das Selbstwertgefühl der Männer. Traditionell sieht sich der Mann in der Rolle des Familienernährers, dessen Lebensplanung und Zeiteinteilung primär von beruflichen Erfordernissen bestimmt ist, während Hausarbeit und Kinderbetreuung Sache der Frau ist. Männer, die im Beruf zurückstecken, weil sie mehr Zeit mit ihrer Familie verbringen und auch häusliche Aufgaben übernehmen wollen, werden nur all zu häufig als Drückeberger wahrgenommen. Trotzdem ist unverkennbar ein Trend hin zum so genannten neuen Mann, wie ihn u.a. Paul Zulehner (z.B. 2003) bezeichnet, zu erkennen. Das heißt, immer mehr Männer stellen diese gängigen Rollenbilder vom Vollzeit arbeitenden Familienerhalter und der Hausfrau und Mutter mit bestenfalls Teilzeitjob in Frage. Sie sind für sich auf der Suche nach einem besseren Gleichgewicht zwischen Beruf und Familie, nach einer partnerschaftlichen Teilung der Arbeit im Erwerbsleben wie auch im Haushalt, und sie wollen als aktive Väter stärker an der Betreuung ihrer Kinder Anteil nehmen (Fthenakis, 2002; Fthenakis & Minsel, 2002; Werneck, 1998). Für dieses Mehr an Familienleben sind sie durchaus bereit – zumindest für eine gewisse Zeit – die Erwerbsarbeit zu reduzieren, ja unter Umständen auch auf die Karriere zu verzichten, wenn diese sich mit den familiären Bedürfnissen nicht vereinbaren lässt (Lehner, 2003). Wenngleich es natürlich noch immer in großer Mehrheit die Frauen sind, die mit der Doppelbelastung Erwerbsarbeit und Familienarbeit zurecht kommen müssen, so zeigen Studien in Österreich aber auch etwa in Deutschland und in der Schweiz deutlich auf, dass die Problematik der Vereinbarkeit von Beruf und Familie zunehmend auch Männer betrifft (Döge, Behnke, Kassner & Reuyss, 2005; Institut für anwendungsorientierte Innovations- und Zukunftsforschung e.V., 2004) Die wenigsten Betriebe sind auf solche Wünsche ihrer männlichen Mitarbeiter vorbereitet. Darüber hinaus widerspricht der Wunsch nach Relativierung der Bedeutung des Berufes im Verhältnis zur Familie den gängigen männlichen Denk- und Karrieremustern. Wer nicht hundertprozentig für die Firma da ist, hat kaum Chancen auf Fortkommen. Allerdings bestehen auch bei den Mitarbeitern selbst noch massive Vorbehalte und Ängste. Innerhalb der Kollegenschaft stoßen aus familiären Gründen Teilzeit arbeitende Männer und Väter, die Karenzzeit in Anspruch nehmen auch in solchen Unternehmen, die eine familieorientierte Personalpolitik betreiben, oft nur auf wenig Verständnis. Zu sehr ist offensichtlich noch das althergebrachte Männerbild bestimmend (Institut für anwendungsorientierte Innovations- und Zukunftsforschung e.V., 2004). Trotz dieses Drucks, den die „neuen Männer" durch überkommene gesellschaftliche Verhaltensforderungen und männliche Berufsethik zu spüren bekommen, sind sie einhellig mit der gewonnenen Lebensqualität zufrieden. Desgleichen sind auch solche Arbeitgeber, die Familienorientiertheit auch bei ihren Mitarbeitern fördern, von den Vorteilen dieser Personalpolitik überzeugt und beweisen, dass es keinen Grund gibt, aktive Väter karrieremäßig auf ein Abstellgleis zu schieben (Gräfinger, 2001).

Gründe gibt es viele, warum dieser aufkeimende Trend zur aktiven Beteiligung der Männer an Haushalt und Kindererziehung von Seiten der Politik und der Wirtschaft unterstützt werden sollte. Was zurzeit noch fehlt, ist mehr Mut zu einem neuen männlichen Leitbild in der Gesellschaft und mehr Mut zu einer flexibleren Personalpolitik in den Betrieben.

2 Väterkarenz in Zahlen

Prinzipiell ist es in Österreich Vätern seit der Novelle des Karenzurlaubsgesetzes im Jahr 1990 möglich in bezahlte Kinderkarenzzeit zu gehen. Dieser Anspruch war zunächst an die erfüllte Anwartschaft der Mutter des gemeinsamen Kindes gekoppelt, seit 1.1.2000 haben Väter einen eigenständigen Anspruch auf Karenzurlaubsgeld, und die Partner können sich in der zweijährigen Karenzzeit auch zweimal abwechseln, sofern keine der Perioden kürzer als drei Monate dauert. Auch Teilzeitmodelle sind für beide Elternteile gesetzlich möglich. Mit dem Jahr 2002 wurde das Karenzurlaubsgeldgeld durch das Kinderbetreuungsgeld ersetzt, mit dem wichtigsten Unterschied, dass für das Kinderbetreuungsgeld keine Anwartschaft erworben werden muss. Der Bezugskreis der Personen wurde dadurch bedeutend erweitert. Die Zuverdienstgrenze erhöht (Hausegger, Schrems & Strobl, 2003).

Insgesamt ist festzustellen, dass die Väterkarenz in absoluten Zahlen in Österreich noch als gering einzustufen ist, der Anteil der Männer, die Anspruch darauf stellen, aber kontinuierlich Jahr für Jahr steigt: Sind 1999 erst 1,6% der Jungväter in Karenz gegangen, waren es im November 2004 schon 3,0%, und im April 2005 lag die Väterbeteiligung bei 3,2%. Insgesamt beanspruchten damit zu diesem Zeitpunkt 5.419 Männer in Österreich Väterkarenz (Bundesministerium für soziale Sicherheit, Generationen und Konsumentenschutz, 2005a).

Ähnlich stellt sich auch die Situation im Nachbarland Deutschland dar. Rund 5% der Väter nehmen dort Elternzeit in Anspruch – Tendenz ebenfalls steigend. In der Zusammenfassung zum Bericht zur Elternteilzeit des deutschen Bundesministeriums für Familien, Senioren, Frauen und Jugend vom Juni 2004 heißt es: „Erstmals liegen repräsentative Daten über die Beteiligung der Väter an der Elternzeit vor. In den ersten beiden Lebensjahren nehmen 4,9% der Väter in Elternzeit nehmenden Haushalten allein, im Wechsel oder gleichzeitig mit der Mutter Elternzeit. Das ist ein spürbarer Anstieg gegenüber dem geschätzten Anteil von 1,5% vor der Novellierung. Wegen der kurzen Zeitspanne, die seit In-Kraft-Treten der Novelle (1.1.2001) bis zum Erhebungszeitraum verging, konnte die Stichprobe nur Eltern im ersten und zweiten Erziehungszeitjahr umfassen. Da Väter erfahrungsgemäß zu einem späteren Zeitpunkt nach der Geburt des Kindes Elternzeit beanspruchen, wird die Zahl der Väter vermutlich noch steigen. In aktuellen Umfragen begrüßen 78% der Bürger die Möglichkeit für Väter, Elternzeit zu nehmen" (Bundesministerium für Familien, Senioren, Frauen und Jugend, 2004).

Gleichzeitig kommt die Zeitbudgetstudie des Statistischen Bundesamtes zu dem Ergebnis, dass gleich 44% der Männer mit Kindern meinen, sie wenden zuviel Zeit für ihren

Beruf auf (Statistisches Bundesamt, 2003). Und nach Fthenakis & Minsel (2001) begreifen sich gar nur noch etwa ein Drittel der Männer als Familienernährer, sieben Zehntel hingegen als Erzieher, die gerne mehr Zeit mit ihren Kinder verbringen möchten.

Diese Wandlung des männlichen Leitbildes spiegelt sich auch in österreichischen Erhebungen wider. Nach einer Studie des Wiener Ludwig Boltzmann Institutes (zitiert in Zukunfts AG, 2005) wären 37% der Väter gerne bei ihren Kindern zu Hause geblieben, zwei Drittel der Frauen hätten dieses auch sehr begrüßt. In einer von den Österreichischen Kinderfreunden im Jahr 2004 beauftragten Umfrage gab mehr als ein Viertel der werdenden Väter an, in Karenz gehen zu wollen – in der Realität sind es dann, wie oben schon angeführt, gerade 3% (Österreichisches Institut für Kinderrechte und Elternbildung, 2004).

3 Männer zwischen Wunsch und Realität

Warum zwischen Wunsch und Realität eine so große Diskrepanz besteht hat verschiedene Gründe. In der zitierten Umfrage der Österreichischen Kinderfreunde (Österreichisches Institut für Kinderrechte und Elternbildung, 2004) gaben auf die Frage, ob sie Väterkarenz beanspruchen möchten, neben dem Viertel der werdenden Väter, das zu diesem frühen Zeitpunkt noch sicher ist, in Karenz zu gehen, ein knappes Drittel der Befragten an, dass sie sehr gerne in Karenz gehen würden, die Familie aber vom Gehalt der Partnerin nicht leben könnte. Für ein weiters Viertel der Männer ist es ihrer Einschätzung nach nicht möglich in Karenz zu gehen, weil das in ihrem Arbeitsplatz nicht denkbar scheint. Rund 10% trauen es sich ganz einfach nicht zu, und für 7% ist es generell nicht vorstellbar.

Ob Karenzzeit von Vätern nur eine Wunschvorstellung bleibt oder auch wirklich beansprucht wird, ist also ganz besonders eine ökonomische Frage. Hier tun sich die Männer leichter, deren Einkommen etwa dem der Partnerin entspricht oder sogar darunter liegt bzw. insgesamt gut situierte Familien (Oberndorfer & Rost, 2002).

Die ökonomische Seite ist aber auch ganz eng mit der geschlechtsspezifischen Auffassung von Beruf und Karriere verknüpft. Viele vor allem gut qualifizierte Männer gehen davon aus, dass sich ihr familiäres Engagement negativ auf das weitere berufliche Fortkommen auswirken könnte. Manche meinen auch gleich von vorne herein, mit ihrem Wunsch auf Väterkarenz auf Unverständnis und Ablehnung bei der Geschäftsführung zu stoßen, oder sie fürchten negative Reaktionen der Kollegen, des Freundeskreises, ja sogar der Familie selbst, die Kinderbetreuung und Haushalt nicht als adäquate Arbeit für einen Mann gelten lassen (Institut für anwendungsorientierte Innovations- und Zukunftsforschung e.V., 2004; Österreichisches Institut für Kinderrechte und Elternbildung, 2004).

Hinzu kommt, dass es für Männer, die Teilzeit arbeiten wollen, relativ schwierig ist, eine entsprechende Stelle zu bekommen. In Führungsfunktionen ist Teilzeit überhaupt noch äußerst selten anzutreffen. Eine im März 2003 publizierte Studie des Eidgenössischen Büros für die Gleichstellung von Frau und Mann (Strub, 2003) hält zum Beispiel fest, dass in der Schweiz immerhin 12% der erwerbstätigen Männer reduziert arbeiten, aber nur 8% dieser Teilzeitarbeiter familiäre Gründe nennen. Andrea Schafroth schreibt im Artikel „Wenn der Chef die Socken wäscht", Tages-Anzeiger vom 11.09.2003: „Teilzeitarbeit in Kaderstellen ist besonders selten. Nur rund 5% der Männer mit Vorgesetztenfunktion oder in Unternehmensleitungen arbeiteten ... Teilzeit. Fragt man direkt bei den Unternehmen nach, klingt es noch ernüchternder. Bei der Migros Genossenschaft Zürich sind auf 270 Führungsmitarbeiter 2 Teilzeitmänner zu finden. Bei Ikea Schweiz sind es im mittleren und höheren Management ebenfalls 2, immerhin auf 93. Bei Novartis Schweiz arbeiten insgesamt nur 2,3% der Männer mit reduzierten Arbeitszeiten, im mittleren Management gibt es 4 Teilzeitmitarbeiter. Auch bei den SBB, wo insgesamt rund 6% der Männer Teilzeit arbeiten, praktizieren dies auf Führungsebene nur Einzelne. Dabei begrüßen diese Unternehmen explizit die Teilzeitarbeit auf allen Hierarchiestufen. Sie legen etwa vertraglich fest, dass jeder und jede das Recht hat, Teilzeitarbeit zu beantragen. Sie haben Projekte laufen zur Förderung von Teilzeitarbeit auf Führungsebene, sie bieten flexible Arbeitszeitmodelle, eigene Krippen; sie organisieren für ihre Mitarbeiter Familientage oder Seminare über die Vereinbarkeit von Beruf und Familie." (Strub, 2003; Tages-Anzeiger, 11.09.2003, S. 60)

4 Motive für Väterkarenz

Die Motive für eine Väterkarenz liegen vor allem im Wunsch, stärker an der Kindesentwicklung teil zu haben und ein fürsorglicher Vater zu sein sowie im Wunsch nach partnerschaftlichen Aufteilung von Haus- und Familienarbeit. Außerdem spielt die Berufstätigkeit bzw. die Karriereplanung der Partnerinnen eine Rolle, die zusehends von mehr Männern aktiv unterstützt wird sowie auch die eigene Berufssituation: Dies vor allem dann, wenn sie Unzufriedenheit auslöst und der Wunsch nach einer „Auszeit" besteht (Hausegger et al., 2003).

Vielfach geht es Männern bei dieser Entscheidung aber auch um eine höhere Lebensqualität im Sinne von Work-Life-Balance, der besseren Ausgeglichenheit von Berufs- und Privatleben. Weniger Stress, weniger Gesundheitsrisiken, mehr Selbstbestimmung über die Berufs- und Lebensgestaltung, aber auch der Gedanke, dass es vielleicht zu spät sein könnte, darauf zu warten, in der Pension das Leben zu genießen, sind durchaus Motive für eine Relativierung der Bedeutung von Erwerbsarbeit für die männliche Identität (Döge et al., 2005; Institut für anwendungsorientierte Innovations- und Zukunftsforschung e.V., 2004).

5 Erfahrungen der Karenzväter

Studien und Befragungen von Vätern in Österreich, Deutschland und der Schweiz, die Väterkarenz, Elternteilzeit oder Arbeitszeitreduktion zu Gunsten der Familie konsumiert haben, weisen im Prinzip sehr ähnliche Ergebnis auf (siehe zusammenschauend Gräfinger, 2001): Die familienorientierten Männer sind mit ihrer Entscheidung sehr zufrieden und bestätigen, durch ihre aktive Vaterschaft, die Familienarbeit und auch die veränderte Prioritätensetzung an Lebensqualität gewonnen zu haben. Wenngleich die Zeit auch anstrengend war, sei sie insgesamt aber wertvoll und sinnvoll gewesen. Gleichzeitig bewerten Karenzväter die Konsequenzen bezüglich ihrer beruflichen Karriere eher negativ.

Plus: Die positiven Erfahrungen der Karenzväter beziehen sich zunächst ganz besonders auf den intensiveren und verständnisvolleren Umgang mit den Kindern. Sie nehmen deren Heranwachsen unmittelbar und nicht nur aus der Distanz des vollberuflich engagierten Vaters wahr, beteiligen sich aktiv an der Erziehung und bauen dadurch ein intensives Vertrauensverhältnis zu ihren Kindern auf. Die Väter erleben diesen engen Kontakt zu ihren Kindern im allgemeinen als etwas ungemein Bereicherndes, das sie in der Richtigkeit ihrer Entscheidung zur Väterkarenz bzw. Arbeitszeitreduktion bestätigt. Die Männer haben dabei oft das Beispiel des eigenen Vaters vor Augen, dem sie entweder als Vorbild nacheifern oder den sie selbst als abwesend wahrgenommen haben. Diese Erfahrung wollen sie ihren eigenen Kindern ersparen. Durch ihre Beteiligung an der Erziehung, so stellen die meisten Väter fest, werden sie für die Kinder zu gleichwertigen Bezugspersonen wie die Mütter, und dieses so erlangte familiäre Gleichgewicht wirke sich positiv auf das Verhalten der Kinder aus.

Die Auswirkungen der Väterkarenz auf die Beziehung zur Partnerin werden hingegen ambivalent beurteilt. Das stärkere familiäre Engagement des Mannes bewirkt in manchen Fällen eine Vertiefung und Verbesserung der Beziehung, in anderen Fällen wieder eine Verstärkung von latent vorhandenen Konflikten (Hausegger et al., 2003).

Als positiver Effekt der Karenzzeit wird außerdem von den meisten Männern das berufliche Abschalten oder zumindest Leisertreten bewertet. Nach einer Phase der Umstellung vom beruflichen Alltag auf einen neuen Alltagsrhythmus werden die anders gesetzten Prioritäten als Erweiterung des persönlichen Horizonts empfunden. Es bleibe außerdem Zeit, über die weitere Lebensplanung nachzudenken, eventuell auch, um eine berufliche Neuorientierung ins Auge fassen zu können. Gleichzeitig, so die Reaktion der Väter, löse die intensive Hausarbeit auch wieder eine neue Lust am Berufsleben aus. Abwechslung in der Tätigkeit ist gefragt, denn ständig nur Hausarbeit engt den Blickwinkel genauso ein wie ausschließlich für den Beruf zu leben.

Viele Väter meinen überdies, durch die Erziehungs- und Familienarbeit an Qualifikationen auch für das Berufsleben hinzugewonnen zu haben. Insbesondere meinen sie durch die Erziehungs- und Haushaltsaufgaben mehr Organisationsvermögen, aber auch mehr Geduld und mehr Verständnis für andere erlangt zu haben, sie können ihre Zeit gut einteilen, haben gelernt zuzuhören aber auch klare Anweisungen zu geben und sich durchzusetzen (Institut für anwendungsorientierte Innovations- und Zukunftsforschung e.V.-IAIZ, 2004).

Minus: Die negativen Erfahrungen der Karenzväter sind durchwegs im beruflichen Umfeld angesiedelt. Dabei liegen die Schwierigkeiten wider Erwarten gar nicht so sehr in der Durchsetzung des Karenzanspruches beim Arbeitgeber, sondern vielmehr im allgemeinen Umgang der Betriebe mit karenzierten oder Teilzeit arbeitenden Mitarbeitern. Hier stoßen familienorientierte Männer großteils auf die selben Probleme, wie sie für Frauen ja alt bekannt sind – Karriereknick, Wiedereinstiegsschwierigkeiten insbesondere bei Teilzeitwünschen, Vereinbarkeitsprobleme. Der Grad der Schwierigkeiten ist dabei sehr stark von der Branche, der Unternehmensgröße und dem regionalen Umfeld, vom sozialen Engagement des Unternehmens und oft auch von den persönlichen Erfahrungen des Unternehmensleiters oder des Personalchefs abhängig. Das Ansinnen auf Väterkarenz an sich wird, wie oben erwähnt, meistens problemlos zur Kenntnis genommen. Hier stehen sich die Männer sogar oftmals selbst im Weg, in dem sie eine ablehnende Haltung des Unternehmens aus der eigenen Unsicherheit dem Thema gegenüber förmlich präjudizieren und sich gar nicht getrauen einen Antrag auf Väterkarenz bzw. Arbeitszeitreduktion aus familiären Gründen zu stellen. Wenn es dabei Schwierigkeiten gibt – also seitens des Unternehmens sehr drastisch versucht wird, dem Mitarbeiter seinen Karenzierungswunsch auszureden – dann nur, so die Erfahrung, wenn der Antrag auf Väterkarenz unerwartet für das Unternehmen kommt oder sich dadurch schwere personelle Probleme ergeben. Insgesamt zeigen sich die in diversen Studien befragten Männer eher überrascht darüber, dass von Unternehmensseite her, wenn schon nicht begeistert so doch durchaus korrekt den gesetzlichen Bestimmungen nach reagiert wird (Hausegger et al., 2004; Institut für anwendungsorientierte Innovations- und Zukunftsforschung e.V.-IAIZ, 2004).

6 Vorbehalte in der Wirtschaft

Aus den Erfahrungen der Karenzväter geht hervor, dass sie für die Wirtschaft großteils Exoten sind. Insbesondere scheint es in den meisten Betrieben nur schwer begreiflich zu sein, dass Männer, die sich familienorientiert zeigen, deshalb nicht beruflich weniger engagiert oder gar für Führungspositionen ungeeignet sind, sondern ganz im Gegenteil sogar an zusätzlichen Qualifikationen und auch an Motivation gewinnen. Wo sie abweichen, ist das herkömmliche zeitliche Korsett der Arbeitseinteilung. Unnötiger Weise ist gerade das eben in sehr vielen Unternehmen noch immer für das berufliche Fortkommen ein maßgebliches Kriterium. Besteht für Karenzierungswünsche wegen Fortbildung, wegen politischer oder sportlicher Aktivitäten bei Personalchefs durchaus Verständnis, so fehlt es einfach noch vielfach an Akzeptanz, wenn es um eine veränderte Prioritätensetzung und die Reduzierung der Arbeitszeit zu Gunsten einer besseren Vereinbarkeit von Beruf und Familie bei Männern geht. Die deutsche Pilotstudie des Instituts für anwendungsorientierte Innovations- und Zukunftsforschung (2004) kommt zu dem Ergebnis, dass die Reaktionen des betrieblichen Umfeldes auf einen Mann in familienorientierter Teilzeit von Unverständnis und Vorurteilen bis hin zu offener Diskriminierung und Marginalisierung reichen. Fast einhellig wird ein tendenziell konservatives Klima beklagt, das mit einem Mangel an Akzeptanz für eine Reduzierung der Arbeitszeit zu Gunsten einer besseren Vereinbarkeit von Beruf und Familie einhergeht. Dieses Klima zeigt sich ironischer Weise auch in Betrieben, die ausdrücklich für Teilzeitmodelle zum Zweck einer besseren Vereinbarkeit von Beruf und Familie werben. Die Arbeitszeitreduzierung wird als unsolidarische Zumutung interpretiert, der Mann in Teilzeit gilt gleichsam als arbeitsscheu. Familiäre Verpflichtungen werden nicht wirklich als legitimer Grund anerkannt, das berufliche Engagement zu bremsen bzw. die Bedeutung der Berufsarbeit zu relativieren. „Die Väter fühlen sich unter einem permanenten Rechtfertigungsdruck, wenn sie beispielsweise pünktlich den Betrieb verlassen, da die Kinder rechtzeitig aus dem Hort oder dem Kindergarten abgeholt werden müssen“ (Institut für anwendungsorientierte Innovations- und Zukunftsforschung, 2004, S. 2ff.).

Als grundsätzliches Übel, das eine stärkere Familienorientierung von Männern verhindert, ortet die Studie, dass die beliebige zeitliche Verfügbarkeit vor allem der männlichen Mitarbeiter in vielen Betrieben nach wie vor vorausgesetzt wird bzw. Motivationsmaßstab ist. Anwesenheitskultur und Vollzeitmentalität seien stark ausgeprägt und bestimmend für die Beurteilung der Mitarbeiter. Arbeitszeitreduktion oder eine Karenzzeit erschweren, ja verhindern sogar den beruflichen Aufstieg und das Erreichen von Führungspositionen. Dies wird auch durch die im EU-Forschungsprojekt „Work Changes Gender“ zitierten Betriebsräte verschiedener großer internationaler Unternehmen, SoziologInnen, PolitikerInnen, etc bestätigt: Nur wer Vollzeit arbeitet, zeitlich flexibel und jederzeit erreichbar ist, auch spät abends noch bei der Arbeit angetroffen wird und für den Familie kein Thema ist, wenn es um die Erfüllung von Unternehmensinteressen geht, der klettert auf der Karriereleiter nach oben (Kreimer, 2003).

Diese Auffassung ist natürlich eng mit dem in einer nach wie vor männerdominierten Wirtschaft fest verankertem konservativen Männerbild verknüpft, das den Mann als Familienernährer auffasst und unter Arbeit ausschließlich bezahlte Vollzeiterwerbsarbeit versteht. Haus- und Familienarbeit ist somit keine Arbeit und daher auch nicht Männersache.

Obwohl Väterkarenz mittlerweile absolut nichts Neues mehr ist, hat, so scheint es, die Personalpolitik vieler Unternehmungen bisher verdrängt, dass auch Männer ein Vereinbarkeitsproblem haben können.

7 Akzeptanz der Väterkarenz

Im Gegensatz zu dieser traditionellen Linie in der Personalpolitik gibt es auch immer mehr Betriebe, die ganz bewusst auf Familienorientiertheit setzen und darin auch keine Unterschiede zwischen Mitarbeiterinnen und Mitarbeiter machen. „Work Changes Gender" stellt fest, dass dabei vor allem die eigene Erfahrung von Führungskräften ausschlaggebend ist. Die eigenen Erfahrungen von Entscheidungsträgern sind entscheidend dafür, ob sie bei ihren Maßnahmen auch andere als klassisch männliche Interessen wahrnehmen können. So haben Führungskräfte in Unternehmen einen wesentlichen Einfluss darauf, ob neben formellen Regelungen zur Vereinbarkeit auch eine informelle Arbeitskultur entsteht. Ein Manager eines größeren österreichischen Unternehmens, der selbst in Erziehungszeit war bevor er die Stelle im Unternehmen antrat, erklärte, er stelle bevorzugt Personen mit Kindern ein, aus Gründen der sozialen Verantwortung des Unternehmens. Wünsche nach Arbeitszeitreduzierung von erziehenden Männern werden von ihm berücksichtigt (Kreimer, 2003). In den meisten Unternehmen zeigen die fast immer männlichen Personalchefs für die Wünsche nach Arbeitszeitreduktion bei Männern hingegen häufig wenig Verständnis.

Nach Gräfinger (2001) sind es eher Betriebe im öffentlich-rechtlichen Bereich als private Unternehmen sowie Betriebe, die selbst im Sozialbereich tätig sind, die der Männerkarenz eine höhere Akzeptanz entgegenbringen. Außerdem gelte es auch in einem eher alternativen, urbanen Umfeld mittlerweile als selbstverständlich, Männerkarenz als auch generell ein stärkeres Teilhaben von Männern an Familien- und Hausarbeit gesellschaftspolitisch zu begrüßen. Des Weiteren, so Gräfinger, hängen die Unterschiede im Umgang mit (Männer)Karenz „auch damit zusammen, ob in diesen Branchen eher Frauen oder Männer beschäftigt sind. So sind im Sozialbereich überwiegend Frauen präsent, die Computerbranche gilt hingegen immer noch als „Männerbastion". Einerseits sind in typischen Frauenberufen Karenzfälle üblicher, es existieren also vielfältige Vorerfahrungen von Seiten des Arbeitgebers (und auch der KollegInnen), andererseits werden emanzipatorische Schritte wie die Männerkarenz im Sozialhilfebereich grundsätzlich eher begrüßt, womit eine andere Form der Unterstützung und des Verständnisses einhergeht. Weiters setzt sich die Kollegenschaft hier hauptsächlich aus Frauen zusammen, die meist sehr positiv und ermunternd reagieren, entschließt sich ein Mann in Karenz zu gehen (Grafinger, 2001). Was die Haltung der Kollegenschaft angeht, widersprechen im übrigen die Ergebnisse von Gräfinger, die feststellt, dass Väter die Haltung der Kollegen meist als unproblematisch und eher positiv einstufen jenen der deutschen Pilotstudie des Instituts für anwendungsorientierte Innovations- und Zukunftsforschung (2004). Auch der deutsche Elternteilzeitbericht beurteilt die Akzeptanz von Elternteilzeit in den Betrieben eher positiv: „Der generelle Anspruch auf Teilzeit wird selten in Frage gestellt", heißt es im Bericht.

> Durch den Rechtsanspruch auf eine Teilzeitbeschäftigung während der Elternzeit wird im Aushandlungsprozess mit dem Arbeitgeber „nur" noch die konkrete Ausgestaltung der Teilzeiterwerbstätigkeit diskutiert. Quer durch alle Betriebsgrößen bemühen sich die Unternehmen, den Eltern mit Teilzeitlösungen und flexiblen Arbeitzeiten entgegen zu kommen. Einige Unternehmen versuchen, mit diesem Instrument Kosten zu sparen und betriebsbedingte Kündigungen zu vermeiden. Andere setzen individuelle Arbeitszeit und Teilzeitlösungen ein, um qualifizierte Mitarbeiter zu halten und zu motivieren. Die Umsetzung des Teilzeitanspruchs erfolgt in den meisten Unternehmen unproblematisch, lediglich die von den Eltern bevorzugte zeitliche Lage am Vormittag bereitet manchen Unternehmen Schwierigkeiten. Im Aushandlungsprozess zwischen den Eltern und den

Unternehmen über die Gestaltung der Elternzeit ist das persönliche Verhältnis zwischen den Eltern und den Arbeitgebern sehr entscheidend. Mitarbeitern, die im Unternehmen gehalten werden sollen, werden zum Teil Lösungen angeboten, die über die in den Neuregelungen vorgesehenen Möglichkeiten hinausgehen. (Bundesministerium für Familie, Senioren, Frauen und Jugend, 2004b, S. 5).

Diese Aussagen stimmen im Großen und Ganzen auch mit den Erfahrungen in österreichischen Betrieben überein (siehe Gräfinger, 2001).

8 Gesellschaftliche Bedeutung der Väterkarenz

Positive Beziehungen der Geschlechter und das Gelingen des Zusammenlebens von Generationen ist ein wichtiges gesellschaftliches Anliegen. Eine zukunftsorientierte, funktionierende und prosperierende Gesellschaft ist von der Stabilität der Familien abhängig und von der Erfüllung des Wunsches nach Kindern. Dazu leisten Väter, die sich in Partnerschaft und Kindererziehung einbringen können, einen ganz wesentlichen Beitrag. Anwesende, aktive Väter tragen sehr viel mehr zum Zusammenhalt der Familien und zur gelungenen Erziehung der Kinder bei als meist abwesende Familienernährer und Wochenendväter. Die Väterkarenz bzw. eine familienorientierte Arbeitszeitreduktion der Väter ermöglicht durch das intensive gemeinsame Erleben des Heranwachsens der Kinder und der Arbeitsteilung im Haushalt eine engere Bindung der Partner und damit eine größere Chance auf Beständigkeit der Familie. Darüber hinaus ist die intensivere Teilhabe der Männer an Haushalt und Kindererziehung auch im Sinne der Geschlechtergleichstellung ein wichtiger Schritt. Viele Frauen sind nicht mehr bereit, sich zwischen Beruf und Familie aufzureiben. Sie erwarten von ihren Partnern dass diese genauso einen Teil der Hausarbeit auf sich nehmen, wie sie selbst ja auch einen Teil der Erwerbsarbeit übernehmen und fordern eine gerechte Aufteilung zwischen bezahlter Erwerbsarbeit und unbezahlter Hausarbeit ein (vgl. Institut für Elternbildung und Kinderrechte, 2004, Schlaffer, 2004).

Eine interessante Schlussfolgerung hat in diesem Zusammenhang die deutsche ver.di-Studie gezogen. Mit Blickrichtung auf Väterkarenz-Modelle wie in Skandinavien, wo Väter eine (gut bezahlte) Babyauszeit nehmen können, meint sie, dass sich damit auch in einem entscheidenden Punkt das Klima in den Betrieben verändere: „Die Unternehmen können sich nicht mehr auf die volle Verfügbarkeit ihrer männlichen Mitarbeiter verlassen. Aus der Sicht der Personalchefs werden, überspitzt ausgedrückt, neben den Müttern auch die Väter zu unsicheren Kantonisten, zu einem betriebswirtschaftlichen Risiko. Diese neue Konstellation verändert die Entscheidungsgrundlage bei Einstellungen oder Beförderungen grundlegend. Zu Hause wiederum bekommen die Frauen ernsthafte Konkurrenz: Denn eine ausgedehnte Elternzeit für Männer geht zu Lasten des (zweifelhaften) Mütter-Privilegs, für gewisse Zeit aus dem Berufsleben auszusteigen. Individuelle Elternzeiten für Väter sind für jede Beziehung ein interessanter Test. Paare können auf diese Weise herausfinden, wie ernst sie es mit der verbal immer wieder eingeforderten egalitären *Partnerschaft* in Haushalt und Erziehung wirklich meinen – und gemeinsam auf sie persönlich zugeschnittene Rollenmodelle entwickeln.“ (ver.di-Vereinte Dienstleistungsgewerkschaft, Bundesverwaltung, 2005, S. 35).

Die Väterkarenz bietet beiden Geschlechtern die Möglichkeit, Erwerbs-, Familien- und Hausarbeit untereinander gerechter aufzuteilen. Jedoch erfordert die Väterkarenz von Frauen wie Männern, geschlechtsstereotype Verhaltensmuster und Zuweisungen zu überwinden und stattdessen auf die gegenseitigen Bedürfnisse zu achten, um sie für beide Geschlechter zu einem Gewinn werden zu lassen. Väterkarenz stellt aber nicht zuletzt für die Kinder eine wichtige Bereicherung des Lebens dar. Die Anwesenheit und aktive Teilnahme des Vaters an der Erziehungsarbeit spielt eine zumeist noch immer unterschätzte Rolle für die Entwicklung der Kinder. Etliche wissenschaftliche Arbeiten belegen (z.B. Fthenakis & Minsel, 2002; Pittmann, 1996; Werneck, 2004), dass für eine ausgeglichene Entwicklung von Buben und Mädchen neben der Mutter auch der Vater als Bezugsperson unverzichtbar ist. Das trifft ganz besonders auf die Buben zu, für die ein aktiver Vater ein wichtiges gleichgeschlechtliches Vorbild im Herantasten an ihre männliche Identität ist. Aber auch die Mädchen brauchen den Vater, der sie in ihrer Entwicklung zur Frau bestätigt. Aktive Väter sind eine Voraussetzung für das Heranwachsen von ausgeglichenen und gefestigten Persönlichkeiten, wie sie unsere Kinder einmal werden sollen.

Schließlich spricht auch der stetige Geburtenrückgang für die Unterstützung der Väterkarenz. Unsere Gesellschaft braucht Kinder. Familienorientierte Männer, die bereit sind mit ihren Partnerinnen eine Aufgabenteilung vorzunehmen, erleichtern die Erfüllung von Kinderwünschen, und die guten Erfahrungen mit der Väterkarenz beim ersten Kind haben oft auch Mut zum zweiten und dritten gemacht.

9 Auch die Wirtschaft profitiert

Der prognostizierte Fach- und Führungskräftemangel macht deutlich, dass Unternehmen mit ihrem kostbarsten Gut, den Mitarbeitern, sorgsam werden umgehen müssen. Familie und Beruf sind die zwei wichtigsten Lebensbereiche, die in starker Wechselbeziehung zueinander stehen. Aufgrund des gesellschaftlichen Wandels, eines neuen Rollenverständnisses der Männer als aktive Väter und der zunehmenden Berufsorientierung der Frauen ist die Vereinbarkeit von Familie und Beruf zum bedeutsamen Anliegen von jungen Familien geworden. Um als Arbeitgeber attraktiv zu sein, wird daher eine familienfreundliche Personalpolitik künftig eine wichtige Rolle spielen. Familienorientierung sowie das Prinzip der Gleichbehandlung von Männern und Frauen sollte daher in jedem Unternehmen Teil der Unternehmensphilosophie sein und durch konkrete Maßnahmen umgesetzt werden.

Viele Betriebe haben diese neuen Anforderungen an die Unternehmenspolitik bereits erkannt. Familienorientiertheit wird aber meistens noch immer in der Hauptsache mit weiblichen Mitarbeitern in Zusammenhang gebracht. Nur langsam dringt durch, dass dieselben Argumente auch für immer mehr männliche Mitarbeiter Geltung haben. Personalpolitik sollte daher auch für Männer ein ausgeglichenes Familienleben ermöglichen, denn familiäre Krisen wirken sich negativ auf die Konzentration und Arbeitsfähigkeit aus, Vereinbarkeitsprobleme bewirken auch bei Männern Stress und Leistungsabfall, mehr Ausfallzeiten durch Krankheit und mehr Personalfluktuation. Im Gegensatz dazu gelten Väter, die in Karenz waren, als belastbarer, und der Betrieb profitiert darüber hinaus von den so genannten „soft skills", Qualitäten wie Teamfähigkeit, Zuhören können, Kompromissfähigkeit, Durchsetzungsvermögen etc., welche die Männer durch die Familienarbeit in viel höherem Maße erlernen als im Berufsleben (Institut für anwendungsorientierte Innovations- und Zukunftsforschung, 2004; Österreichisches Institut für Kinderrechte und Elternbildung, 2004).

„Betriebe, die Väterkarenz fördern, setzen wichtige Impulse für das Arbeitsklima", argumentiert die SPIN Group Väterkarenz (Wirtschaftskammer Österreich, 2005). Die Motivation steigt und damit auch die Effizienz und Leistungsfähigkeit. Das wirkt sich positiv auf die Qualität der Produkte bzw. Dienstleistungen aus. Kompetente und kreative MitarbeiterInnen werden langfristig an das Unternehmen gebunden. Außerdem wird in Folge das Image des Betriebs gehoben.

Dies bedeutet ein ganzes Bündel an Vorteilen für Betriebe, die ihre männlichen Mitarbeiter darin unterstützen, sich neben der Erwerbsarbeit auch in der Familienarbeit zu engagieren. Generell kann somit gesagt werden, ein Unternehmen, das private Bedürfnisse und Anforderungen seiner MitarbeiterInnen – wie etwa Väterkarenz – nicht als belastende Ausnahmesituation behandelt, sondern darauf flexibel und professionell reagiert, gewinnt einen erheblichen Marktvorteil im Kampf um „die hellsten Köpfe". Es kann mit besseren Leistungen und einer höheren Produktivität sowie mit Einsparungen bei Fehlzeiten und Personalfluktuation rechnen. Dazu gewinnt es auch in der externen Wahrnehmung an Image als verantwortungsbewusstes Unternehmen hinzu.

10 Betriebliche Initiativen

Familienfreundliche Betriebe unterscheiden sich von anderen insbesondere durch die Flexibilität des Arbeitsortes und der Arbeitszeit, durch bessere Möglichkeiten zum Wiedereinstieg nach der Karenz oder durch Maßnahmen im Bereich der Kinderbetreuung. Wesentlich mehr Väter als es tatsächlich tun, möchten Väterkarenz in Anspruch nehmen bzw. insgesamt mehr Zeit mit ihren Kindern verbringen (Institut für anwendungsorientierte Innovations- und Zukunftsforschung e.V.-IAIZ., 2004). Viele getrauen sich nicht diesen Wunsch an die Personalverantwortlichen ihres Unternehmens heranzutragen, weil sie Angst vor negativen Konsequenzen bis hin zur Kündigung haben. Um es im Sinne der Gleichbehandlung auch Männern zu erleichtern, sich mehr in der Vereinbarkeitsfrage zu engagieren, muss von den Betrieben selbst ein Signal ausgehen; dass sie aktive Väter unterstützen und gewillt sind, etwa mit individuellen Arbeitszeitmodellen, auch ihren männlichen Mitarbeitern die bessere Vereinbarkeit von Beruf und Familie zu ermöglichen. Eine Studie des Arbeitsmarktservice Niederösterreich (1997 zit. nach Dörfler, 2003) zeigt auf, dass die meisten Dienstgeber einen Anstieg der Personalkosten befürchteten, würden sie auf Teilzeit umstellen. Dabei sind die Vorteile der Teilzeitarbeit nicht von der Hand zu weisen: geringere Ausfallzeiten, höhere Arbeitszufriedenheit, Steigerung der Motivation, höhere Arbeitsintensität, etc. Soll Teilzeitarbeit aber eine echte familienfreundliche Alternative sein, wird man nicht umhinkommen, Teilzeitarbeit auch generell gegenüber der Vollzeitarbeit aufzuwerten. Dies betrifft unter anderem die Leistungen der sozialen Sicherheit und die Karrierechancen. Teilzeitarbeit stellt zwar eine gute Möglichkeit dar, Familie und Erwerb zu vereinbaren, sie kann aber auch zur Armutsfalle werden. Besonders die geringfügige Beschäftigung ist ein Phänomen niedrig qualifizierter und schlecht entlohnter Tätigkeiten. Die reduzierte Arbeitszeit wirkt sich nicht nur auf die Höhe des Einkommens aus, sondern auch auf Sozialleistungen wie Arbeitslose oder Pension. Auch bekommen Teilzeitbeschäftigte seltener die Möglichkeit, sich weiterzubilden, wodurch die Aufstiegschancen geschmälert werden. Ein weiterer Nachteil kann dadurch erwachsen, dass die Arbeitszeitverkürzung zur Arbeitsverdichtung genutzt wird, d.h., dass dieselbe Arbeit in kürzerer Zeit geleistet werden muss.

Eine andere Form der Arbeitszeitflexibilisierung wäre etwa die Ermöglichung von Telearbeit. Gerade Männer bevorzugen diese Alternative. Telearbeit bedeutet, zumindest einen Teil der Arbeit von einem anderen Arbeitsort aus mittels Kommunikationstechnologien wie z.B. Internet, Telefon oder Fax zu erledigen. Seit den 1990er-Jahren steigt die Zahl der Telearbeitsplätze kontinuierlich an. In Österreich nahmen im Jahr 2000 1,6% der Erwerbstätigen diese Arbeitsform in Anspruch (Dörfler, 2003).

UND, die deutschschweizer Fach- und Beratungsstelle für die Vereinbarkeit von Familien- und Erwerbsarbeit, fordert auf Grund ihrer Erfahrungen aus der Beratungstätigkeit von der Wirtschaft mehr Wille und Mut zu Veränderungen ein, um familienverträgliche Rahmenbedingungen zu schaffen: „Es braucht Firmen, die pionierhaft familienfreundliche Arbeitsbedingungen schaffen und die damit verbundenen Vorteile zu nutzen wissen. Aus personalpolitischer Perspektive bieten sich viele Handlungsfelder an beispielsweise die Teilzeiterwerbstätigkeit attraktiver zu gestalten und speziell zu fördern (v.a. auch männliche Vorbilder schaffen, Akzeptanz zu vergrößern), die Zeitautonomie der Mitarbeitenden zu erhöhen, die Lohngleichheit für Frauen und Männer voranzutreiben und Schlüsselkompetenzen aus außerberuflichen Tätigkeiten zu erfassen und anzuerkennen. Die Erfahrung von UND zeigt jedoch, dass einzelne Maßnahmen – ohne Verankerung und isoliert angeboten – einen sehr eingeschränkten Effekt haben. Zudem präsentiert sich die Situation in jedem Unternehmen, in jeder Verwaltung etwas anders; entsprechend müssen auch die Maßnahmen maßgeschneidert entwickelt und umgesetzt werden." (siehe Fachstelle UND, 2005; Huber, 2002).

11 Mit Rat und Tat zur Seite

In Österreich wird den Unternehmen durch das Audit Familie & Beruf ein hilfreiches Instrument in die Hand gegeben, mit dem sie seine Mitarbeiterorientierung überprüfen und weiter entwickeln können. In 9 Handlungsfeldern bietet es einen „Check-up" für die gesamte Unternehmenskultur: Arbeitszeit, Arbeitsort, Arbeitsabläufe und -inhalte, Kommunikationspolitik, Führungskompetenz, Personalentwicklung, Entgeltbestandteile, Service für Familien und Betriebsspezifika sind die Themen, die strukturiert analysiert werden und die Basis für eine zielgerichtete, mitarbeiterorientierte Weiterentwicklung bieten (Bundesministerium für soziale Sicherheit, Generationen und Konsumentenschutz, 2005b) .

Einen erfolgreichen Beitrag zur Forcierung der Familienfreundlichkeit in der Wirtschaft leisten auch die Landeswettbewerbe „Taten statt Worte". 2003 wurde in der Steiermark erstmals ein Sonderpreis für „Väterkarenz" ausgeschrieben. Ziel des Wettbewerbes ist es, in der Wirtschaft Impulse in Richtung Flexibilität, Innovation und familienbewusster Personalpolitik zu setzen sowie die Unternehmen zu familienfreundlichen Maßnahmen zu motivieren. Die Reaktion der zahlreichen teilnehmenden Betriebe beweist, dass damit ein wichtiger Anstoß geleistet wird, das Bewusstsein über die Wechselwirkung von Wirtschaft und Familie zu fördern und die Unternehmen zu einer Personalpolitik zu motivieren, die den Mitarbeiterinnen und Mitarbeitern die Vereinbarkeit von Familie und Beruf erleichtert (Zukunfts AG, 2005).

Die Steiermark hat im vergangenen Jahr durch das Pilotprojekt „Väterkarenz", zu dem auch die Auslobung des Sonderpreises „Väterkarenz" im Rahmen des Wettbewerbes „Taten statt Worte" gehörte, österreichweit eine Vorreiterrolle eingenommen. Das Ergebnis: In der Steiermark ist die Zahl der Karenzväter seit Beginn des Projektes im August 2003 im Vergleich zu anderen Bundesländern am stärksten angestiegen. Laut Presseinformation des Pilotprojektes „Väterkarenz-Steiermark" vom 06.04.2005 waren Ende August 2003 gerade 350 (1,7%) aller Kinderbetreuungs- und Karenzgeldbezieherinnen und -bezieher in der Steiermark vom „starken Geschlecht", Ende Dezember 2004 konnte bereits eine Väterkarenzquote von 2,8% erreicht werden. Damit hat die Väterkarenz in der Steiermark im Vergleich mit allen anderen Bundesländern am deutlichsten zugelegt. Die Homepage www.vaeterkarenz.steiermark.at für Informationen zur Väterkarenz verzeichnet mit 7.787 Aufrufen, seit dem Start im Dezember 2003, erfreulich hohe BesucherInnenzahlen für ein noch nicht täglich diskutiertes Thema. Sponsorpartner ist die Brau Union Österreich AG, die mit einer Bierdeckelaktion mit einer alkoholfreien Marke Schlossgold im letzten Herbst eine positive Diskussion über das Thema Väterkarenz auch am Wirtshaustisch angezettelt hat. Das erfolgreiche Projekt wird auch 2005 fortgesetzt. Neben der zweiten Auflage der Bierdeckelaktion gibt es einen neuen Schwerpunkt. Und zwar sollen im Rahmen von Geburtsvorbereitungskursen die werdenden Väter in Jungväter-Gesprächsrunden über die Karenz informiert und zur Mitarbeit beim „Windeldienst" motiviert werden. Ein ähnliches Vorhaben gibt es seit mehreren

Jahren in Berlin. Die dortigen Initiatoren berichten von einem hohen Interesse der teilnehmenden Männer an einer „aktiven Vaterschaft“.

12 Literatur

Bundesministerium für Familie, Senioren, Frauen und Jugend. (2004a). *Bericht über die Auswirkungen der §§15 und 16 Bundeserziehungsgeldgesetz.* Köln: Autor.

Bundesministerium für Familie, Senioren, Frauen und Jugend. (2004b). *Betriebswirtschaftliche Effekte familienfreundlicher Maßnahmen. Kosten-Nutzen-Analyse.* Köln: Autor.

Bundesministerium für soziale Sicherheit, Generationen und Konsumentenschutz. (2005a). *Anstieg der Väterkarenz besonders erfreulich* [online]. URL: http://www.bmsg.gv.at [30.08.2005].

Bundesministerium für soziale Sicherheit, Generationen und Konsumentenschutz. (2005b). *Audit familien- und kinderfreundliche Gemeinde.* Informationsbroschüre. Wien: Autor.

Braun, L.G. (2004). Familienorientierte Personalpolitik aus Unternehmersicht. In L. Mohn & R. Schmidt (Hrsg.), *Familie bringt Gewinn. Innovation durch Balance von Familie und Arbeitswelt* (S. 70-76). Gütersloh: Verlag Bertelsmann Stiftung.

Brauner, S. (2004). *Individuelle Machbarkeit aktiver Vaterschaft. Eine Befragung von Vätern über das erste Lebensjahr ihres Kindes.* Wien: Österreichisches Institut für Kinderrechte & Elternbildung.

Döge, P., Behnke, C., Kassner, K. & Reuyss, S. (2005). *Auch Männer haben ein Vereinbarkeitsproblem. Ansätze zur Unterstützung familienorientierter Männer auf betrieblicher Ebene. Pilotstudie. Endbericht* (Band 3). Berlin: Institut für anwendungsorientierte Innovations-und Zukunftsforschung e.V.

Dörfler, S. (2003). *Nutzung und Auswirkungen von Arbeitsarrangements zur besseren Vereinbarkeit von Familie und Erwerb* (Working Paper Nr. 31/2003). Wien: Österreichisches Institut für Familienforschung.

Fachstelle UND (2005). *Familien- und Erwerbsarbeit für Männer und Frauen* [online]. URL: http://www.und-online.ch.

Fthenakis, W. (2002). Mehr als Geld? Zur (Neu-)Konzeptualisierung väterlichen Engagements. In W., Fthenakis & M. R. Textor (Hrsg.), *Mutterschaft, Vaterschaft.* (S. 90-119). Weinheim: Beltz Verlag.

Fthenakis, W.& Minsel, B. (2002). *Die Rolle des Vaters in der Familie* (Schriftenreihe des Bundesministeriums für Familie, Senioren, Frauen und Jugend, Bd. 213). Stuttgart: Kohlhammer.

Gräfinger, E. (2001). *Die Welt von innen. Männer in Karenz.* Unveröffentlichte Diplomarbeit. Universität Wien.

Hausegger, R., Schrems, J. & Strobl, M. (2003). *Väterkarenz. Ergebnisse eine Recherche zu diesem Thema auf Basis vorhandener Literatur und Daten. Endbericht* [online]. URL: http://www.oif.ac.at/sdf/vaterkarenz.at [30.08.2005].

Huber, D. (2003). Vereinbarkeit von Familien- und Erwerbsarbeit: Auch eine Männerfrage? *Zeitschrift SuchtMagazin, 6*, 12.

Hundt, D. (2004). Familienfreundlichkeit in einer dynamischen Wirtschaft. In L. Mohn & R. Schmidt (Hrsg.), *Familie bringt Gewinn. Innovation durch Balance von Familie und Arbeitswelt* (S. 64-69). Gütersloh: Verlag Bertelsmann Stiftung.

Institut für anwendungsorientierte Innovations- und Zukunftsforschung e.V.- IAIZ. (2004). *Auch Männer haben ein Vereinbarkeitsproblem. Familienorientierte Männer im betrieblichen Kontext. Zusammenfassung der Ergebnisse der Pilotstudie.* Berlin: Autor.

Institut der deutschen Wirtschaft Köln. (2003). *Monitor Familienfreundlichkeit.* Köln: Autor.

Kreimer, M. (2003). *(Un-)Vollkommene Konkurrenz auf Arbeitsmärkten? Zur Bedeutung der Arbeitsteilung für Frauen und Männerkarrieren* [online]. URL: http://www.maennerberatung.at/download/research_arbeitsteilung.pdf [26.08.2005].

Lehner, E. (2003). Frauen-, Männer-, Geschlechterpolitik oder: Wer braucht Männerpolitik? In P.M. Zulehner (Hrsg.), *MannsBilder. Ein Jahrzehnt Männerbewegung* (S. 235-235). Ostfildern: Schwabenverlag.

Nolte, C. (1995). Vereinbarkeit von Familie und Erwerbstätigkeit als staatliches und unternehmerisches Handlungsfeld. Frauenerwerbstätigkeit in Gegenwart und Zukunft. In A. Habisch (Hrsg.), *Familienorientierte Unternehmensstrategie. Beiträge zu einem zukunftsorientiertem Programm* (S. 171-175). München, Mering: Rainer Hampp.

Oberndorfer, R. & Rost, H. (2002). *Auf der Suche nach den neuen Vätern. Familien mit nichttraditioneller Verteilung von Erwerbs- und Familienarbeit* (ifb-Forschungsbericht Nr. 5). Bamberg: Staatsinstitut für Familienforschung an der Universität Bamberg.

Österreichisches Institut für Kinderrechte und Elternbildung. (2004). *Vorstellungen und Wünsche werdender Väter. Eine Befragung der Österr. Kinderfreunde.* Wien: Autor.

Pittmann, F. (1996). *Warum Söhne ihre Väter brauchen. Der schwierige Weg zur Männlichkeit.* München: dtv.

Rost, H. (2004). *Work-Life-Balance. Neue Aufgaben für eine zukunftsorientierte Personalpolitik.* Opladen: Leske + Budrich.

Schafroth, A. (2003, 11. September). Wenn der Chef die Socken wäscht. *Tages-Anzeiger,* S. 60.

Schlaffer, E. (2004). *Jugendliche Familienfähigkeit mit besonderer Berücksichtigung der Väterthematik.* Wien: Ludwig-Boltzmann Forschungsstelle für Politik und zwischenmenschliche Beziehungen.

Statistisches Bundesamt (2003). *Wo bleibt die Zeit? Die Zeitverwendung der Bevölkerung Deutschland 2001/02.* Wiesbaden: Statistisches Bundesamt.

Strub, S. (2003). *Teilzeitarbeit in der Schweiz. Eine Untersuchung mit Fokus auf der Geschlechterverteilung und der familiären Situation der Erwerbstätigen.* Bern: Büro für arbeits- und sozialpolitische Studien.

ver.di-Vereinte Dienstleistungsgewerkschaft, Bundesverwaltung. (Hrsg.). (2005). *Zwischen Meeting und Masern. Vereinbarkeit von Beruf und Familie ein Thema auch für Männer.* Berlin: Vereinte Dienstleistungsgewerkschaft Ressort 2 – Bereich Genderpolitik.

Werneck, H. (1998). *Übergang zur Vaterschaft. Auf der Suche nach den „Neuen Vätern".* Wien: Springer-Verlag.

Werneck, H. (2004). Kinder brauchen Väter. Väter brauchen Kinder. In Kammer für Arbeiter und Angestellte (Hrsg.), *Männer zwischen Beruf und Familie. Dokumentation* (S. 21-27). Wien: Kammer für Arbeiter und Angestellte.

Wirtschaftskammer Österreich. (2005). Vorteile für Unternehmen [online]. URL: http://www.vaeterkarenz.at [30.08.2005].

Zukunfts AG (2005). Väterkarenz [online]. URL: http://www.zukunft.steiermark.at/cms/ziel/2086456/DE/ [30.08.2005].

Zulehner, P. (Hrsg.). (2003). *MannsBilder. Ein Jahzehnt Männerentwicklung.* Ostfildern: Schwabenverlag.

Zulehner, P. M. & Volz, R. (1998). *Männer im Aufbruch. Wie Deutschlands Männer sich selbst und wie Frauen sie sehen.* Ein Forschungsbericht, Herausgegeben von der Männerarbeit der Ev. Kirche Deutschlands sowie der Gemeinschaft der Katholischen Männer Deutschlands, Ostfildern: Schwabenverlag.

X. „Work-life-balance“ ohne Erwerbsarbeit? – Arbeitslosigkeit, Männlichkeit und Vaterrolle

Karl Alexander Röhler

1 Einleitung

Im Allgemeinen wird unter „work-life-balance“ die Vereinbarkeit von Berufs- und Familienleben verstanden. Es wird diskutiert, wie Individuen, aber auch Paare Privatleben und berufliches Engagement koordinieren können und welche Schwierigkeiten dabei auftreten (als neueres Beispiel Hochschild, 1997, 2002). Dabei ist es erfreulich, dass die Diskussion – neben der männlichen Weigerung, Hausarbeit und Kindererziehung zu übernehmen und der daraus folgenden Doppelbelastung berufstätiger Frauen –, auch zunehmend die Faktoren in den Blick nimmt, die es berufstätigen Männern erschweren können, die traditionelle Rolle des „Ernährers“ zu verlassen und sich stärker an der Familienarbeit zu beteiligen. Kaum betrachtet wird jedoch in diesem Zusammenhang, welche Auswirkungen es auf die Paarbeziehung hat, wenn auf der individuellen Ebene eine Komponente des Arrangements zwischen Arbeit und Leben fehlt, z.B. durch den Verlust des Arbeitsplatzes und länger andauernder Arbeitslosigkeit eines Partners. Für den Fall auftretender Arbeitslosigkeit werden in der Regel die Folgen für die Zufriedenheit der Partner und resultierende familiäre Konflikte untersucht (z.B. Becker & Nietfeld, 2001), seltener jedoch die Auswirkungen auf die Arbeitsteilung zwischen den Partnern. Im Folgenden soll eine andere Untersuchungsrichtung verfolgt werden und anhand eines Interviews mit einem verheirateten Vater in einer traditionellen Paarbeziehung in Ostdeutschland der Frage nachgegangen werden, wie sich die „work-life-balance“ verändert, wenn der Mann in einer Paarbeziehung mit „männlichem Haupternährer-Modell“ den Status des „Breadwinners“ verliert. Die Frage ist, ob und wie es gelingt, als Reaktion auf die Erwerbslosigkeit des männlichen Partners die paarinterne Arbeitsteilung zu verändern, dabei das traditionelle Paararrangement symbolisch jedoch zu bekräftigen. Das hier zugrunde liegende Interview stammt aus einem Forschungsprojekt mit dem Schwerpunkt auf der häuslichen Arbeitsteilung in Paarbeziehungen, in dessen Verlauf in Ost- und Westdeutschland je 30 verheiratete und nicht verheiratete Paare mit und ohne Kinder mit einem Mixed-Method-Design befragt worden sind, sowie vier Paare mit Partnern jeweils unterschiedlicher Sozialisation (Ost-West-Paare).[1]

2 Zum Verhältnis von Männlichkeit, Erwerbsarbeit und Familienleben in traditionellen Paarbeziehungen

Besonders sensibel für den Verlust des Arbeitsplatzes des Mannes dürften traditionelle Paarbeziehungen deshalb sein, weil deren Arrangement zentral auf die männliche Erwerbstätigkeit bezogen ist. Ausgeprägte Geschlechtsrollen kodieren „Männlichkeit“ und „Weiblichkeit“ im Arrangement der bürgerlichen Ehe, die die typische Lebensform traditioneller Paare darstellt. Für den Mann bedeutet das, Ernährer der Familie und Familienvorstand zu sein. Dies ist zugleich mit Privilegien verbunden, wird aber auch nicht selten als drückende Verantwortung für die familiäre Existenzsicherung empfunden. Als Ehefrau ist die Partnerin dem Ehemann untergeordnet und für Haushalt und Kinderbetreuung zuständig. Die Sphären der Geschlechter existieren getrennt voneinander, gegenseitige Übertritte sind nur ausnahmsweise oder als extra markierte Sonderpraxis zulässig (Koppetsch & Burkart, 1999). Die geschlechtstypische Sphärentrennung ist eine Begleiterscheinung der beim Übergang in die moderne Gesellschaft erfolgten räumlichen Trennung von Wohnstätte und Produktionsort und sichert *auf der Paarebene* die Vereinbarkeit von Beruf und Familienleben ab. Mit diesem Verweis auf die gesellschaftliche Funktionalität der geschlechtstypischen Arbeitsteilung soll nicht bestritten werden, dass das traditionelle Paararrangement *auf der individuellen Ebene* meistens zu Lasten der Partnerin geht, einerseits wegen des Ausschlusses der Frau vom Berufsleben und der fehlenden Beteiligung des Mannes an der Hausarbeit und der Kindererziehung (Beck-Gernsheim, 1980), andererseits wegen der Doppelbelastung, wenn die Frau berufstätig ist (Hochschild & Machung, 1993). Aus der zusätzlichen Belastung der Frau und der männlichen Privilegierung kann jedoch nicht – wie es ein bestimmter Strang der feministischen Diskussion nahe legt – geschlossen werden, dass es für Männer keine Barrieren für die Vereinbarkeit von Arbeit und Privatleben gäbe außer ihrem eigenen Willen. Es ist zwar richtig, dass Männer stärker, z.B. in Bezug auf Autonomie, Einkommen, Status, Prestige, von ihrem „halbierten“ Leben profitieren als das andere Geschlecht. Die Kehrseite dieser Tatsache ist jedoch, dass sie in ihrem Selbstwertgefühl auch stärker davon abhängig sind, weil männliche Identität und Erwerbsarbeit im Rollenbild des traditionellen Ehemannes zentral miteinander verknüpft sind, wie in Studien gezeigt werden konnte (z.B. Heinemeier, 1992, S. 79). Es ist deshalb zu vermuten, dass der Umgang mit Arbeitslosigkeit für Männer mit traditionellen Einstellungen entsprechend schwieriger

[1] Das Projekt „Hausarbeit in Partnerschaften“ wurde 1999-2002 von der Deutschen Forschungsgemeinschaft unter dem Förderkennzeichen 01 HK 323 gefördert und von Johannes Huinink (Universität Bremen) geleitet. Veröffentlichung zum Gesamtprojekt: Huinink & Röhler, 2005.

hand zu haben ist als das für Frauen der Fall wäre (Bründel & Hurrelmann, 1999). Weiterhin ist anzunehmen, dass nicht nur die Identitätskonstruktion des Mannes bedroht wird, sondern die Paarbeziehung, deren Arrangement auf der Erwerbstätigkeit des männlichen Partners beruht, insgesamt in Frage gestellt wird.

Im Umkehrschluss folgt aus dem Gesagten, dass Paarbeziehungen, in denen geschlechtsspezifische Rollenmuster nicht die Grundlage der Identitätskonstruktion der Akteure bilden, männliche Arbeitslosigkeit besser integrieren können. Diese non-traditionellen Beziehungen, die grundsätzlich auf der Ablehnung von hergebrachten Geschlechtsrollenmustern beruhen, können – entgegen der üblichen Einengung der Betrachtungsweise auf egalitäre Paararrangements – sehr verschieden konstruiert sein. Unter einer Milieuperspektive wurden in einer neueren breit rezepierten Studie z.B. „individualisierte" Paare beschrieben (Koppetsch & Burkart, 1999). Künzler (1995, S. 151) weist darauf hin, dass eine die traditionelle Arbeitsteilung ablehnende Haltung mehrere Alternativvarianten zulässt: die Verteilung nach Präferenzen (Individualisierung der Arbeitsteilung), die streng egalitäre Verteilung (Entdifferenzierung zwischen Mann und Frau) bzw. die Übernahme des jeweils anderen Aufgabenbereichs (Rollentausch). Andere vorstellbare Arrangements könnten neben dem Rollentausch und der Berücksichtigung individueller Präferenzen beispielsweise an rein alltagspraktischen Erwägungen orientiert sein (zum Zusammenhang von Arbeitsteilung und Liebesbeziehung in unterschiedlichen Typen von Paarbeziehungen vgl. Huinink & Röhler, 2005).

Wegen seiner besonderen Anfälligkeit für die Folgen männlicher Arbeitslosigkeit, und da es nach wie vor weit verbreitet ist, erscheint das traditionelle Paararrangement interessant genug, um hier anhand einer Fallstudie detaillierter betrachtet zu werden im Hinblick auf den Einfluss, den Arbeitslosigkeit auf die Ausgestaltung der Vaterrolle und die Identität des betroffenen Mannes hat.

Zunächst führe ich dazu kurz aus, wie das soziale Konzept von Männlichkeit in der traditionellen Geschlechterideologie bestimmt werden kann und beziehe mich dabei auf Connell (1999, S. 92ff.). Für die Betrachtung von Geschlechtsrollen besonders bedeutsam sind die über die biologischen Unterschiede hinausweisenden sozialen Konfigurationen der Geschlechterpraxis, die einen geschlechtstypisch normierten Umgang mit Erwerbsarbeit, Familie und Freizeit bestimmen und sich auf der Individualebene als „weibliche" bzw. „männliche" Persönlichkeitseigenschaften niederschlagen. Dieser soziale Aspekt des Geschlechts strukturiert zum einen Machtbeziehungen, die männliche Dominanz und weibliche Unterordnung verlangen, zum zweiten Produktionsbeziehungen, die zu einer geschlechtstypischen Arbeitsteilung führen und zum dritten die Struktur der emotionalen Bindung, die z.B. darüber entscheidet, durch welche Praktiken das sexuelle Begehren zwischen den Partnern ausgeformt und realisiert wird.

Bei traditionellen Paaren ist der Machtaspekt der Überlegenheit des Mannes über die Frau besonders wichtig und äußert sich zum einen in seiner Dominanz als Familienvorstand, der das Paar nach außen vertritt, z.B. in finanziellen Dingen und bei Behördenangelegenheiten, zum anderen in der von ihm reklamierten höheren Kompetenz, die seine Stellung als Ernährer und Versorger begründet. Der zentrale, diese Definition von

„Männlichkeit“ legitimierende Bereich ist die Sicherung der materiellen Existenz über die Ausübung einer Erwerbsarbeit (zumindest in den besitzlosen Bevölkerungsteilen), während die Frau auf Haushaltsführung und die Kindererziehung verwiesen ist.[2] „Weibliche“ und „männliche“ Sphäre sind strikt voneinander getrennt, auf die Einhaltung der Geschlechtergrenzen und auf die Hierarchie zwischen Mann und Frau wird, zumindest auf der ritualisiert-darstellerischen Ebene der Körperbewegungen, streng geachtet („rituelller Patriarchalismus“, Koppetsch & Burkart, 1999, S. 68ff.). Die geschlechtstypische Aufteilung von Erwerbsarbeit und Haushaltsarbeit sichert, wie bereits erwähnt, die Stabilität einer „work-life-balance“ auf der Paarebene. Das heißt nicht, dass Vereinbarkeitsprobleme auf der Ebene des Individuums damit entfallen würden oder bereits gelöst wären, wie dies der normative Gehalt des traditionellen Arbeitsteilungsmuster suggeriert. Es kann jedoch von einer Balance in dem Sinne ausgegangen werden, dass Erwerbsarbeit und Familienarbeit in einem zeitlichen und strukturellen Gleichgewicht zueinander stehen, wenn dies auch in der Regel ein „halbiertes Leben“ für beide Partner nach sich zieht.

3 Empirische Befunde

3.1 Datenbasis

Im Folgenden soll ein verheiratetes Paar aus einem im Jahre 2000 erhobenen Mixed-Method-Sample betrachtet werden. Den theoretischen Hintergrund der Untersuchung bildete ein Mehrebenenmodell, das gängige Erklärungstheorien zur Arbeitsteilung in Paarbeziehungen integriert (Röhler, Steinbach & Huinink, 2000; Huinink & Röhler, 2005). Der gesamte, Ost- und Westdeutschland vergleichende Datensatz enthält 128 Interviews, die jeweils getrennt mit beiden Partnern der 64 Paare in unterschiedlichen Lebens- und Haushaltsformen (Ehen, nichteheliche Lebensgemeinschaften (NEL), Paare mit getrennten Haushalten (LAT)), durchgeführt wurden (siehe Tabelle 9). Daneben wurden in einem standardisierten Fragenbogen von jedem Partner sozialstrukturelle Informationen, Informationen zu psychosozialen Dispositionen sowie zur Zeitverwendung und zur Verteilung der Hausarbeit erhoben.

[2] Das gilt auch dann, wenn, wie es in den bildungsfernen Schichten oft der Fall ist, die Frau aus ökonomischen Gründen gezwungen ist, „dazuzuverdienen“.

3.2 Methodisches Design

Bei den Interviews wurde von der Methode des narrativen Interviews (Schütze, 1983) ausgegangen, die jedoch problemorientiert auf das Thema Hausarbeit fokussiert und mit einem Leitfaden begleitet wurden (Witzel, 1995). Neben der Beschreibung des Tagesablaufs, von realitätsdiskrepanten Erwartungen in Bezug auf die Aufteilung der Hausarbeit und der Bewältigung von hausarbeitsbezogenen Konflikten, enthielt der Interviewleitfaden auch Fragen zur Vereinbarkeit von Hausarbeit, Erwerbsarbeit und Kindererziehung. Eine Buchveröffentlichung mit der detaillierten Darstellung des theoretischen Hintergrundes der Studie, des Untersuchungsdesigns und erster Ergebnisse liegt bereits vor (Huinink & Röhler, 2005).

Tabelle 9: Sample der Erhebung im Forschungsprojekt „Hausarbeit in Partnerschaften"

Sozialisationsregion der Partner	DDR/DDR (30 Paare)			BRD/BRD (30 Paare)			DDR/BRD; BRD/DDR (4 Paare)	
Lebensform /Kinder im HH	Ehe (12)	NEL (12)	LAT (6)	Ehe (12)	NEL (12)	LAT (6)	Ehe (2)	NEL (2)
Ohne Kinder (32 Paare)	6	6	3	6	6	3	-	2
Mit Kindern (32 Paare)	6	6	3	6	6	3	2	-

Anmerkung: insgesamt 64 befragte Paare, das entspricht 128 Einzelinterviews
NEL = nichteheliche Lebensgemeinschaft
LAT = Paare mit getrennten Haushalten („living apart together")

3.3 Männliche Arbeitslosigkeit bei einem traditionellen Paar in Ostdeutschland

Die Vereinbarkeitsproblematik von Beruf und Familie war als Rahmenthema in vielen Schilderungen, die uns die Interviewpersonen von ihrer Hausarbeitssituation gaben, präsent. Dabei ging es vor allem um Konflikte, die darauf bezogen waren, die Erwerbstätigkeit beider Partner mit den Anforderungen von Haushaltsarbeit (und Kindererziehung) zeitlich und kräftemäßig zu koordinieren. Das hier betrachtete Interview, das von einem in der DDR sozialisierten, verheirateten Paar mit Kind stammt, wirft dagegen eine ganz andere Frage auf: Was passiert, wenn die berufliche Seite des Arrangements von Leben und Arbeiten beim männlichen Partner in einem traditionellen Beziehungskontext durch Arbeitslosigkeit bedroht ist. Das im Folgenden ausgewertete Gespräch wurde mit einem 34 Jahre alten Zimmermann geführt, der zum Zeitpunkt der Erhebung seit einem halben Jahr arbeitslos war. Seine 31 Jahre alte Ehefrau war schon länger in einer vom Arbeitsamt finanzierten Arbeitsbeschaffungsmaßnahme tätig, nachdem sie vorher 3

Jahre im „Erziehungsurlaub“[3] ihre Tochter betreute und ungefähr ein Jahr arbeitslos gewesen war. Die beiden lebten seit 14 Jahren in einer Paarbeziehung zusammen, waren seit acht Jahren verheiratet, die gemeinsame Tochter war zum Befragungszeitpunkt 6 Jahre alt und besuchte den Kindergarten. Die Angaben, auf die sich die folgende Darstellung bezieht, stammen aus dem Interview des Mannes, soweit es nicht anders angegeben ist.

Dass es sich um ein traditionelles Paararrangement handelt, ließ sich anhand verschiedener Informationen rekonstruieren: Zum einen spiegeln die in den Fragebögen gemachten Angaben der Partner zur Verteilung der Hausarbeit eine geschlechtstypische Arbeitsteilung wider. Zum anderen ist das Verhältnis der Partner zueinander durch traditionelle Rollenvorstellungen bestimmt. Das kommt im Interview des Mannes z.B. darin zum Ausdruck, dass er seine Partnerin nicht mit Namen oder in anderer persönlicher Weise, sondern durchgehend als „die Frau“ bezeichnet, sich also vor allem auf ihre geschlechtstypische Rolle im Eheverhältnis bezieht. In einer für die Rahmung der anderen Interviewpassagen zentralen Textstelle, deren Interpretation, die auf Grundlage der Methode der objektiven Hermeneutik (Wernet, 2000) erfolgte, kurz vorgestellt werden soll, kommt zum Ausdruck, dass er trotz scheinbarer Verneinung sehr wohl das traditionelle Versorger-Modell als Grundlage der Beziehung bekräftigt:

> Also, es is‘ nich unbedingt so, dass jetzt jeder nu unbedingt ne Offgabe hat, //Hm// die er unbedingt machen muss oder ich jetzt sage, ich bin jetzt *Mann*, ich muss es Geld ranschaffen und die Frau macht prinzipiell ’n Haushalt. So is‘ das eigentlich bei uns nich verteilt. //Hm// Das is eigentlich immer so, wie ma das eben zeitlich einordnen kann, //Hm// ohne, dass der andere nu groß unbedingt jetzt off *irgendwas* (1) übermäßig verzichten muss. (Int. 12, Mann, S. 13)[4]

Die Spezialisierung auf traditionell geschlechtsspezifische Aufgabenbereiche wird angesprochen und ambivalent verneint. Das heißt, es sieht zunächst wie eine Verneinung aus, die sich aber als sehr verklausulierte Bejahung des traditionellen Rollenmodells interpretieren lässt. Es ist zwar nicht „unbedingt“ so, dass es feste Aufgaben entlang traditioneller Rollenstandards gibt, aber bedingt ist es schon so. Da eine Paarbeziehung nur unter bestimmten (gesellschaftlichen, beruflichen, persönlichen) Bedingungen praktisch stattfinden kann, ist der Fall der Unbedingtheit eher theoretischer Natur. Die Partner sind aus alltagspraktischen Gründen gezwungen, in ihren Verhaltensweisen auf konkrete Bedingungen Bezug zu nehmen. Als Referenz für dieses praktische Verhalten wird hier alternativlos das traditionelle Verhaltensmuster zitiert, das sich demzufolge auch unter den konkreten Bedingungen der Paarbeziehung durchsetzen wird. Daran ändert auch die Behauptung nichts, dass die Arbeitsteilung „eigentlich“ nicht diesem Muster folgt, sondern vom Zeitbudget der Partner unter Beachtung ihrer individuellen Interessen bestimmt sei. „Eigentlich nicht“ könnte vielmehr bedeuten, dass die Aufteilung der Haus-

---

[3] Seit Januar 2001 gilt in Deutschland im Rahmen einer Gesetzesänderung der Terminus „Elternzeit“. Die Interviews wurden 2000 durchgeführt.

[4] Zur Transkription: unterstrichene Worte sind vom Sprecher betont worden, Zahlen in Klammern geben die Dauer von Sprechpausen in Sekunden an, „Hm“ in schrägen Doppelstrichen sind Äußerungen des Interviewers.

arbeit *tatsächlich* der verneinten Variante folgt. Zur Beantwortung der Frage, ob die Geltung des traditionellen Rollenmodells als gesichert gelten kann, obwohl sie nicht direkt bejaht wird, ist es nützlich, sich den Kontext der interpretierten Textstelle näher anzusehen. Vorangegangen war der zitierten Passage eine Einlassung zum Erziehungsurlaub der Frau, während dessen sie sich 3 Jahre um das Kind und „zum größten Teil" um den Haushalt gekümmert hatte, weil sie, so die nachvollziehbare Begründung des Mannes, durch ihre Freistellung von der Erwerbstätigkeit mehr Zeit dafür erübrigen konnte. Die logische Schlussfolgerung aus der abgegebenen Begründung ist, dass der Mann zur Zeit des Interviews den Großteil der Hausarbeit erledigen müsste, da er es ist, der bedingt durch die Arbeitslosigkeit, tagsüber mehr Zeit als die Frau zur Verfügung hat. Dass seine faktische Beteiligung dem nicht entspricht, ist jedoch bereits aus der Schilderung seines Tagesablaufes am Anfang des Interviews deutlich geworden. Folglich gerät er in narrative Zugzwänge, das vom ihm Erzählte in einen für Außenstehende plausiblen Sinnzusammenhang zu integrieren (vgl. Schütze, 1983). Die hier von ihm geschaffene hochambivalente Sprachkonstruktion vermittelt im Sinne dieser Integration zwischen seiner Darstellung der üblichen Praxis und des allgemeinen Anspruches einer geschlechtsspezifischen Arbeitsteilung in der Paarbeziehung und der momentanen eigenen Inkompetenz bei der Erfüllung der traditionellen männlichen Geschlechtsrolle. Die momentane Situation erscheint durch die Vermittlung dieser widersprüchlichen Aspekte nicht mehr als Inkompetenz des Mannes, sondern als *unter den vorhandenen Bedingungen* zulässige Ausnahme von den Anforderungen des Geschlechterideals. Durch die Definition der jetzigen Situation als von der Norm abweichend, wird gerade die regelhafte Geltung des traditionellen Rollenmodells bestätigt.

Wenn nun die Folgen der Arbeitslosigkeit dieses Mannes mit traditioneller Geschlechterideologie für die Paarbeziehung betrachtet werden, können zwei Ebenen unterschieden werden.

Zunächst die *handlungspraktische Ebene*, auf der zu verzeichnen ist, dass der Vater sich stärker als bisher um seine Tochter kümmert, sie morgens in den Kindergarten bringt, am Nachmittag abholt und zusammen mit ihr spielt. Die Darstellung dieser kindbezogenen Tätigkeiten nimmt bei der Schilderung seines Tagesablaufs einen großen Raum ein. Eine erhöhte Beteiligung an der häuslichen Arbeit, die er für sich reklamiert, erscheint dagegen im Lichte der im Interview der Frau gemachten Darstellungen zweifelhaft. Zwar beteiligt er sich sporadisch am Abwaschen des Geschirrs und am Wäsche waschen, seine Hobbys und die Pflege des Gartens sind ihm jedoch wichtiger, womit auch die Frau einverstanden ist. Die praktischen Änderungen im Paararrangement beziehen sich also vor allem auf die stärkere Übernahme der Vaterrolle, in geringerem Umfang auf die zeitliche Ausweitung anderer „männlicher" Bereiche wie Gartenarbeit und Hobbys. Der in Reaktion auf die eingetretene Arbeitslosigkeit des Mannes neu organisierte Familienalltag kommt der Vereinbarkeit von Beruf und Familienleben auf der Paar- bzw. Eltern-Kind-Ebene entgegen: Die Ehefrau kann stressfreier (da von der Kinderbetreuung entlastet) und mit weniger Schuldgefühlen ihre Erwerbsneigung realisieren.[5] Der Mann investiert erheblich mehr Zeit für die Beaufsichtigung, Erziehung und Betreuung seines Kindes und hat auch mehr frei verfügbare Zeit. Die Tochter erhält mehr väterliche, und insgesamt wahrscheinlich auch mehr elterliche Zuwendung, da sich das Zeitbudget ihrer Mutter nicht geändert hat und man davon ausgehen kann, dass sie in den arbeitsfreien Stunden etwa die gleiche Zeit für die Tochter erübrigt wie vorher. Von anderen Haushaltstätigkeiten wird die Frau dagegen kaum entlastet.[6]

Trotz dieser auf der praktischen Ebene entspannenden Konstellation droht auf der *symbolischen Ebene* eine Destabilisierung des Paararrangements, und zwar aus zwei Gründen: der Mann hat zum einen ein Statusdefizit als Ernährer der Familie. Zum anderen dringt er in den Bereich der als weiblich definierten Tätigkeiten ein, wenn auch nicht in die Kernbereiche der Hausarbeit (wie z.B. die Wäschepflege (vgl. Kaufmann, 1995)). Durch das Statusdefizit und die Diffusion der Geschlechtersphären wird seine männliche Geschlechtsrolle destabilisiert, darüber hinaus bedroht die neue „work-life-balance“ das alltagspraktische traditionelle Geschlechterarrangement der Paarbeziehung. Die Bedrohung dessen, was traditionelle Männlichkeit ausmacht, lässt sich im Verlauf des Interviews u.a. daran rekonstruieren, dass der Ehemann seine Arbeitslosigkeit nicht erwähnt und bei der Schilderung seines Tagesablaufs ausführlich seine Beschäftigung als Vater darstellt, jedoch kaum andere Tätigkeiten, wie z.B. Bemühungen, Arbeit zu finden oder auch Arbeiten im Garten bzw. Freizeitaktivitäten. Das heißt, er verwendet besondere kommunikative Mühe darauf, seine Betreuungstätigkeit als symbolisches Äquivalent der fehlenden Berufstätigkeit zu etablieren, die Rolle des „Vollzeitvaters“ als Alternative zur Vollzeiterwerbstätigkeit einzuführen (vgl. Heinemeier, 1992, S. 69ff.) und dadurch das bestehende Erwerbsstatusdefizit wettzumachen.

Neben der Aufwertung der Vaterrolle – die im Interview durch eine über die reine Schilderung des Tagesablaufs hinausgehende sehr ausführliche Darstellung der Betreuung der Tochter deutlich wird – und der Nicht-Thematisierung seiner Erwerbslosigkeit setzt der Mann weitere Strategien ein, um seine Identität als Mann symbolisch zu stabilisieren.

Ein Teil dieser Strategien zielt – so wie die Betonung der Vaterrolle – darauf ab, seine Kompetenz und Arbeitsbereitschaft symbolisch zu aktualisieren und dadurch das durch die fehlende Erwerbstätigkeit vorhandene Statusdefizit zu kompensieren. So kritisiert er zum einen die häusliche Kompetenz der Ehefrau in mehreren Bereichen, u.a. was den Gebrauch von Putzmitteln betrifft: Nach einem allgemeinen kritischen Statement („Ich würde mir manchmal wünschen, dass sie nicht ganz so viel Putzmittel einsetzt“ (Int. 12,

5 Die hohe Erwerbsneigung von Frauen aller Schichten ist ein typisch ostdeutsches Phänomen und hat auch nach der deutschen Wiedervereinigung zu einer anhaltend hohen Vollzeit-Erwerbsbeteiligung ostdeutscher im Vergleich zu westdeutschen Frauen geführt (für neuere Daten zur Zeitverwendung siehe Bundesministerium für Familie 2003). Sie geht jedoch keinesfalls zwingend mit non-traditionellen Vorstellungen über die Verteilung der Hausarbeit einher.

6 Die subjektiven Zeitangaben aus den Fragebögen der Ehepartner sind wochentags wie folgt (Angabe in Stunden): Frau: Erwerbsarbeit: 11, Hausarbeit: 4, Kinderbetreuung: 3; Mann: Erwerbsarbeit: 0, Hausarbeit: 1, Kinderbetreuung: 5.

Mann, S. 56)), mit dem diese Passage des Interviews eröffnet wird, bringt der Mann seine Missbilligung zum Ausdruck, dass sie auf dem Einsatz eines speziellen WC-Reinigers besteht. Auch bei anderen Haushaltstätigkeiten (Geschirrspülen, Fensterputzen) lehnt er den Einsatz von Spezialreinigern ab und gesteht seiner Frau zwar zu, dass sie solch eine Vielzahl von Reinigern benutzt, formuliert aber im folgenden Argumente, die die höhere Sachkunde seiner ablehnenden Haltung belegen. Dabei führt er sowohl gesundheitliche Gründe (Zunahme von Allergien), finanzielle Sparsamkeitsüberlegungen als auch die Praktikabilität historisch erprobter Vorgehensweisen (Fenster nur mit Wasser und Zeitung putzen) an. Seine Frau ließe sich dagegen von Werbebotschaften verführen und setze in unvernünftiger Weise zu viele unterschiedliche Reiniger ein. Zum zweiten übt er Kritik an den arbeitslosen Männern, die tagsüber am Kiosk stehen und in großen Mengen alkoholische Getränke zu sich nehmen, also sich „gehen lassen" anstatt für ihre Familien zu sorgen. Drittens kritisiert er das Arbeitsengagement der Kindergärtnerinnen seiner Tochter, die sich seiner Ansicht nach zu wenig mit den ihnen anvertrauten Kindern beschäftigen bzw. sich nicht um notwendige Reparaturen kümmern, sondern sich stattdessen lieber miteinander unterhalten. Die hier aufgezählten Strategien können als Versuche gedeutet werden, Anerkennung für seine fachliche Kompetenz und hohe Arbeitsmoral zu erhalten, zwei Aspekte der männlichen Identität, die er, stünde er in einem Arbeitsverhältnis, wahrscheinlich in starkem Maße darüber symbolisch aktualisieren würde.

Ein weiteres Bündel von Strategien zur Stärkung seiner Geschlechtsrolle besteht darin, die Ausführung traditionell typisch männlicher Arbeiten, die Alternativen zur Erwerbsarbeit darstellen, zu verstärken. Dazu gehören die Arbeit im Garten des Ehepaares und die Übernahme von Reparaturarbeiten im Kindergarten der Tochter. Das Ausführen von „Männerarbeiten" ist ein weiterer Aspekt traditioneller männlicher Identitätsbildung, der dadurch gestärkt wird.

Diese drei Kategorien von Strategien – Aufwertung der Vaterrolle, Abgrenzung von der Inkompetenz bzw. mangelnden Arbeitsmoral anderer Menschen in seinem näheren sozialen Umfeld, verstärkte Ausführung „männlicher" Arbeiten – helfen dem Mann einerseits, sein derzeitiges Statusdefizit und die damit einhergehende empfundene Unterlegenheit durch kompensatorische bzw. alternative Verstärkung von Aspekten seiner männlichen Erwerbsidentität zu kompensieren. Andererseits gelingt es ihm, die Arbeitslosigkeit als schicksalhaftes Ereignis zu deuten, das nicht auf sein Versagen zurückzuführen ist, da er persönlich die Kompetenz und Bereitschaft hat, seiner Ernährerrolle gerecht zu werden und diese auch nach seinen Kräften und den ihm zur Verfügung stehenden Möglichkeiten auf der Handlungsebene umsetzt. Die derzeitige Situation ist daher nicht auf mangelnde „Männlichkeit" zurückzuführen, sondern auf außerpersönliche Umstände, und schmälert deshalb die symbolische Führungsposition gegenüber seiner Frau nicht. Das traditionelle Paararrangement kann erfolgreich stabilisiert werden. Mit Hilfe dieser symbolischen Mechanismen kann die Erwerbslosigkeit des Mannes als Chance genutzt werden, eine neue, in Teilen nicht traditionelle „work-life-balance" zu etablieren, deren zentrale Veränderung in der stärkeren Wahrnehmung der Vaterrolle durch den Mann besteht.

4 Diskussion

Die eingesetzten Strategien im Umgang mit männlicher Arbeitslosigkeit sind jedoch nicht etwa deshalb erfolgreich, weil sie eine Rollenerweiterung und eine Abkehr von einer erwerbszentrierten männlichen Identität bedeuten würden. Im Gegenteil: Mit ihrem symbolischen Bezug auf den Machtaspekt männlicher Kompetenz und Überlegenheit und auf die getrennten Aufgabenbereiche der Geschlechter, führen sie für den Mann zur Stabilisierung seiner Rolle des spezifisch „männliche“ Aufgaben ausführenden und der Frau übergeordneten Familienvorstandes. Die traditionelle männliche Identität kann gesichert werden. Inwieweit das auch bei fortdauernder Arbeitslosigkeit und daraus folgenden weiteren Einkommensverlusten des Mannes[7] oder bei gleichzeitiger Reintegration der Frau in den ersten Arbeitsmarkt gelingen würde, kann aufgrund des hier vorliegenden Datenmaterials nicht geklärt werden.[8] Die Ergebnisse lassen sich jedoch an Befunde der amerikanischen Forschung zur Arbeitsteilung zwischen den Geschlechtern anschließen. So weisen Hochschild und Machung (1993, S. 256-266) darauf hin, dass kurzfristige berufliche Misserfolge dazu führen können, dass Männer ihre Identität stärker in der Vaterrolle suchen. Ein langfristiges berufliches Statusdefizit, wie es z.B. durch ein, verglichen mit der Partnerin, geringeres Einkommen des Mannes oder lang anhaltende Arbeitslosigkeit auftritt, führt dagegen dazu, dass die Beteiligung dieser Männer an Haushaltsarbeit und Kinderbetreuung drastisch zurückgeht. Hochschild hat diesen Sachverhalt allgemeiner dem „Prinzip des Machtausgleichs“ in Paarbeziehungen zugeordnet, das dafür sorgt, dass die als angemessen empfundene Machtverteilung in der Beziehung – real oder symbolisch – von den Partnern in der Interaktion hergestellt wird. Bei einer traditionellen Auffassung der Partner von der „richtigen“ Machtverteilung zwischen Mann und Frau, wie sie hier betrachtet wurde, führt ein langfristig höherer ökonomischer Status der Frau dazu, dass der Mann die Beteiligung an der Hausarbeit weitgehend verweigert, um seine dominante Stellung nicht noch mehr zu gefährden: „Je mehr sich ein

[7] Zum Zeitpunkt des Interviews liegt das von ihm bezogene Arbeitslosengeld noch leicht über dem Einkommen seiner Ehefrau.

[8] Interessant wäre es, den dargestellten Fall mit einem traditionellen westdeutschen Paar mit arbeitslosem Mann zu vergleichen, der in dem vorliegenden Datenmaterial leider nicht vorhanden ist. Hier wäre zu erwarten, dass aufgrund des in Westdeutschland noch stark verbreiteten und legitimierten Hausfrauen-Modells beide Partner ihre Geschlechtersphären stärker verteidigen, weshalb die Bewältigung der männlichen Arbeitslosigkeit durch eine Veränderung der „work-life-balance“ auf der Paarebene auch bei kurzfristigen Statusdefiziten problematischer sein dürfte. Eine sich auf Westdeutschland beziehende Untersuchung von Heinemeier (1992) liefert dazu keine weiteren Anhaltspunkte, da der dort dargestellte Fall eines „Vollzeitvaters“ einen Mann porträtiert, der sich aufgrund nicht gelingender biographischer Stabilisierung der Erwerbsrolle in der Arbeitslosigkeit eingerichtet hat und daher – im Gegensatz zu dem hier vorgestellten Vater – gar keine „erwerbsfixierte“ männliche Identität ausbildete.

Mann ökonomisch in seiner Identität [als Ernährer] bedroht fühlt, etwa durch das höhere Gehalt seiner Frau, desto weniger kann er es sich leisten, seine Identität noch mehr zu gefährden und „Frauenarbeit“ zu machen.“ (Hochschild & Machung, 1993, S. 265). Dass diese qualitativen Befunde zum – identitätssichernden und die männliche Dominanz stabilisierenden – Doing-Gender-Verhalten bei nicht erwerbstätigen Männern in Paarbeziehungen durchaus auch in einem größeren Rahmen verallgemeinerungsfähig sind, lässt sich z.B. mit den für Deutschland repräsentativen Daten des Familiensurvey des Deutschen Jugend Instituts von 2000 zeigen. Hier konnte für Westdeutschland festgestellt werden, dass in Paarbeziehungen mit teilzeiterwerbstätigen Männern die höchste Wahrscheinlichkeit für nicht traditionelle Arrangements besteht, während bei Nichterwerbstätigkeit des Mannes eine traditionelle Arbeitsteilung wieder wahrscheinlicher wird (Huinink & Röhler, 2005, S. 128-130).

Die Aufwertung der Vaterrolle scheint also nur als kurzfristige Strategie zur Stabilisierung der männlichen Identität und traditioneller Paararrangements geeignet, und zwar solange, wie das ökonomische Statusdefizit des Mannes von den Partnern als vorläufig angesehen werden kann und eine mittelfristige Rückkehr zum männlichen Haupternährer-Modell von beiden Partnern vorausgesetzt wird. Die durch eine Aufwertung der Vaterrolle entstehende, und auf der Ebene der familiären Arbeitsteilung vorteilhaftere, „work-life-balance“ wird sich bei traditionellen Paaren demnach nicht als langfristig tragfähige Alternative zur Erwerbsarbeit des Mannes durchsetzen. Einschränkend muss allerdings gesagt werden, dass in ostdeutschen Paarbeziehungen bessere Chancen bestehen, dass bei Nichterwerbstätigkeit des Mannes eine nicht traditionelle Arbeitsteilung realisiert wird (Huinink & Röhler, 2005, S. 128-130).

Das Doing-Gender-Verhalten ist in diesem Bevölkerungsteil also geringer ausgeprägt, wodurch Erwerbslosigkeit in stärkerem Maße zur Chance für die längerfristige Etablierung eines nicht traditionellen Paararrangements werden kann.

5 Literatur

Becker R. & Nietfeld, M. (2001). Familien in harten Zeiten des gesellschaftlichen Umbruchs in Ostdeutschland. Empirische Befunde zu Auswirkungen von Arbeitslosigkeit und ökonomischen Verlusten auf das Konfliktverhalten in Dresdner Familien. In J. Huinink, K. P. Strohmeier & M. und Wagner (Hrsg.), *Solidarität in Partnerschaft und Familie. Zum Stand familiensoziologischer Theoriebildung* (S. 241-264). Würzburg: Ergon.

Beck-Gernsheim, E. (1980). *Das halbierte Leben: Männerwelt Beruf, Frauenwelt Familie.* Frankfurt am Main: Fischer Taschenbuch Verlag.

Bründel, H. & Hurrelmann, K. (1999). *Konkurrenz, Karriere, Kollaps. Männerforschung und der Abschied vom Mythos Mann.* Stuttgart: Kohlhammer.

Bundesministerium für Familie, Senioren, Frauen und Jugend. (2003). *Wo bleibt die Zeit? Die Zeitverwendung der Bevölkerung in Deutschland 2001/02*. Wiesbaden: Statistisches Bundesamt.

Connell, R. W. (1999). *Der gemachte Mann. Konstruktion und Krise von Männlichkeiten*. Opladen: Leske + Budrich.

Heinemeier, S. (1992). Rette sich, wer Mann – Arbeitslosigkeit als Krise von Männlichkeit. *BIOS, 5* (1), 63-82.

Hochschild, A. (1997). *The Time Bind. When work becomes home and home becomes work*. New York: Henry Holt and Company.

Hochschild, A. (2002). *Keine Zeit. Wenn die Firma zum Zuhause wird und zu Hause nur Arbeit wartet*. Opladen: Leske + Budrich.

Hochschild, A. & Machung, A. (1993). *Der 48-Stunden-Tag. Wege aus dem Dilemma berufstätiger Eltern*. München: Knaur.

Huinink, J. & Röhler, H. K. A. (2005). *Ziele und Arbeit in Paarbeziehungen. Zur Erklärung geschlechtstypischer Arbeitsteilung in nichtehelichen und ehelichen Lebensgemeinschaften*. Würzburg: Ergon.

Kaufmann, J.-C. (1995). *Schmutzige Wäsche: zur ehelichen Konstruktion von Alltag*. Konstanz: Universitätsverlag.

Koppetsch, C. & Burkart, G. (1999). *Die Illusion der Emanzipation*. Konstanz: Universitätsverlag.

Künzler, J. (1995). Familiale Arbeitsteilung in der Bundesrepublik Deutschland 1988. Eine ALLBUS-Sekundäranalyse zur Beteiligung von Männern an der Hausarbeit. In U. Gerhardt, S. Hradil, D. Lucke & B. Nauck (Hrsg.), *Familie der Zukunft: Lebensbedingungen und Lebensformen* (S. 149-169). Opladen: Leske + Budrich.

Röhler, H. K. A., Steinbach, A. & Huinink, J. (2000). Hausarbeit in Partnerschaften. *Zeitschrift für Familienforschung, 12* (2), 21-53.

Schütze, F. (1983). Biographieforschung und narratives Interview. *Neue Praxis, 3*, 283-293.

Wernet, A. (2000). *Einführung in die Interpretationstechnik der Objektiven Hermeneutik*. Opladen: Leske + Budrich

Witzel, A. (1995). Das problemzentrierte Interview. In G. Jüttemann (Hrsg.), *Qualitative Sozialforschung in der Psychologie. Grundfragen, Verfahrensweisen, Anwendungsfelder* (S. 227-256). Weinheim, Basel: Psychologie Verlags Union.

XI. Väter in Familien mit partnerschaftlicher Verteilung von Erwerbs- und Familienarbeit

Harald Rost

Der Wandel weiblicher Lebensentwürfe und die Rolle der Frau in der Familie sind schon seit längerer Zeit Gegenstand familiensoziologischer, -psychologischer und entwicklungs-psychologischer Forschung. Im Gegensatz dazu blieb die Rolle des Mannes in der Familie lange Zeit in der Forschung weitgehend unbeachtet. Erst in den letzten Jahren änderte sich der Fokus der Forschung und richtete sich stärker auf die Veränderungen der Rolle der Väter in der Familie, insbesondere auf den Wandel des Vaterbildes im Verhältnis zur gewandelten Frauen- und Mutterrolle.

Aktuelle Forschungsergebnisse zeigen, dass der Übergang zur Elternschaft nach wie vor zu einer traditionellen Rollenstruktur innerhalb der Familie führt, hauptsächlich dadurch bedingt, dass die Mütter ihre Erwerbstätigkeit zeitweise aufgeben oder reduzieren, während die Väter konstant weiter berufstätig bleiben. Die These ist, dass eine zeitweilige Unterbrechung der beruflichen Tätigkeit seitens der Väter für die Familie mehr Nachteile zur Folge hat, da die Männer im Durchschnitt mehr verdienen als die Frauen und in den meisten Fällen die „Haupternährer" der Familie sind. Aus diesem Grund – so wird vermutet – unterbrechen eher die Frauen ihre Erwerbstätigkeit oder reduzieren diese.

Die Begriffe „neue Väter" und „neue Männer" stehen zwar für veränderte Einstellungen gegenüber den Geschlechtsrollen, allerdings konstatiert die sozialwissenschaftliche Forschung bislang eine bemerkenswerte Beharrlichkeit der traditionalen Aufgabenteilung in den Familien auf der Verhaltensebene. Vor diesem Hintergrund untersuchte ein Pilotprojekt des Staatsinstituts für Familienforschung an der Universität Bamberg die Arbeitsteilung von Paaren, bei denen das Einkommen der Frau gleich hoch oder höher ist als das des Mannes. Die Fragestellung, welche Konsequenzen diese Tatsache für die partnerschaftliche Rollenstruktur und für den Übergang zur Elternschaft hat, wurde mittels qualitativer Interviews beider Partner aus 25 Paaren verfolgt.

1 Wandel der Vaterrolle

Gesellschaftlicher Wandel und Modernisierung lösten auch einen sozialen Wandel der Geschlechterbeziehungen aus, der in der jüngsten Vergangenheit insbesondere in der

Frauenforschung und Frauenpolitik heftig diskutiert wurde. Die Erosion von Traditionen und Normen, so die These, führte zur Verunsicherung der Individuen und zu einer Distanzierung der Frauen von der traditionellen Frauenrolle, berührte aber die Männer kaum (Metz-Göckel, 1998). Wurde die Geschlechterrollendiskussion auf der Basis der Vereinbarkeitsproblematik von Familie und Beruf lange Zeit auf dem Rücken der Frauen ausgetragen, rücken in jüngster Zeit zurecht auch die Männer und Väter immer mehr in den Blickpunkt der Familienforschung. Es hat jedoch gut ein Jahrzehnt gedauert, bis nach dem grundlegenden Werk „Zur Psychologie der Vater-Kind-Beziehung" (Fthenakis, 1985) wieder Publikationen aus der Familienforschung erschienen, die dieses Thema in den Mittelpunkt stellen (Fthenakis, 1999; Matzner, 1998; Vaskovics & Rost, 1999; Werneck, 1998; Zulehner & Volz, 1998). Gleichzeitig mehren sich im englischsprachigen Bereich Forschungsarbeiten, die versuchen, neben einer Zusammenfassung der empirischen Befunde auch neue theoretische Modelle zu diesem Thema zu entwickeln (Booth & Crouter, 1998), oder das Vaterschaftskonzept in einen sozialen und historischen Kontext zu stellen (Lamb, 2004; LaRossa, 1997). Allerdings gilt immer noch, was Nave-Herz bereits 1985 konstatierte, dass das Thema der „neuen Väter" zwar Konjunktur habe, der hohen Zahl an pseudo-wissenschaftlichen Abhandlungen jedoch nur eine geringe Zahl an wissenschaftlichen Untersuchungen im deutschsprachigen Raum gegenüber stehe (Nave-Herz, 1985, S. 46).

Wenn heute auf die starke Veränderung der Vaterrolle hingewiesen wird, darf nicht übersehen werden, dass es je nach historischem Kontext schon immer Veränderungen in der Rolle des Vaters und in den Funktionen der Vaterschaft (biologische, psychologische, rechtliche, soziologische) innerhalb der Familie gab. Der Begriff des Familienvaters geht zurück auf den Terminus „pater familias" im Römischen Reich. Wichtig war zu dieser Zeit nicht die biologische Vaterschaft sondern die Legitimation des Kindes. Während die Erziehung der Mädchen hauptsächlich Sache der Mütter war, wurden die Söhne von den Vätern erzogen. Die Rolle des Vaters konzentrierte sich auf die strenge Kontrolle des Erwachsenwerdens ihrer Söhne, die der Macht des Vaters völlig unterstanden (Kniebiehler, 1996).

Über die abendländische Vaterschaft nach dem Zerfall des römischen Reiches bis zum 11. Jahrhundert ist wenig bekannt. Insbesondere die arbeitende Bevölkerung (Leibeigene und abhängige Bauern) lebte in Sippen zusammen. Da es keine Kleinhaushalte gab, ist auch die Figur des Vaters nicht eindeutig. Kinder trugen nicht den Namen des Vaters, und es gab eine Art Kollektivväter für ganze Gruppen. Die Rolle des Vaters in der Familie als abgegrenzte soziale Einheit ist im Mittelalter entstanden und wurde nach außen durch den gemeinsamen Familiennamen gekennzeichnet (Lempp, 1986). Die spätmittelalterliche Gesellschaft war zwar patriarchalisch organisiert, aber das Vaterbild blieb undeutlich. Der Begriff des Vaters findet sich in Dokumentationen kaum und wurde höchstens im Verhältnis zu den Kindern aktenkundig festgelegt, z.B. im Testament oder anderen Rechtsverbindlichkeiten. Als Geschlechtsrollen im modernen Selbstverständnis sind Mutterschaft und Vaterschaft erst mit der intimisierten Kleinfamilie im 18. Jahrhundert entstanden (Opitz, 1992). Während in der Zeit der patriarchalischen Gesellschaft emotionale Vater-Kind-Beziehungen verboten bzw. tabuisiert waren und die väterliche Autorität im Mittelpunkt stand, vollzog sich mit der Aufklärung ein Wandel der Vaterrolle. Durch Rousseau wurden neue Erziehungsziele formuliert: In Bezug auf den Vater soll sich das Kind nicht mehr nur unterordnen, sondern seinen eigenen Charakter in voller Reinheit entfalten können. Rousseau kritisierte, dass für den Vater die Erziehungsaufgabe hinter seiner Berufspflicht rangiere; dies, obwohl Berufs- und Familiensphäre in dieser Zeit noch nicht eindeutig voneinander getrennt waren. Diese Trennung etablierte sich im Laufe der fortschreitenden Industrialisierung immer deutlicher (Schütze, 1988). Für die Vaterschaft waren damit eher theoretische als praktische Konsequenzen verbunden. Auch das Gesetzesprojekt zum Wohl des Kindes von 1880, in dem die Gewalt des Vaters eingeschränkt und die Kontrolle des Kollektivs verbrieft wurde, hatte nur geringen Realisationsgrad (Kniebiehler, 1996). Aus der familialen Hausgemeinschaft des frühen 19. Jahrhunderts wurde im ausgehenden 19. Jahrhundert die Repräsentationsfamilie, womit erneut ein Wandel der Geschlechterrollen einherging. Die Frau verliert durch den Verlust der häuslichen Produktion an Macht, bekommt aber gleichzeitig einen neuen Verantwortungsbereich, da sie jetzt de facto allein für die Pflege und Erziehung der Kinder zuständig ist. Die Vaterpflichten treten gegenüber denen der Mutter in den Hintergrund. Er wird von der täglichen „Mühe“ mit den Kindern zunehmend entbunden und tritt als „Disziplinierer“ auf, da Unterordnung und Gehorsam als Erziehungsgrundsätze immer bedeutsamer werden. Die männliche Rolle beinhaltet zunehmend die Unterdrückung der Gefühle. Ernsthaftigkeit und Nüchternheit werden wichtig, und Strenge und Distanz werden von den Vätern insbesondere gegenüber den Söhnen zum Standardverhalten (Schütze, 1988).

Die Rolle des Vaters und ihre Veränderung im 20. Jahrhundert ist im Wesentlichen dadurch gekennzeichnet, dass das normativ verbindliche Leitbild des traditionellen Vaters zunehmend an Bedeutung verliert (Schneider, 1989). Die Neuorientierung der Rolle der Frauen stellt auch die Väter vor neue Herausforderungen. Der Wandel der Vaterrolle wurde durch verschiedene Faktoren herbeigeführt: den Gleichberechtigungsgedanken und damit einhergehend ein verändertes Gerechtigkeitsempfinden in Bezug auf die Geschlechterrollen; veränderte Erwartungshaltungen der Wirtschaft, die auf weibliche Arbeitskräfte nicht mehr verzichten kann; die Entwicklung der Kleinfamilie mit geringer Kinderzahl, in der die Vormachtsstellung des Mannes zurückgedrängt wird.

Nach dem Ende des zweiten Weltkriegs war für den Vater nicht mehr die Funktion als Familienoberhaupt am wichtigsten, es zählt vor allem Beruf, Leistung und Sozialprestige. Väter wendeten sich vornehmlich der Berufswelt zu und waren in der Familie großteils abwesend. Sie boten ihren Kindern zwar zunehmenden Konsum an, aber nur noch in geringem Maß eine enge emotionale Beziehung (Lempp, 1986). Das autoritäre Vaterkonzept wird im ausgehenden 20. Jahrhundert intellektuell stark angegriffen (Lenzen, 1996), im Zuge einer auf Gleichberechtigung ausgerichteten Partnerschaft entsteht der Begriff der „neuen Männer“. In der Diskussion um die elterliche Sorge tauchen „neue Väter“ auf, die um Gleichbehandlung bei der elterlichen Sorge nach Trennung und Scheidung kämpfen. Es gibt zunehmend mehr Väter, die sich mit der Mutter zusammen auf die Geburt ihres Kindes vorbereiten und sich an seiner Pflege und Betreuung beteiligen. Die Masse an neuerer wissenschaftlicher, populärwissenschaftlicher sowie Ratgeber- und Betroffenenliteratur weist jedoch eine Vielzahl von unterschiedlichen und teilweise auch widersprüchlichen Thesen zum Thema „Vaterschaft heute" auf: So wird einerseits von der „vaterlosen Gesellschaft" oder der „Krise des Paternalen" und andererseits von der „neuen Väterlichkeit" oder den „neuen Vätern" gesprochen (Zusammenschauend Matzner, 1998, S. 12).

Derzeit weisen drei neuere repräsentative Studien darauf hin, dass es die „neuen Männer" in Deutschland zumindest auf der Einstellungsebene gibt. In der Studie „Männer im Aufbruch" konnten 23% der befragten Männer im Osten und 19% im Westen diesem Typ zugeordnet werden, der sich durch ein egalitäres Rollenkonzept auszeichnet (Zulehner & Volz, 1999, S. 50). Die Studie „Väter und Erziehungsurlaub" kommt zu dem Ergebnis, dass 20% der Väter eigentlich gerne Elternzeit nehmen würden (Rost, 1999, 2001; Vaskovics & Rost, 1999, S. 56) und eine neue Studie des Bundesministeriums für Familie, Senioren, Frauen und Jugend zeigt, dass sich nur noch 29% der Väter ausschließlich als Ernährer der Familie sehen (Bundesministerium für Familie, Senioren, Frauen und Jugend, 2001, S. 8).

Doch auf der Verhaltensebene zeichnet die Realität derzeit noch ein ganz anderes Bild: Nur ca. 2% der Elternzeit-Nehmenden in Deutschland sind Väter und die Teilzeitquote der erwerbstätigen Männer liegt bei 4%. Diese Quoten steigen seit den letzten Jahren auch kaum an.

2 Fragestellung und Methode

Fasst man die jüngsten Forschungsergebnisse zum Übergang zur Elternschaft zusammen, zeigt sich einheitlich, dass meist die Frauen bei Problemen mit der Vereinbarkeit von Familie und Beruf „den Kürzeren ziehen" und die Erwerbstätigkeit zugunsten der Familie zeitweilig aufgeben (Rost, 2001; Rost & Schneider, 1999; Schneewind et al., 1996). Eine wesentliche Ursache liegt darin, dass immer noch häufiger der Mann mehr zum Familieneinkommen beiträgt als die Frau und diese strukturellen Bedingungen in ganz erheblichem Maße zu einer traditionellen Rollenteilung beitragen. Bislang wenig beachtet worden ist in der Familienforschung die Frage, wie die Rollenaufteilung unter anderen sozialstrukturellen Rahmenbedingen geregelt wird, beispielsweise, wenn das Einkommen der Frau höher ist als das des Mannes.

Auf der Basis dieses Forschungsstandes führte das Staatsinstitut für Familienforschung an der Universität Bamberg eine Pilotstudie (Oberndorfer & Rost, 2002) durch, deren Grundlage qualitative Interviews mit 25 Paaren bzw. Familien bildeten, die unter besonderen sozialstrukturellen Bedingungen in hohem Maße von der Problematik der Vereinbarkeit von Familie und Erwerbstätigkeit betroffen sind. Ausgehend von den Befunden, dass insbesondere die Einkommensunterschiede zwischen den Geschlechtern zu der

Beibehaltung der traditionellen Rollenstruktur beitragen und einer stärkeren Beteiligung der Männer an der Familienarbeit entgegenstehen, wurden nur Paare in die Studie einbezogen, bei denen das Einkommen der Frau gleich hoch oder höher war als das des Mannes. Im Hinblick auf die Fragestellung der Studie wurde als konstitutives Merkmal der Stichprobe die finanzielle Situation der Elternpaare gewählt: Die Frau sollte *vor* der Geburt des letzten Kindes den gleichen oder größeren Teil zum Familieneinkommen beigetragen haben.

Die Zielsetzung war, herauszufinden, wie solche Paare die Vereinbarkeit von Familie und Beruf und die innerfamiliale Aufgabenteilung regeln und welche entsprechenden Bewältigungsstrategien sie diesbezüglich entwickelt haben. Die zentralen Fragestellungen der Pilotstudie waren dementsprechend:

- Welche Konsequenzen für die partnerschaftliche Rollenstruktur hat die Tatsache, dass die Frau der „Haupternährer" ist, und wie ist der Übergang zur Elternschaft davon betroffen, insbesondere im Hinblick auf die Aufgabenteilung zwischen den Geschlechtern?
- Werden von diesen Paaren spezielle Bewältigungsstrategien und partnerschaftliche Vereinbarkeitsarrangements zwischen Familie und Beruf entwickelt, die unter Umständen auch modellhaften Charakter haben können?
- Wie ist die Reaktion des sozialen Netzwerks auf die nichttraditionelle Rollenaufteilung, und welche beruflichen Konsequenzen ergeben sich daraus für die Partner?

Zur Untersuchung der Fragestellung wurde eine qualitative Erhebungsmethode gewählt, ergänzt um einige standardisierte Fragen. Es wurden beide Partner zu dem Thema befragt, da die Aufteilung von Erwerbstätigkeit und Familienarbeit beide Partner betrifft und somit eine gemeinsame Aufgabe darstellt. Als Erhebungsinstrument für den qualitativen Teil wurde das leitfadengestützte, teilstrukturierte Interview gewählt. Es ermöglicht zum einen, das Gespräch durch den Interviewleitfaden zu lenken, stellt die durchgängige Berücksichtigung bestimmter Themenbereiche sicher und ermöglicht den Vergleich zwischen den Interviews. Es bietet zum anderen dennoch viel Raum für ein unbeeinflusstes Erläutern, bringt die individuelle Logik, den individuellen Argumentationsverlauf zur Geltung und ermöglicht dem Befragten die Betonung der jeweils wichtigen Aspekte eigenen Handelns und Entscheidens. Alle UntersuchungsteilnehmerInnen wurden in einer face-to-face-Situation zwischen Mitte Februar und Ende April 2001 befragt. Die Interviews dauerten in der Regel bei den Frauen ca. 60 Minuten und bei den Männern etwa 90 Minuten.

3 Ergebnisse und Schlussfolgerungen

Mit dem Übergang zur Elternschaft vollzieht sich bei den meisten Paaren auch heute noch eine Manifestierung oder ein grundlegender Wandel – je nach dem, wie die Rollenverteilung vorher strukturiert war – der innerfamilialen Rollenstruktur in Richtung traditionelle Geschlechterrollen. Das bedeutet, dass dem Mann zunehmend die Rolle des Ernährers zufällt, während der Frau die Hauptverantwortung für die Familienarbeit obliegt. „Frauen erfahren nach der Geburt zumeist eine durchgreifende Umgestaltung ihrer Lebenszusammenhänge, die sich in erster Linie in der Konfiguration traditional-komplementärer Geschlechtsrollen manifestiert. Mit der Geburt scheiden fast alle Frauen, zumindest temporär, aus dem Erwerbsleben aus und sind danach faktisch und normativ mit der Zuständigkeit für Kinderbetreuung und Haushaltsführung konfrontiert" (Rost & Schneider, 1994, S. 55).

Die Ergebnisse der vorliegenden Pilotstudie zeigen deutliche Abweichungen vom „Standardmuster" und weisen somit darauf hin, dass das Einkommen vor der Geburt wesentlichen Einfluss sowohl auf den Umfang der Erwerbsbeteiligung wie auch auf die Aufgabenteilung der Partner nach der Geburt des Kindes hat. Wichtige Motive für eine egalitäre Aufteilung von Erwerbstätigkeit und Familienarbeit der befragten Paare sind nicht nur Gleichberechtigungsideale, sondern auch die Vorstellung, dass beide Elternteile für die Kinder da sein sollten. Die klassische Figur mit dem Mann als Hauptverdiener findet sich bei diesen Paaren nicht, aber auch ein Rollentausch erfolgte nur selten: Lediglich bei vier der befragten 25 Paare nahm ausschließlich der Vater die Elternzeit in Anspruch. Anlässlich der Geburt eines Kindes werden von diesen Paaren eher gleichberechtigte Lösungen für die Vereinbarkeit von Familie und Beruf gesucht. Bei den meisten befragten Paaren wurde die Elternzeit geteilt, so dass keiner der Partner lange aus dem Erwerbsleben „aussteigen" musste. Bei diesen Arrangements wird betont, dass Unterstützung durch Dritte bei der Kinderbetreuung unverzichtbar sei. Auch die Tätigkeiten im Haushalt werden bewusst verteilt. Meist achten die Partner darauf, dass derjenige, der mehr Zeit zu Hause verbringt, auch einen höheren Anteil an der Hausarbeit übernimmt.

Dass diese Paare in gewisser Weise noch als Pioniere zu sehen sind, davon zeugen ihre Berichte über Reaktionen im sozialen Umfeld. Sie werden häufig als „Abweichler" betrachtet, müssen ihre Aufgabenteilung rechtfertigen, man „klatscht" über sie, und auch am Arbeitsplatz stoßen sie oftmals auf wenig Verständnis, sondern eher auf Vorbehalte. Die Ergebnisse der Untersuchung zeigen somit deutlich, dass von den Einkommensverhältnissen zwar wichtige Anreize zur Veränderung der Aufgabenteilung ausgehen, sich aber zugleich noch immer Hemmnisse in nahezu allen gesellschaftlichen Bereichen finden.

Die Mehrheit der befragten Paare zeigt sich sehr zufrieden mit ihrer nichttraditionellen Form der Rollenteilung und würde diese Lösung jederzeit wieder wählen. Vor allem die sehr positiven Aussagen der Väter fallen auf: Sie berichten, dass die egalitäre Rollengestaltung eine „kolossale Bewusstseinserweiterung" mit sich gebracht habe und sie die intensive Phase mit den Kindern als „wunderschöne Erfahrung" erlebt hätten. Ein bemerkenswertes Ergebnis der Studie ist, dass sich die partnerschaftliche Rollenaufteilung sehr positiv auf die Zufriedenheit mit der Beziehung auswirkt. Es ist zu wünschen, dass diese sehr positiven Erfahrungen der befragten Paare mit ihrer Form der nichttraditionellen Rollenstruktur anderen Paaren, die einer nichttraditionellen Verteilung von Erwerbs-

und Familienarbeit aufgeschlossen gegenüber stehen, als Vorbild dienen und sie ermutigen, ebenfalls diesen Weg zu versuchen.

Wie die Ergebnisse der vorliegenden Pilotstudie weiter zeigen, sind die befragten Paare mit ihrer Lebenssituation und mit dem gefundenen Rollenarrangement weitgehend zufrieden. Dieses ist in weiten Teilen egalitär ausgerichtet, was auch ihren Einstellungen entspricht. Zur Realisierung ihrer nichttraditionellen Aufgabenverteilung waren jedoch auch entsprechende Voraussetzungen notwendig, von denen insbesondere ihre passenden beruflichen Rahmenbedingungen eine entscheidende und notwendige Bedingung waren.

Aus den Auswertungen der Interviews, d.h. insbesondere aus den geschilderten Erfahrungen der Befragten und den daraus abgeleiteten Vorschlägen aus ihrer Sicht, lassen sich Schlussfolgerungen ableiten, die es mehr Paaren erleichtern könnte, sich auf das Abenteuer einer egalitären Rollenstruktur einzulassen.

3.1 Schlussfolgerungen für die Arbeitswelt

Eine ganze Reihe von Anregungen der Befragten richtet sich an die Arbeitswelt, deren Strukturen und Normen noch immer zu sehr auf das Modell des „male breadwinner“ und „female householder“ ausgerichtet sind. Die Vereinbarkeit von Familie und Beruf für Männer ist darin kaum vorgesehen. Damit ist die Wahlfreiheit für Paare, ein für sie passendes Modell der Aufteilung von Erwerbstätigkeit und Familienarbeit zu übernehmen, in der Regel ganz erheblich eingeschränkt. Die männliche Berufskarriere ist nach wie vor nur schwer vereinbar mit einer familienbedingten Berufspause, und selbst wenn kein beruflicher Aufstieg anvisiert wird, fürchten viele Männer negative Konsequenzen für ihren weiteren Berufsverlauf, wenn sie Elternzeit nehmen oder eine Teilzeitbeschäftigung anstreben. Um hier neue Möglichkeiten einer besseren Rollenaufteilung zwischen den Geschlechtern zu erreichen, bedarf es aber nicht nur struktureller Änderungen, sondern auch Veränderungen in den Einstellungen der Verantwortlichen auf der entsprechenden Unternehmensebene, d.h. es „müsste sich jetzt erst einmal primär in den Köpfen der Arbeitgeber viel ändern“, wie es ein befragter Vater ausdrückte.

Die meisten Anregungen der Befragten in diesem Bereich beziehen sich darüber hinaus auf Maßnahmen, die unter dem Stichwort „familienfreundliche Maßnahmen in Unternehmen“ subsumiert werden können. Insbesondere eine größere Flexibilität der Arbeitszeiten und mehr attraktive Möglichkeiten von Teilzeitarbeitsstellen werden als dringend notwendig angesehen, um die Arbeitsbedingungen besser auf eine flexible Planung von Erwerbs- und Familienarbeit abstimmen zu können. Arbeitgeber sollten vor allem auch für Männer eine solche flexiblere Handhabung von Arbeit ermöglichen, um damit den Grundstein für eine stärkere Beteiligung des Vaters an der Familienarbeit zu legen.

Diese Wünsche der Befragten an die Arbeitswelt sollten ernst genommen werden. Mittlerweile zeigen mehrere Studien einhellig, dass die Vereinbarkeit von Familie und Beruf nicht mehr nur für Mütter ein Problem ist, sondern auch für die Väter. Der Anteil an „neuen Vätern“, die sich mehr Zeit für ihre Kinder nehmen möchten und sich auch stärker in die Familienarbeit einbringen wollen, wächst stetig. Aber nach wie vor ist eine familienbezogene Berufspause ein Makel in der männlichen Berufskarriere. Wenn Väter nicht die Chance bekommen, beides besser zu vereinbaren, dann ist die Wahlfreiheit für Paare, ein für sie passendes Modell der Aufteilung von Erwerbstätigkeit und Familienarbeit zu leben, ganz erheblich eingeschränkt. Gerade diese Wahlfreiheit ist aber heute eine wichtige Grundvoraussetzung dafür, dass junge Paare ihren Wunsch nach Kindern auch realisieren. Vor dem Hintergrund der seit zwei Jahrzehnten sehr niedrigen Fertilitätsquoten in Deutschland und diesen seit langem bekannten Zusammenhängen sollte dem Aspekt einer „väterfreundlichen Arbeitswelt" auch endlich die entsprechende Bedeutung zukommen.

3.2 Forderungen an die Familienpolitik

Obwohl die von uns befragten Paare mit ihrer eigenen Lebenssituation überwiegend zufrieden sind, haben sie noch einige Wünsche an die Familienpolitik. Diese werden nicht allein auf der Basis der eigenen Situation formuliert, sondern berücksichtigen auch die Bedürfnisse von Familien, deren Lebenssituation weniger Wahlmöglichkeiten bei der Gestaltung des familialen Zusammenlebens lässt.

Um finanzielle und berufliche Nachteile in Grenzen zu halten und gleichzeitig die Verfügbarkeit beider Eltern für das Kind zu gewährleisten, wird von den Befragten vorgeschlagen, Eltern zu ermöglichen, gemeinsam Elternzeit zu nehmen. Diese Forderung wird seit dem 1.1.2001 mit der Neuregelung des Bundeserziehungsgeldgesetzes in Deutschland erfüllt. Die neue gesetzliche Regelung bedeutet vor allem für Partner, die in etwa gleich hohe Einkommen erzielen, eine zusätzliche Möglichkeit, Erwerbs- und Familientätigkeit egalitär aufzuteilen. Die meisten Befragten sehen die Notwendigkeit, die gesetzlichen Elternzeiten stärker an die familiale Entwicklung anzupassen. Sie schlagen vor, den Eltern zu ermöglichen, immer dann Elternzeit zu nehmen, wenn die Familie in eine familienintensive Phase eintritt, also nicht nur bei Geburt eines Kindes, sondern z.B. auch bei Schuleintritt des Kindes oder bei einem notwendigen Wechsel der Fremdbetreuung. Denkbar wäre zudem, den Eltern die Möglichkeit zu geben, Elternzeit in familialen Krisen, wie z.B. bei elterlicher Trennung oder Tod eines Elternteils zu nehmen, da in derartigen Krisen Kinder in besonderer Weise auf die Unterstützung ihrer Eltern angewiesen sind.

Wie die Aussagen der befragten Paare zeigen, wäre die nichttraditionelle Aufgabenteilung ohne die Verfügbarkeit einer Betreuung durch dritte Personen oder Institutionen für die Mehrheit der Paare nicht möglich gewesen. Es ist deshalb nicht verwunderlich, dass die Verbesserung der Betreuungsmöglichkeiten für Kinder ein besonderes Anliegen der befragten Väter und Mütter ist. Vor allem wird ein dringender Bedarf an qualitativ guten und kostengünstigen Betreuungseinrichtungen für Kinder unter 3 Jahren angemeldet. Öffnungszeiten und Organisation dieser Einrichtungen sollten dem Bedarf an flexibler Betreuung entsprechen. Diese Forderung der Befragten schließt die Betriebe ein. Sie sollten dazu verpflichtet werden, Betreuungsmöglichkeiten für Kleinkinder sowie Räumlichkeiten für das Stillen der Kinder zur Verfügung zu stellen. Ebenso dringend werden Betreuungsmöglichkeiten für Schulkinder gefordert. Bevorzugt wird die Ganztagsschule, aber zumindest sollten ausreichend Hortplätze mit der Möglichkeit ein warmes Mittagessen einzunehmen, verfügbar sein. Hinsichtlich der Kindergärten wird vor allem ein breiteres Angebot an Ganztagsbetreuung gefordert. Dabei sollten Kindergärten sowohl in ihren Öffnungszeiten als auch hinsichtlich der Gestaltung des Tagesablaufs flexibler sein, um auch auf kurzfristige Anliegen der Eltern reagieren zu können. Wiederholt wurde auf das Beispiel von Frankreich hingewiesen, wo ein wesentlich sichereres, günstigeres, flexibleres und umfassenderes Betreuungsangebot bereit steht. Auch die private Kinderbetreuung (z.B. durch Tagesmütter) halten die Befragten für verbesserungswürdig. Diese Betreuungsform scheitert teils an dem (durch die schlechte Bezahlung verursachten) Mangel an Tagesmüttern. Eine staatliche Unterstützung dieser Betreuungsform und alternative Betreuungsmodelle (in Kleingruppen) könnten das institutionelle Angebot gut ergänzen. Die Forderungen der befragten Paare an die Familienpolitik machen deutlich, dass sie trotz ihrer Bildungs- und ökonomischen Ressourcen sowie ihrer überwiegend hohen Zufriedenheit mit der nichttraditionellen Aufgabenverteilung, vielfältige Möglichkeiten sehen, die Vereinbarkeit von Erwerbs- und Familienarbeit zu optimieren. Ein wesentlicher Aspekt hierbei ist die bedarfsgerechte Erweiterung von öffentlicher und privater Kinderbetreuung.

3.3 Resümee

Der Familie wird in unserer Gesellschaft große Bedeutung zugeschrieben, und die Erwartungen an sie sind sehr hoch. Sie wird nicht nur als beste Möglichkeit gesehen, Kinder aufzuziehen, sondern auch als eine Form des Zusammenlebens, in deren Rahmen der Einzelne dauerhaft emotionale Zuwendung, Förderung, Anerkennung und Geborgenheit erfährt. Diese idealen Bedingungen sind jedoch nicht einfach mit dem Eingehen einer Partnerschaft und der Gründung einer Familie gegeben, sie müssen „hergestellt" bzw. entwickelt werden. Um diese Erwartungen erfüllen zu können, muss vor allem die Existenzgrundlage der Familie gesichert sein. In den meisten Fällen kann dies die Familie weitgehend aus eigener Kraft leisten. Es gibt jedoch Phasen in der Familienentwicklung, in denen sich die Eltern in besonderer Weise in der Familie engagieren müssen. In diesen Phasen sind die Eltern gezwungen, entweder ihre Erwerbstätigkeit einzuschränken oder die Familientätigkeit, insbesondere die Betreuung der Kinder, auf andere zu übertragen. Dies bedeutet in jedem Fall finanzielle Einbußen. Der Staat versucht diese auszugleichen. Allerdings ist nach Ansicht der befragten Männer und Frauen dieser Ausgleich bislang ungenügend. Sie meinen, die finanziellen Leistungen für die Familie müssten diese Verluste angemessener aufwiegen. Die Unterstützung der Familie müsse sich zudem stärker an der finanziellen Situation des Einzelfalles orientieren. Das Kindergeld (in Deutschland) sei eher eine symbolische Geste und decke in keinster Weise die tatsächlich entstehenden Kosten ab. Mit der Erhöhung des finanziellen Ausgleichs würde auch eine gesellschaftliche Aufwertung der Familie erzielt. Denn Anerkennung einer Leistung drücke sich u.a. auch durch die Höhe ihrer „Bezahlung" aus. Einige der befragten Männer und Frauen sind der Ansicht, dass eine kostengerechte finanzielle Ausstattung der Familie in Zeiten, in denen die finanzielle Grundlage nur eingeschränkt durch Erwerbstätigkeit erwirtschaftet werden könne, möglicherweise zur Folge habe, dass Väter vermehrt Elternzeit nähmen. Allerdings erscheint ihnen dies nicht hinreichend. Zur finanziellen Anerkennung der Familientätigkeit wäre auch ein neues gesellschaftliches Verständnis der Geschlechterrollen notwendig. Einige Männer und Frauen meinen sogar, Elternzeiten sollten für Männer verpflichtend werden. Nur solche Regelungen würden zu einer „wirklichen Umstrukturierung" beitragen. Die meisten derjenigen, die sich dazu äußern, glauben jedoch, dass dies nicht zwangsverordnet werden kann. Vielmehr müsse die Familie allgemein mehr Anerkennung erhalten und ihre Bedürfnisse stärker berücksichtigt werden. Die Paare beziehen sich dabei nicht nur auf die erfahrene Ablehnung der von ihnen praktizierten egalitären Aufgabenteilung oder des Rollentauschs, sondern auch auf Erfahrungen, die Familien allgemein in der Öffentlichkeit machen. Viele der befragten Paare sind der Meinung, dass in unserer Gesellschaft eine wenig familienfreundliche Atmosphäre herrsche. Dies sei nicht nur im Arbeitsbereich spürbar, sondern auch bei der Wohnungssuche, in der Infrastruktur der Wohnumgebung, im Alltag, im Freizeitleben mit Kind(ern) und im Zusammenleben mit den Nachbarn.

Die Gespräche mit den Familien zeigen, dass gerade engagierte junge Eltern, die sich für eine nichtkonventionelle Arbeitsteilung entschieden haben, in unterschiedlichen Bereichen erfahren, dass das Bewusstsein für den gesellschaftlichen Wert der Familienarbeit vielfach fehlt. Paare, die einen neuen Weg gehen wollen und ein egalitär ausgerichtetes Geschlechtsrollenverständnis haben, erleben in besonderem Maße, dass die Familienarbeit im Verhältnis zur Erwerbstätigkeit immer noch einen sehr niedrigen Status hat. Natürlich ist zu berücksichtigen, dass gerade solche Paare eine hohe Sensibilität für dieses Missverhältnis entwickeln. Gratifikationen im Berufsleben und Anerkennung für die in den Familien geleistete Arbeit sind zugunsten der Erwerbstätigkeit ungleichgewichtig. In weiten Bereichen der Gesellschaft und auf vielen gesellschaftlichen Ebenen wirken zudem noch immer traditionelle Geschlechtsrollen normativ, was die Erprobung und Etablierung neuer Formen der Rollenaufteilung unnötig erschwert. Wie auch immer das Zusammenleben und die Aufgaben der Familie organisiert werden, ist die Aufwertung der Familienarbeit, sowohl finanziell als auch ideell, eine längst überfällige gesellschaftliche Aufgabe. Nur so kann gewährleistet werden, dass sich die Durchlässigkeit zwischen den Bereichen Beruf und Familie erhöht und beide Bereiche in das Leben von Frauen und Männern sowie in das Zusammenleben von Familien ohne größere Probleme integriert werden können.

Dass dies ein wünschenswertes Ziel sein sollte, wird durch die Erfahrungen der Paare in der Pilotstudie belegt. Die Mehrheit von ihnen zeigt sich sehr zufrieden mit ihrer nichttraditionellen Form der Rollenteilung und würde diese Lösung jederzeit wieder wählen. Bei der positiven retrospektiven Beurteilung ihrer Lebenssituation fallen vor allem die Aussagen der Väter auf. Sie berichten, dass die alternative Rollengestaltung eine „kolossale Bewusstseinserweiterung“ mit sich gebracht habe und sie die intensive Phase mit den Kindern als „wunderschöne Erfahrung“ erlebt hätten. Besonders bemerkenswert ist, dass sich die egalitäre Rollenaufteilung bei den Paaren der Pilotstudie sehr positiv auf die Partnerschaft und die Zufriedenheit mit der Beziehung auswirkt. Es ist zu wünschen, dass diese sehr positiven Erfahrungen anderen Paaren, die einer nichttraditionellen Aufgabenteilung aufgeschlossen gegenüber stehen, als Vorbild dienen und sie ermutigen, ebenfalls diesen Weg zu versuchen.

4 Literatur

Booth, A. & Crouter, A. C. (1998). *Men in families. When do they get involved? What difference does it make?* New Jersey: Lawrence Erlbaum Associates.

Bundesministerium für Familie, Senioren, Frauen und Jugend. (Hrsg.). (2001). *Die Rolle des Vaters in der Familie. Zusammenfassung des Forschungsberichts.* Stuttgart: Kohlhammer.

Fthenakis, W. E. (1985). *Zur Psychologie der Vater-Kind-Beziehung. Band 1 und 2.* München: Urban & Schwarzenberg.

Fthenakis, W. E. (1999). *Engagierte Vaterschaft. Die sanfte Revolution in der Familie.* Opladen: Leske + Budrich.

Knibiehler, Y. (1996). *Geschichte der Väter. Eine kultur- und sozialhistorische Spurensuche. Reihe: Frauen – Kultur – Geschichte, Bd. 6.* Freiburg: Herder.

LaRossa, R. (1997). *The modernization of fatherhood. A social and political history.* Chicago: The university of chicago press.

Lamb, M. E. (Eds.). (2004). *The role of the father in child development.* New York: John Wiley & Sons.

Lempp, R. (1986). *Familie im Umbruch.* München: Kösel-Verlag.

Lenzen, D. (1996). Zur Geschichte des Vaterkonzeptes in Europa. In G. Trommsdorff & H.-J. Kornadt (Hrsg.), *Gesellschaftliche und individuelle Entwicklung in Japan und Deutschland* (S. 139-151). Konstanz: Universitätsverlag Konstanz.

Matzner, M. (1998). *Vaterschaft heute. Klischees und soziale Wirklichkeit.* Frankfurt/M.: Campus.

Metz-Göckel, S. (1998). Mikropolitik in den Geschlechterbeziehungen: Selbstvertrauen, Anerkennung und Entwertung. In M. Oechsle & B. Geissler (Hrsg.), *Die ungleiche Gleichheit. Junge Frauen und der Wandel im Geschlechterverhältnis* (S. 259-279). Opladen: Leske + Budrich.

Nave-Herz, R. (1985). Die Bedeutung des Vaters für den Sozialisationsprozess seiner Kinder. Eine Literaturexpertise. In J. Postler & R. Schreiber (Hrsg.), *Traditionalismus, Verunsicherung, Veränderung. Männerrolle im Wandel?* (S. 45-75). Bielefeld: Kleine Verlag.

Oberndorfer, R. & Rost, H. (2002). *Auf der Suche nach den neuen Vätern. Familien mit nichttraditioneller Verteilung von Erwerbs- und Familienarbeit, ifb-Forschungsbericht Nr. 5*. Bamberg.

Opitz, C. (1992). Mutterschaft und Vaterschaft im 14. und 15. Jahrhundert. In K. Hausen & H. Wunder (Hrsg.), *Frauengeschichte – Geschlechtergeschichte. Geschichte und Geschlechter* (S. 137-153). Frankfurt a. M., New York: Campus.

Rost, H. (1999). Fathers and Parental Leave in Germany. In F. Deven & P. Moss (Eds.), *Parental Leave: Progress or Pitfall? Research and Policy Issues in Europe* (pp. 249–266). Brussels: CBGS Publications.

Rost, H. (2001). Väter und „Erziehungszeit" – Ansatzpunkte für eine größere Beteiligung von Vätern an der Erziehungs- und Familienzeit. In C. Leipert (Hrsg.), *Familie als Beruf: Arbeitsfeld der Zukunft* (S. 235–248). Opladen: Leske + Budrich.

Rost, H. & Schneider, N. F. (1994). Familiengründung und Auswirkungen der Elternschaft. *Österreichische Zeitschrift für Soziologie, 2*, 34-57.

Rost, H. & Schneider, N. F. (1999). Soziologische Aspekte des Übergangs zur Elternschaft. In B. Reichle & H. Werneck (Hrsg.), *Übergang zur Elternschaft. Aktuelle Studien zur Bewältigung eines unterschätzten Lebensereignisses* (S. 19-35). Stuttgart: Enke.

Schneewind, K. A., Vaskovics, L. A., Gotzler, P., Hofmann, B., Rost, H., Schlehlein, B., Sierwald, W. & Weiß, J. (1996). *Optionen der Lebensgestaltung junger Ehen und Kinderwunsch. Endbericht.* (Schriftenreihe des Bundesministeriums für Familie, Senioren, Frauen und Jugend, Bd. 128). Stuttgart: Kohlhammer.

Schneider, W. (1989). *Die neuen Väter – Chancen und Risiken. Zum Wandel der Vaterrolle in Familie und Gesellschaft.* Augsburg: AV-Verlag.

Schütze, Y. (1988). Mutterliebe – Vaterliebe. Elternrollen in der bürgerlichen Familie des 19. Jahrhunderts. In U. Frevert (Hrsg.), *Bürgerinnen und Bürger: Geschlechterverhältnisse im 19. Jahrhundert* (S. 118-133). Göttingen: Vandenhoeck & Ruprecht.

Vaskovics, L. A. & Rost, H. (1999). *Väter und Erziehungsurlaub (*Schriftenreihe des Bundesministeriums für Familie, Senioren, Frauen und Jugend, Bd. 179). Stuttgart: Kohlhammer.

Werneck, H. (1998). *Übergang zur Vaterschaft. Auf der Suche nach den „Neuen Vätern"*. Wien: Springer.

Zulehner, P. M. & Volz, R. (1998). *Männer im Aufbruch. Wie Deutschlands Männer sich selbst und wie Frauen sie sehen.* Ostfildern: Schwabenverlag.

XII. Männer zwischen Produktions- und Reproduktionsarbeit

Elli Scambor & Christian Scambor[1]

1 „Work Changes Gender"

Das interdisziplinäre europäische Männerforschungsprojekt *„Work Changes Gender"* wurde in den Jahren 2001-2004 unter Beteiligung von Österreich, Deutschland, Norwegen, Spanien, Bulgarien und Israel durchgeführt. Ausgangspunkt der Untersuchung waren weit reichende Veränderungen am europäischen Arbeitsmarkt und die Überlegung, dass sich damit die Erwerbsbiographien der einzelnen Menschen verändern. Neue, flexiblere Formen von Arbeit und mehrfach unterbrochene Erwerbsverläufe werden häufiger. Diese Entwicklung betrifft Männer in besonderer Weise. Wenn das bislang unhinterfragte Normalarbeitsverhältnis erodiert, verliert die Basis und zentrale Definition männlicher Identität ihre Grundlage.

Im Rahmen dieser Untersuchung wurden die mit dem Umbruch männlicher Erwerbsverhältnisse einhergehenden Veränderungen des männlichen Selbstverständnisses sowie die darin enthaltenen Möglichkeiten für die Gleichstellung der Geschlechter analysiert.

Eine der zentralen Thesen des Forschungsprojekts lautete:

> In der Umbruchsituation des Arbeitsmarktes stärkt Gleichstellung den ökonomischen und sozialen Zusammenhalt einer Gesellschaft, weil sie die individuelle Lebensqualität und Zufriedenheit von Männern und Frauen fördert.[2]

Die Forschungsteams in allen Partnerländern waren interdisziplinär zusammengesetzt und mit unterschiedlichen Forschungsschwerpunkten betraut:

- WirtschaftswissenschafterInnen analysierten die aktuelle Arbeitsmarktsituation sowie Trends auf dem Arbeitsmarkt in unterschiedlichen Regionen Europas (institutionelle gesellschaftliche Rahmenbedingungen);
- SoziologInnen untersuchten strukturelle Bedingungen auf der Ebene der Betriebe und Organisationen, und zwar jener Organisationen, die neue, flexible und sozial verträgliche Arbeitsformen für Männer ermöglichen;

[1] Elli Scambor ist wissenschaftliche Mitarbeiterin von r.@.m. - Research at Männerberatung Graz. Christian Scambor ist Leiter von r.@.m. - Research at Männerberatung Graz. Kontakt: research@maennerberatung.at

[2] www.work-changes-gender.org

- PsychologInnen untersuchten die Selbstbilder von Männern, die die genannten Anforderungen konstruktiv gelöst haben.

Die Verbindung dieser Ebenen wurde durch das Konzept der Bedingungsmatrix aus der Grounded Theory (Strauss & Corbin, 1996, S. 132ff.) hergestellt.

Die Konzentration auf strukturelle Bedingungen in Unternehmen sowie auf die Selbstbilder von Männern in Betreuungssituationen im folgenden Teil dieses Artikels ergibt sich aus der Schwerpunktsetzung der einzelnen Partner-Länder. Die ForscherInnen in Österreich beschäftigten sich im Rahmen der Untersuchung hauptsächlich mit unterschiedlichen Aspekten auf diesen beiden Ebenen.

2 Die Rolle der Unternehmen

Im Rahmen der Betriebsrecherche wurde gezielt nach Organisationen und Betrieben gesucht, in denen der Anteil von Männern in Karenz, Teilzeit oder anderen unüblichen Arbeitsarrangements hoch war. In der Organisationsanalyse wurden dann jene Bedingungen herausgearbeitet, die zu dieser Situation geführt hatten. Die Untersuchung konzentrierte sich auf neue Möglichkeiten und Chancen für Männer ebenso wie auf die damit verbundenen Risiken und sozialen Kosten. Die betrieblichen Bedingungen wurden mit der individuellen Lebens- und Familiensituation der einzelnen Männer, aber auch mit institutionellen Bedingungen in den Partnerländern in Zusammenhang gebracht.

2.1 „Models of good practice“

Die Suche nach neuen Verhaltensweisen von Männern am Erwerbsarbeitsmarkt beginnt bei jenen Männern, die vom *Normalarbeitsverhältnis*[3] abweichen, indem sie einer Teilzeitarbeit oder einer neuen Form der Beschäftigung nachgehen (z.B. freie Dienstnehmer, Werkvertragsnehmer, etc.). Besonders interessant sind jene Männer, die Arbeitszeiten reduzieren oder Karenz (Freistellung von der Arbeitsleistung) in Anspruch nehmen, um Betreuungsaufgaben zu übernehmen (Betreuung von Kindern, kranken Menschen, etc.). Die Beschäftigung mit diesen Männern ist höchst relevant, da sie einerseits unter den Bedingungen eines flexibilisierten Arbeitsmarktes Strategien entwickelt haben, die es ihnen erlauben mit den neuen Bedingungen oder Erfahrungen der Diskontinuität und Arbeitsplatzunsicherheit umzugehen. Mit ihren konkreten Handlungen leisten sie andererseits einen wesentlichen Beitrag zur Geschlechtergleichstellung, da sie unterschiedli-

[3] „Stabile, sozial abgesicherte, abhängige Vollzeitbeschäftigung, deren Rahmenbedingungen (Arbeitszeit, Löhne, Transferleistungen) kollektivvertraglich oder arbeits- und sozialrechtlich auf einem Mindestniveau geregelt sind“ (Bosch, 2001, S. 220).

che Verteilungsmuster aufbrechen (Verteilung von Erwerbs- und Betreuungsarbeit zwischen den Geschlechtern; Arbeitsmarktsegregation).

2.2 Die Stichprobe

Im Rahmen der Untersuchung wurde gezielt nach Unternehmen gesucht, die günstige betriebliche Strukturen für *„models of good practice"* boten. Die Zusammenstellung eines strategischen Samples von Best-Practice-Unternehmen erfolgte im Rahmen von Interviews mit politischen AkteurInnen aus unterschiedlichen Politikbereichen (Arbeitsmarktpolitik, Gleichstellungspolitik, Sozialpolitik, etc.). Nach einer ersten Auswahl von fünf Unternehmen in jedem Partnerland erfolgte eine Eingrenzung auf die zwei interessantesten Unternehmen, auf der Basis von Interviews in diesen Organisationen. Im Rahmen der Organisationsanalyse wurden ExpertInnen in den zwei ausgewählten Unternehmen befragt (Personalverantwortliche, Betriebsrat, ManagerInnen, Gleichstellungsbeauftragte, u.a.), darüber hinaus Mitarbeiter in untypischen Erwerbsverhältnissen (Fragebogenerhebung und Interviews). Insgesamt wurden im Rahmen der Analyse betrieblicher Strukturen in allen Ländern zusammen 200 Interviews geführt, davon 60 Interviews mit ExpertInnen und 140 Interviews mit Männern in untypischen Erwerbsverhältnissen.

2.3 „Gender means women"

Die Tatsache, dass die von den politischen AkteurInnen genannten Best-Practice-Unternehmen größtenteils den notwendigen Erfordernissen nicht entsprachen, kann als ein erstes wesentliches Ergebnis der Untersuchung festgehalten werden. Best-Practice bedeutete im Sinne der Forschungsfrage, dass innovative Arbeits(zeit)formen und Gleichstellungsstrategien mit einem Fokus auf beide Geschlechter im Unternehmen kombiniert werden. Zumeist waren die ForschungspartnerInnen im Zuge der Organisationsanalyse jedoch mit einer *„Women-Only*-Barriere" konfrontiert. Gemeint ist der Umstand, dass Geschlechtergleichstellung in den Unternehmen hauptsächlich Frauenförderung bedeutete. Männer fanden wenig oder keine Erwähnung. Entsprechend selten wurde die Notwendigkeit der Verbindung von „Mann und Geschlechtergleichstellung" von den ExpertInnen in den Unternehmen, aber auch von den politischen AkteurInnen formuliert. Gender Mainstreaming Prozesse und Vereinbarungsmaßnahmen werden im Allgemeinen mit dem Blick auf Frauen überlegt, entwickelt und umgesetzt. Die ideologische Regel dazu lautet auf Seiten der politischen AkteurInnen: *„Gender means women"*.

2.4 Unternehmensprofile

Eines der zentralen Anliegen des Projekts *„Work Changes Gender"* war es, jene betrieblichen Motive transparent zu machen, die maßgeblich dazu beigetragen hatten, dass *„models of good practice"* in den Unternehmen anzutreffen waren. Kursorisch kann festgehalten werden, dass Männer in unüblichen Arbeitsarrangements dort gefunden werden ...

- ... wo schlechte Auftragslagen Restrukturierungsmaßnahmen erforderlich machen und Restrukturierung durch Reduktion von Arbeitszeit erfolgt, anstatt Arbeitskräfte abzubauen; unübliche Arbeitsarrangements für Männer werden hier forciert, um Engpässe zu überwinden und gleichzeitig die Arbeitskräfte im Betrieb zu halten;
- ... wo eine steigende Nachfrage nach Arbeitskräften mit günstigen Arbeitsbedingungen „bezahlt" werden muss, also gute Zeiten für die Wünsche und Bedürfnisse der Arbeitskräfte vorliegen, im Sinn von erhöhter „bargaining power";
- ... wo Personen in Entscheidungspositionen (insbesondere Männer) selbst über Erfahrungen mit der Vereinbarung von Erwerbsarbeit und Familienarbeit verfügen;
- ... wo ein feministischer und/oder gleichstellungspolitischer Diskurs personalpolitische Überlegungen dahingehend beeinflusst, dass Väterkarenz und Teilzeitarbeit bei Männern als Chance für Geschlechtergleichstellung wahrgenommen und gefördert werden.

Die Vorteile unüblicher Arbeitsarrangements für die Unternehmen wurden von den ExpertInnen am ehesten im Bereich personalpolitischer Strategien gesehen. Karenzen und sogar Teilzeitverhältnisse für Männer wurden beispielsweise forciert, wenn dadurch Auftragsschwankungen besser bewältigt werden konnten. UnternehmensberaterInnen argumentieren zunehmend für Väterkarenz, indem darauf hingewiesen wird, dass die Übernahme von Betreuungsarbeit zum Erwerb von Schlüsselqualifikationen (Flexibilität, Kommunikation, Ausdauer, Konfliktbewältigung, etc.) führe. Der Erwerb von Schlüsselqualifikationen über Betreuungsarbeit spielte für die ExpertInnen in den Unternehmen nur eine sehr untergeordnete Rolle und galt in keinem der von uns befragten Unternehmen als vordringliches Motiv für die Unterstützung der Väterkarenz. Eher hatten Überlegungen im Bereich der Mitarbeiterzufriedenheit eine gewisse Überzeugungskraft entwickelt.

Im beruflichen und betrieblichen Kontext ist eine wirkliche Wertschätzung der Übernahme von Betreuungsaufgaben durch Männer und des entsprechenden Kompetenzgewinns selten. Auch dort, wo ein gewisses Verständnis vorzuherrschen scheint, sind die Reaktionen der verschiedenen Ebenen in einer Organisation zu beachten. Auch wenn z.B. das Top-Management eines Betriebes eine wohlwollende Haltung zu Karenzen oder Teilzeitarbeit für Männer demonstriert, kann auf untergeordneten Ebenen durchaus Ablehnung vorherrschen, weil die kurzfristigen Nachteile eines höheren Organisationsaufwands dort am meisten spürbar werden.

Vor allem in Unternehmen, die gerade damit begonnen haben, erste Schritte in Richtung Gleichstellung zu setzen, scheinen unübliche Arbeitsarrangements für Männer nach wie vor von Betriebsseite her eher als *„Ausnahmesituation vom Normalfall Vollzeitarbeit"* gesehen zu werden, die durch besondere Umstände zustande kommen oder geduldet werden. Betreuungsaufgaben (neben Fortbildung, psychohygienischen Gründen etc.) fungieren in diesem Zusammenhang bestenfalls als „guter Grund", der ohnehin vorliegen sollte oder erwartet wird, wenn ein Mitarbeiter den Wunsch nach Arbeitszeitreduzierung oder einer Unterbrechung der Erwerbsarbeit äußert. Ganz anders verhält es sich in Unternehmen, die einer fortgeschrittenen Phase der Gleichstellung zugeordnet werden.

2.5 Veränderungen in Organisationen und Gleichstellungspotentiale für Männer – Das Drei-Phasen-Modell

Hinsichtlich der Verankerung von Gleichstellungspraktiken mit dem Fokus Frauen und Männer im Unternehmen werden drei Phasen der *„proaktiven Trends und Potentiale"* unterschieden (Holter, Riesenfald & Scambor, 2005).

2.5.1 Die frühe Phase

Unternehmen, die im Rahmen dieser Erhebung der frühen Phase zugeordnet wurden, zeigten erste Schritte in Richtung Geschlechtergleichstellung. Konkret bedeutet das beispielsweise, dass in diesen Unternehmen erstmals Männer in weiblich assoziierten Feldern anzutreffen sind (Männer in Teilzeitbeschäftigungsverhältnissen, Männer in Karenz, selten auch Männer in nichttraditionellen Berufen). Die Situation dieser *„Pioniere"* ist zumeist sehr unsicher, weil die Organisation nicht über die adäquaten Unterstützungsstrukturen verfügt (Ansprechpersonen für Männer, adäquate Strategien der Karriereplanung, *work-life-balance*-verträgliche Arbeitszeitmodelle etc.).

Die geschlechterrelevante Substruktur (*„gendered substructure"*, Acker, 1991, 1992) im Unternehmen ist gekennzeichnet durch eine klare Zuteilung von Frauen und Männern zu geschlechtertypischen Arbeitsfeldern und Arbeitszeitmodellen, mit den entsprechenden Karrierenachteilen für Frauen. Erwerbsarbeit wird als wichtiger Teil des Lebens betrachtet. Dieser Annahme folgend vollzieht sich die Arbeit im Unternehmen unabhängig von privaten und familiären Verpflichtungen.

Erste Überlegungen zur Implementierung von Gleichstellungsmaßnahmen finden statt, die Betriebe sind jedoch zumeist weit entfernt von konkreten Umsetzungen. In diese ersten Überlegungen werden Männer nicht in aktiver Weise einbezogen. Geschlechtergleichstellung ist vielmehr gleichzusetzen mit Frauenförderung.

2.5.2 Die mittlere Phase

Unternehmen in der mittleren Phase sind mit dem Geschlechterkampf *(„gender trouble"*, Ohlendieck, 2003) konfrontiert. In diesen Unternehmen werden Gleichstellungsmaßnahmen umgesetzt – eine notwendige Voraussetzung dafür, dass Männer und Frauen gegeneinander konkurrieren können. Nach Ohlendieck (2003) kommt der Geschlechterkonkurrenz im Prozess der Gleichstellung eine wichtige Rolle zu: Dieses Konkurrenzverhältnis ist nicht allein ausschlaggebend für das Sichtbarmachen mittelbarer und unmittelbarer Diskriminierung von Frauen, sondern es ist vor allem ein Indikator dafür, dass Gleichstellung passiert, dass der Prozess im Gange ist. Solange Unternehmen nicht mit *„gender trouble"* konfrontiert sind, haben sie die mittlere Phase in diesem Modell nicht erreicht.

Gleichstellungsmaßnahmen in Unternehmen der mittleren Phase fokussieren deutlich auf die Verbesserung der Situation für Frauen. Auf Männer wird in der Entwicklung und Umsetzung dieser Maßnahmen nicht Bezug genommen. Allerdings sind deutliche sekundäre Effekte für Männer erkennbar. Ein Beispiel dazu: Die Rolle aktiver Väter ist eng verknüpft mit Karriererollen bei Frauen. Das heißt, im Sinne der Unterstützung der Karrierepläne von Mitarbeiterinnen und damit oft eines frühzeitigen Wiedereinstiegs nach der Karenz werden betriebliche Strukturen geschaffen, die es Männern erleichtern, Betreuungsaufgaben zu übernehmen. In Unternehmen der mittleren Phase kommt Männern die Rolle der „Unterstützer" weiblicher Karrierewege zu. Ihre aktive Vaterrolle ermöglicht der Partnerin einen frühen Wiedereinstieg. Ein spezieller individueller Nutzen, der sich aus der Übernahme von Kinderbetreuungsaufgaben ergibt, wird in der Regel nicht formuliert. Gleichstellungsmaßnahmen dieser Art formulieren den Nutzen einseitig – thematisiert wird die „Win-Situation" für Frauen, nicht die „Win-Win-Situation" für beide Geschlechter.

2.5.3 Die fortgeschrittene Phase

Während proaktive Trends in Unternehmen der mittleren Phase ausschließlich auf Frauen ausgerichtet sind, nehmen sie nun in Bezug auf beide Geschlechter konkrete Gestalt an.

Die geschlechterrelevante Substruktur im Unternehmen ist gekennzeichnet durch eine deutliche Ergänzung von Erwerbsarbeit und Reproduktionsarbeit – Erwerbsarbeit wird nicht unabhängig vom Privatleben, sondern als „Vervollständigung" der „work-life-balance" betrachtet. Deshalb sind Gleichstellungsstrategien unter anderem auch darauf ausgerichtet, die vorwiegend auf männliche Mitarbeiter ausgerichtete „overwork culture" zu reduzieren und adäquate Unterstützungsstrukturen zur Vereinbarkeit von Beruf und Familie für beide Geschlechter zu schaffen. Gleichstellungspolitiken, die Männer fokussieren, folgen zwei Idealen: Geschlechtergerechtigkeit wird etabliert

- über die Reduktion der männlichen Dominanz im Unternehmen

- und über die Verbesserung der Lebenschancen für Männer durch Abkehr von der „male-breadwinner-Logik" und Stärkung der männlichen Rolle in der Familien- und Betreuungsarbeit (Lehner, 2003).

In Unternehmen, die hinsichtlich ihrer Gleichstellungsstrategien der fortgeschrittenen Phase zugeordnet wurden, vollziehen sich wesentliche Organisationsprozesse sowie die Praxis der alltäglichen sozialen Interaktion durch *„gendered eyes"*. Die geschlechterrelevanten sozialen Strukturen im Unternehmen sind bekannt, ebenso alltägliche mittelbare und unmittelbare Diskriminierungen und geschlechtsspezifische Erwartungen. Neue und alternative Formen von Männlichkeit finden Beachtung. Die einzelnen einsamen Pioniere der frühen Phase wurden abgelöst durch eine *„new men's community"*, die sich langsam etabliert.

2.6 „Neue Männer" versus „neue Lebensumstände"

Grundsätzlich lassen sich im Kontext der Männerforschung zwei Entwicklungsmodelle unterscheiden. Eines formuliert *„neue Männer"* als spezielle Geschlechter-Subgruppe, die als wesentlicher Veränderungsfaktor fungiert. Die Veränderungsbereitschaft wird in starkem Zusammenhang mit spezifischen Geschlechterrollen-Einstellungen und Gleichstellungshaltungen gesehen – der Veränderungsprozess vollzieht sich auf ideologischer Ebene (Zulehner, 2003; Zulehner & Volz, 1998).

Im zweiten Modell werden „neue Lebensumstände" als entscheidende Wegbereiter für Veränderungsmöglichkeiten betrachtet. Die Faktoren, die Veränderung bedingen, sind nicht auf eine spezielle Geschlechter-Subgruppe bezogen, sondern sie gehen alle an. Es handelt sich um praktische Aspekte, nicht um ideologische Inhalte. Neue Lebensbedingungen erfordern Entscheidungen und bewirken damit Veränderungen.

Im Rahmen der Analyse der Interviews mit ausgewählten Männern wurde hauptsächlich das Modell der „neuen Lebensumstände" unterstützt. Die Annahme scheint berechtigt, dass es sich dabei um die stärkeren Kräfte handelt. Grundsätzlich schließen die beiden Modelle einander jedoch nicht aus, viel eher ist mit einer wechselseitigen Ergänzung, einer Relevanz beider Modelle in langfristigen Veränderungsprozessen bei Männern zu rechnen.

In der Untersuchung zeigten sich drei wesentliche Veränderungsfaktoren für arbeitsbezogene Veränderungen und für damit einhergehende Entwicklungsprozesse männlicher Selbstbilder:

- Kinderbetreuung war der am häufigsten angesprochene Grund für Veränderungen bei Männern. Vater zu werden wurde als Schlüsselereignis beschrieben. Kinderbezogene neue Lebensumstände und Erfahrungen führten dazu, dass Männer ihr Leben und ihre Arbeit aus einer veränderten Perspektive betrachteten.

- Gleichstellungsorientierung („equality orientation") im Sinne der Unterstützung der Partnerin wurde ebenso häufig geäußert. Gemeint ist, dass der Mann seine Arbeit und work-family-balance für das berufliche Fortkommen seiner Partnerin verändert (in vielen Fällen reduziert).
- Die Erhöhung der Lebensqualität als entscheidende Veränderungskraft nahm vielfältige Formen an und ist daher viel komplexer als die beiden anderen Veränderungsfaktoren. Neben verschiedenen Interessen, weiteren Jobs und unbezahlten Aktivitäten wurden geringe Ansprüche an materielle Güter bzw. hohe Ansprüche an soziale Werte festgestellt, die zur Reduzierung der Arbeitszeit beitrugen und motivierten. Ein zugrunde liegendes Thema war die positive Beurteilung der eigenen sozialen Kompetenz sowie eine kritische Haltung gegenüber einem eklatanten gesellschaftlichen Ungleichgewicht zwischen materiellen Werten und sozialen Werten. Dies wurde im speziellen von jenen Männern angesprochen, die in Unternehmen mit einer ausgeprägten „Overwork-Kultur" arbeiteten.

Diese drei Veränderungsfaktoren waren in vielen Fällen aufeinander bezogen, wie folgendes Beispiel veranschaulicht:

> Na ja, vielleicht auch das, dass wir beide arbeiten wollen, meine Frau und ich, sind wir nicht angewiesen auf die Vollzeit, also ich komm mit weniger Geld aus, außerdem bleibt mehr Zeit für die Kinderbetreuung und für Sport und andere Sachen. (Manfred, 38, Maschinenbauer, Teilzeit)

Spuren eines Lebensqualitäts-Diskurses zeigen sich hier ebenso wie Spuren eines Gleichstellungs-Diskurses. Letzterer lässt sich implizit über das Arrangement mit der Partnerin erkennen. Kinderbetreuung findet ebenso – wenn auch in abgeschwächter Form – Erwähnung. In den meisten anderen Fällen spielte Kinderbetreuung die zentrale Rolle für die Veränderung der Arbeitsarrangements bei Vätern. Der Effekt war jedoch am stärksten, wenn sich die Motive „Kinderbetreuung" und „equality" überlappten. Konkret bedeutete das in vielen Fällen, dass Männer die Betreuung ihrer Kinder übernahmen, damit ihre Partnerinnen möglichst bald nach einer Geburt an ihren Arbeitsplatz zurückkehren konnten.

Der Gleichstellungs-Diskurs fand im Rahmen der Interviews mit Männern sehr häufig in einer praktischen und emotionalen Ausprägung Erwähnung. Das „Breadwinner-Modell" wurde beispielsweise als Auslaufmodell besprochen, das den Erwartungen beider PartnerInnen nicht mehr entsprach.

Einige der befragten Männer hatten *nicht* die Absicht, ihr Beschäftigungsverhältnis zu verändern bzw. ihre Arbeitszeit zu reduzieren. In diesen Fällen waren es Entwicklungen am Arbeitsmarkt bzw. im Unternehmen (Restrukturierungsprozesse), die zu Veränderungen in Art oder Ausmaß der Erwerbsarbeit der Männer geführt hatten. Für einige dieser Männer war dies jedoch eine Erfahrung, die zu grundlegenden Veränderungen der arbeitsbezogenen Absichten sowie des Selbstbildes führten.

Grundsätzlich muss festgehalten werden, dass die Bereitschaft und Möglichkeit der Männer, ihre Arbeit und ihr Leben zu verändern, sehr stark an die vorhandenen *Ressour-*

cen gebunden sind. Der Begriff „Ressource“ ist dabei nicht allein im ökonomischen Sinne, sondern in umfassender Weise zu verstehen, z.B.:

- Männer mit beruflich erfolgreichen Partnerinnen sind in stärkerem Maße dazu bereit, häusliche Arbeiten zu übernehmen. Der „provider pressure“ hat hier an Einfluss verloren.
- Männer in guten, gesicherten Positionen im Unternehmen sind eher in der Lage, familiären Erfordernissen in aktiver Weise nachzukommen. Eine „zu gute“ Position kann allerdings in die entgegengesetzte Richtung wirken – die Arbeitserfordernisse stehen dann einer Reduzierung der Arbeitszeit im Wege.
- Männer, die mit guten materiellen Konditionen und kulturellem Kapital ausgestattet sind, sind im Falle einer Reduzierung der Arbeitszeit in besserer Weise in der Lage, sich an die Arbeitsreduzierungen anzupassen, als Männer mit weniger diesbezüglichen Ressourcen.

3 Väter in Betreuungssituationen

Wie weiter oben erwähnt, zeigte sich bei der Untersuchung von Männern in den Betrieben, dass *„Kinderbetreuung“* einer der wichtigsten Gründe für arbeitsbezogene Veränderungen bei Männern darstellte, weshalb „Kinderbetreuung“ als spezieller Fokus innerhalb des Projekts ausgewählt wurde. In einer österreichischen Voruntersuchung wurden qualitative Interviews mit einer ausgewählten Gruppe von Vätern geführt, die das Ausmaß ihrer Erwerbstätigkeit reduziert und Betreuungsaufgaben übernommen hatten. Männer in Betreuungssituationen können als *„paradigmatischer Fall“* der Neuaufteilung von bezahlter und unbezahlter Arbeit angesehen werden, sofern das im Haushalt bzw. im Betreuungssystem realisierte Arrangement vom Breadwinner-Modell (d.h. Mann arbeitet Vollzeit oder mehr, Frau arbeitet Teilzeit oder weniger und ist hauptverantwortlich für Haushalt und Kinder) abweicht, sei es auch nur für eine begrenzte Zeit. In diesem Fall widerspricht das Verhalten der Männer der Standardaufteilung von „paid and unpaid labour“ zwischen den Geschlechtern, also von bezahlter Lohnarbeit und unbezahlter Haus- und Kinderbetreuungsarbeit.

Auf der Basis einer theoretischen Stichprobe von 15 Vätern in Betreuungssituationen wurde gemäß Grounded Theory (Strauss & Corbin, 1996, 1998) ein Modell der Selbstkonzept-Veränderung entwickelt, das im weiteren Verlauf des Forschungsprojekts in allen Partnerländern bei der Interpretation der Interviews als Referenzmodell zur Verfügung stand und sich bewährt hat. Dieses Modell wird im Folgenden dargestellt.

3.1 Eintritt in die Betreuungssituation

Aus den Interviews mit den Vätern in Betreuungssituationen ließen sich in Bezug auf den Eintritt in diese Betreuungssituation zwei Dimensionen unterscheiden:

- „Persönliche Bereitschaft", sich in eine Betreuungssituation zu begeben;
- „Geplantheit des Zugangs" zur Betreuungssituation.

Einige der interviewten Väter hatten ihre Betreuungssituation im Vorfeld gut geplant (z.B. ersichtlich durch Informationssuche über gesetzliche Bestimmungen vor dem Eintritt in die Karenz), andere hingegen nicht (z.B. war die Partnerin plötzlich verstorben). Für einige stimmte die Vorstellung der Übernahme von Haus- und Betreuungsarbeit mit ihren Werten und Einstellungen überein (hohe Bereitschaft), andere hatten sich mit diesem Gedanken noch nie auseinandergesetzt (niedrige Bereitschaft).

Wir können festhalten, dass Väter in Betreuungssituationen keine einheitliche Gruppe hinsichtlich dieser beiden Dimensionen darstellen. Unterschiedliche Bereitschaft und Planung treten in allen Kombinationen auf. Eine häufig angetroffene Verkürzung reduziert aber den Raum an Möglichkeiten auf die Kombination „hohe Bereitschaft; geplanter Zugang", womit „aktive Väter" gemeint werden. Es treten aber auch Fälle auf, in denen eine grundsätzlich hohe Bereitschaft aufgrund eines ungeplanten Ereignisses umgesetzt wird oder aufgrund ökonomischer Überlegungen eine Übernahme von Haus- und Betreuungsarbeit durch den Mann in geplanter Weise erfolgt, jedoch ist keine Bereitschaft vorhanden, oder es überwiegen ambivalente Gedanken.

3.2 Prozess

Sobald sich die Männer in der Betreuungssituation befanden, begann ein Veränderungsprozess des Selbstbildes, der sich für alle Interviewten ähnlich darstellte. Trotz ihrer Unterschiedlichkeit schienen die Väter in Betreuungssituationen ihre Erfahrungen in ähnlicher Weise zu sehen. Die neuen und unerwarteten Erfahrungen zu Beginn der Betreuungssituation führten zu einem Zustand der Unsicherheit, der im späteren Verlauf des Prozesses durch Reflexionen und die Veränderung der sozialen Kontakte und Netzwerke bewältigt wurde. In einigen Fällen führte dieser Veränderungsprozess schließlich dazu, dass die Väter ihre neue Betreuungsrolle fest in ihr Selbstbild integrierten. Die Phasen des Prozesses wurden mit den folgenden Bezeichnungen versehen:

1) Deplatzierung
2) Gender Status Unsicherheit
3) Reflexion von Männlichkeitsentwürfen
4) Rearrangement des Selbstkonzepts

3.2.1 Deplatzierung

Die meisten Männer betonen die unerwarteten und belastenden Aspekte der neuen Situation zu Beginn der Betreuungssituation. Die Interviewsequenzen klingen wie *„Ich bin im* *falschen Kontext, in der falschen Situation"*. Ein von mehreren interviewten Männern gewähltes Beispiel zur Illustration ist die Beschreibung der Situation, mit dem Kind auf dem Spielplatz zu sein, *„allein unter den Müttern"*. In dieser Phase wird die psychologische Distanz zu Müttern/ Frauen vergrößert, manchmal auch durch abwertende Äußerungen. Das Selbstbild bleibt unverändert, Spannungen können nicht aufgelöst werden.

> Mit den Frauen am Kinderspielplatz nicht reden wollen, das kenne ich von mir auch, weil das unerträglich ist, und sonst niemanden zu finden, weil die anderen Kollegen, aber auch Kolleginnen, keine Kinder haben oder die Kinder schon außer Haus sind und die eben arbeiten. (Andreas, 37, Sozialarbeiter, in Karenz)

3.2.2 Gender Status Unsicherheit/Krise

Die Ansammlung von Deplatzierungs-Erfahrungen resultiert in Unsicherheit. Die Deplatzierungs-Erfahrungen haben damit zu tun, dass keine oder nur wenige Verhaltensentwürfe für den Mann in den neuen Situationen bestehen. Das Konzept des Gender Habitus (Meuser, 1998) war hier die Vorlage, um die entsprechenden Sequenzen zu interpretieren. „Ein Leben gemäß dem (männlichen) Habitus erzeugt habituelle Sicherheit" (Meuser, 1998, S. 119), die im Falle von gravierenden Abweichungen jedoch erodiert. Die Unsicherheit entsteht vor allem aufgrund von tatsächlich erlebten oder vorweggenommenen sozialen Zurückweisungen in unterschiedlichen Lebensbereichen. „Wer sich dem Habitus zu entziehen versucht, wird von den anderen an dessen Gültigkeit erinnert" (Meuser, 1998, S. 119). In einigen Fällen war ein krisenhafter Verlauf zu beobachten, also Situationen, in denen die vorhandenen Ressourcen zeitweise nicht mehr ausreichten, um mit den Belastungen umzugehen.

3.2.3 Reflexion von Männlichkeitsentwürfen

Wer die Betreuungssituation an diesem Punkt nicht verlässt oder nicht verlassen kann, muss versuchen, die entstandenen Unsicherheiten oder Krisen zu bewältigen. Dazu kann der betreffende Mann versuchen, sein soziales Netzwerk so umzugestalten, dass möglichst wenig Abwertung und möglichst viel Anerkennung resultieren. Dies kann aber nur bis zu einem gewissen Grad gelingen, da Abwertungen und Hinweise auf das Übertreten von Geschlechtergrenzen auch von Personen wahrgenommen werden, die nicht unmittelbar oder nur peripher zum eigenen sozialen Netzwerk gehören. Unvorbereitete, ratlose Personen in Behörden und Institutionen vermitteln den Männern ebenso das Gefühl, ein *„nicht vorgesehener Fall"* zu sein.

Die Möglichkeit zur Umgestaltung des sozialen Netzwerkes ist auch am Arbeitsplatz begrenzt. Die Distanz zu KollegInnen, die zum näheren sozialen Kreis zählen und abwertende Reaktionen zeigen, kann zwar vergrößert werden. Für alle peripheren sozialen Beziehungen im Betrieb ist das aber nicht möglich. Diese können jedoch mit ihren Reaktionen eine permanente Quelle der Verunsicherung darstellen. Andererseits besteht ein

Spielraum für den betreffenden Mann, indem er sein Selbstbild ändert (durch Einstellungsänderungen, Einbau neuer Sichtweisen, etc.). Selbstbild-Änderungen bauen auf *Reflexionen* auf, und diese waren in den Interviews durchgängig zu beobachten. Reflexionen über Diskrepanzen zwischen der eigenen Lebenssituation und Standards, Normen und Lebensentwurf-Mustern für Männer erfolgten, implizite Theorien wurden gebildet. Sich anders zu verhalten wurde nun bejaht und positiv gedeutet, Begriffe wie „Arbeit" wurden neu definiert.

> Vor allem so die ältere Generation von Männern, die kommen damit überhaupt nicht klar (...) Also da verliert man dann die Männlichkeit anscheinend, wenn man in Karenz geht (...) Na ja, die haben Angst davor, dass sie in der Gesellschaft als Nicht-Mann dastehen. So wie mir das manchmal passiert ist. Oder wie ich es empfunden habe. Nach der Devise: bist ein Mann, gehst du arbeiten; eine Frau gehört hinter den Herd. So wie die klassischen Beispiele. Und da ist es genau umgekehrt. Da passt irgendwas nicht. Und vor dem haben sie dann Angst. Vor solchen Kritiken. (Ingo, 35, Graphiker, in Karenz)

3.2.4 Rearrangement des Selbstkonzepts

Auf der Basis der vorangegangenen Reflexionen integrierten einige Männer ihre Aktivitäten im Bereich der Haus- und Betreuungsarbeit in ihr Selbstbild, typischerweise nach einer längeren Zeit (mehrere Monate und länger) und unter der Bedingung, dass es sich um keine *Phase* mit einem absehbaren Ende, sondern um eine zeitlich *unbegrenzte* Betreuungssituation handelte. Unter der Aufbietung vorhandener Ressourcen arrangierten die Männer ihre Innenwelt und Außenwelt so um, dass der Selbstwert gestützt wurde (im Sinn der „Identitätsarbeit" von Keupp et al. (1999). Aspekte, die weiblich vordefiniert wären, werden in dieser Phase ins Selbstbild eingebaut, eine strikte Unterscheidung von „männlich" und „weiblich" wird abgelehnt. Ähnlichkeit wird zu Personen (Männern wie Frauen) gesehen, die sich in einer *ähnlichen Situation* befinden. Statt *„Von Mann zu Mann"* lautet nun die Definition von sozialer Ähnlichkeit: *„Von betreuendem Elternteil zu betreuendem Elternteil"* bzw. *„Von Hausmann zu Hausfrau/Hausmann"*.

> Mir geht es genau so wie weiß ich wie vielen hunderttausend Hausfrauen. Die Hausarbeit ist nicht lustig, und man kriegt nicht den Erfolg, das ist ab und zu schrecklich. Also es ist zum davon laufen manchmal. Aber ich meine, ich bin nichts anderes wie eine Frau. Eine Frau, was das macht, Hausfrau, für die ist das wahrscheinlich auch so, ich meine, du hast sehr, sehr viel Arbeit. Mehr als wenn du 40 Stunden arbeiten gehst. (Franz, 38, Hausmann, Masseur in Teilzeit)

Der gesamte Prozess wird von meistens positiv bewerteten Erfahrungen im direkten Kontakt mit dem Kind begleitet. Diese Erfahrungen fördern, dass Männer trotz vieler Widrigkeiten in der Betreuungssituation verbleiben. Positive Erfahrungen sammeln sich an und beginnen, die eher belastenden Aspekte der Situation zu überlagern. Dieser Prozess-Ausgang ist eine unter mehreren Möglichkeiten, die von vielen Faktoren abhängt, insbesondere von den Ressourcen, die dem Mann für seine Identitätsarbeit zur Verfügung stehen.

3.3 Intervenierende Bedingungen

Der Eintritt des Mannes in die Betreuungssituation, das Verbleiben darin bzw. Veränderungen im Selbstbild und Nachwirkungen im Arrangement mit der Partnerin in Richtung mehr Fairness in der Aufteilung von bezahlter und unbezahlter Arbeit waren in hohem Maß von vielen „intervenierenden Bedingungen“ abhängig. Diese Bedingungen *fördern oder hemmen* die oben angeführten Punkte (Eintritt, Prozess bzw. Resultate). Die intervenierenden Bedingungen sollen Unterschiede zwischen den einzelnen Fällen erklären helfen, aber auch, warum etwas unter den Bedingungen verschiedener Länder oder Kulturen unterschiedlich verläuft. Beispielsweise sind väterbezogene Maßnahmen in Norwegen und Österreich sehr verschieden, was sich auch statistisch in der Anzahl von Vätern in Betreuungssituationen auswirkt. Dasselbe Verhalten eines norwegischen und eines österreichischen Vaters steht dadurch in einem sehr unterschiedlichen Kontext, einmal „relativ normal“, einmal „sehr selten“. Das hat natürlich Auswirkungen auf die Art und Weise, wie Väter in Betreuungssituationen ihre gesellschaftliche Position wahrnehmen und interpretieren. Milieubedingte Unterschiede sind zwar zu beachten, aber dennoch wird ab einer bestimmten „kritischen Masse“ von Vätern in Betreuungssituationen die Bedeutung von „Deplatzierung“ und „Gender Status Unsicherheit“ insgesamt drastisch abnehmen.

Von den vielen intervenierenden Bedingungen, die wir im Zusammenhang mit den Männern in Betreuungssituationen bearbeitet haben, soll noch einmal die Wichtigkeit des Bereiches *Arbeitsplatz* hervorgehoben werden, also die Ebene der Betriebe und Organisationen, wie eingangs beschrieben. Zu den wichtigsten intervenierenden Bedingungen zählen weiters:

- Einkommensunterscheide zwischen den Geschlechtern: Hat die Partnerin ein höheres Einkommen als der Partner, dann fördert dies die Übernahme von Betreuungsaufgaben durch den Mann, unter sonst konstanten Bedingungen.
- Maßnahmen für Väter und Mütter: Karenzregelungen, Lohnkompensation, andere sozialstaatliche Regelungen, Öffentlichkeitsarbeit, etc. Gute Modelle existieren in Nordeuropa, mit den zentralen Merkmalen: eher kurze Karenzzeiten, Ausbau von Kinderbetreuungseinrichtungen mit hoher Qualität, einkommensabhängige Lohnkompensation für Betreuungszeiten auf relativ hohem Niveau (im Bereich von 80% und mehr; Holter, 2003).
- Institutionen und Behörden: Diese müssen auch für seltene Fälle vorbereitet sein und diese in ihre Standardprozesse miteinbeziehen, anstatt sie als Ausnahmefälle zu behandeln.

4 Schlussbemerkung

Die Zusammenstellung unserer Stichprobe glich oft der sprichwörtlichen „Suche nach der Nadel im Heuhaufen". Männer, die ihre Erwerbsarbeit reduzieren, um Haus- und Betreuungsarbeit in einem relevanten Ausmaß zu übernehmen, sind nach wie vor Ausnahmeerscheinungen. Das darf auch nicht verwundern, da auf vielen Ebenen ungünstige Rahmenbedingungen bestehen, die den Wünschen vieler Männer nicht gerecht werden. Die Ideale, die in der Partnerschaft umgesetzt werden sollen, weichen von den Vorgaben in Organisationen und auf institutioneller Ebene oftmals sehr stark ab. Männer, die Betreuungsaufgaben übernehmen, repräsentieren eine neue Ausprägung des *„relationalen", auf die Partnerschaft bezogenen Geschlechts*, das dem traditionellen *Organisations-Geschlecht im Unternehmen* gegenübersteht. Diese Spannung erzeugt in zunehmendem Maße Konflikte und starken Druck hin zu adäquaten Veränderungen innerhalb der Organisation. In den untersuchten *best-practice-Unternehmen* wurden die Bedürfnisse dieser Männer in stärkerer Weise wahrgenommen, insgesamt steht der Prozess der Veränderung aber erst am Anfang. Das „user interface" des Organisations-Geschlechts im Unternehmen ist größtenteils immer noch „geschlechtsneutral". Das Management ist nicht gegen die Übernahme von Betreuungsaufgaben bei Männern, es kümmert sich vielmehr gar nicht um diese Angelegenheiten. Dieser Unterschied hilft zu verstehen, warum sich die *„new men's community"* noch nicht etabliert hat bzw. noch keine deutlichen kollektiven Muster aufweist.

Betriebe und Organisationen können als Akteure zwischen Einzelpersonen, Haushalten/Familien und rechtlichen sowie ökonomischen Rahmenbedingungen angesehen werden. In diesem Feld ergibt sich ein Spielraum für politische Steuerung. Engagierte gleichstellungsorientierte Interventionen und Maßnahmen in unterschiedlichen Politikfeldern (Arbeit, Bildung, Familie, soziale Sicherungssysteme etc.) und eine pragmatische Orientierung an guten Beispielen in anderen Ländern (besonders Nordeuropa) sind notwendig, um relevante Änderungen zu ermöglichen. Werden entsprechende Maßnahmen *nicht* umgesetzt, so werden die Einzelpersonen und Haushalte den vorherrschenden Bedingungen überlassen, die bekanntlich *gegen* eine Neuverteilung von bezahlter und unbezahlter Arbeit zwischen den Geschlechtern wirken (Kreimer, 2003). Von der „invisible hand" des Marktes ist die Verwirklichung des geschlechterpolitischen Zieles der gerechten Verteilung von Erwerbs- und Familienarbeit zwischen den Geschlechtern jedenfalls nicht zu erwarten.

Die gesetzten Maßnahmen müssten allerdings über alle Politikbereiche hinweg in eine einzige Richtung zielen, wie es in der Strategie des Gender Mainstreaming angedacht ist, sodass sie einander nicht „auslöschen". Isolierte oder punktuelle Aktivitäten erfüllen diese Anforderung natürlich nicht. Wir plädieren für die Einbindung von Männerpolitik und männerbezogener Maßnahmen in die Strategie des Gender Mainstreaming. Das vorhandene Potential, das in dieser Verbindung liegt, ist bislang kaum wahrgenommen oder aufgegriffen worden.

5 Literatur

Acker, J. (1991). Hierarchies, jobs, bodies: A theory of gendered organizations. In J. Lorber & S. A. Farrell (Hrsg.), *The Social Construction of Gender* (pp. 162-179). London: Sage.

Acker, J. (1992). Gendering organizational theory. In A. J. Mills & P. Tancred (Hrsg.), *Gendering Organizational Analysis* (pp. 248-260). London: Sage.

Bosch, G. (2001). Konturen eines neuen Normalarbeitsverhältnisses. *WSI Mitteilungen, 4,* 219-230.

Holter, O. G. (2003). *Can men do it? Men and gender equality – the Nordic experience.* Copenhagen: Oystein Gullvag Holter and Nordic Council of Ministers.

Holter, O. G., Riesenfeld, V. & Scambor, E. (2005). „We don´t have anything like that here!" - organisations, men and gender equality. In R. Puchert, M. Gärtner & S. Höyng (Hrsg.), *work changes gender. Men and equality in the transition of labour forms* (S. 73-104). Opladen: Barbara Budrich Publishers.

Keupp, H., Ahbe, T., Gmür, W., Höfer, R., Mitzscherlich, B., Kraus, W. & Straus, F. (1999). *Identitätskonstruktionen. Das Patchwork der Identitäten in der Spätmoderne.* Reinbek: Rowohlt.

Kreimer, M. (2003). *(Un-)Vollkommene Konkurrenz auf Arbeitsmärkten? Zur Bedeutung der Arbeitsteilung für Frauen- und Männerkarrieren. Work Changes Gender Arbeitspapier* [online]. URL: http://www.maennerberatung.at/download/research_arbeitsteilung.pdf [1.7.2004].

Lehner, E. (2003). Frauen-, Männer-, Geschlechterpolitik oder: Wer braucht Männerpolitik? In P. M. Zulehner (Hrsg.), *MannsBilder. Ein Jahrzehnt Männerentwicklung* (S. 225-235). Ostfildern: Schwabenverlag.

Meuser, M. (1998). *Geschlecht und Männlichkeit. Soziologische Theorie und kulturelle Deutungsmuster.* Opladen: Leske + Budrich.

Ohlendieck, L. (2003). Gender Trouble in Organisationen und Netzwerken. In U. Pasero U. & C. Weinbach (Hrsg.), *Frauen, Männer, Gender Trouble. Systemtheoretische Essays* (S. 171-185). Frankfurt a. Main: Suhrkamp.

Strauss, A. & Corbin, J. (1996). *Grounded theory: Grundlagen qualitativer Sozialforschung.* Weinheim: Psychologie Verlags Union.

Strauss, A. & Corbin, J. (1998). *Basics of qualitative research. Techniques and procedures for developing grounded theory.* Thousand Oaks: Sage Publications.

Zulehner, P. M. (Hrsg.), (2003). *MannsBilder. Ein Jahrzehnt Männerentwicklung.* Ostfildern: Schwabenverlag.

Zulehner, P. M. & Volz, R. (1998). *Männer im Aufbruch. Wie Deutschlands Männer sich selbst und wie Frauen sie sehen.* Ostfildern: Schwabenverlag.

XIII. „Was Väter könn(t)en". Aktive Vaterschaft als Chance zur Kompetenzentwicklung

Alexandra Schmidt-Wenzel

Mitten in der Nacht hat die 4-Jährige plötzlich Bauchkrämpfe. Der Vater steht auf, tröstet, holt eine Wärmflasche. Als er zurückkommt, hat sich das Kind übergeben, mitten ins Bett. Er trägt die Kleine rüber ins Elternschlafzimmer, wo die Mutter mit dem gleichen Magen-Darm-Infekt niederliegt. Im selben Moment fängt das Baby an zu schreien, es ist zwei Monate alt und hat vermutlich Blähungen. Der Vater weiß, dass es ihm hilft, wenn er es auf eine ganz bestimmte Weise in seinen Armen wiegt. Das Baby wird allmählich ruhiger, doch da beginnt die Große wieder leise zu weinen. Der Vater legt das immer noch nicht ganz beruhigte Baby in seine Wiege, legt sich zu seiner Tochter ins Bett und hält sie tröstend in den Armen. Er spürt, dass sie kein Fieber hat und weiß, morgen wird es ihr schon ein wenig besser gehen. Als die Kinder schlafen, steht er auf, um das Kinderbett zu reinigen. Er spürt deutlich die Grenzen seiner Kraft. Doch ein Blick zur Uhr sagt ihm, dass er in drei Stunden auf dem Weg zur Arbeit sein wird.

1 Einleitung

Dieses und unzählige weitere Beispiele reihen sich ein in die unausweichliche Praxis der Familie, die jeden Tag aufs Neue von Vätern und Müttern durch den Einsatz vielfältigster Fähigkeiten und Fertigkeiten bewältigt werden muss. Dass zunehmend auch Väter in der Lage, vor allem aber Willens sind, sich der aktiven Bewältigung familiärer Alltagsanforderungen zu stellen, zeigen viele Untersuchungen der vergangenen Jahre (vgl. z.B. Fthenakis & Minsel, 2001; Rosowski & Ruffing, 2000; Volz & Zulehner, 1998; Werneck, 2002). Immer mehr Väter wollen an der Entwicklung ihrer Kinder aktiv Anteil nehmen, wollen involviert sein in wichtige Entscheidungen, die für den Sohn oder die Tochter zu treffen sind. Sie wollen mehr Zeit mit ihren Kindern verbringen, nicht selten in Folge eines selbst erlittenen Mangels[1]. Dabei sind die meisten von ihnen bemüht, die damit einhergehenden Alltagsanforderungen gemeinschaftlich mit der Partnerin zu lösen.

Diese Entwicklung ist nicht nur neu, sondern auch richtungsweisend für das Geschlechterverhältnis sowie für das Verhältnis zwischen Familie und Erwerbsleben. Besonders,

[1] Dieser Aspekt geht aus ersten Ergebnissen der im Folgenden vorgestellten Studie hervor.

wenn es um die Interdependenz dieser beiden Lebensbereiche geht, wird im gesellschaftspolitischen Kontext oft ein wesentlicher Aspekt vernachlässigt. Die Rede ist von den in der Familien- und Beziehungsarbeit erworbenen Kompetenzen, die vielfach auch über den familiären Rahmen hinaus nutzbar gemacht werden. Bis heute aber ist den meisten Menschen, viele Eltern eingeschlossen, gar nicht klar, dass die Familie einer der bedeutendsten Orte im sozialen Umfeld ist, an dem tagtäglich selbstorganisiertes Lernen stattfindet. Die Triebfeder für die daraus hervorgehende familiale Kompetenzentwicklung liegt weitgehend in der Natur der Sache selbst. Denn völlig zu Recht darf Elternsein als „Prototyp der Kompetenzentwicklung durch unvermeidbare Praxis" (Baitsch, 1998) verstanden werden. Ist es in betrieblichen Arbeitswelten in der Regel möglich, sich bei Unpässlichkeiten zurückzuziehen oder die eigene Arbeitskraft durch die eines anderen zu ersetzen, besteht in der Familie für gewöhnlich keine solche Ausflucht. Es gibt kein Schichtende, keinen Dienstschluss. Im Gegenteil: Spontan auftretende Mehrfachanforderungen, wie in der geschilderten Alltagsszene verdeutlicht, verlangen spontane, aber kompetente Handlungsstrategien. Nehmen Väter und Mütter diese Herausforderung an, erwerben und erweitern sie in der Bewältigung der vielfältigen familial gebundenen Anforderungen zahlreiche soziale, personale wie auch methodisch-fachliche Kompetenzen.

Entsprechend dem geringen gesellschaftspolitischen Interesse gegenüber der familialen Kompetenzentwicklung blieb bisher, zumindest im europäischen Raum, auch das Forschungsinteresse eher marginal. Nennenswert sind in diesem Zusammenhang die Arbeiten des Deutschen Jugendinstituts, welches beispielsweise im Jahr 2001 mit der „Kompetenzbilanz" (Gerzer-Sass, Erler, Nusshart & Sass, 2001) ein erstes Messinstrument zur Erfassung familial erworbener Fähigkeiten vorlegte, das von Einzelpersonen und Unternehmen zur Implementierung von Familienkompetenzen in die betriebliche Praxis genutzt werden kann. Andere Forschungsarbeiten zum Thema beschränkten sich teilweise auf die Analyse familiärer Anforderungen, woraus auf die Entwicklung diesbezüglich relevanter Handlungsfähigkeiten geschlossen wurde (vgl. z.B. Költzsch-Ruch, 1997), bzw. unternahmen sie „erste Schritte, die wissenschaftlich fundierte Messung von Familienkompetenzen vorzubereiten" (Vollmer, 1995).

Eine elementare Frage aber blieb dabei stets unbeantwortet: Wie eigentlich lernen Eltern, was sie können? Was ist der Motor des mütterlichen resp. väterlichen Handelns? Was unterstützt, was hemmt die elterliche Kompetenzentwicklung? Im Zentrum der von mir im Rahmen einer Dissertation durchgeführten qualitativen Studie[2] steht daher erstmals die Frage, auf welche Art und Weise Eltern ihre familialen Kompetenzen erwerben, erweitern und trainieren. Bei der Untersuchung dieser spezifischen Lernkultur stehen Eltern als ExpertInnen ihrer Situation im Zentrum. Mit ihrer Hilfe sollen jeweils indivi-

[2] Schmidt-Wenzel, Alexandra: Die Familie – ein gesellschaftlich unterschätztes Lernfeld. Eine qualitative Studie zum innerfamiliären Kompetenzerwerb. (Teil des Projekts „Lernkultur Kompetenzentwicklung" der ABWF/ QUEM Berlin in Zusammenarbeit mit der INA gGmbH an der FU Berlin, gefördert aus Mitteln des deutschen Bundesministeriums für Bildung und Forschung sowie aus Mitteln des Europäischen Sozialfonds.)

duell wahrgenommene Anforderungsprofile entworfen werden, welche als Basis der Untersuchung dienen. Dabei interessiert explizit die Wahrnehmung der Eltern hinsichtlich der jeweils familiären Anforderungen, ihre Selbsteinschätzung bezüglich der in der Erfüllung dieser Anforderungen spürbar werdenden Kompetenzen sowie die elterliche Reflexion gegenüber dem dazugehörigen Entwicklungsprozess. Individuell-biografische sowie psycho-soziale Kontexte werden dabei als determinierende Lernvoraussetzungen berücksichtigt. Im Zuge der Datenerhebung wurden jeweils acht Väter und Mütter aufgefordert, über drei Tage lang Tageslaufprotokolle zu führen, in denen sie chronologisch alle Tätigkeiten festhalten sollten, die sie während dieser Zeit ausübten. Die Angaben dienten zum einen dazu, die Eltern für ihr eigenes Handeln zu sensibilisieren, zum anderen, um im anschließenden Interview bestimmte Anforderungssituationen vertiefen und auf damit verknüpfte Lernmomente hin beleuchten zu können. Darüber hinaus ließen die teilstrukturierten, nicht standardisierten Interviews Raum für Selbstreflexionen der Befragten, die es ihnen ermöglichten, auch spontanen und unerwarteten Gedanken und Gefühlen nachzugehen. Beide Zugänge werden innerhalb der Auswertung triangulierend miteinander in Beziehung gesetzt, wobei die gesamte Vorgehensweise der empirischen Untersuchung an der Forschungsstrategie der Grounded Theory nach Strauss & Corbin (1996) orientiert ist. Um die notwendige Perspektivenvielfalt zu gewährleisten, wurden Väter und Mütter mit ganz unterschiedlichen sozialen wie familialen Hintergründen befragt. So umfasst die Stichprobe beispielsweise einen alleinerziehenden Vater, einen Adoptivvater, den Vater einer „Patchworkfamilie", eine dreifache, verheiratete Mutter, die Mutter eines Kindes mit Downsyndrom sowie Mütter, die aus medizinischer Sicht als früh- bzw. spätgebärend galten.

Erste Ergebnisse dieser empirischen Untersuchung lassen nun bereits einige grundlegende Aussagen über das Forschungsfeld zu, die im Folgenden speziell die Perspektiven väterlichen bzw. väterlichen versus mütterlichen Kompetenzerwerbs aufzeigen werden. Zum besseren Verständnis ist den Ausführungen eine kurze Einleitung zum Konzept Familienkompetenzen vorangestellt. Anknüpfend an die empirischen Erkenntnisse folgt ein Überblick über die wesentlichen lerntheoretischen Zugänge, die sich daraus ableiten lassen. Daran anschließend wird die dem Konzept Familienkompetenzen immanente Thematik des Kompetenztransfers erörtert, wobei auch auf damit eng verknüpfte gegenwärtige gesellschaftspolitische Ambivalenzen eingegangen wird. Zum Schluss wird in einem kurzen Ausblick die Charakteristik väterlichen Handelns und Lernens resümiert, die ebenfalls im Kontext gesellschaftlich – familialer Wechselwirkung betrachtet wird, um daraus assoziierbare Lösungsansätze anzuregen.

2 Zum Konzept Familienkompetenzen

Auch wenn immer mehr Väter prinzipiell bereit sind, sich verstärkt in der Familie zu engagieren und dem Sinnbild des „neuen" Vaters gerecht zu werden, wird ihnen dennoch die bewusste Entscheidung zur aktiven Familienarbeit in vielerlei Hinsicht nicht leicht gemacht. So erfahren beispielsweise familial erworbene Fähigkeiten in Deutschland bisher keinerlei gesellschaftliche Würdigung. Haben Mütter bereits begonnen, entsprechende Anerkennung für ihre Leistungen zu fordern, geht es für viele Väter noch immer darum, sich der positiven Potenziale der Familien- und Beziehungsarbeit bewusst zu werden. Und so zieht sich nach wie vor ein Teil der Väter vorsorglich in die vertraute Arbeitssphäre zurück und verzichtet aus Furcht vor einem beruflichen Imageverlust und der Angst den ganzheitlichen Anforderungen der Familie nicht gewachsen zu sein, auf jene wertvollen Erfahrungen, die einen enormen Kompetenzzuwachs ermöglichen könnten. Denn tatsächlich birgt der privateste aller Lernorte auch für Männer bemerkenswerte Entwicklungschancen, die zu nutzen nicht nur gewinnbringend für die gesamte Familie sind. Die meisten der in der Familienarbeit erworbenen Fähigkeiten nämlich lassen sich auch in andere Bereiche übertragen. Hier stellt sich jedoch zunächst die Frage: „Was wird überhaupt gelernt in der Familie?“ Was verbirgt sich hinter dem Begriff „Familienkompetenzen“?

Familienkompetenzen konturieren sich gegenwärtig als soziale, personale, methodische wie fachliche Fähigkeiten und zwar vielfach analog zu Managementkompetenzen (Vollmer, 1995). Diese spiegeln sich beispielsweise wider in leistungsbezogenen Kompetenzen wie: Organisations- und Koordinationsfähigkeit, Problemlöse- und Entscheidungsfähigkeit, dem Vermögen Initiative ergreifen zu können, der Fähigkeit zum Mehrfachhandeln, Lernfähigkeit und Ausdauer, Planungsfähigkeit, Flexibilität in sich ändernden Situationen. Für den Bereich sozialer Kompetenzen sind vor allem zu nennen: die Fähigkeit zur Übernahme von Verantwortung, Kommunikations- und Kontaktfähigkeit, Einfühlungsvermögen, Vermitt-lungsfähigkeit, Führungskompetenz und Teamfähigkeit (Költzsch-Ruch, 1997).

Familienkompetenzen werden in komplexen familiären Anforderungssituationen entwickelt, erweitert und modifiziert. Das ist immer dann der Fall, wenn wir der Vielfalt und Dynamik familiär zu bewältigender Aufgaben gewachsen sind, wenn wir also die jeweils aktuellen Anforderungen in der Tätigkeit erfüllen und daraus auf das Vorhandensein der jeweils erforderlichen Fähigkeiten geschlossen werden kann (Ulich, 1994).

Aber auch die Fähigkeit zum Lernen selbst, die Selbstlernkompetenz des Individuums wird beim Familienlernen gefördert und trainiert. Das bedeutet anders gesagt, das Lernen zu lernen im Sinne eines weitgehend selbstgesteuerten und selbstorganisierten Lernens, wie es mittlerweile in fast allen Lebenszusammenhängen unverzichtbar ist.

3 Vom väterlichen Handeln und Lernen. Erste empirische Erkenntnisse

Im Folgenden werden erste Ergebnisse der oben genannten Studie vorgestellt, deren Erkenntnisinteresse insbesondere auf das hier behandelte Vaterthema gerichtet ist. Es steht, wie angekündigt, sowohl spezifisch väterliches als auch, konfrontativ vergleichend, väterliches versus mütterliches Handeln und Lernen im Vordergrund. Dass es durchaus prägnante Unterschiede in der Herangehensweise von Vätern und Müttern gibt, zeigt sogleich das erste Ergebnis, das auf der direkten Handlungsebene des Familienalltags angesiedelt ist:

So zeichnet sich ab, dass Väter und Mütter ähnlichen Anforderungen mit unterschiedlichen Bewältigungsmustern begegnen. Sind Väter eher handlungspraktisch orientiert und vernachlässigen im Zuge dessen oftmals (selbst) reflexive Auseinandersetzungen im Vorfeld der aktuellen Anforderungsbewältigung, scheinen Mütter offenbar weniger primär handlungsbezogen zu sein, sondern zunächst in Form intensiver (selbst) reflexiver Vorüberlegungen die erforderlichen Handlungsstrategien zu planen, bevor sie sie umsetzen. Was bei Müttern den Aktivitäten vorangestellt ist, folgt häufig bei Vätern im Anschluss an eine Tätigkeit, nämlich dann, wenn deren Ergebnis nicht zufrieden stellend war. Das heißt, Mütter versuchen durch „gedankliches Probehandeln" (Kirchhöfer, 2001, S. 124) praktische Fehler zu vermeiden. Väter hingegen reflektieren ihre Handlungen erst aufgrund eines Fehlers, quasi nach dem Prinzip „trial and error", kommen jedoch auf diese Weise häufig zügiger ins Handeln als die Mütter. Für das familiale Kompetenzkonzept ist daher anzunehmen, dass bei Vätern eine pragmatisch – aktionistische Orientierung innerhalb einer Anforderungsbewältigung handlungsleitend ist, bei Müttern hingegen vor allem eine antizipativ – strategische Haltung im Vordergrund steht. Ein Umstand also, der beide Partner gut zum gegenseitigen Lernen anregen könnte.

In ihren Ausführungen zu lerntheoretischen Zugängen des informellen Lernens, dem auch das Familienlernen zuzuordnen ist, heben Kirchhof & Kreimeyer hervor, dass „für den Bereich des sozialen Umfelds als der (persönlich gestalteten) Lebenswelt des Subjekts (...) der zugespitzte Begriff des Interesses als gegenstandsbezogene Lernmotivation besonders plastisch und in seiner Relevanz für einen theoretischen Bezugsrahmen zu prüfen ist" (Kirchhof & Kreimeyer, 2003, S. 222). Diese Orientierung manifestiert sich in weiteren Zwischenergebnissen der Untersuchung elterlichen Kompetenzerwerbs. Denn auch für die Familie zeichnet sich ab, dass der Bewältigung familialer Anforderungen ein hoher Motivationsfaktor zugrunde liegt, der sich gleichsam aus einer tiefgreifenden Identifikation mit der Familie, in erster Linie aber mit dem Kind als „Lebensprojekt"[3] speist. Dieser Aspekt tritt bei Frauen wie Männern gleichermaßen auf, wird jedoch teilweise mit unterschiedlichen Deutungsmustern gefüllt. Steht bei Müttern die emotionale Verbundenheit zum Kind als handlungsleitendes Motiv im Vordergrund, sind es bei Vätern oft gemeinsam ausgeübte Aktivitäten, die offenbar als Sinn gebendes Moment

[3] Die „Anforderungssituation" Kind beschränkt sich nicht allein auf die Erfüllung primärer kindlicher Bedürfnisse. Sie umfasst vielmehr all jene Fähigkeiten von Müttern und von Vätern innerhalb unterschiedlichster Familienkonstellationen, die die Versorgung und Fürsorge gewährleisten, welche für das physisch und psychisch gesunde Aufwachsen von Kindern notwendig sind. Der Verantwortungsbereich, in dem diese Fähigkeiten zum Tragen kommen, beinhaltet neben der finanziellen Versorgung, Betreuung, Ernährung und Hausarbeit auch die Beziehungsebene zwischen Eltern und Kind(ern), die Beziehungsebene zwischen den Eltern sowie das Selbstverwirklichungsbedürfnis von Mutter und Vater, dem auch die Vereinbarkeitsproblematik von Familie und Beruf zuzurechnen ist.

der Vater-Kind-Beziehung wahrgenommen werden. Aber auch versorgerische Aspekte, insbesondere die finanzielle Absicherung familiärer Gegenwart und naher Zukunft scheinen einen wesentlichen Teil des väterlichen Selbstverständnisses auszumachen.

Da an die Anforderungssituation Kind[4] die Erfüllung weit reichender familial gebundener Alltagsaufgaben ebenso geknüpft ist wie die Bewältigung ganzheitlicher Beziehungsarbeit, kann davon ausgegangen werden, dass in den meisten Bereichen der Familienarbeit das Identifikationsmotiv des Kindes als „Lebensprojekt"[5] maßgeblich für das väterliche wie mütterliche Handeln ist. Das Beispiel der elterlichen Identifikationsprozesse bestätigt eine Kausalität zwischen Motivation und Leistungsfähigkeit des Individuums. Folglich nähme die Leistungsfähigkeit des Menschen in dem Maße zu, wie die Identifikation mit der Anforderungssituation steigt. Das kann in der Familie sogar über die Erfüllung originärer Alltags- und Beziehungsanforderungen hinausgehen. So wird beispielsweise von Eltern die Gründung einer elterninitiativen Schule nach reformpädagogischem Konzept als zusätzliche Herausforderung angenommen, um die angestrebten pädagogischen und sozialen Ansprüche an die Bildungsinstitution Schule verwirklichen zu können[6].

Darüber hinaus wurde deutlich, dass das Anforderungsprofil der Familie offensichtlich eine bemerkenswerte Chance darstellt, die eigene Persönlichkeitsentwicklung im Hinblick auf die bewusste Auseinandersetzung mit persönlichen Werten, dabei auch mit introjizierten Werten und Normen der Herkunftsfamilie, der emotionalen Reflexion der gelebten Kindheit intensiv voranzutreiben. Das gilt für Frauen wie Männer gleichermaßen und scheint insbesondere für Männer von großer Bedeutung zu sein. Denn Männer wagen oftmals erst vor dem Hintergrund einer engagierten Vaterschaft die mühselige, aber als enorm bereichernd erlebte Auseinandersetzung mit der eigenen Kindheit. In der Folge dessen wird ihnen oft deutlich, welche der vorgelebten Normen in das aktuelle Familiengeschehen transferiert werden. Dabei kann es sich sowohl um positiv empfundene als auch um schmerzhaft gewonnene Erfahrungen handeln, über deren Fortsetzung an dieser Stelle bewusst nachgedacht und befunden werden kann. So kann eine konstruktive Streitkultur beispielsweise ihren Ursprung durchaus in der persönlichen Herkunftsfamilie haben. Aber auch Verlustgefühle gegenüber dem eigenen Vater, unerfüllte Sehnsüchte nach väterlich – emotionaler Nähe, können sich in der heutigen Bedürfnislage

---

4 Die „Anforderungssituation" Kind beschränkt sich nicht allein auf die Erfüllung primärer kindlicher Bedürfnisse. Sie umfasst vielmehr all jene Fähigkeiten von Müttern und von Vätern innerhalb unterschiedlichster Familienkonstellationen, die die Versorgung und Fürsorge gewährleisten, welche für das physisch und psychisch gesunde Aufwachsen von Kindern notwendig sind. Der Verantwortungsbereich, in dem diese Fähigkeiten zum Tragen kommen, beinhaltet neben der finanziellen Versorgung, Betreuung, Ernährung und Hausarbeit auch die Beziehungsebene zwischen Eltern und Kind(ern), die Beziehungsebene zwischen den Eltern sowie das Selbstverwirklichungsbedürfnis von Mutter und Vater, dem auch die Vereinbarkeitsproblematik von Familie und Beruf zuzurechnen ist.

5 Dieser Begriff geht als In Vivo Code aus den Zwischenergebnissen der Studie „Kompetenzerwerb in der Familie" hervor.

6 Das Beispiel geht aus unveröffentlichten Zwischenergebnissen der Studie „Kompetenzerwerb in der Familie" hervor.

eines Vaters widerspiegeln, wenn es darum geht, nachzuspüren wie viel Zeit und Nähe er seinem Kind geben möchte. Dieser Aspekt trat besonders markant hervor und scheint tatsächlich ein enormes Lernpotenzial zu beinhalten. Angeregt durch die unausweich liche familiäre Praxis werden Väter also mit sich selbst konfrontiert und entwickeln, eine selbstreflexiv-konstruktive Auseinandersetzung vorausgesetzt, ihre Persönlichkeit in dem Maße weiter, wie elterliche Kompetenzen von ihnen abverlangt werden.

Ein nächstes empirisch gewonnenes Konzept familialen Lernens basiert auf dem Feedback des Kindes, das Eltern zuverlässig im Familienalltag begleitet. Sind Väter bereit und fähig, sich in Sohn oder Tochter einzufühlen, die vielfältigen Rückmeldungen des eigenen Kindes als solche zu erkennen und entsprechend zu berücksichtigen, können diese als wichtiger Indikator für das väterliche Handeln herangezogen werden. Denn so vielfältig sie sich auch äußern, sei es in Form direkter verbaler Hinweise, scheinbarem Verweigerungsverhalten oder auch als Beziehungsangebot wie der Aufforderung zum gemeinsamen Spiel, so verlässlich zeigen sie an, wie das Kind sich gegenwärtig fühlt, was es braucht, was es stört. Zunehmend mehr scheinen sich Väter dafür zu öffnen und erleben das Loslösen von tradierten Rollenmustern, ohne das eine dem kindlichen Bedürfnis gemäße Reaktion oftmals nicht möglich wäre, als positive Erfahrung, die sie bestärkt, am Feedback des Kindes und dem eigenen Gefühl festzuhalten. Auf diese Weise erfahren Väter ihre Kinder als Korrektiv der eigenen Werte und Haltungen, was die meisten der befragten Männer beeindruckt registrieren. Dieser Befund trat auch in der langjährigen familientherapeutischen Praxis des Dänen Jesper Juul als richtungsweisend für die Beziehung zwischen Eltern und Kindern hervor. In seinem Standardwerk „Das kompetente Kind“ (Juul, 1997) macht er Eltern auf die Bedeutung kindlicher Reaktionen als kompetentes Kooperationsangebot aufmerksam und entwirft damit ein Gegenbild zum Defizitmodell Kind, welches jahrzehntelang und teilweise noch bis heute institutionell wie privat gepflegt wurde.

Auch die körperliche Nähe zum Kind, die sowohl in Gestalt zärtlichen Miteinanders als auch in spielerischen Auseinandersetzungen zum Ausdruck kommen kann, wird von Vätern als wichtig und positiv erlebt, trägt sie doch zur Ganzheitlichkeit einer Vater-Kind-Beziehung bei. So kommen in diesem Kontext oft eigene schmerzvolle Vatererfahrungen zum Tragen, die auf einem Mangel an körperlicher Nähe und emotionaler Anwesenheit beruhen. Gleichzeitig wird diesem Aspekt von den befragten Vätern eine hilfreiche Bedeutung zugeordnet, wenn es darum geht, auch Nähe- oder Distanzwünsche des Kindes als verbindliche Rückmeldung in das väterliche Handeln mit einzubeziehen.

Ein in dieser Dimension eher unerwartetes Ergebnis der Untersuchung zeigte sich darin, dass viele Väter inzwischen auch bereit sind, bei auftretenden Problemen professionelle Hilfe in Anspruch zu nehmen. Sei es in Form expliziter Erziehungsberatung, in Form familientherapeutischer Begleitung, männerspezifischer Gruppenarbeit oder auch tiefenpsychologisch fundierter Gesprächstherapien, dem gesamten Spektrum stehen Väter heute offenbar aufgeschlossener gegenüber als noch vor einigen Jahren. Die Gültigkeit dieses Ergebnisses ist jedoch an zwei Aspekte gebunden. Erstens nämlich besteht eine Korrelation zwischen engagierter Vaterschaft und beratungsoffener Haltung, d. h., es sind in der Regel die „neuen" Väter, die professionellen Hilfen offen gegenüber stehen. Zweitens, das Ergebnis konstituiert sich durch eine den Vätern gemeinsame Intention, die nämlich in erster Linie kindbezogen ist. Soll heißen, ausschlaggebend für eine therapeutische oder Beratungs-Entscheidung sind der Wunsch nach einer stabilen Vater-Kind-Beziehung und nach Prävention bzw. Wiederherstellung des seelischen Gleichgewichts des Kindes. Selbst wenn also der Fokus therapeutischer bzw. beratender Gespräche explizit auf die Paarbeziehung gerichtet ist, liegt die Entscheidung des Mannes für eine professionelle Hilfe primär im Kindeswohl begründet.

So lässt sich beispielsweise ein Vater, seit er allein für die Erziehung seines Sohnes verantwortlich ist, konsequent von einer Erziehungsberaterin in allen pädagogisch-psychologischen Fragen begleiten. Anfangs wöchentlich, gegenwärtig nur noch monatlich, berät er sich mit der Sozialpädagogin über Einschlafstörungen des Kindes, den richtigen Zeitpunkt des Schuleintrittes, die Beziehungsgestaltung mit der psychisch kranken Mutter. Ein anderer Vater wiederum sucht Unterstützung in männerspezifischer Gruppenarbeit, als er die Beziehung zu seinem damals 4-jährigen Sohn durch die Trennungssituation zwischen ihm und der Mutter des Kindes gefährdet sieht. Ein dreifacher Vater regt aus gleichen Gründen gegenüber seiner ehemaligen Partnerin Paarsitzungen bei einer Familientherapeutin an. An dieser Stelle wären noch einige Beispiele mehr zu nennen, allen beratungserfahrenen Vätern gemeinsam aber ist, dass sie ihre bisherigen Erfahrungen mit professionellen Hilfen als positiv und entwicklungsfördernd schildern.

Damit findet hier eine Form des Lernens statt, die sich sehr bewusst und vor allem selbstgesteuert vollzieht. Das ist vor allem deshalb bedeutsam, weil hierin gleichsam die Fähigkeit für eine selbstreflexive Auseinandersetzung zum Ausdruck kommt, die wiederum Basis für die Ausprägung insbesondere personaler und sozialer Kompetenzen ist.

4 Lerntheoretische Zugänge zum familialen Kompetenzerwerb

Nachfolgend sei zunächst auf den grundlegenden Rahmen des familialen Lernens verwiesen, der sich bereits in den vorgestellten Zwischenergebnissen abzeichnet. Welche Aspekte und Differenzierungen darüber hinaus für das Familienlernen von Bedeutung sind, wird sich erst nach der mikroanalytischen Auswertung des Datenmaterials zeigen. Aktuell lassen sich die lerntheoretischen Aspekte dieser ersten Erkenntnisse integrieren in ein gemäßigt konstruktivistisches Verständnis, wie es Reinmann-Rothmeier & Mandl beschreiben, wenn sie betonen, Lernen sei niemals ohne die „aktive Beteiligung des Lernenden (einschließlich Motivation und Interesse) und ohne selbstgesteuerten Anteil denkbar". Vielmehr sei Lernen auf der Grundlage „kontinuierlich ablaufender Wahrnehmungs-, Erfahrungs- und Interpretationsprozesse in jedem Fall konstruktiv und, eingebettet in spezifische Kontexte, stets situativ, dabei immer auch sozial im Sinne eines interaktiven Geschehens bzw. einfließender sozio-kultureller Faktoren" (Reinmann-Rothmeier & Mandl, 1997, S. 356, zitiert nach Kirchhof & Kreimeyer, 2003, S. 221).

Diese gesellschaftlich wie individuell variablen Bedingungen bilden wiederum die Basis des informellen Lernens, welches in der Familie jeden Tag aufs Neue stattfindet. Nach Dohmen umfasst informelles Lernen all jene Lernprozesse, die nicht institutionell organisiert oder curricular strukturiert sind. Es vollzieht sich weitgehend selbstorganisiert und selbstgesteuert. Dabei kann es reflexiv, als bewusstes Erfahrungslernen erfolgen oder implizit, weniger bewusst also, jedoch durchaus geplant (Dohmen, 2001). Fahrradfahren oder Schwimmen lernen sind die beiden am häufigsten angeführten Beispiele für implizites Lernen. Von der genannten Definition abweichend, bleibt festzustellen, dass informelles Lernen sehr wohl auch innerhalb formaler Lernstrukturen (z.B. „Hidden Curriculum“) und damit letztlich an allen Orten stattfinden kann (vgl. z.B.: Overwien, 2004). Informelles Lernen bildet gleichsam die Grundlage für die gemäß der bekannten internationalen Debatten formulierte Forderung nach lebenslangem Lernen, ohne das die immer komplexer und unvorhersehbarer werdenden gesellschaftlichen wie betrieblichen Anforderungen nicht mehr zu bewältigen sind. Bereits seit dem Faure – Bericht der UNESCO aus dem Jahre 1973 wird diskutiert, dass bis zu 70% allen Lernens in informellen Lernzusammenhängen stattfindet. Daher kommt der Familie als vielleicht wichtigstem Lernort im sozialen Umfeld des Menschen eine enorme Bedeutung zu, die sich nicht zuletzt in der Übertragbarkeit der dort gewonnenen und weiter entwickelten Fähigkeiten und Fertigkeiten ausdrückt.

5 Familialer Kompetenztransfer zwischen Anerkennung und Vereinnahmung

Wie erwähnt, bleiben die Potenziale der familial erworbenen Fähigkeiten nicht einfach in der Familie „stecken“, sondern können in vielfältige andere Lebensbereiche transferiert werden. Einer der bedeutendsten Bereiche, der vom Transfer familialer Kompetenzen profitiert, ist die Arbeitswelt. Das bestätigen u.a. Nußhart & Erler in ihrer Untersuchung „Familienkompetenzen als Potenzial einer innovativen Personalentwicklung“ aus dem Jahr 2000. So wurden in dieser Vorstudie zur Kompetenzbilanz des DJI zahlreiche Klein- und mittelständische Unternehmen zur betrieblichen Bedeutung so genannter Soft Skills befragt. Dabei stellte sich heraus, dass Personalverantwortliche zum einen sehr genau auf das Vorhandensein oder Fehlen solcher Kompetenzen achtete, dass aber der Entstehungsort von nachrangiger Bedeutung bleibt. Zum anderen wurde deutlich, dass bei Frauen zumeist per se davon ausgegangen wird, dass sie über hoch entwickelte soziale und personale Fähigkeiten verfügen. Hingegen wird von Führungskräften, die nach wie vor mehrheitlich männlichen Geschlechts sind, gar nicht erwartet, dass sie entsprechend ausgerüstet sind. Ihnen werden daher entsprechende Trainingsmaßnahmen angeboten (Nußhart & Erler, 2000).

Gelänge es, für den längst schon in aller Stille stattfindenden Kompetenztransfer Aufmerksamkeit und Anerkennung in den Abteilungen der Personalentwicklung zu gewinnen, so käme das nicht nur berufstätigen Müttern zugute. Denn spätestens dann, wenn Familienzeit nicht mehr als allgemeine Fehlzeit verbucht würde, sondern als Phase wertvollen Kompetenzzuwachses, sollten sich auch mehr Männer als bisher ermutigt fühlen, ihre Rolle als aktiver Vater selbstbewusst anzunehmen und nach außen zu vertreten. Weiterführend würde eine ganzheitliche Annahme der Vaterrolle die Weichen stellen für ein egalitäres Rollenverständnis zwischen beiden Partnern, als Frau und Mann, als Mutter und Vater. Erste emanzipatorische Zugeständnisse staatlicherseits sind sicherlich in solch formalen Schritten wie der im Jahr 2001 vollzogenen Begriffsmodifizierung vom „Erziehungsurlaub" zur „Elternzeit" zu sehen. Auch die seit dem mögliche flexible Handhabung des partnerschaftlichen Arrangements der Elternzeit scheint Ergebnis einer bewussten Entscheidung für die Familie als Ort paritätischer Arbeitsteilung wie gleichrangiger Beziehungsangebote gegenüber dem Kind zu sein. Sollen aber Eltern wie angedacht davon Gebrauch machen, müssen zunächst auch weiterführende Gesetzgebungen, beispielsweise zur befriedigenden Regelung damit verbundener finanzieller Aspekte, entsprechend modifiziert werden.

Im Zusammenhang mit aktuellen Transfer- und Zertifizierungsdebatten um informell erworbene Fähigkeiten zeichnet sich gegenwärtig eine Ambivalenz ab, welche im Spannungsfeld zwischen Ermöglichung und Anerkennung auf der einen und gesellschaftlichen Vereinnahmungstendenzen auf der anderen Seite zum Ausdruck kommt. So weisen Kirchhof & Kreimeyer darauf hin, dass mit zunehmender gesellschaftlicher Akzeptanz des informellen Lernens und seiner Einbindung in das Konzept vom lebenslangen Lernen auch befürchtet werden muss, dass der spezifische Charakter dieser Lernform einer Pädagogisierung zum Opfer fällt. Denn beim Versuch, dieses freiheitliche, maßgeblich intrinsisch motivierte Lernen pädagogisch zu unterstützen, geht eben jenes Moment, welches das informelle Lernen für die Kompetenz- und Persönlichkeitsentwicklung des Menschen so wertvoll macht, verloren. Darüber hinaus greifen sie ein weiteres Paradoxon auf, das mit den zunehmend hohen Erwartungen an das informelle Lernen einhergeht. Quasi als Metalösung gesamtgesellschaftlicher Problemlagen verstanden, geht auch für das lernende Individuum die Gefahr einher, dass möglicherweise in Zukunft die Wahl des (privaten) Tätigkeitsspektrums an der gesellschaftlichen Verwertbarkeit daraus resultierender Fähigkeiten orientiert wird, um im Sinne einer „aktiven Biografisierung" den vielfältigen Anforderungen der Arbeitswelt gerecht werden zu können. Es wird also nur noch gelernt, was Kompetenzerwerb und vermeintlich Erfolg verspricht. Hierbei verschiebt sich insbesondere die intrinsisch motivierte Lernhandlung in Richtung extrinsischer Anreize, die wiederum den selbst bestimmten Charakter des informellen Lernens konterkarieren. Darüber hinaus unterliegen die gesellschaftlichen Anforderungen, die das lernende Subjekt damit bedienen will, permanenten Schwankungen, so dass u. U. dieses Bestreben ins Leere läuft und letztlich nur um so weiter wegführt von einer individuellen, interessensgeleiteten Ausrichtung des Menschen in seinem sozialen wie beruflichen Umfeld (vgl. Kirchhof & Kreimeyer, 2003).

Wahrscheinlich wird sich dies wohl kaum auf Entscheidungen zur Familiengründung auswirken. Spitzt man diese Sichtweise aber einmal drastisch zu, könnten zumindest viele Einzelaspekte in diesem Kontext einem Verwertbarkeitsgedanken unterliegen. Vor diesem Hintergrund wird deutlich, dass bei allen, gesellschaftspolitisch absolut indizierten, Forderungen nach Anerkennung und Zertifizierung informell erworbener Fähigkeiten auch immer die beschriebene Implikation, die damit eng verknüpfte Gefahr der Instrumentalisierung und Pädagogisierung also, mitbedacht werden muss im Sinne präventiver Maßnahmen zur Wahrung des „Bewegungsfreiraums" informelles Lernen. Letztlich kann auch die reflexive und einfühlende Kompetenz, die nötig ist, sich dessen im pädagogischen wie sozialen Alltag bewusst zu werden, wohl kaum auf formalem Wege erworben werden, sondern kann sich ebenso nur aus den Möglichkeiten eines freiheitlichen, selbst bestimmten Lernens schöpfen.

Für den Lern- und Arbeitsort Familie geht die Problematik von gesellschaftlicher Anerkennung versus Vereinnahmung speziell auf folgenden Umstand zurück: Zum einen müssen sich Eltern noch immer von einem Negativimage der Familienarbeit bzw. speziell der Elternzeit emanzipieren, die gegenwärtig noch vielfach als Austritt aus dem gesellschaftlich anerkannten Normbereich der Arbeit gewertet wird. Zum anderen aber greifen gleichzeitig Unternehmen seit langem auf das Kompetenzpotenzial aus der Familie zurück, ohne sich dessen wirklich bewusst zu sein. Doch nicht nur auf unternehmerischer Seite fehlt das nötige Bewusstsein darüber, was Väter und Mütter in Familien leisten und dabei lernen, sondern auch bei Eltern selbst ist ein mangelndes (Selbst-) Bewusstsein, verbunden mit mangelnder Anerkennung der eigenen Fähigkeiten festzustellen. Dieser Mangel wird u.a. in den elterlichen Reaktionen auf von ihnen geführte Tageslaufprotokolle im Zusammenhang mit der empirischen Untersuchung ihres Kompetenzerwerbs deutlich. Dass es in der Konsequenz dieser Verkettung keine innerbetriebliche Anerkennung geben kann, verwundert nicht. Und so liegt der Weg, diesen Missstand zu überwinden auch in den Händen der berufstätigen Eltern. Denn um entsprechende Forderungen formulieren zu können, bedarf es zunächst der grundlegenden Akzeptanz und Würdigung der vielfältigen familial erworbenen Fähigkeiten auf Seiten der KompetenzträgerInnen selbst. Solange Eltern also nicht selbst erkennen, was sie in der Daueranforderungssituation der Familie leisten, wird ihnen nur schwerlich Anerkennung von außen zuteil werden können. Vor dem Hintergrund dieser gesellschaftlichen Verweigerung ist natürlich eine konstruktive Selbsteinschätzung eine enorme Herausforderung für Eltern. Doch Triebfeder dafür kann wiederum nur die selbstreflexive Auseinandersetzung mit der eigenen Person und ihrem Handeln und Fühlen als Vater bzw. Mutter sein.

6 Ausblick

Gerade für Väter aber ist es schwer, diesen Schritt konsequent zu vollziehen, sind sie doch mit dem historisch gewachsenen Dilemma konfrontiert, Vaterschaft neu erfinden zu müssen. Nach Ansicht des Familientherapeuten Jesper Juul existiert nur wenig Traditionelles, an dem sich junge Väter heute orientieren können. So stellt Juul fest: „Wir müssen unsere eigene Art, Vater zu werden finden, (...)“ und warnt gleichzeitig davor, aus Unbeholfenheit die Mutter des Kindes imitieren zu wollen. Vielmehr hält er selbstorganisierte Männernetzwerke für sinnvoll, um im gegenseitigen Austausch zur jeweils eigenen Vateridentität zu finden (Juul, 2004). Im Gegensatz zu den Müttern, die sich zwar auch seit Jahrzehnten auf dem Weg einer Neudefinition der Mutterrolle befinden und sich im Verlauf dessen mehr und mehr ihrer Leistungen bewusst geworden sind, steht für die meisten Väter im Vordergrund, das jeweils Eigene im Umgang mit dem Kind, in der Bewältigung der alltäglichen familiären Anforderungen herauszufinden und sich dabei getrost von den zahlreichen Rückmeldungen ihrer Umwelt unterstützen zu lassen.

Wie diese Entwicklung langfristig gelingen kann, spiegelt sich auch in den vorgestellten Untersuchungsergebnissen wider. So zeigte sich, dass alle Auseinandersetzungen, denen sich Väter im Zuge der Bewältigung familialer Anforderungen wahrhaftig stellen, zunächst einer Grundvoraussetzung bedürfen: Das Loslassen von tradierten Rollenmustern auf der einen Seite und die daraus folgende Offenheit gegenüber Neuem und Unerwartetem auf der anderen Seite. Das erfordert Mut und die Fähigkeit dabei eventuell entstehende „Leerräume“ auszuhalten, bis sie mit wirklich Eigenem gefüllt werden können. Auch hier weisen die befragten Männer selbst den Weg. Neben der selbstreflexiven Auseinandersetzung mit der eigenen Person als Mann und Vater heute, aber auch als Sohn des eigenen Vaters, der eigenen Mutter, steht für sie, wie ausgeführt, das Feedback des eigenen Kindes als wichtiger Gradmesser für das persönliche Handeln und Fühlen im Vordergrund. Das verdeutlicht, dass Väter tatsächlich begonnen haben, alte Strukturen aufzubrechen und sich an den Bedürfnissen und Grenzen des Kindes zu orientieren, um zu erfahren, wie sie ihm ein authentischer und einfühlender Vater sein können, dem es auch erlaubt ist, aus Fehlern zu lernen. Nur auf diese Weise kann sich letztlich ein Wertewandel im väterlichen Selbstverständnis vollziehen, der schließlich auch mit einer entsprechenden Kompetenzentwicklung einhergehen wird.

Einen wichtigen Impuls geben die vorangegangen Ausführungen auch für die gesellschaftspolitische Verortung von Vaterschaft. So ist einerseits für die meisten Männer Berufstätigkeit nach wie vor ein wichtiges Merkmal der Selbstdefinition, gleichzeitig aber wächst bei vielen der Wunsch nach engagierter Vaterschaft, die sich jedoch nur mit einer praktikablen Vereinbarkeitslösung zwischen Beruf und Familie verwirklichen lässt. Geht man von der erörterten These der familialen Kompetenzentwicklung und des unwillkürlich folgenden Kompetenztransfers auch in betriebliche Arbeitswelten aus, scheint die Lösung ganz einfach zu sein: Qualifizierte Arbeit, die ganzheitliche Handlungsfähigkeiten erfordert, auf der einen Seite – familiales Leben und Lernen, das kompetenzbildend auf die Arbeit zurückwirkt, auf der anderen Seite. Würden sowohl Arbeitgeber als auch Väter selbst das Potenzial dieser wechselseitigen Bezogenheit erkennen, könnten sich in der Folge innovative Vereinbarkeitsideen durchsetzen, die es beiden Seiten ermöglichen, ohne schlechtes Gewissen auf das kompetenzbildende Potenzial der

Familienarbeit zurückzugreifen und dabei die jeweils eigenen Interessen zu vertreten. Noch aber scheinen sich Familie und Beruf aus beiderlei Sicht eher unvereinbar, denn gewinnbringend gegenüberzustehen.

So muss es abschließend betrachtet für Väter heute darum gehen, Familie als familienübergreifenden Lernort anzuerkennen, sich des eigenen Persönlichkeits- und Kompetenzzuwachses durch die aktive Anforderungsbewältigung bewusst zu werden und die Transfermöglichkeiten dieses Erfahrungsgewinns effektiv zu nutzen im Sinne einer lebensgestaltenden Anwendung ihrer ganzheitlichen Fähigkeiten.

7 Literatur

Baitsch, C. (1998). Viele tun's und keiner merkt's. Vom privaten Lernen für die Arbeitswelt. In Bundesministerium für Bildung, Forschung und Technologie BMBF (Hrsg.), *Lernen im Chaos: Lernen für das Chaos – chaotisches Lernen* (S. 13-19). Berlin: BMBF.

Dohmen, G. (2001). *Das informelle Lernen. Die internationale Erschließung einer bisher vernachlässigten Grundform menschlichen Lernens für das lebenslange Lernen aller.* Bonn: Bundesministerium für Bildung und Forschung.

Erler, W. & Nußhart, C. (2000). *Familienkompetenzen als Potenzial einer innovativen Personal-entwicklung, Trends in Deutschland und Europa.* Berlin: Bundesministerium für Familie, Frauen, Senioren und Jugend.

Faure, E., Herrera, F. & Kaddoura, A.-R. (1973). Wie wir leben lernen. Der UNESCO-Bericht über Ziele und Zukunft unserer Erziehungsprogramme. Reinbek: Rowohlt.

Fthenakis, W.E. & Minsel, B. (2001). *Die Rolle des Vaters in der Familie.* Berlin: Bundesministerium für Familie, Frauen, Senioren und Jugend.

Gerzer-Sass, A., Erler, W., Nußhart, C. & Sass, J. (2001). *Die Kompetenzbilanz. Ein Instrument zur Selbsteinschätzung und zur beruflichen Entwicklung für berufstätige Mütter und Väter, an Weiterbildung Interessierte und BerufsrückkehrerInnen.* München: Deutsches Jugendinstitut.

Juul, J. (1997). *Das kompetente Kind. Auf dem Weg zu einer neuen Wertgrundlage für die ganze Familie.* Hamburg: rowohlt.

Juul, J. (2004). Vaterschaft muss neu erfunden werden. *PAPS. Die Welt der Väter, Heft April*, 6-7.

Kirchhof, S. & Kreimeyer, J. (2003). Informelles Lernen im sozialen Umfeld – Lernende im Spannungsfeld zwischen individueller Kompetenzentwicklung und gesellschaftlicher Vereinnahmung. In W. Wittwer & S. Kirchhof, *Informelles Lernen und Weiterbildung. Neue Wege zur Kompetenzentwicklung* (S. 213-240). München: Luchterhand.

Kirchhöfer, D. (2000). *Informelles Lernen in alltäglichen Lebensführungen – Chance für berufliche Kompetenzentwicklung* (QUEM Report 66*).* Berlin: Arbeitsgemeinschaft betriebliche Weiterbildungsforschung.

Kirchhöfer, D. (2001). Perspektiven für das Lernen im sozialen Umfeld. In Arbeitsgemeinschaft betriebliche Weiterbildungsforschung e. V./Projekt Qualitätsentwicklungsmanagement (Hrsg.), *Kompetenzentwicklung 2001. Tätigsein – Lernen – Innovation* (S. 95-145). Münster: Waxmann.

Költzsch-Ruch, K. (1997). *Familienkompetenzen – Rüstzeug für den Arbeitsmarkt. Eine arbeitspsychologische Untersuchung zum Qualifizierungspotenzial der Familien- und Hausarbeit für die Berufswelt.* Köniz: Soziothek.

Overwien, B. (2004). Informelles Lernen. In H. Otto & T. Coelen (Hrsg.), *Grundbegriffe der Ganztagsbildung. Zur Integration von formeller und informeller Bildung* (S. 51-73). Wiesbaden: Opladen.

Rosowski, M. & Ruffing, A. (2000). *Männerleben im Wandel.* Ostfildern. Schwabenverlag.

Ulich, E. (1994). *Arbeitspsychologie.* Stuttgart, Zürich: Hochschulverlag.

Vollmer, M. (1995). *Die Messung der Familienkompetenz.* München: Bayrisches Staatsministerium für Arbeit und Sozialordnung, Familie, Frauen und Gesundheit.

Volz, R. & Zulehner, P. (1998). *Männer im Aufbruch. Wie Deutschlands Männer sich selbst und wie Frauen sie sehen. Ein Forschungsbericht.* Ostfildern: Schwabenverlag.

Werneck, H. (2002). *Die „neuen" Väter* [online]. URL: http://www.familienhandbuch.de/cmain/f_Aktuelles/a_Elternschaft/s_255.html [15.07.2005].

XIV. Der Einfluss des männlichen Rollenverständnisses auf die Balance zwischen Beruf und Familie

Eduard Waidhofer

1 Einleitung

Nach dem Balancemodell der positiven Psychotherapie (Peseschkian, 1993), das von einem ganzheitlichen Menschenbild geprägt ist, sollten die biologisch-körperlichen, rational-intellektuellen, sozio-emotionalen und geistig-spirituellen Fähigkeiten des Menschen in Balance sein. Durch Umwelt und Sozialisation werden nun Präferenzen gebildet und einige Fähigkeiten besonders betont und andere vernachlässigt. Die männliche Sozialisation bringt mit sich, dass aufgrund der Betonung der Ebene der Leistung/Arbeit die anderen drei Bereiche, nämlich Körper/Gesundheit, Beziehung/Kontakte und Sinn/Intuition/Phantasie/Spiritualität häufig zu kurz kommen. Die Herausforderung für Männer besteht nun darin, die männliche Rolle im Hinblick auf die Vereinbarkeit von Familie und Beruf kritisch zu reflektieren und den erwähnten vernachlässigten Bereichen vermehrte Aufmerksamkeit zu schenken.

2 Männliche Sozialisation

Die Männerforschung belegt hinlänglich, dass bereits die Jungen auf Leistung und Erfolg getrimmt werden (Hollstein, 2001, S. 27ff.). Jungen wissen, dass sie kämpfen müssen, nicht schwach und passiv sein dürfen, wenn sie Männer werden wollen. Leistung, Erfolg, Härte, Macht, Konkurrenz, Sieg und Distanz zur Weiblichkeit gehören zur traditionellen Männerrolle. Manche Männer glauben sogar, nur dann glücklich und sicher sein zu können, wenn sie hart arbeiten, leistungsorientiert, kompetent und erfolgsorientiert sind. Jungen versuchen alles zu vermeiden, was mit Weichheit, Weiblichkeit oder Mädchenhaftigkeit zu tun hat. Sie erreichen ihre männliche „Geschlechtsidentität" (Böhnisch & Winter, 1997) nur in klarer Abgrenzung vom anderen Geschlecht. Sie wissen, dass sie nur dann eine gute Position und einen hohen Status erreichen können, wenn sie erfolgreich sind, und erfolgreich kann man nur sein über Leistung, Konkurrenz und Kampf. Der Junge muss seinen Mann stehen, hart und unerschütterlich sein und darf sich nicht besiegen lassen. Wenn er gewinnen will, muss er aggressiv, mutig und wild sein. Bereits in sehr frühem Alter werden Söhne von ihren Vätern mit der harten Lebenswirklichkeit von Leistung und Kampf konfrontiert und für nicht geschlechtsspezifisches Verhalten bestraft. „Man verweigert ihnen die seelische Unterstützung und verwehrt ihnen die Möglichkeit, in die Geborgenheit zurückzukehren, wenn sie sich überfordert fühlen.“ (Pollak, 1998, S. 12) Die Angst, nicht männlich genug zu sein, begleitet Männer oft ein ganzes Leben.

Der amerikanische Psychologe Herb Goldberg hat in seinen sieben „maskulinen Imperativen“ eindrücklich die unmenschliche und einschränkende Wirkung der traditionellen Männlichkeit beschrieben:

1. je weniger Schlaf ich benötige,
2. je mehr Schmerzen ich ertragen kann,
3. je mehr Alkohol ich vertrage,
4. je weniger ich mich darum kümmere, was ich esse,
5. je weniger ich jemanden um Hilfe bitte und von jemandem abhängig bin,
6. je mehr ich meine Gefühle kontrolliere und unterdrücke,
7. je weniger ich auf meinen Körper achte, desto männlicher bin ich

(Goldberg, 1986 zit. nach Hollstein, 2004 S. 38).

Peter Döge (2001, S. 44ff) sieht durch die Ergebnisse der kritischen Männerforschung bestätigt, dass die zwei „hegemonialen“ (Connell, 2000) Männerbilder, der Machtmann und der Erwerbsmann, zentrale Blockaden einer Männerveränderung und einer geschlechterdemokratischen Gestaltung des Geschlechterverhältnisses darstellen.

Der deutsche Männerforscher Walter Hollstein (2003, S. 56ff.) hat in Anlehnung an James M. O’Neil sechs für Männer typische Symptome beschrieben:

Eingeschränktes Gefühlsleben: Aufgrund der unterdrückten Emotionalität entstehen Verärgerung, Frustration, Feindseligkeit und Wut, die sich nicht selten in Gewalt äußern kann.

Homophobie: Damit ist die Angst vor der Nähe zu anderen Männern und die Furcht, für weiblich, weich oder schwul gehalten zu werden, gemeint.

Kontroll-, Macht- und Wettbewerbszwänge: Wie bereits beschrieben werden Jungen im Kindesalter ermutigt, dominant, aktiv, mächtig und kontrolliert zu sein. Konkurrenz, Macht und Kontrolle bestimmen den Selbstwert als Mann, Niederlagen sind somit unmännlich.

Gehemmtes sexuelles und affektives Verhalten: Die Angst, eigene weibliche Seiten zuzulassen, führt dazu, die eigene Sexualität von Zärtlichkeit und Emotionalität abzuspalten und als Zwang zu Leistung und Erfolg zu erleben.

Sucht nach Leistung und Erfolg: Führt dazu, die Männlichkeit immer wieder zu bestätigen und den Sinn des Lebens in der Arbeit zu sehen. Für Entspannung und Spaß in der Freizeit bleibt wenig Zeit und Energie.

Gesundheitliche Probleme*:* Männer missachten körperliche Warnsignale, gehen seltener zum Arzt, können sich nicht ausreichend entspannen und bewerten die Sorge um die eigene Gesundheit als weibliche Qualität.

Männerrollen heute

Die jüngste Untersuchung von Paul M. Zulehner (2003) über die Entwicklung der Männer in den letzten zehn Jahren zeigt eine Abnahme der so genannten traditionellen Männer, die sich als Familienernährer definieren, von 24% im Jahr 1992 auf 17% im Jahr 2002. Gleichzeitig haben die modernen Männer – früher als „neue“ Männer bezeichnet – im selben Zeitraum von 14% auf 23% zugenommen. Etwas abgenommen haben auch die pragmatischen Männer, welche den traditionellen nahe stehen, aber teilweise auch moderne Aspekte integrieren. Die größte Gruppe stellen mit 42% die unbestimmten Männer dar, die noch unsicher und formbar sind und sich auf der Suche befinden. Moderne Männer wollen sich nicht mehr auf das Arbeitsleben reduzieren lassen, sie haben den Wunsch, mehr vom Leben zu haben als nur die Arbeit. Sie sehen sich nicht nur als Ernährer, sondern auch als verantwortliche Väter und aktive Partner.

Nach der Definition einer neuen Männlichkeit durch Antony Astrachan „hat der neue Mann die meisten traditionellen männlichen Geschlechterrollen und den Versuch, die Macht zu monopolisieren, aufgegeben oder überwunden. Er besteht nicht mehr darauf, der einzige oder dominante Verdiener des Familieneinkommens zu sein und weigert sich, zum Sklaven seiner Arbeit zu werden, obwohl er Kompetenz und Leistung schätzt. Er glaubt daran, dass Männer ebenso gefühlvoll sind wie Frauen und lernen sollten, ihre Gefühle auszudrücken. Er ist fähig, über seine eigenen Probleme und Schwächen zu reden. Der neue Mann unterstützt die Suche der Frauen nach Unabhängigkeit und Gleichheit nicht nur verbal. Er setzt sich an seinem Arbeitsplatz für gleichen Lohn, für gleiche oder vergleichbare Arbeit und für gleiche Beförderungschancen seiner Kolleginnen ein. Er nimmt seinen Beruf nicht wichtiger als seine Familie. Ist er verheiratet, gesteht er der Karriere seiner Frau die gleiche Bedeutung zu wie seiner eigenen und einigt sich über Versetzungen, die eine Beförderung bedeuten, oder darüber, wer beim kranken Kind zu Hause bleibt. Der allerwichtigste Punkt ist allerdings, dass er die halbe Verantwortung für die Hausarbeit und die Kindererziehung zusätzlich zur Hälfte der Arbeit übernimmt“ (Astrachan, 1992, S. 360).

Nicht zu unterschätzen ist die Bedeutung der Medien. Männer werden in Film und Fernsehen vornehmlich bei der Arbeit gezeigt, während Frauen im Privatbereich bei klassisch weiblichen Tätigkeiten wie Pflege und Fürsorge dargestellt werden, was sich vor allem die Werbung zu nutze macht. Die aufgrund der gewandelten gesellschaftlichen Verhältnisse veränderte Arbeitsteilung zwischen den Geschlechtern hat in die Massenmedien noch kaum Einzug gehalten. Damit werden immer noch die traditionellen Rollenbilder verfestigt.

Die große Herausforderung der langsam entstehenden Männerbewegung besteht nun darin, die von gesellschaftlichen Zwängen und Erwartungen geprägte traditionelle Männerrolle abzulegen.

3 Männer zwischen Erwerbsarbeit und Familie

Die Auswirkungen der traditionellen Auffassung von Männlichkeit spiegeln sich nach W. Hollstein in den gesellschaftlichen Verhältnissen wider:

> Erwerbstätigkeit gehört noch immer zur Normalbiographie des Mannes, aber nicht notwendigerweise zu jener der Frau.
>
> Doppelorientierung der Frauen auf Beruf und Familie bedeutet, dass Frauen zum einen häufiger Teilzeit arbeiten, und dass sie zum anderen ihre Erwerbsbiographie unterbrechen, um für Kinder und Familie präsent zu sein.
>
> Die Rückkehr in den Beruf ist für Frauen trotz gestiegener Motivation schwierig. Jede fünfte Frau verbindet den Wiedereinstieg in die Erwerbstätigkeit mit einem beruflichen Abstieg.
>
> Die Daten über die Erwerbstätigkeit dokumentieren die Konsequenzen der gesellschaftlichen Arbeitsteilung: Männer steuern überwiegend technische Anlagen und warten sie, bauen, installieren und stellen her, planen, konstruieren und forschen, leiten, organisieren und führen, sichern, bewachen und wenden Vorschriften an. Frauen hingegen verkaufen, kassieren, beraten Kunden, arbeiten im Büro, bewirten, reinigen und packen, erziehen, helfen, pflegen und versorgen.
>
> Diese tradierte Ungleichheit zwischen den Geschlechtern dokumentiert sich nur konsequent in erheblichen Lohnunterschieden zwischen Männern und Frauen.
>
> Trotz zäher Bemühungen in den vergangenen zwei Jahrzehnten ist es den Frauen nicht gelungen, sich den öffentlichen Raum von Politik, Gerichtsbarkeit, Verwaltung und Medien zu erobern; trotz aller weiblicher Fortschritte ist Öffentlichkeit weiterhin grundsätzlich männlich. Frauen sind oft nur Zuträgerinnen für männliche Herrschaftspositionen oder Alibi für dieselbigen.
>
> Auch im privaten Bereich obliegt die Hauptlast der Arbeit noch immer den Frauen. Selbst von erwerbstätigen Partnerinnen erwarten Männer ein mehr an Hausarbeit, Versorgung und emotionaler Pflege als sie selber zu geben bereit sind. Ähnliches gilt für die Kindererziehung.
>
> Die bisher unbewältigten Traditionen der geschlechtsspezifischen Arbeitsteilung bedingen Machtverhältnisse in Beziehungen und Familien und legitimieren nach wie vor Männergewalt. (Hollstein, 2001, S. 30ff.)

Die hegemoniale Männlichkeit ist jedoch in den letzten Jahrzehnten erheblich unter Legitimationsdruck gekommen (Brandes & Bullinger, 1996). Die Emanzipation der Frauen hat bei den Männern einen starken Veränderungsdruck und vielfältige Verunsicherungen bewirkt.

> Dazu gehört die Angst, dass eine erwerbstätige Frau ihrem Mann einen Teil ihrer Aufmerksamkeit und Fürsorge entziehen könnte, weil ihre Energien nun anderweitig gebunden sind. Eine angstfreie Akzeptanz der veränderten Frauenrolle würde für die Männer bedeuten, dass sie für ihr emotionales Wohlbefinden selber primär die Verantwortung übernehmen müssten und das verlangt Anstrengungen, auf die die nicht mehr ganz jungen Generationen einfach nicht vorbereitet worden sind. (Hollstein, 2004, S. 194)

Viele Männer können sich nicht von der traditionellen Männerrolle von Leistung, Erfolg und Außenorientierung trennen. „Die Entscheidung dieser Männer wird durch eine traditionelle Normorientierung, durch eine hohe Wohlstandsorientierung und durch ein traditionell geprägtes Leitbild der Geschlechterrollen beeinflusst" (Vaskovic & Rost, 1999, S. 161).

Laut der Untersuchung „Männer 2002" von Paul M. Zulehner (2003, S. 40ff.) stimmen 40% der befragten Männer der Aussage eher zu: „Der Mann erfährt in seiner Arbeit seinen persönlichen Sinn". Fast ebenso viele sind unentschieden. Für 57% der Befragten hat ein Mann ohne Erwerbsarbeit kein gesellschaftliches Ansehen. 58% sind der Meinung, dass Arbeitslosigkeit den Lebenssinn von Männern mehr als jenen der Frauen bedroht. Diese Fragen stimmen traditionell und pragmatisch orientierte Männer eher zu als unbestimmte und moderne Männer. Berufstätigkeit ist also ein Kern traditionell männlicher Lebensinszenierung (Lehner, 2004). Traditionelle und pragmatische Männer sind doppelt so häufig sehr stark berufsorientiert als unbestimmte und moderne Männer, wobei Frauen die Männer noch stärker für berufsorientiert halten als dies Männer tun. Moderne Männer sind offensichtlich weniger berufsorientiert als die anderen Gruppen.

Bezüglich der Berufstätigkeit von Frauen stimmen 43% der Männer der Aussage zu: „Die berufstätige Frau kann ihrem Kind genau so viel Wärme und Sicherheit geben wie eine Mutter, die nicht arbeitet." Erwartungsgemäß sind Frauen häufiger dieser Ansicht. 64% der Männer glauben jedoch: „Ein Kleinkind wird wahrscheinlich darunter leiden, wenn die Mutter berufstätig ist." Für 59% der Männer ist es selbstverständlich, dass Mann und Frau verdienen und zum Haushaltseinkommen beitragen sollen. Nur 43% der Männer finden es am besten, „wenn der Mann und die Frau beide ihre Erwerbsarbeit einschränken und sich beide gleich um Haushalt und Kinder kümmern." Immerhin finden 46% der Männer den Satz zutreffend: „Ich bin bereit, meine Berufstätigkeit zugunsten der Familie zu reduzieren." Mehr als die Hälfte der Männer ist der Meinung, dass Erwerbsarbeit und Familienarbeit einander wechselseitig stützen: „Gutes Familienleben gibt Kraft für den Beruf, und Partnerschaft hilft über berufliche Misserfolge hinweg." „Ein erfüllender Beruf hilft auch über Beziehungsprobleme hinweg." Frauen sehen hier einen noch stärkeren Zusammenhang.

Die genauere Analyse zeigt, dass die Berufstätigkeit von Frauen ein Moment der Modernisierung der Geschlechterrollen darstellt. Moderne Männer sehen weniger negative Auswirkungen der weiblichen Berufstätigkeit für die familiäre Lebenswelt und insbesondere für Kleinkinder als traditionelle Männer. Pragmatische und moderne Männer nehmen mehr Probleme hinsichtlich der Vereinbarkeit von Erwerbsleben und Familie bei Frauen wahr als traditionelle Männer. Insgesamt bewerten mehr Frauen als Männer die weibliche Berufstätigkeit als Zugewinn für die Biographie von Frauen.

Die Studie „Väter und Erziehungsurlaub" des Staatsinstitutes für Familienforschung der Universität Bamberg (Vaskovics & Rost, 1999) belegte, dass vor allem finanzielle Gründe für die geringe Inanspruchnahme der Karenz durch Väter ausschlaggebend sind. Fast dreiviertel der Väter halten auch eine stärkere Flexibilität der Arbeitszeit, mehr Teilzeitarbeitsplätze und betriebliche Einrichtungen für die Kinderbetreuung für unverzichtbar. Auch in der österreichischen Procter & Gamble – Väterstudie (2001) wurden

Karriereknick, finanzielle Einbußen und geringe Akzeptanz seitens der Arbeitgeber als häufigste Gründe für die geringe Attraktivität der Karenz für Väter genannt.

Männer werden aber nicht nur von Vorgesetzten, sondern oft auch von den Kolleginnen und Kollegen an der Inanspruchnahme von Teilzeit und Väterkarenz gehindert, indem sie von diesen als „unmännlich" stigmatisiert werden. Der Österreichische Familienbericht (1999, S. 33) stellt fest, dass die Männer, die sich für Gleichverteilung bezahlter und unbezahlter Arbeit einsetzen, in der Arbeitswelt nach wie vor mit Abwehr, gravierenden Konflikten und Auseinandersetzungen mit KollegInnen und Vorgesetzten rechnen müssen.

Laut der aktuellen LBS-Familienstudie (Fthenakis, Kalicki & Peitz, 2002) steigt die durchschnittliche Arbeitszeit der Männer, wenn sie Väter werden, deutlich an. Junge Väter stürzen sich in die Arbeit, um die traditionelle Versorgerrolle zu erfüllen, da sie sich für die finanzielle Absicherung der Familie verantwortlich fühlen. Die traditionelle Arbeitsteilung zwischen Mann und Frau bringt mit sich, dass Männer mit dem Druck der Existenzsicherung überlastet sind, während Frauen sich mit der alleinigen Verantwortung für Kindererziehung und Haushalt überfordert fühlen.

Die meisten jungen Paare sind theoretisch für eine Gleichstellung der Geschlechter. In der Praxis rutschen sie jedoch mit der Geburt des ersten Kindes fast automatisch in die traditionelle Geschlechterrollen-Aufteilung hinein, da es meist keine klaren verbindlichen Absprachen oder Lebensplanungen gibt. Paare, die sich jedoch Erwerbsarbeit, Hausarbeit und Kindererziehung aufteilen, sind in der Beziehung weniger belastet und gewinnen mehr Lebensqualität. Dies setzt aber voraus, dass die Männer sich vermehrt mit Teilzeitarbeit – bislang eine Frauendomäne – anfreunden. Die Arbeitsbedingungen sind in diesem Bereich für Männer allerdings in der Regel deutlich familienfeindlicher als für Frauen.

Unsere Gesellschaft wird immer mehr von der Wirtschaft dominiert. Die anderen Lebensbereiche haben sich der Ökonomie unterzuordnen, sodass man mit Franz X. Kaufmann von einer Art „strukturellen Rücksichtslosigkeit der Gesellschaft" gegenüber den Familien sprechen kann. Die geringe Familienfreundlichkeit der Wirtschaft kommt auch in der Untersuchung von Paul M. Zulehner (2003, S. 94ff.) zum Ausdruck. 58% der befragten Männer stimmen der Aussage zu: „Die Wirtschaft ist nicht familienfreundlich." Männer wie Frauen erleben in der Privatwelt wesentlich mehr Freiheitsgrade als in der Berufswelt. 45% aller befragten Männer und Frauen sind der Ansicht, dass die neuen Geschlechterrollen anstrengender sind als die traditionellen. Für den Großteil der traditionellen Männer ist die Verbindung von Erwerbsleben und Familienleben belastend. 40% der Befragten sind der Meinung: „Wir können es uns finanziell nicht leisten, wenn nur ein Elternteil arbeitet und der andere beim Kind/bei den Kindern bleibt."

Nach Peinelt-Jordan (1996) kann sich nur etwa ein Drittel der Männer vorstellen, Erziehungsurlaub zu nehmen oder halbtags zu arbeiten, um auch der Partnerin eine Erwerbstätigkeit zu ermöglichen. Ein großes Hindernis auf dem Weg zu mehr Teilzeitarbeit für Männer besteht in der Einkommensdifferenz zwischen Männern und Frauen. Viele Männer und auch Frauen sind der Meinung, dass die Existenz der Familie gefährdet wird, wenn der Mann, der wesentlich besser verdient, das Arbeitsstundenausmaß reduziert und die schlechter bezahlte Frau mehr Erwerbsarbeit leistet. Und so hält die Frau dem Mann oft den Rücken frei, damit er sich beruflich voll einsetzen kann und entsprechend viel Geld heimbringt.

Was Männer und Frauen innerlich hemmt, eine Work-Life-Balance herzustellen, sind die unbewusst übernommenen Aufträge, inneren Bilder und Rollenmodelle der jeweiligen Herkunftsfamilie, nämlich des „Arbeitsmannes" und der „Familienfrau" (vgl. Jellouschek, 2004, S. 29ff). Der Gleichberechtigung stehen also nicht nur strukturelle, gesetzliche oder ideologische Hindernisse entgegen, sondern auch „weiche" Faktoren wie die Rollenklischees von Männern und Frauen. Ein stärkeres Engagement von Männern im Bereich der Familien- und Betreuungsarbeit wird von Frauen durchaus auch ambivalent erlebt. Nach einer Studie des Allensbacher Instituts für Demoskopie finden gut die Hälfte der Frauen einen Mann, der Erziehungsurlaub in Anspruch nimmt, zwar sympathisch, sie sind aber der Meinung, dass Erziehungszeit eigentlich nicht so richtig zu einem Mann passt (Döge & Volz, 2002, S. 46ff). Zu einer Stabilisierung der traditionellen Arbeitsaufteilung im Haushalt trägt nach Döge auch der vermeintlich höhere Sauberkeitsstandard der Frauen bei, die nicht selten die Letztverantwortung für den Haushalt behalten möchten. Nach der Österreichischen Väterstudie 2001 (Procter & Gamble) finden 57% der befragten Frauen eine gemeinsame Verantwortung der Eltern in der Kindererziehung zwar optimal, 76% sehen sich jedoch als hauptzuständig, sodass sich der Vater in der Rolle des Assistenten fühlt. Väter, denen von den Frauen die Betreuungskompetenzen bereits vor der Geburt eines Kindes zugesprochen werden, beteiligen sich nach der Geburt deutlich mehr an der Betreuungsarbeit (Fthenakis, 1999). Die Hindernisse für ein stärkeres Engagement der Männer in Haushalt und Kindererziehung liegen demnach nicht nur bei den Männern selbst, sondern auch in den Einstellungen und Verhaltensweisen vor allem der nicht berufstätigen Frauen aus traditionellen Milieus, die ihren Partner in der Öffentlichkeit als „starken Mann" präsentieren wollen. Somit haben Frauen eine wichtige steuernde „Weichensteller-Funktion" (Fthenakis, 2001, S. 83) für das familiäre Engagement der Väter.

Zu einer neuen Geschlechterpolitik sollte neben der Förderung von Frauen in so genannten Männerberufen auch die Förderung von Männern in traditionellen Frauenberufen gehören, beispielsweise um die Erhöhung des Männeranteils in der vorschulischen Erziehung zu erreichen. Eine entsprechende Modifikation von Geschlechterbildern sollte auch in den Medien, vor allem im Fernsehen, und in Schulbüchern ihren Niederschlag finden. Flexibilisierung der Geschlechterrollen bedeutet: „Männer und Frauen sollten die Möglichkeit haben, ihr Rollenverhalten je nach den Anforderungen ihrer Lebensbedingungen und nach eigenen Wünschen frei wählen zu können" – (Bründel & Hurrelmann, 1999, S. 186).

4 Männer unter Druck

Die Arbeit als primärer Ort männlicher Leistung und Konkurrenz ist eine Quelle für das Selbstwertgefühl und die Selbstbestätigung von Männern. Doch kontinuierliche Arbeit zu haben, ist heute nicht mehr selbstverständlich. Viele Männer müssen häufig den Arbeitsplatz wechseln oder werden arbeitslos und müssen umlernen. Besonders in der Dienstleistungsbranche werden die männlichen Arbeitstugenden wie Kraft und Stärke nicht mehr gebraucht, sondern eher weibliche Qualitäten wie Kooperation und Beziehungsfähigkeit, Empathie und Hilfsbereitschaft verlangt.

Da für viele Männer die Erwerbsarbeit sinn- und identitätsstiftend ist und oft den einzigen Lebensinhalt darstellt, der ihnen Sinn und Wert verleiht, ist für sie Arbeitslosigkeit besonders belastend. Arbeitslosigkeit bedeutet dann Verlust von Männlichkeit. Arbeitslos zu sein heißt, wertlos zu sein, nicht mehr gebraucht zu werden, nicht mehr anerkannt zu sein und soziale Kontakte, die mit der Berufstätigkeit verbunden waren, zu verlieren. Einkommensverluste sind auch mit Statusverlust verbunden. Besonders Langzeitarbeitslose haben zudem ein deutlich erhöhtes Risiko, körperlich oder psychisch zu erkranken.

Trotz des Trends zur 35-Stunden-Woche hat sich nahezu unbemerkt und selbstverständlich in den Betrieben eine „Überstundenkultur“ (Kerber, 2002, S. 13ff.) entwickelt, die kaum in Frage gestellt wird. In Deutschland werden offiziell jährlich über 1,7 Milliarden Überstunden gemacht, in Wirklichkeit wahrscheinlich wesentlich mehr. Der Erwartungsdruck insbesondere bei den hoch qualifizierten Führungskräften, stets im Dienst und immer erreichbar zu sein (Symbol Handy), wird immer stärker. Der hochqualifizierte Angestellte von heute hat viel Entscheidungsfreiheit und Gestaltungsraum, solange das Ergebnis stimmt („Vertrauensarbeitszeit“). Doch diese Freiheiten sind ambivalent. In vielen Büros brennen die Lichter bis spät in die Nacht hinein, nicht weil der Chef es verlangt, sondern weil die Mitarbeiter sich selbst unter Druck setzen. Leitende Angestellte arbeiten durchschnittlich 55-60 Stunden.

Arbeit kann auch süchtig machen.

> Der „Workaholic“ empfindet deshalb ein zwanghaftes Bedürfnis zu arbeiten; in der Arbeit spürt er sich, weil sie seinen Selbstwert, seine Achtung und seine Bedeutung bestimmt. Außerhalb der Arbeit fühlt sich der „Workaholic“ leer und nutzlos, das heißt aber nicht, dass er seine Arbeit genießt; er braucht sie viel mehr zur Aufrechterhaltung seines Männlichkeitskorsetts wie eine Droge. (Hollstein, 2001, S. 99)

Durch die Arbeitssucht wird die innere Leere aufgefüllt. Männer gewinnen ihre Identität über ihren Status in der Arbeitswelt. Der Arbeitsplatz wird zur Psychodroge.

> Da ist zum Beispiel die Angst, seinen Job zu verlieren oder natürlich auch ein Hochgefühl, das durch eine emotionale Identifizierung mit der eigenen Arbeit entsteht: Man wird gebraucht, fühlt sich wichtig, glaubt Dinge bewegen zu können, das macht stolz und begeistert. Hiezu kommt das Erleben der eigenen Selbstständigkeit – des eigenständigen Agierens. Das Resultat ist ein Hochgefühl, das ähnlich wie Jogging bewirkt, dass man über seine Grenzen hinausgeht und sich dabei auch noch großartig fühlt. (Kerber, 2002, S. 62)

Das Erleben eines Glücksgefühls im Sinne eines Flowzustandes (Mihaly Csikszentmihalyi, z.B. 2002) ist ein besonderer Leistungsantrieb. Man ist von der Tätigkeit völlig absorbiert, es kommt zu Selbstüberschätzung, Verlust des Urteilsvermögens, und man übersieht dabei leicht die Körpersignale. Auch bewältigte Stresssituationen können das Selbstvertrauen stärken, indem sie das Gefühl vermitteln, etwas Außerordentliches geleistet zu haben. Druck kann also auch stimulierend und motivierend wirken.

Viele Manager, Firmenchefs und andere erfolgreiche Männer haben oft das Gefühl, dass sie das Wichtigste im Leben verpassen und nicht wirklich am Leben teilhaben. Sie erleben sich persönlich gescheitert und innerlich verzweifelt. Liebe, Freundschaft, Selbstwertgefühl und Intuition sind verloren gegangen. In der Erwerbsarbeit werden Männer auf das Funktionieren reduziert. Hoffnungen, Wünsche und Sehnsüchte bleiben weitgehend auf der Strecke. Viele Männer sind im Beruf unglücklich und unzufrieden und fühlen sich ausgebrannt. Nach empirischen Befunden wären rund drei Viertel der Männer im deutschsprachigen Raum lieber in einem anderen Beruf tätig. „Viele Familienväter begreifen ihre Berufstätigkeit als Opfer, das sie für ihre Familien bringen.... Männerarbeit macht keinen Spaß, sie hat hart zu sein“ (Schnack & Gesterkamp, 1998, S. 169). Dem setzt Thomas Gesterkamp (2002) ein Plädoyer für das „gute Leben“ gegenüber, in dem er eine Vision von Lebensqualität entwickelt, in der durch „downshifting“ in der Arbeit unsere schöpferischen Kräfte mobilisiert werden, und durch einen anderen Umgang mit unserer Zeit Freiräume für die persönliche Entwicklung geschaffen werden.

Das „traditionelle Arbeitsethos“ (Kerber, 2002, S. 69ff.) unserer leistungsorientierten Gesellschaft erlaubt den Männern nicht, weniger zu arbeiten. Vor allem die Angst vor dem Verlust der Arbeit verhindert die Reduzierung der Arbeitsbelastung. Obwohl die Männer wissen, dass es ihrer Gesundheit und Zufriedenheit schadet und sich auf die Beziehung negativ auswirkt, schuften die Männer weiter, als ob sie von außen dazu angetrieben würden. Rationalisierung, Flexibilisierung und globaler Wettbewerb erhöhen den Druck auf den Einzelnen. Es muss immer schneller, effizienter und schlanker produziert werden. Aber es herrscht auch Druck ohne äußeren Zwang. Durch überlange Arbeitszeiten kann man Loyalität mit der Firma demonstrieren und zeigen, wie unentbehrlich und wichtig man in seiner Firma ist. Man macht freiwillig Überstunden und setzt sich selbst unter Druck, weil man sich für die Firma verantwortlich fühlt. Oder man fühlt sich von einer inneren Stimme angetrieben, bis an die Belastungsgrenze zu gehen. Überforderung wird nicht zugegeben, weil sie als persönliche Niederlage empfunden wird. Es kommt zu einem Teufelskreis: „Je mehr wir arbeiten, desto mehr haben wir, je mehr wir haben, desto mehr verbrauchen wir, je mehr wir verbrauchen, desto mehr arbeiten wir.“ (Kerber, 2002, S. 94). Um das nötige Einkommen zu sichern, muss man natürlich im Beruf erfolgreich sein. „Weil zuviel Energie auf den Erfolg und die Befriedigung im Erwerbsleben gerichtet ist, bleibt wenig Kraft für die Entwicklung in anderen Bereichen. Es gibt viele im Beruf erfolgreiche oder vermeintlich erfolgreiche Männer, die privat immer mehr verkümmern.“ (Schnack & Gesterkamp, 1998, S. 10).

5 Männer als Väter

Väter, die ihr Rollenbild erweitert haben, beteiligen sich heute stärker an der Kindererziehung als früher. Hier dürfte auch das zunehmende Wissen um die Bedeutung des Vaters in der frühen Kindheit eine Rolle spielen. Die vom traditionellen Familienbild geprägte Wissenschaftstradition hat die Bedeutung des Vaters für die Entwicklung des Kindes lange Zeit vernachlässigt (Steinhardt, Datler & Gstach, 2002; Walter, 2002). Junge Väter wollen heute eine viel intensivere Beziehung zu ihren Kindern aufbauen und einen aktiven Part in der Erziehung übernehmen als frühere Väter. Allerdings beschränken auch sie sich eher auf die hedonistischen Tätigkeiten und meiden pflegerische Handlungen. Freizeitaktivitäten wie spielen, spazieren gehen, Sport betreiben werden vorwiegend von Vätern ausgeübt. Den Frauen bleiben Versorgungstätigkeiten wie waschen, Kinder ins Bett bringen, kranke Kinder pflegen, zum Kinderarzt gehen, Elternsprechtage und Schulveranstaltungen besuchen und mit den Kindern beten (Zulehner, 2003).

Die traditionelle Arbeitsteilung in der Familie hat einen hohen Preis. Viele Männer leben zu Hause wie Fremdlinge, sind gedanklich abwesend und finden kaum Kontakt zu ihren Kindern. Sie müssen sich den Vorwurf gefallen lassen, dass sie die Kinder zu wenig unterstützen, dass sie an ihren Problemen nicht Anteil nehmen, ihre Geburtstage vergessen und ihre Freunde nicht kennen. Gleichzeitig haben diese Väter ein schlechtes Gewissen, wenn sie bemerken, dass sie zu wenig von den Kindern mitbekommen und ihren Alltag nicht kennen. Oft haben sie das Gefühl, die Entwicklung der Kinder zu verpassen. Viele Väter sind in der Beziehung zu ihren Kindern verunsichert und wissen nicht, wie sie den Kontakt mit ihren Kindern gestalten sollen. Zum konkreten Vatersein gehört nicht nur, Normen zu setzen und zu fordern, sondern die Kinder auch zu fördern, ihnen fürsorglich-nährend zu begegnen und ihnen Orientierung zu vermitteln. Damit die Kinder ihr Potential entfalten können, ist es wichtig, sie zu unterstützen, zu ermutigen, ihnen Schutz und Fürsorge anzubieten, aber auch sich mit ihnen zu reiben, ihnen Grenzen zu setzen und Orientierung zu geben. Viele Väter entziehen den Kindern eine wichtige Entwicklungschance, indem sie sich aus Schuldgefühlen heraus einseitig auf die fürsorgliche Rolle beschränken.

Meist sind es nicht äußere Bedingungen und Anforderungen, sondern „innere Antreiber", die dafür sorgen, dass der Mann es nicht schafft, den Raum für sein Privatleben zu schützen. Wenn er keine Rücksicht auf sich selbst und seine eigenen Bedürfnisse nimmt, nimmt er auch keine Rücksicht mehr auf die Bedürfnisse der ihm nahe stehenden Menschen.

Wie kann sich der Mann seelisch auf die Welt der Kinder einlassen? Dabei ist nicht die Menge der Zeit entscheidend, sondern wie sie genutzt wird. Viele Männer fühlen sich in der Familie wohl und bezeichnen sich als Familienmenschen, weil sie sich gern von der Familie umgeben fühlen. Die Kinder allerdings nehmen den Vater oft gar nicht wahr. Es kommt nicht wirklich zu einer Begegnung. Viele Männer sagen, sie müssen, um abschalten zu können, sich zurückziehen und entspannen.

Andere Männer hingegen regenerieren sich am besten, wenn sie sich zu Hause auf das Spiel mit den Kindern einlassen. Daraus schöpfen sie neue Kraft und können den beruflichen Alltag hinter sich lassen. Ein lebendiger Kontakt zu den Kindern kann sogar zu einer Art „Energierecycling" (Jellouschek, 1996, S. 119) führen.

Die qualitative Präsenz des Mannes als Vater ist für Buben und Mädchen von unterschiedlicher Bedeutung. Für die Tochter repräsentiert der Vater als erster Mann das andere Geschlecht. Die Tochter erlebt sich attraktiv und liebenswert und kann Selbstbewusstsein entwickeln, wenn sich ihr der Vater liebevoll zuwendet. Für den Sohn ist der Vater das erste männliche Leitbild. Wenn der Vater abwesend ist oder es dem Vater nicht gelingt, eine tragfähige Beziehung zum Sohn herzustellen, kann es sein, dass die Beziehung zur Mutter zu eng wird und der Sohn später Probleme hat, ein Leben als eigenständiger Mann zu führen. Männer, die Muttersöhne waren, haben eine große Sehnsucht nach ihren Vätern und wünschen sich, von ihnen berührt und anerkannt zu werden. Es gibt viele Dinge, durch die gerade ein Mann das Herz eines Jungen erobern kann, z.B. Spiel, Sport, Kräftemessen usw. Wichtig ist, dass die Söhne den Vater spüren können, und der Vater den Bereich der Zärtlichkeit und des Körperkontakts nicht allein der Mutter überlässt. Am Körper des Vaters vergewissern sich Jungen auf eine liebevolle und kraftvolle Weise ihrer eigenen männlichen Körperlichkeit. Auch junge Erwachsene, die keine gute Beziehung zum Vater haben, haben oft noch eine tiefe Sehnsucht nach Versöhnung mit dem Vater.

Die Entwicklung von echter Väterlichkeit ist eine große Herausforderung und ein spezifischer Reifungsschritt zum vollen Mann-Sein: vom „Arbeitsmann" zum ganzen Menschen. Sie ist eine charakteristische Entwicklungsaufgabe in der Lebensphase zwischen dem jungen Erwachsenenalter und der Lebensmitte.

Die kindbezogene Motivation, eine intensive Vater-Kind-Beziehung aufzubauen, scheint gegenüber der partnerbezogenen Motivation einer gleichberechtigten Aufteilung der elterlichen Versorgungsarbeit vorrangig zu sein. Auf die Entscheidung zur Karenz dürfte auch das eigene Erleben eines engagierten Vaters in der Kindheit entscheidenden Einfluss haben. Neben dem Anspruch, eine partnerschaftliche Beziehung zu führen, beeinflussen auch die Forderungen der Partnerinnen sowie die Unzufriedenheit im Beruf die Entscheidung für eine Karenz (Gräfinger, 2001). Durch das erhöhte familiäre Engagement wird die Fixierung des Kindes auf die Mutter abgeschwächt, und der Vater wird zur gleichwertigen Bezugsperson für das Kind. Das dadurch entstehende Vertrauensverhältnis und die Bindungsqualität zwischen Vater und Kind gehört für Väter zur wertvollsten Erfahrung während der Karenzzeit.

Andererseits wird die Haus- und Familienarbeit zum Teil anstrengender erlebt als die Erwerbstätigkeit außer Haus. Der eingeschränkte Aktionsradius und die dadurch entstehende soziale Isolation wird von den Männern als einschneidende Veränderung erlebt. Durch das bessere Verständnis für die Belastung durch Haus- und Familienarbeit kommt es vielfach zu einer Aufwertung derselben durch die Männer. „Durch die Erwerbsunterbrechung haben diese Männer erfahren, was es heißt, 24 Stunden am Tag für ein Kind zu sorgen, den Haushalt zu führen, Einkäufe zu erledigen, Arztbesuche zu organisieren, kurz die gesamte häusliche Koordination einer Familie zu übernehmen“ (Gräfinger, 2001, S. 133). Es entsteht auch ein neues Verständnis für die Belastung berufstätiger Mütter, die sich neben dem Beruf auch um Haushalt und Kinder kümmern müssen.

Insgesamt kann gesagt werden, dass die aktive Vaterrolle im Sinne einer engagierten Verantwortungsübernahme für Kinderbetreuung und -erziehung in das Bild von Männlichkeit heute schon stärker integriert ist als die Zuständigkeit für die als weiblich konnotierte Hausarbeit (vgl. Gräfinger, 2001; Peinelt-Jordan, 1996). Eine Erwerbsunterbrechung zugunsten der Familienbetreuung in Kauf zu nehmen und sich auch für Haushaltsarbeit zuständig zu erklären, bleibt immer noch eine große Herausforderung für Männer. Hier ist noch viel Arbeit zur Überwindung der geschlechtsspezifischen Stereotype zu leisten.

6 Männliche Beziehungsgestaltung und Partnerschaft

Wie der Mann die Vaterrolle ausfüllt, wirkt sich auch auf die Beziehung zur Frau aus. Denn in der Liebe zu den Kindern achtet und anerkennt der Mann auch die Frau (Jellouschek, 1996, S. 110ff.). Die Frau, die von ihrem Mann keine Präsenz und keine Resonanz mehr spürt, weil er sich von der Arbeit auffressen lässt, fühlt sich als Person entwertet. Ihre Ressource ist der Zugang zu den Kindern, den sie als Macht gegen den Mann ausspielen kann, indem sie z.B. ihre Informationen über die Kinder nicht mehr an ihn weitergibt. Der Mann hat dann immer weniger zu sagen, und die Frau wird zur einzigen wichtigen Bezugsperson für die Kinder. Der Mann wiederum greift auf seine Machtquellen zurück, auf sein Wissen, auf seinen Beruf und auf das Geld, das er verdient. Er erzählt nichts mehr aus seinem beruflichen Leben und lässt die Frau im Unklaren über die finanzielle Situation. Er kompensiert seine häusliche Ohnmacht, indem er sich hinter seiner Karriere verschanzt. Damit bleibt die Liebe auf der Strecke. Liebe zwischen Mann und Frau braucht Gleichwertigkeit und Ebenbürtigkeit.

Während Frauen häufig versuchen, sich in Beziehungen selbst zu verwirklichen, erleben Männer ihren Beruf und ihre Leistung als entscheidend für ihre Selbstverwirklichung. Der Mann ist fasziniert davon, im Beruf etwas zu schaffen, zu gestalten, Probleme zu lösen, zu kämpfen und sich durchzusetzen. Alles andere wird der gestellten Aufgabe untergeordnet. Die Beziehungsarbeit delegiert der Mann oft unausgesprochen an die Frau. Die Frau erwartet sich aber einen Ausgleich dafür, dass sie für seinen beruflichen Aufstieg auf vieles verzichtet hat, und schließlich möchte sie auch eigene Berufswünsche verwirklichen. Frauen sind nicht mehr selbstverständlich bereit, dem Mann den Rücken freizuhalten, während er seinem Beruf nachgeht. Wenn der Mann erschöpft von der Arbeitsfront nach Hause kommt, will er sich ausruhen können und von der Frau liebevoll umsorgt und verwöhnt werden. Das birgt natürlich jede Menge Konfliktstoff in sich. Der Mann muss sich Vorwürfe gefallen lassen von der Art: „Heirate doch deinen Beruf!“ oder: „Schlag doch dein Bett in der Firma auf!“. Manche Männer haben sich tatsächlich insgeheim für den Beruf entschieden, tun aber der Frau gegenüber so, als gäben sie der Beziehung den Vorrang. Ihre Energie und Aufmerksamkeit ist nicht auf die Familie, sondern auf ihre Arbeit gerichtet. Ständige Ausreden und Entschuldigungen sind die Folge.

Dazu kommen noch vielfältige Missverständnisse zwischen den Geschlechtern (Gray, 1993; Jellouschek, 2004, S. 59ff.). Männer orientieren sich an Sachen und Fakten, Frauen wollen jedoch wissen, was den anderen bewegt. Männer sind ziel- und ergebnisorientiert und schnell mit Ratschlägen zur Hand. Frauen wollen, dass der andere zuhört und emotional mitschwingt. Der Mann will jedoch eine schnelle Lösung, wenn ein Problem besteht. Er meint, je länger man darüber redet, desto größer wird das Problem nur. Männer neigen eher zum Abgrenzen, Analysieren und Definieren. Und während Männer eher leistungsorientiert sind, wollen Frauen auch Spaß haben und genießen. Frauen sind in der Regel im Kontakt expressiver als Männer und sie haben ein breiteres Spektrum, sich auszudrücken, zur Verfügung – in Tonfall, Mimik, Gestik und Gefühlen. Erich Kästner schreibt dazu im Gedicht „Ein Mann gibt Auskunft“: *Ihr habt es gut, denn ihr dürft alles fühlen. Und wenn ihr trauert, drückt uns nur der Schuh. Ach, uns're Seelen sitzen wie auf Stühlen und sehn der Liebe zu.* Männer sind herausgefordert, die Beziehung nicht zu konsumieren, sondern sich auf diese auch einzulassen, sie mitzugestalten, zuzuhören und sich in die Partnerin einzufühlen.

7 Männer und Gesundheit

„Männer und Frauen sind nicht gleich gesund“ lautete das Motto der 4. Österreichischen Gesundheitskonferenz 2002 in Linz, bei der über geschlechtsspezifische Ansätze in der Gesundheitsförderung diskutiert wurde. Da die meisten Krankheitsstatistiken von Männern angeführt werden, ist es nahe liegend, sich mit den Männern als besondere Zielgruppe der Gesundheitsförderung zu befassen.

Bereits der Wiener Männergesundheitsbericht (1999) machte deutlich, wie krank das starke Geschlecht in Wirklichkeit ist. Demnach leidet 1/5 der Männer unter chronischen Erkrankungen, vor allem an Bluthochdruck und Gelenksrheumatismus. Die häufigsten Todesursachen von Männern sind Herz-Kreislauferkrankungen (50%), Krebs und Unfälle. Koronare Herzerkrankungen sind häufig durch Lebensstilfaktoren verursacht. Für die gegenüber den Frauen durchschnittlich um sechs Jahre niedrigere Lebenserwartung der Männer sind darüber hinaus auch hoher Alkoholkonsum und Selbstmord (dreimal so häufig als bei Frauen) verantwortlich. Männer leiden auch häufig an Atemwegserkrankungen. Auf Überlastung durch Stress reagieren viele Männer mit erhöhtem Zigaretten- und Alkoholkonsum sowie Überernährung.

Der mittlerweile erschienene 1. Österreichische Männergesundheitsbericht der männerpolitischen Grundsatzabteilung des Bundesministeriums für soziale Sicherheit, Generationen und Konsumentenschutz (2004) bestätigt im Wesentlichen diese Ergebnisse. Entsprechend der traditionellen Rollenerwartung gehen Männer weniger sorgsam mit dem eigenen Körper um als Frauen. Sie überbeanspruchen ihren Körper sowohl im Beruf als auch in der Freizeit und bemerken gesundheitliche Probleme erst, wenn es deutliche Symptome gibt. Männer sterben in Österreich durchschnittlich um 5,7 Jahre früher als Frauen und sind von nicht geschlechtsspezifischen Erkrankungen wie Herz-Kreislauferkrankungen, Leberzirrhose und Lungenkrebs überzufällig häufig betroffen. 74% der Selbstmorde werden von Männern verübt. Männer sind auch mehrheitlich Opfer des Straßenverkehrs und von schweren Arbeitsunfällen, die zu bleibenden Schäden führen. Trotzdem fühlen sich Männer durchschnittlich gesünder als Frauen und gehen daher seltener zum Hausarzt. 80% der chronischen Alkoholiker sind Männer, und an alkoholbedingten Verkehrsunfällen sind Männer zu 90% beteiligt. 74% der Verkehrstoten sind Männer. Die Rate der Männer bei sonstigen Unfällen beträgt ebenfalls 74%.

Da die Berufstätigkeit für Männer einen zentralen Stellenwert für das Erleben von Identität darstellt, und Arbeit und Leistung eine überaus bedeutsame Rolle für das Wohlbefinden von Männer spielen, haben Kränkungen in diesem Bereich, wie zum Beispiel Arbeitsplatzverlust, Kündigung und Arbeitslosigkeit, oft massive psychosoziale Probleme und psychosomatische Erkrankungen zur Folge. Arbeitslosigkeit und Gesundheitsgefährdung korrelieren häufig. Für Männer wirken in diesem Zusammenhang Partnerschaft und Familie eindeutig protektiv, das heißt sie bilden einen Schutzfaktor gegen psychische Probleme (Merbach, Singer & Brähler, 2002, S. 268). Geschiedene Männer haben zum Beispiel eine fünfmal so hohe Suizidrate als verheiratete.

Die Resilienzforschung zeigt, dass bestimmte soziale Geschlechtsrollen (z.B. Fürsorglichkeit) die Gesundheit fördern, und die Übernahme traditioneller Geschlechtsrollen die Gesundheitschancen verschlechtert. Eine androgyne Geschlechtsidentität ist mit erheblich besseren Widerstandskräften und Gesundheitschancen verbunden. „Die Erziehung zur Gesundheit ist demnach eng verbunden mit einer auf Überwindung traditioneller Geschlechtsrollen gerichteten geschlechtsspezifischen Sozialisation“ (Krause-Girth, 2004, S. 28). Jungen sind dann gegenüber psychischen Problemen eher widerstandsfähig, wenn sie aus Familien mit klaren Regeln und Strukturen kommen, in denen Gefühle nicht unterdrückt wurden und ein männliches Familienmitglied als Identifikationsfigur vorhanden war (Werner, 1999, S. 29).

Die klassische Männerrolle erlaubt den Männern nicht, auf jemand angewiesen zu sein oder körperliche und seelische Schwächen einzugestehen, und verhindert dadurch häufig die Inanspruchnahme ärztlicher oder psychotherapeutischer Behandlung. Diese wird als Verlust an Ansehen und Männlichkeit seitens der Mitarbeiter und Vorgesetzten wahrgenommen und dementsprechend vermieden. Viele Männer gehen daher erst dann zum Arzt, wenn es sich nicht mehr vermeiden lässt. Nur jeder vierte Mann nimmt an Vorsorgeuntersuchungen teil bzw. interessiert sich für medizinische Fragen. Die kostenlosen Untersuchungen zur Krebsfrüherkennung werden nur von 5% der über 45-jährigen Männer genutzt.

Von entscheidender Bedeutung für die Beeinträchtigung männlicher Gesundheit sind berufliche Belastungen (Koppelin & Müller, 2004). Männer fühlen sich durch den Beruf (starker Zeitdruck, schwere körperliche Arbeit, Konflikte am Arbeitsplatz) wesentlich häufiger gesundheitlich belastet als Frauen. Männer sind auch weitaus häufiger Opfer von Arbeitsunfällen und sind von anerkannten Berufskrankheiten, wie zum Beispiel Schwerhörigkeit durch Lärm, besonders häufig betroffen. Berufstätige Männer sehen die größte Bedrohung ihrer Gesundheit im Stress. Überarbeitung und Überlastung im Berufsleben führen zu Stress, und schließlich kann es zum Burn-out-Syndrom kommen. Man fühlt sich ausgebrannt und körperlich, geistig und emotional erschöpft. Mehr als ein Viertel der 20- bis 44-jährigen Männer gibt an, starkem Zeitdruck ausgesetzt zu sein, und mehr als ein Fünftel fühlt sich durch schwere körperliche Arbeit belastet. Beide Faktoren sind in den letzten Jahren deutlich angestiegen.

Da Männer präventive Gesundheitsleistungen wie kostenlose Vorsorgeuntersuchungen deutlich seltener in Anspruch nehmen, ist es eine große gesellschaftliche Herausforderung, Männer durch Gesundheitsinformationsveranstaltungen wie Männergesundheitstage und Gesundheitskampagnen zu motivieren, besser auf ihre eigene Gesundheit zu achten und die Sensibilität für die körperlichen Warnsignale zu erhöhen. Dies wird nur möglich sein, wenn die bestehenden Gesundheitsangebote männerfreundlicher werden und die Bedeutung von Lebensstiländerungen für Männer auch in den Medien nachhaltiger verbreitet wird.

8 Sinnfragen

Viele Männer wollen „etwas“ verändern. Sie sind unzufrieden geworden mit dem, wie ihr Leben abläuft. Sie fühlen sich überlastet, gestresst, ausgepowert, innerlich leer und stellen sich viele Fragen: War das alles? Wie soll es weitergehen? Weitermachen wie bisher? Was ist mir wichtig? Was sind meine unverzichtbaren Werte, meine verborgenen Wünsche und Sehnsüchte? Wo ist mein inneres Feuer? Was ist mein Lebensweg, meine Vision, die Lebensaufgabe, die mich erfüllt?

Um mit den eigenen Bedürfnissen und Gefühlen in Kontakt zu kommen, bedarf es oft eines Anstoßes von außen (Krankheit, Schicksalsschlag, Lebenskrise, Scheidung, Trennung, ...). Erst in Krisenzeiten, wie zum Beispiel bei Scheidung oder bei schwerer Krankheit wird manchen Männern bewusst, dass sie an den eigenen Bedürfnissen und Wünschen vorbei gelebt haben und sie beginnen nachzudenken, was ihnen im Leben wichtig ist. Sie wollen lebendig sein und sich weiterentwickeln. Die Herausforderung besteht für die Männer dann darin, achtsam nach innen zu gehen und sich zu fragen: Welchen Stellenwert hat Arbeit, Leistung und Erfolg in meinem Leben? Von welchen inneren Antreibern („Du musst perfekt sein, du musst es allen recht machen usw.“) wird mein Arbeitsverhalten dominiert? Wo kann ich im Beruf zugunsten der Beziehung und der Kinder zurückstecken oder leiser treten? Was ist mir wirklich wichtig? Was sind meine Prioritäten im Leben? Was ist bisher in meinem Leben unerfüllt geblieben und was möchte ich noch verwirklichen? Wo liegen meine Fähigkeiten? Was erfüllt mich und gibt mir Kraft, und wo geht die Energie verloren? Was ist mein tragendes Lebenskonzept? Wozu lebe ich?

9 Literatur

Altgeld, T. (Hrsg.). (2004). *Männergesundheit. Neue Herausforderungen für Gesundheitsförderung und Prävention.* Weinheim, München: Juventa.

Astrachan, A. (1992). *Wie Männer fühlen.* München: Kösel.

Böhnisch, L. & Winter, R. (1997). *Männliche Sozialisation. Bewältigungsprobleme männlicher Geschlechtsidentität im Lebenslauf.* Weinheim, München: Juventa.

Brandes, H. & Bullinger, H. (1996). Männlichkeit im Umbruch. Soziologische Aspekte der Veränderung männlicher Lebenswelt. In H. Brandes & H. Bullinger (Hrsg.), *Handbuch Männerarbeit* (S. 36-58). Weinheim: Beltz PsychologieVerlagsUnion.

Bründel, H. & Hurrelmann, K. (1999). *Konkurrenz, Karriere, Kollaps. Männerforschung und der Abschied vom Mythos Mann.* Stuttgart: Kohlhammer Verlag.

Bundesministerium für Jugend und Familie. (Hrsg.). (1994). *Österreichs Männer auf dem Weg zum neuen Mann?* Wien: Bundesministerium für Umwelt, Jugend und Familie.

Bundesministerium für soziale Sicherheit, Generationen und Konsumentenschutz (BMSG), Männerpolitische Grundsatzabteilung. (2004). *1. Österreichischer Männergesundheitsbericht.* Wien: BMSG.

Bundesministerium für soziale Sicherheit und Generationen. (2000). *Österreichischer Familienbericht 1999. Band 2: Familien- & Arbeitswelt. Partnerschaften zur Vereinbarkeit und Neuverteilung von Betreuungs- und Erwerbsfähigkeit.* Wien: BMSG.

Connell, R. W. (2000). *Der gemachte Mann. Konstruktion und Krise von Männlichkeiten.* Opladen: Leske + Budrich.

Csikszentmihalyi, M. (2002). *Flow: Das Geheimnis des Glücks.* Stuttgart. Klett-Cotta.

Döge, P. (2001). *Geschlechterdemokratie als Männlichkeitskritik. Blockaden und Perspektiven einer Neugestaltung des Geschlechterverhältnisses.* Bielefeld: Kleine.

Döge, P. & Volz, R. (2002). *Wollen Frauen den neuen Mann? Traditionelle Geschlechterbilder als Blockaden von Geschlechterpolitik* [Broschüre]. Sankt Augustin: Konrad-Adenauer-Stiftung.

Fthenakis, W. E., Kalicki, B. & Peitz, G. (2002). *Paare werden Eltern. Partnerschaft nach dem ersten Kind.* Opladen: Leske + Budrich.

Fthenakis, W. E. (1999). *Engagierte Vaterschaft. Die sanfte Revolution in der Familie.* Opladen: Leske + Budrich.

Fthenakis, W. E. (2001). Die Rolle des Vaters. Forschungsergebnisse und Perspektiven für eine neue Familienpolitik. In M. Hofer, K. Eller, A. Schuierer, C. Luhan (Hrsg.), *Vater, Sohn und Männlichkeit (S. 77-99).* Innsbruck: Tyrolia.

Gesterkamp, T. (2001). Die Krise der Kerle. Über die schleichende Entwertung traditioneller Männlichkeit in Arbeitswelt und Privatleben. In M. Hofer, K. Eller, A. Schuierer, C. Luhan (Hrsg.), *Vater, Sohn und Männlichkeit*. Innsbruck: Tyrolia.

Gesterkamp, T. (2002). *gutesleben.de. Die neue Balance von Arbeit und Liebe*. Stuttgart: Klett-Cotta.

Gräfinger, E. (2001). *Die Welt von innen. Männer in Karenz*. Unveröff.. Dipl.Arbeit, Universität Wien.

Gray, J. (1993). *Männer sind anders. Frauen auch*. München: Goldmann.

Hofer, M., Eller, K., Schuierer, A. & Luhan, C. (Hrsg.). (2001). *Vater, Sohn und Männlichkeit*. Innsbruck: Tyrolia.

Hollstein, W. (2001). *Potent werden. Liebe, Arbeit, Freundschaft und der Sinn des Lebens*. Bern: Hans Huber.

Hollstein, W. (2004). *Geschlechterdemokratie. Männer und Frauen: Besser miteinander leben*. Wiesbaden: VS Verlag für Sozialwissenschaften.

Jellouschek, H. (1996). *Mit dem Beruf verheiratet. Von der Kunst, ein erfolgreicher Familienvater und Liebhaber zu sein*. Stuttgart: Kreuz.

Jellouschek, H. (2004). *Wagnis Partnerschaft. Wie Liebe, Familie und Beruf zusammengehen*. Freiburg: Herder.

Kerber, B. (2002). *Die Arbeitsfalle – und wie man sein Leben zurückgewinnt. Strategien gegen die Selbstausbeutung und für ein wertvolles Leben*. Düsseldorf, Berlin: Metropolitan.

Koppelin, F. & Müller, R. (2004). Macht Arbeit Männer krank? In T. Altgeld (Hrsg.), *Männergesundheit. Neue Herausforderungen für Gesundheitsförderung und Prävention* (S. 121-134). Weinheim, München: Juventa.

Krause-Girth, C. (2004). Psychotherapie, Gesundheit und Geschlecht – Argumente für eine geschlechtersensible gesundheitsförderliche Psychotherapie. *Psychotherapieforum, 12*, 26-35.

Lehner, E. (2004). Männer stellen Arbeit über die Gesundheit. In T. Altgeld (Hrsg.), *Männergesundheit. Neue Herausforderungen für Gesundheitsförderung und Prävention* (S. 49-63). Weinheim, München: Juventa.

Merbach, M., Singer, S. & Brähler, E. (2002). Psychische Störungen bei Männern und Frauen. In K. Hurrelmann & P. Kolip (Hrsg.), *Geschlecht, Gesundheit und Krankheit* (S. 258-272). Bern: Hans Huber.

Magistratabteilung für Angelegenheiten der Landessanitätsdirektion, Dezernat II Gesundheitsplanung. (1999). *Wiener Männergesundheitsbericht*. Wien: Magistrat Wien.

Peinelt-Jordan, K. (1996). *Männer zwischen Familie und Beruf – ein Anwendungsfall für die Individualisierung der Personalpolitik*. München: Hampp.

Peseschkian, N. (1993). *Positive Familientherapie*. Frankfurt: Fischer.

Pollak, W. F. (1998). *Richtige Jungen*. Bern: Scherz.

Procter & Gamble. (2001). *Väter, Windeln und wie weiter? Procter - & - Gamble- Väter – Studie. 2001* [online]. URL: http://www.familieninitiative.at/whatsnew/gesamt [15.04.2001].

Schnack, D. & Gesterkamp, T. (1998). *Hauptsache Arbeit? Männer zwischen Beruf und Familie.* Reinbek bei Hamburg: Rowohlt.

Steinhardt, K., Datler, W. & Gstach, J. (Hrsg.). (2002). *Die Bedeutung des Vaters in der frühen Kindheit.* Gießen: Psychosozial-Verlag.

Vaskovic, L. A. & Rost, H. (1999). *Väter und Erziehungsurlaub (*Schriftenreihe des Bundesministeriums für Familie, Senioren, Frauen und Jugend, Bd. 179). Stuttgart: Kohlhammer.

Waidhofer, E. (Hrsg.). (2003). *Kraftvoll und lebendig Mann sein.* Innsbruck: Tyrolia.

Walter, H. (Hrsg.). (2002). *Männer als Väter. Sozialwissenschaftliche Theorie und Empirie.* Gießen: Psychosozial-Verlag.

Werner, E. E. (1999). Entwicklung zwischen Risiko und Resilienz. In G. Opp, M. Fingerle & A. Freytag (Hrsg.), Was Kinder stärkt (S. 25-34). München: Ernst Reinhardt.

Zulehner, P. M. (Hrsg.). (2003). *Mannsbilder. Ein Jahrzehnt Männerentwicklung.* Ostfildern: Schwabenverlag.

XV. Modernisierung von Männlichkeit und aktive Vaterschaft – kein Thema für Migranten?

Manuela Westphal

1 Einleitung

Die Zeiten der unbedingten und unhinterfragten traditionellen männlichen Selbstverständlichkeiten – und hierzu gehört Vaterschaft mit ihren rechtlichen[1], sozialen und ökonomischen Fundamenten – gehen ihrem Ende zu, so eine zentrale Annahme der aktuellen Väter- und Männerforschung. Vor Euphorie warnt allerdings der US-amerikanische Soziologe Robert W. Connell. Die von ihm beobachtete Herausbildung neuer Formen von Männlichkeit (Connell, 1995, 1999) zeige, dass nicht alle Modernisierungen von Männlichkeit progressiv sind. Die niederländische Soziologin Trudie Knijn konstatiert als implizite Folge der Modernisierung von Männlichkeit eine Krise der Vaterschaft. Diese lasse sich auf vielfältige Veränderungen des Familienlebens und auf gesellschaftliche Zusammenhänge zurückführen, denen die „De-Akzentuierung der an die Vaterschaft gebundenen männlichen Geschlechtsidentität" (Knijn, 1995, S. 182) gemeinsam sei.

Zentrale Fragestellung ist zudem, ob und welche Modernisierungsprozesse von Männlichkeit zu einer Entwicklung von "aktiver Vaterschaft" führen bzw. führen werden. Der Statuswechsel vom alleinigen Familienernährer zur Position der aktiven Elternschaft ist von emotionalen und sozialen Verunsicherungen auf Seiten der Männer begleitet, denn „aktive Vaterschaft passt immer noch nicht zu echter Männlichkeit" (Stein-Hilbers, 1994). Zu Recht weist Connell darauf hin, dass es *die* Männlichkeit nicht gibt, Männlichkeiten variieren in verschiedenen historischen Situationen und meist sind verschiedene Formen von Männlichkeit anzutreffen. So differenziert er zwischen einer autoritativen oder hegemonialen Männlichkeit (der in westlichen Industriegesellschaften kulturell maßgeblichen Form) und den von ihr gleichzeitig mitproduzierten Formen komplizenhafter, marginalisierter und untergeordneter Männlichkeit (Connell, 1995, S. 68f.). Insgesamt liegen allerdings kaum Ergebnisse zu unterschiedlichen Vorstellungen von Vaterschaft und jeweiligen Männlichkeiten vor.

---

[1] Wir befinden uns bereits in einer Phase der Versuche einer Rückgewinnung der väterlichen Position im Bereich der rechtlichen Vaterschaft. Stein-Hilbers (1994) zeigt auf, dass in der rechtlichen Auseinandersetzung im Kindschaftsrecht die reale Sorge um die Kinder, d.h., das soziale Erarbeiten von Vaterschaft weitgehend unberücksichtigt blieb.

Während die Modernisierung der Familienstruktur im Hinblick auf Neu-Orientierungen von Frauen (z.B. Erwerbstätigkeit von Müttern) häufig untersucht wurde, blieben entsprechende Veränderungen von Männern weitgehend unerforscht. Hier ist die Frage nach den Auswirkungen einer verstärkten Familienorientierung des Vaters auf die familiäre Binnenstruktur und die Entwicklung des Kindes zu stellen. Untersuchungen, die diesen Aspekt ins Zentrum der Betrachtungen rücken, kommen zu dem Ergebnis, dass eine größere Präsenz des Vaters positive Wirkungen auf das familiäre Gefüge hat (vgl. Böcker, Herlth & Ossyssek, 1996).

Die Entwicklung des Vaters in Verknüpfung mit kulturellen, sozialen und institutionellen Aspekten seiner Vaterschaft und Männlichkeit ist in der Forschung bislang weitgehend unberücksichtigt geblieben. Ein zentrales Forschungsdesiderat stellt weiterhin der Bereich der untersuchten Familienkontexte dar. Bislang liegen kaum Untersuchungen über Väter in eingewanderten Familien vor, ebenso wenig sind vergleichende Untersuchungen von eingewanderten und einheimischen Vätern anzutreffen. Eine Ausnahme stellen hier jene Arbeiten von Nauck & Bommes (vgl. Bommes, 1990a, 1990b, 1992; Nauck, 1994) dar, die zeigen, dass Einwandererfamilien geradezu ein Musterbeispiel für Modernisierungsprozesse abgeben. Nauck konnte nachweisen, dass die mit der Migration einhergehenden Modernisierungsprozesse das familiäre Generationenverhältnis nicht zwangsläufig konflikthaft beeinflussen – eine Annahme, von der in migrationsspezifischen Untersuchungen häufig ausgegangen wird. Die eingewanderte Familie kann auf Ressourcen zurückgreifen, wie die Ausbildung einer starken Familienkohäsion (wie Untersuchungen bei Arbeitsmigrantenfamilien aus der Türkei zeigen) (vgl. Nauck, 1996). Die Migrationserfahrung habe vor allem bei der ersten Generation Väter „das Gefühl der Machbarkeit der eigenen Geschichte" und der „Verwiesenheit auf sich selbst" (Schiffauer, 1991, S. 45f) hervorgebracht. Diese beiden Aspekte führten zu der Wahrnehmung einer eigenen Geschichte, der Entfaltung von Subjektivität in den väterlichen und männlichen Selbstkonzepten und damit zur Planbarkeit und Wahl von Lebensentwürfen in der eigenen Biographie sowie der ihrer Kinder. Bommes zeigte am Beispiel des Vater-Sohn-Verhältnisses auf, wie Väter diese Planbarkeit bezogen auf ihre Söhne als „Erziehungsauftrag" realisieren. „Sie suchen ihre Söhne als Personen zu formen, die individuell für ihr Tun verantwortlich sind und sich dies nun biographisch als Karriere und nicht mehr nur als folgenlose Gelegenheiten [...] zurechnen lassen müssen." (Bommes, 1992, S. 80). Migranten der ersten Generation aus der Türkei erfuhren damit in der Migrationssituation erstmals die Notwendigkeit, ein gerichtetes Erziehungshandeln und Sozialisationsleistungen erbringen zu müssen. Auch für andere Einwanderungsgruppen sind Modernisierungen und Individualisierungen im Bereich Erziehung anzunehmen.

2 Methodisches zum Forschungsansatz

Im Folgenden werden Ergebnisse einer Untersuchung (vgl. Westphal, 2002) präsentiert, die auf einen interkulturellen Vergleich der Vaterschaftskonzepte von Männern abzielt.

Sie bezieht sich auf Väter aus zwei Einwanderungsgruppen unterschiedlich strukturierter Herkunftsgesellschaften (die ehemalige Sowjetunion und die Türkei), die unter verschiedenen sozialpolitischen Bedingungen als Staatsbürger oder als Ausländer nach Deutschland einwanderten, und vergleicht diese mit der Gruppe der einheimischen westdeutschen Männer bzw. Väter. Wie sich eingewanderte Männer mit ihrer Vaterrolle und Vaterschaft auseinandersetzen und wie sie auf die Veränderungen der Lebenssituation durch die Migration reagieren, war das übergreifende Thema der Untersuchung. Die vormals hegemoniale Ausprägung von Männlichkeit kann sich in eine marginalisierte verkehren, die zwar noch Tendenzen zur Vorherrschaft aufweisen kann, aber gesellschaftlich keine Autorität mehr besitzt und der normativen Kontrolle vorwiegend durch Vertreter des eigenen Geschlechts unterliegt (Connell, 1995, S. 69). Vaterschaft als Teil männlicher Geschlechtsidentität bleibt davon zwangsläufig nicht unberührt. Zu fragen ist, ob dieses von den Vätern als eine Krise ihrer Vaterschaft wahrgenommen wird, ob sie emotionale Verunsicherungen darüber erfahren, was Vaterschaft und Erziehung beinhaltet, oder ob sie dieses als Chance betrachten, neue Formen von Männlichkeit zu entwickeln und andersartige Beziehungen zu ihren Kindern aufzubauen. Forschungsgegenstand dieser Untersuchung ist damit die Entwicklung des Vaters in der Migration sowie seine aktive Rolle als Gestalter der familiären Umwelt.[2] Somit verlassen wir den in der Vaterforschung zuweilen engen Blick auf seine Beteiligung an der Kleinkindpflege als einen Indikator für modernisierte Vaterschaft. Der Zeitraum der Datenerhebung erstreckte sich von Sommer 1994 bis Frühjahr 1995. Es wurden 54 leitfadengestützte offene Interviews mit Männern bzw. Vätern aus Stadt und Landkreis Osnabrück durchgeführt. Die Stichprobe setzte sich aus 33 Aussiedlern aus der ehemaligen Sowjetunion, 10 Migranten aus der Türkei und 11 deutschen Männern zusammen. Sie wurden zu folgenden Themen befragt: Partnerschaft und Ehe, Vaterschaft und Erziehung, Vereinbarkeit von Beruf und Familie und geschlechtsspezifische Arbeitsteilung, Männer- und Frauenbilder, Vorstellungen über Emanzipation und Modernität. Die Gespräche dauerten in der Regel ca. 1 - 2 Stunden und wurden jeweils von einem muttersprachlichen Interviewer oder einer muttersprachlichen Interviewerin durchgeführt.

Das Design der hier vorgelegten Auswertung lässt sich wie folgt darstellen (siehe Abbildung 27). Grundlage ist die Annahme, dass gerade Einwanderer ein Musterbeispiel für die Beobachtung von Modernisierungsprozessen sind. Das väterliche Selbstkonzept konstituiert sich dabei einerseits in der Auseinandersetzung mit veränderten sozialen und kulturellen Rahmenbedingungen von Vaterschaft, die die väterliche Partizipation an der Erziehung der Kinder strukturieren. Andererseits verlangen die veränderten Sozialisationsbedingungen der Kinder eine intensivere väterliche Erziehungsleistung.

[2] vgl. hierzu auch die neuere Untersuchung von Spohn 2002, die die Ergebnisse dieser Studie weitgehend bestätigt.

Abbildung 27: Untersuchungsdesign

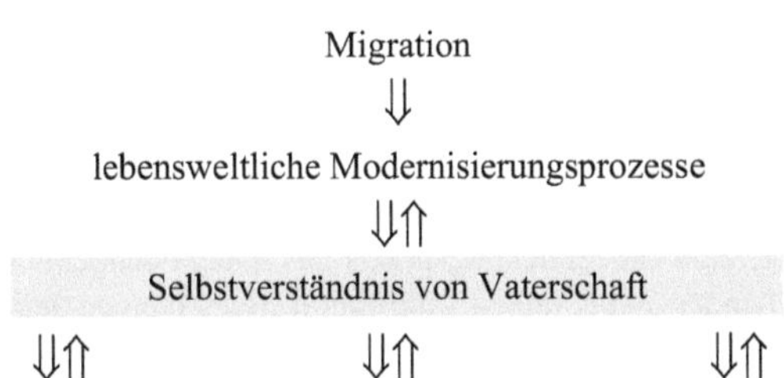

Untersuchungsbereiche / Strukturierungsdimensionen

Rahmenbedingungen von Vaterschaft:	*Generationenverhältnis:*	*männliche Geschlechtsidentität:*
materielle Dimension zeitliche Dimension sozial-räumliche Dimension personale Dimension	Definition von Erziehung Erziehungseinstellungen Qualität der Erziehungsleistung	Krise/Chance

Quelle: Westphal, 2002

Die Untersuchung der sozialen und kulturellen Rahmenbedingungen von Vaterschaft in traditionell organisierten Familien[3] wurde in vier Strukturierungsdimensionen bzw. Auswertungseinheiten unterteilt:

- Die ökonomische, soziale Bedeutung von Vaterschaft: Der Vater ist eingebunden in die Ausgestaltung der sozialen und ökonomischen Position des Mannes entlang der Tradition in westlichen Industriegesellschaften als Familienernährer und -versorger. Seine Aufgabe ist die materielle Absicherung der (seiner) Familie, und diese ist im männlichen Lebensentwurf durch die Zentrierung auf die Berufsarbeit verankert. Das hat Auswirkungen auf die sozialen und finanziellen Beziehungen zwischen Mann und Frau, zwischen Vater und Kind sowie auf das väterliche Selbstkonzept.
- Die zeitliche Bedeutung von Vaterschaft: Die Trennung von Produktion und Reproduktion in westlichen Industriegesellschaften und die damit zusammenhängende geschlechtsspezifische Arbeitsteilung spaltet den Mann und Vater zeitlich und räumlich (zumeist auch emotional) von der Familie ab. Ein wesentlicher Aspekt heutiger Erziehung von Kindern (im Vergleich zu früheren Epochen) ist jedoch, dass diese Zeit erfordert und Zeit erwachsener Betreuungspersonen bindet. Wie sich diese Zeitproblematik subjektiv bei den Vätern widerspiegelt, ist damit eine weitere Analysedimension.

[3] Wenn nicht übereinstimmend mit den jeweiligen tatsächlichen Familienstrukturen, so ist dieses als implizite Referenz nach wie vor präsent (vgl. Lange & Lüscher, 1996).

- Die sozial-räumliche Bedeutung von Vaterschaft: Traditionsbestand von Vaterschaft ist ferner, dass diese ihren praktischen erzieherischen Beitrag aus der Orientierung auf den Raum der Außenwelt (draußen) bezogen hat. Während die Mutter nach innen (innerhalb der Familie) orientiert ist, vermittelt der Vater insbesondere den Söhnen die Welt außerhalb der Familie. Hier soll gefragt werden, von welchen Raumzuordnungen die väterliche Erziehungspraxis bestimmt ist.
- Die personale Bedeutung von Vaterschaft: Diese Analysedimension folgt der Überlegung, dass die Erziehungspraxis des Vaters schließlich davon bestimmt ist, wie er Kinder und Kindheit wahrnimmt. Beziehungen und der Umgang zwischen Eltern (Vätern) und Kindern sind durch jeweilige Konstruktionen von Kindheit (vgl. Honig, 1996) und den zugrunde liegenden gesellschaftlichen Entwicklungen bestimmt.

Ausgangshypothese dieser Strukturierungsdimensionen ist, dass eingewanderte Männer mit den Vaterschaftsstrukturen der Aufnahmegesellschaft konfrontiert sind und sich mit diesen auseinandersetzen müssen. Es wird also davon ausgegangen, dass die subjektive Erziehungspraxis von Vaterschaft in Deutschland von materiellen, zeitlichen, räumlichen und personalen Bedingungen bestimmt ist und sich entlang dieser Bedingungen beschreiben lässt. Ist die gegenwärtige „Neue Väter"-Diskussion und die damit verbundene Strategie, traditionelle Männlichkeitsbilder aufzubrechen für die Männer der verschiedenen Gruppen relevant in Bezug auf ihr Selbstbild? Welche Ansprüche und Erwartungen stellen sie selbst oder werden an sie von wem gestellt? Welche Möglichkeiten der Umsetzung stehen zur Verfügung?

3 Rahmenbedingungen von Vaterschaft

Für die befragten Aussiedler ergaben sich durch den Migrationsprozess starke Veränderungen der sozialen und kulturellen Rahmenbedingungen ihrer Vaterschaft. Sie erlebten sich in Deutschland erstmals als alleinige Familienernährer und -versorger. Während diese Rolle im Herkunftskontext für die Männer mit vielfältigen Schwierigkeiten und Belastungen verbunden war und sie wesentlich auf die Unterstützung ihrer Frauen und des familiären und sozialen Netzwerkes angewiesen waren, erwies sich ihre Verantwortung für die Familienversorgung in Deutschland befreit von solchen Belastungen und Abhängigkeiten.

> Normales Leben ist für mich normale Arbeit, meinen Kopf nicht damit zerbrechen, was meine Kinder essen müssen, wo das oder jenes gekauft werden muss, wo ich Benzin kaufen muss, wo ich Geld nehmen muss. In Deutschland ist damit kein Problem. Wenn du arbeitest, kannst du alles kaufen. (Kraftfahrer, 40 Jahre, 2 Kinder, 1992, B2)[4]

[4] In den Klammern sind folgende Angaben über die Befragten angeführt: Beruf, Alter, Zahl der Kinder, Einreisejahr, Interviewnummer.

Dennoch war es für viele selbstverständlich, dass die Frau weiterhin zum Familieneinkommen beitrug, vorausgesetzt die Kinderbetreuung konnte zufrieden stellend (d.h. zumeist privat) organisiert werden.

Die Männer (wie auch die Frauen) erfuhren eine Freisetzung von zeit- und arbeitsintensiven Hausarbeiten. Die so freigewordene Zeit wurde zugunsten des Kindes verwendet. Die Väter beschrieben diese Zeit als Freizeit, die – abgesehen von zwei Ausnahmen – ausdrücklich mit der Familie und den Kinder verbracht werden sollte. Zur Begründung griffen sie auf ihre Integrationserwartung und auf eine implizite Erziehungstheorie zurück, die die Wichtigkeit des Einflusses der Familie sowie beider Elternteile für eine positive Entwicklung des Kindes betont.

> Er sagt schon, Papa, da in D. sind die Väter ganz anders. Du musst mehr Zeit für mich haben, du musst mit mir mehr irgendwohin gehen und etwas zusammen machen. Wir waren noch nicht im Zoo. Na ja, was machen, und Papa musste ins Auto und raus fahren in den Zoo. Er kommt zu mir und sagt, und du machst es nicht richtig. Die Väter hier verbringen viel Zeit mit ihren Söhnen, sie machen das und dies, jeden Samstag oder Sonntag, und du machst mit mir nicht so. Das hat er mir vorgeworfen. Ja. Er hat Recht, aber meistens bin ich müde oder ich habe keine Zeit für ihn. Aber das ist nicht richtig. Ich muss mich mehr mit ihm beschäftigen. Das ist besser. Und er sieht es und ich will auch so. (Kraftfahrer, 40 Jahre, 3 Kinder, 1992, B13)

Neben dem Zugewinn an Zeit erlebten viele Aussiedler jedoch einen Verlust an Beschäftigungs- und Einflussmöglichkeiten in der Beziehung zu ihren Kindern. Im Herkunftskontext war die Beschäftigung mit den Kindern, insbesondere den Söhnen, stark auf die räumliche Ordnungskategorie „*draußen*" ausgerichtet, die für die männlich-väterliche Vermittlung und Einübung der Kinder in Aufgaben und Pflichten stand. In Deutschland war das Bemühen der Väter festzustellen, den Kindern andere und auch neue Tätigkeitsfelder im Haushalt (*drinnen*) zu vermitteln (vor allem den Söhnen).

> Dort war es so. Die Frauenarbeit war immer im Haus drin, kochen, aufräumen, Staub saugen, waschen, nur mit Mädchen zusammen. Und Jungs waren mit mir, wenn ich die Arbeit draußen machen sollte. So war es verteilt. Die Jungs mussten schon draußen sein, wenn die Mädchen aufräumten. Aber hier ist weniger Arbeit draußen für die Jungs. Da müssen sie auch Geschirr abwaschen hier. Sie müssen das machen, weil nur zwei Mädchen da sind, und essen wollen alle gut. Und für 2 Mädchen ist es manchmal zu schwer, z.B. sonntags sagen sie, wieder das Geschirr waschen. Wir haben zwar Spülmaschine, aber die Jungen müssen auch mithelfen, sagen die Mädchen. Ja, die Jungs müssen mithelfen. (Schlosser, 49 Jahre, 6 Kinder, 1988, B8)

Durchgängig wurde beschrieben, dass die Kinder in der Einwanderungssituation freier, selbständiger und erwachsener geworden sind. Damit stellte sich auch die innerfamiliäre Statusverteilung als gewandelt dar. Die Kinder haben an Status und Einfluss gewonnen und die Väter eine Statusabnahme erfahren. Diese Veränderung wurde neben der damit verbundenen anfänglichen Unsicherheit und Orientierungslosigkeit als Autoritätsverlust des Vaters erlebt. Einflussfaktoren für diese Entwicklung sahen die Väter in starken außerfamiliären Kontakten der Kinder in Schule und Freizeit. Als weiterer Faktor wurde die Stärkung der Kinder und Jugendlichen durch den Staat erlebt, da dieser im Falle von Gewalt in die Familien eingreifen kann.

> Jetzt z.B. mit den Kindern, wo sie schon erwachsen sind, da gibt es Probleme. In Russland kannten wir schon die Sprache und wir waren wie zu Hause. Wir sind ja auch dort geboren und auch die Kinder. Und wenn wir herüber gekommen sind, waren sie von Anfang an nicht sehr viel beschäftigt. Bis sie gefunden haben, was man machen kann. Und da haben sie gehört, die Kinder dürfen nicht bestraft werden oder was. In R. war das oft vorgekommen, dass die Kinder manchmal auch auf das Popo gekriegt haben und man mit ihnen streng war. Und hier darf man das nicht, und die Polizei kann sich in die Familie einmischen. Und das war wahrscheinlich an unserem ältesten Sohn zu merken. Er ist so schnell älter geworden, so kann man das sagen. (Berufsschullehrer, 44 Jahre, 7 Kinder, 1990, B14)

Insgesamt standen die Väter der hiesigen Schule und ihrer Erziehungspraxis sowie ihrem Einfluss auf die Kinder eher kritisch gegenüber. Dennoch zeigten sie sich bemüht, eine Balance zwischen ihren eigenen Verhaltenserwartungen und denen der Schule herzu stellen.

Auf den Vergleichsebenen der materiellen, zeitlichen, räumlichen und personalen Bedingungen zeigten sich einige Überschneidungen und Gemeinsamkeiten mit den Vätern aus der Türkei und den einheimischen westdeutschen Vätern. Für die befragten Arbeitsmigranten und westdeutschen Männer war die materielle Absicherung der Familie ebenfalls ein zentraler Aspekt ihrer Vaterschaftsdefinition und Erziehungspraxis. Die Verantwortung für die Versorgung der Familie umspannte bei den Migranten zudem die politische Absicherung sowie die kritische Auseinandersetzung mit der staatlich geförderten Rückkehroption und dem subjektiven Rückkehrwunsch (oder der Rückkehrillusion). Diese Themen waren für die Selbstdefinition und Erziehungspraxis des für die Versorgung und Absicherung der Familie verantwortlichen Vaters untrennbar miteinander verknüpft. Die Einnahme der alleinigen Ernährerrolle war für einige westdeutsche Männer selbstverständlich. Sie lehnten die Berufstätigkeit ihrer Frauen ab, insbesondere bei kleinen Kindern. Insgesamt zeigte sich, dass die deutschen Väter die Familienernährerrolle eher polarisiert betrachteten. Entweder waren sie von der Selbstverständlichkeit und Notwendigkeit der Erfüllung dieser Rolle überzeugt oder sie suchten nach Möglichkeiten, diese Rolle aufzubrechen und mit anderen Inhalten zu füllen. Letzteres war mit Belastungen verbunden die sich dann ergaben, wenn der Anspruch, für die Familie und Kinder da sein zu wollen aufgrund von beruflichen Arbeitszeitstrukturen und Karriereanforderungen nicht umsetzbar war. Wie das Beispiel eines „Hausmannes" zeigte, war ein Statuswechsel des Mannes keineswegs selbstverständlich, er musste dem sozialen Umfeld erklärt werden und kollidierte mit dem gesellschaftlichen Bild von Berufszentrierung als wesentlichem Aspekt der Männlichkeit und des männlichen Lebensentwurfs.

4 Migrationserfahrung und Erziehungsdefinitionen

Alle befragten Vätergruppen definierten ihre Vaterschaft und Erziehungspraxis weit über die Versorger- und Ernährerrolle hinaus. Sie unterstrichen, dass sie sich für ihre Kinder (und Familie) Zeit nehmen wollen und müssen. Die Arbeitsmigranten thematisierten den

Aspekt, aufgrund von Arbeitsbelastungen und beruflichen wie politischen Verpflichtungen wenig Zeit für die Kinder zu haben. Die deutschen Väter empfanden ihr Zeitbudget für die Familie umfangreicher als das ihrer eigenen Väter. Insgesamt hatten aber auch sie wenig Zeit für die Kinder. Die alltagspraktische Lösung für dieses Dilemma wurde in den vorgestellten Familien unterschiedlich gestaltet. Die türkischen Väter konzentrierten ihre Bemühungen z.B. auf die Schaffung einer materiellen und politischen Basis nicht nur für ihre eigenen Kinder. Die wenige verbleibende Zeit wurde als sinnvoller und gezielter Erziehungsakt inszeniert, und damit eher als Erziehungsleistung denn als Spiel- und Freizeitaktivität aufgefasst Dieser Anspruch wurde weniger auf erziehungstheoretische Zusammenhänge – wie der psychosozialen Bedeutsamkeit des Vaters für die Entwicklung des Kindes – zurückgeführt, als vielmehr auf *mobilitätstheoretische* Aspekte wie die Bedeutsamkeit des Schulabschlusses für einen sozialen Aufstieg.

> Ich möchte natürlich außerhalb der Arbeitszeit den Kindern bei ihren Hausaufgaben helfen, helfe auch, soweit es möglich ist, aber das fällt manchmal leider etwas kurz aus. Ich versuche sowohl bei fachlichen Problemen, wenn sie mathematische Probleme haben, als auch bei psychischen Problemen zu helfen. (Arbeiter, 40 Jahre, 4 Kinder, 1973, T1)

Sich Zeit nehmen zu müssen wurde bei den deutschen Männern auf das Erleben eines abwesenden Vaters zurückgeführt. Sie bearbeiteten das Problem mit Hilfe der Kategorie „flexible oder geregelte Arbeitszeit von Mann und Frau". Die zur Verfügung stehende Zeit nach der beruflichen Arbeitszeit des Mannes sollte den Kindern zugute kommen, zumeist waren es die Frauen, die mit flexiblen beruflichen Arbeitszeiten das Dilemma des Mannes teilweise auflösten.

> Halbtagsstellen, das wäre es, das wäre die Lösung, nur ist halt in meinem Beruf auch nicht machbar wie bei vielen Berufen. Der Wunsch für den Beruf, dass man das mit der Familie irgendwie vereinbaren kann. Der Beruf muss sich der Familie anpassen. Natürlich muss der Beruf auch laufen, weil halt irgendwann, wenn man es übertreibt, wird man gefeuert und dass sich das irgendwie vereinbaren lässt, das ist eigentlich der Wunsch. (Ingenieur, 33 Jahre, 1 Kind, D9)

Allen Vätern der drei befragten Gruppen war die Raumkategorie drinnen und draußen in den Beschreibungen ihrer Erziehungspraxis präsent. Für die Väter aus der Aussiedlergruppe ergab sich hier eine Veränderung, sie erlebten den Wegfall einer bewährten und gewohnten Erziehungspraxis, die sich draußen abspielte und Teil des männlich-väterlichen Aufgabenbereichs innerhalb des Familienhaushaltes war. Die Väter aus der Türkei hingegen beschrieben mit *draußen* und *drinnen* eher eine Aufteilung zwischen außer familiärer Umgebung und Familie. *Draußen* war für sie ein Ort potentieller Gefahren für die Kinder, insbesondere für die Töchter. Ihre Erziehungspraxis war bestimmt von dem Bemühen, eine Balance zwischen beiden Räumen herzustellen, d.h. die Kinder weder zu stark auf *drinnen* (Gefahr der Abschottung) noch zu stark auf *draußen* (Gefahr des „schlechten Weges") zu beziehen. Die befragten deutschen Männer verwendeten die Raumkategorie ebenfalls als Beschreibung ihres männlich-väterlichen Aufgabenbereichs innerhalb der Familie. Auch bei ihnen war *draußen* stärker mit Söhnen verbunden als mit Töchtern.

Die eigenen Kinder sowie die heutige Kindheit allgemein, insbesondere jungenspezifische Kindheit und Jugend, wurden von ihnen als unterschiedlich zur eigenen Kindheit beschrieben. Während die westdeutschen Väter ihre Kinder als verwöhnt beschrieben, sahen die Aussiedler ihre Kinder als frei und die Migranten ihre Kinder als integriert an. Alle drei Beschreibungsfiguren bezogen sich auf die jeweiligen gesellschaftlichen Situationen, in denen die Väter sich selbst und ihre Kinder erlebten. Gemeinsam war allen drei Gruppen das Bewusstsein, dass sie Anpassungsleistungen in ihrer Erziehungspraxis zu erbringen haben z.B. in Form von Akzeptanz des Statusgewinns ihrer Kinder zur Stabilisierung des Generationenverhältnisses. Letztlich förderten sie ihre Eigenständigkeit, um den Anforderungen des hiesigen Bildungs- und Erziehungssystems gerecht zu werden. Die anderen mussten, um Teilhaberechte überhaupt vertreten zu können, ihre Erziehungspraxis dahingehend ausweisen, dass sie die Kinder auf ein Leben in *dieser* Gesellschaft und nicht in der Herkunftsgesellschaft vorbereiten.

> Wir müssen uns weiter umstellen. Wir können unsere Kinder hier nicht so erziehen, wie wir es dort gemacht haben und überall draußen läuft das Leben ganz anders. (Techniker, 37 Jahre, 2 Kinder, 1989, A1)

Besonders die Aussiedler standen als Väter vor der Herausforderung, ihr Selbstverständnis von Vaterschaft und Erziehung überprüfen zu müssen. Die zeitlich-räumliche Veränderung der Sozialisationsbedingungen und der Struktur von kindlichen Lebenswelten in Deutschland verlangte von ihnen eine Erziehungsleistung, die als *Intensivierung* und *Expertisierung* beschrieben wurde. Kindliche Lebenswelten waren im Herkunftskontext entweder eingelagert in einen eher einheitlichen Lebensraum oder ausgelagert in einen staatlich organisierten Kinderraum, wobei beide Organisationsformen stark an den Arbeitsstrukturen *beider* Elternteile ausgerichtet waren. Nach der Einwanderung erlebten nicht nur die Mütter, sondern auch die Väter den Verlust gewohnter Strukturen. Ganztägige Kinderbetreuungssysteme existierten kaum und die bestehenden Institutionen (Kindergarten, Schule) orientierten sich nicht an den Arbeitsstrukturen berufstätiger Väter und Mütter. Der städtische Lebensraum erlaubte kaum eine unbeaufsichtigte Selbsttätigkeit von Kindern in der nahen Wohnumgebung (Haus, Garten, Höfe, Straßen). Die materielle Sicherung der Familie erforderte keine häusliche Produktion von Gütern für den täglichen Bedarf und damit entfiel eine Einbindung von Kindern in solche Alltags- und Arbeitszusammenhänge der Väter. Kinder aus Aussiedlerfamilien waren im Vergleich zum Herkunftskontext wesentlich weniger zeitlich und räumlich gebunden. Es gab keine verbindlichen Regeln, wie, wo und wofür sie ihre Zeit nutzten, sondern eine Entscheidung darüber blieb Eltern und Kindern überlassen. Kontroll- und Schutzbedürfnisse der Eltern („wenn sie zu Hause sind, bin ich ruhiger“) sowie Sanktionen der sozialen Umwelt („wenn die Kinder draußen sind, ärgert das die Nachbarn“) begrenzten den Handlungsraum *draußen* und schienen die Kinder auf Räume *drinnen* (im Haus/in der Wohnung/im Zimmer) zu verweisen.

Durch seinen Status als Familienernährer und die Expertisierung (Lebenslaufberater ihrer Kinder) und Intensivierung (Zeit für Kinder) ihrer Erziehungsleistung erfuhren die

Väter in der Einwanderungssituation einen Bedeutungszuwachs im Verhältnis zu ihren Kindern.

Die zeitlich-räumlichen Aspekte der Intensivierung, die in den Aussiedlerinterviews diskutiert wurden, spielten in den Beschreibungen der Arbeitsmigranten und der westdeutschen Väter eine untergeordnete Rolle. Jedoch thematisierten beide Gruppen ebenso wie die Aussiedler, dass die Kinder insgesamt stark auf Räume im Haus oder auf von ihnen kontrollierte Orte verwiesen wurden. Die Möglichkeit zur Partizipation an (deutscher) Kinder- und Jugendkultur (z.B. Disko) bestand für die Kinder nur unter Anleitung, Einführung und Kontrolle der Väter. Dabei wurden kaum Unterschiede zwischen Söhnen und Töchtern gemacht. Insbesondere bei Mädchen galt das Draußen-Sein jedoch als besonders besorgniserregend. Der Spielraum diesbezüglich war von den Vätern auszuloten.

5 Intensivierung der Erziehungsleistung

Die Intensivierung der Erziehungsleistung wurde bei beiden Gruppen der zugewanderten Väter vorrangig als Bildungsinvestition und als Akzeptanz der finanziellen Abhängigkeit der Kinder von den Eltern beschrieben. Die Väter verstanden sich als Laufbahnberater, wobei sie ihr eigenes Leben zur Grundlage der Beratung machten. Die Ziele – die bessere Zukunft der Kinder, das Wahrnehmen der gebotenen Möglichkeiten, eine günstigere Position auf dem Arbeitsmarkt, als sie der Vater hatte – wurden von beiden Vätergruppen geteilt. Die Entscheidung über den tatsächlichen Bildungs- und Berufsweg wurde in allen Fällen den Kindern überlassen. Einen Unterschied zwischen Töchtern und Söhnen sah kein Vater („Hauptsache sie werden studieren" oder „einen vorteilhaften Beruf ergreifen"), wohingegen die Unterstützung der Berufs- und Bildungskarrieren bei den westdeutschen Vätern insgesamt weniger im Vordergrund stand. Sie erwarteten zwar ebenfalls eine gute Schul- und Berufsausbildung, doch schienen sie weniger darauf zu drängen, entweder weil sie keine konkreten Vorstellungen hatten oder weil sie darauf vertrauten, dass sich geeignete Ausbildungsziele von selbst ergeben werden.

Die strukturelle Verlängerung der Schul- und Ausbildungszeiten ebenso wie die Angleichung der Bildungs- und Berufsbiographien von Jungen und Mädchen wurde von ihnen als Chance für die soziale Platzierung ihrer Kinder wahrgenommen. Damit einher ging eine Verlängerung der „Phase der ökonomischen Unselbständigkeit und Abhängigkeit" sowie die Intensivierung der ökonomischen und emotionalen elterlichen Leistung in der Jugendphase, nicht zuletzt auch deshalb, weil die Jugendlichen in dieser Phase mit „Problembelastungen und Zwangsindividualisierungen" (Zeiher & Zeiher, 1993, S. 123) umzugehen lernen mussten. Die Aussiedler und Arbeitsmigranten sicherten ihren Kindern gerade hierbei ihre Unterstützung zu. Sie beschrieben ihre eigenen familiären *Generationenbeziehungen* in diesem Zusammenhang als menschlicher, fürsorglicher und stabiler im Vergleich zu den deutschen Familien, was für sie mit einer Aufwertung verbunden war.

> Auch wenn die Deutschen unsere Lebensweise nicht mögen, sie können von unserer Gerechtigkeit, unserem Familiensinn, unserer Kindererziehung nur träumen. Die Deutschen wundern sich z.B., wie die türkischen Familien zusammenhalten und warum ich meine Kinder mit 18 nicht rausschmeiße. Ich lache nur über solche Sachen. Wenn wir mit der ganzen Familie zum Einkaufen gehen, gucken uns einige schief an, weil wir so viele sind. Allah soll die Einheit einer Familie niemals zersprengen. Ich erwarte auch nicht von meinen Kindern, dass sie mich finanziell unterstützen. Sie sollen selber sparen, für ihre Zukunft, wenn sie mal heiraten und Kinder kriegen. Ich brauche kein Geld. (Frührentner, 55 Jahre, 5 Kinder, 1971, T7).[5]

Die westdeutschen Väter präsentierten eine andere Einstellung zur Intensivierung der väterlichen Erziehungspraxis. In ihrem Selbstverständnis zu Vaterschaft und Erziehung wurde die verstärkte väterliche Beteiligung an der Kleinkindpflege herausgestellt. Sie betonten die Intensivierung in Form der emotionalen, pflegenden (fürsorgerischen) und zärtlichen Anteile im Kontakt zum Kind. Motive dafür waren die Veränderung der Vater-Kind-Beziehung und die Persönlichkeitsveränderung des Vaters selbst hin zu einer neuen Männlichkeit.

Diese Veränderung von Vaterschaft, begründet durch eigene Sozialisationserfahrung (Beziehung des Vaters zum eigenen Vater und zur Mutter) ist hinlänglich belegt. Sie ist im Zusammenhang mit einer gesellschaftlichen Aufwertung der frühen Kindheit zu betrachten. Erst diese hat die Beschäftigung mit Kleinkindern zu einer Tätigkeit werden lassen, die auch für Väter einen gewissen Reiz darstellt, allerdings ohne die traditionelle Arbeitsteilung im familiären Alltag wesentlich zu verändern oder gar aufzubrechen. Aktivitäten wie Schmusen, Wickeln, Füttern und Spielen werden in einen sozialen Bedeutungsrahmen zwischen Spiel, Herausforderung und Lebensstil gestellt.

6 Vater-Kind-Beziehung

Weiter konnte aufgezeigt werden, dass die befragten Aussiedler einen strukturellen und meist verdeckten Aspekt modernisierter Eltern-Kind-Verhältnisse, den des Verhandlungszwanges, zum Thema machten. Eltern-Kind-Verhältnisse erschienen ihnen in Deutschland befreit von festen Regeln und festgelegten Verhaltensvorschriften („hier ist alles ganz frei, es gibt keine Regeln“). Die Regel lautete jedoch nunmehr, dass Eltern

[5] Hier soll im Gegenzug ein Beispiel das durchgängig vertretene Bild der deutschen Männer über die türkischen Männer illustrieren: »Man braucht das ja nur einmal so beobachten, wenn eine türkische Familie spazieren geht oder einkaufen geht, dann geht der Mann vor, die Familie geht hinterher. Er hat sein Kettchen da und sie trottet schön brav hinterher. Ich weiß nicht, ob ich mir das so vorstellen könnte, wenn meine Frau jetzt hinter mir herlaufen müßte. Das ist also ein Ding, was […] warum auch? Warum? Was soll das? Aber, das ist eine Kultur von denen, ich kann das zwar nicht verstehen, aber das müssen sie selber wissen« (Busfahrer, 40 Jahre, 2 Kinder, D3).

und Kinder ihr Verhalten nach gegenseitiger Beratung und wechselseitiger Zustimmung ständig neu bestimmten. Bei den Aussiedlern waren es offenbar die *Kinder*, die den Verhandlungsaspekt in die Familie trugen. Diese forderten in der Familie Diskussionen und Begründungen für bestimmte Elternentscheidungen und -ansprüche, die ihren Alltag betrafen. Damit stand auch die väterliche Autorität auf dem Prüfstand. Die Verschiebung zu einem Verhandlungshaushalt wurde sowohl befreiend als auch bedrohend wahrgenommen. Familiäre Beziehungen, auch Eltern-Kind-Beziehungen, konnten im Falle eines fehlenden Einvernehmens aufgelöst werden oder aber enger geknüpft und rigider ausgestaltet werden.

Die von uns befragten Aussiedler erwiesen sich überwiegend als flexibel hinsichtlich der von ihnen zu leistenden Anpassung. Sie zeigten sich bemüht, mittels Erklärungs- und Überzeugungsarbeit ihren Einfluss auf die Kinder zu erhalten und der Vater-Kind-Beziehung über das gemeinsame Sprechen und Besprechen *eine (neue) emotionale Sicherheit* zu geben. Auch das Ergebnis einer innerfamiliären Statusverschiebung zugunsten einer Statuserhöhung der Kinder bestätigte die These des Aufbaus einer neuen Vater-Kind-Beziehung, die letztlich auch zu einer veränderten Vaterschaftsdefinition beitrug.

Die Väter aus der Arbeitsmigrantengruppe mussten sich fortwährend mit Modernisierungsprozessen im Eltern-Kind-Verhältnis auseinandersetzen. Sie formulierten an sich selbst den Anspruch, ihren Kindern Verbote, Grenzen und Kontrollen zu erklären und zu begründen. Der Aspekt des Verhandlungszwangs, der bei den Aussiedlern noch deutlich zutage trat, zeigte sich bei den Vätern aus der Türkei bereits umgewandelt in einen Erziehungswert, der in der Norm („ich erwarte Diskutierfähigkeit“) ihren Ausdruck fand. Der Erziehungswert „Respekt“ in der traditionellen Form, bekundet durch das Schweigen der Kinder in Gegenwart des Vaters oder von Gästen, entwickelte sich zu einer neuen Form, in der gerade das Miteinander-Diskutieren zur Respekterweisung dem Vater oder den Gästen gegenüber diente. Die traditionellen Formen der Respektbekundung (Schweigen, Aufstehen, wenn der Vater den Raum betritt) wurden als übertrieben abgelehnt („Überrespekt“, „Überhöflichkeit“). Die Erwartungshaltung zielte vielmehr auf ein vernünftiges und angemessenes Verhalten zwischen Vater und Kind und auf das innere Wissen und Verständnis der Kinder ab. Damit war die äußere Kontrolle der Eltern zu verwandeln in eine Form der Selbstkontrolle und Autonomie der Kinder.

Das Interviewmaterial zeigte sehr anschaulich, welche Leistungen der gegenseitigen Abstimmung von Eltern (bzw. Vätern) und Kindern zu erbringen waren. Die Schwierigkeiten einer Balanceherstellung zwischen den Schutzbedürfnissen und Bildungserwartungen der Eltern, den sozialen Kontrollmechanismen der (türkischen) Umwelt sowie den Freiheitsbedürfnissen und -ansprüchen der Kinder wurden von den Vätern insbesondere in der Frage der vorehelichen Partnerschaften der Töchter thematisiert. Eine Angleichung der Bildungs- und Berufserwartungen, eine Verlängerung der Ausbildungszeiten und eine Verschiebung der Phase von Ehe- und Familiengründung, einhergehend mit vorehelichen Partnerschaften und sexuellen Kontakten, die nicht auf Dauer angelegt sein müssen, sind die Themen, mit denen sich die Migranten als Väter auseinandersetzten.

Daran zeigte sich, wie die Väter besonders von Modernisierungsprozessen (weiblicher) Jugendbiographien herausgefordert waren.

> Wenn ich meiner Tochter erlauben würde, einen Freund zu haben, was meinen Sie, was dann passiert. Ich würde überall angeschwärzt werden, und meine Tochter würde als Nutte gelten. Wir können dem Gruppendruck nicht entweichen. Aber wenn meine Tochter vor der Ehe mit einem schläft, würde ich sie trotzdem nicht verachten oder rausschmeißen, und ich kann sich auch nicht umbringen, sie ist immer noch meine Tochter. (KFZ-Mechaniker, 43 Jahre, 3 Kinder, 1973, T4)

Sie beschrieben diese Herausforderung als ein Verhandlungsproblem zwischen Vater und Tochter, Vater und türkischer Gruppe, Vater und deutscher Gesellschaft. Die immer noch anzutreffende Annahme, die Eltern-Kind-Beziehung in Migrantenfamilien würde sich an der Kultur des Herkunftslandes orientieren, muss als falsch zurückgewiesen werden. Die jahrzehntelangen Ethnisierungsprozesse haben jedoch ihre Spuren hinterlassen. So verweigerten einige der Befragten Begründungen für ihre Erziehungseinstellungen, indem sie auf die Kategorie „türkische Kultur" zurückgriffen, die hinlänglich im „Türken-Diskurs" ausgedeutet und selbst nicht erklärungsbedürftig zu sein schien. Oder aber sie verwiesen darauf, dass diese von anderen, insbesondere von Personen der Mehrheitsgesellschaft, akzeptiert und toleriert werden. Am deutlichsten wiesen sie die Vermutung und Unterstellung einer traditionellen autoritären Erziehungshaltung türkischer Väter mit dem Hinweis auf die Einsichtsfähigkeit der Töchter zurück. Die Vater-Tochter-Beziehung schien damit – trotz drohender sozialer Sanktionen des türkischen Umfeldes – stärkeres Gewicht bekommen zu haben. Diese Beziehung musste immer wieder hergestellt werden, weil sich die Töchter ansonsten mit anderen Mitteln zur Wehr gesetzt und sich dem Einfluss der Eltern entzogen hätten.

Die westdeutschen Väter bemühten sich, ihr eigenes Erziehungsverhalten im Rahmen des familiären Verhandlungshaushaltes zu beschreiben. Ihre zentrale Erziehungsaufgabe definierten sie dadurch, den Kindern bestimmte Grenzen diskursiv zu vermitteln. Von körperlichen Bestrafungen und anderen strengen Bestrafungen distanzierten sie sich ebenso wie die Väter aus den beiden anderen Gruppen.

> Bei uns habe ich manchmal so den Eindruck, als wenn da gar nicht so ein Eltern-Kind-Verhältnis, als wenn das mehr so wie Freunde sind. Obwohl eine gewisse Strenge auf alle Fälle da ist und die Kinder auch wissen, wie weit sie gehen dürfen und doch einen gewissen Respekt haben. Aber ansonsten kommen wir sehr gut miteinander aus, also großartig. Prügel oder so was hat es bei uns noch nie gegeben, man hat das dann versucht, anders zu regeln.
> Wie schaffen Sie das, Ihren Kindern Grenzen aufzuzeigen?
> Ja, einfach mit denen reden und ihnen sagen, also soweit geht es und eben nicht. Und dann merken sie eben auch schon am Tonfall oder an der Stimme. (Bademeister, 53 Jahre, 2 Kinder, D8)

Die Balancefindung zwischen individueller Freiheit und notwendiger Strenge verlief auch für die deutschen Väter keineswegs unproblematisch und reibungslos. Einige Väter beschrieben sich in ihrem Verhalten als autoritärer, ungeduldiger oder konsequenter im Vergleich zur Mutter, gegenüber der sie sich mit diesem Anspruch verantworten und durchsetzen mussten. Sie machten deutlich, dass es hierüber zu ehelichen Auseinandersetzungen kam. Insgesamt verhandelten die deutschen Männer eher mit ihren Frauen über Hausarbeitsbeteiligung, Kindererziehung und Ehebeziehung.

7 Fazit: Männlichkeit und Selbstbild im Kontext von Vaterschaft

Die männliche Geschlechtstypisierung zeigte sich bei den eingewanderten Männern als ein eindeutiges, im Vergleich zu den westdeutschen Männern kaum in Frage gestelltes Konstrukt, welches in den alltagspraktischen Konsequenzen von starken Umbruchprozessen und Neukonstruktionen gekennzeichnet war. Die westdeutschen Männer unterlagen im Zusammenhang mit öffentlichen Diskussionen über Männlichkeit und männliche Aufgabenbereiche einem starken ideologischen Druck, sich kritisch mit traditionellen Männlichkeitsbildern auseinandersetzen zu müssen. Das galt insbesondere hinsichtlich der Forderung nach einer geteilten Elternschaft und einer neuen Väterlichkeit unter dem Leitbild des „haltenden Vaters". Was die neue Väterlichkeit im Hinblick auf ältere Kinder und auf die Beziehung zu Söhnen und Töchtern bedeutet, wurde von ihnen kaum thematisiert. Im familiären Kontext sah der Mann seine väterliche Autorität weniger in der Auseinandersetzung mit den Kindern als vielmehr mit seiner Frau. Für die westdeutschen Männer gab es den „neuen Vater oder Mann" im Anspruch und als ideologisches Konstrukt durchaus. Die Praxisbezüge und auch das Männerbild schienen sich insgesamt jedoch noch wenig verändert zu haben.

Die eingewanderten Männer, besonders die Aussiedler, sahen sich dagegen mit vielfältigen Umbrüchen in ihrer alltäglichen Erziehungspraxis konfrontiert, die sie im Rahmen eines klassischen Bildes des Mannes als Vater in seiner beschützenden, behütenden und sorgenden Rolle verarbeiteten. Ihre väterliche Autorität geriet dabei jedoch häufig auf den Prüfstand. Sie definierten ihre Vaterschaft und Erziehungspraxis weit über das Männlichkeitskonstrukt der Versorger- und Ernährerrolle hinausgehend, gerade weil sie auf materieller, zeitlicher, räumlicher und personaler Ebene veränderte Konstellationen der Vater-Kind-Beziehung vorfanden. Die neuen Rahmenbedingungen von Vaterschaft erforderten von den Aussiedlern eine Umstellung ihrer gesamten Erziehungshaltung und -einstellung. Im Erziehungsbereich wurden zugleich Teilaspekte ihres geschlechtlichen Selbstbildes herausgefordert, weil sie eine Erziehungshaltung einnehmen wollten und mussten, die eindeutig auf Permissivität abzielt und verstärkt (weiblich) expressive Eigenschaften entwickelt (Zunahme an Intimisierung, Zeit für Kinder, Empathie). Durchgängig wurde diese Umstellung im Hinblick auf die Entwicklung der Kinder als notwendige Anpassung an die neue Gesellschaft thematisiert. Einige beschrieben die Veränderung als Übergang, der stufenweise vor sich geht, andere meinten pragmatisch, sie und ihre Kinder hätten sich verändert, weil es vom Leben so gefordert wurde. Man kann davon ausgehen, dass diese allgemeinen „Reden" über Erziehung und Vaterschaft auf das Aushandeln eines neuen Selbstverständnisses von Vaterschaft hinweisen. Es ergibt sich in diesem Aushandlungsprozess ein Verlust alter Bedeutungen von Vaterschaft, ohne dass sie bereits gänzlich durch neue ersetzt worden wären. Es ist deutlich geworden, dass veränderte Bedeutungen sich weniger an dem für die westdeutschen Männer bestimmenden Leitbild des haltenden Vaters, der vorwiegend in der Kleinkindbetreuung und -pflege zum Einsatz kommt, orientierten. Die eingewanderten Väter nahmen eine verstärkte Hinwendung und Beteiligung an der gesamten Erziehung und Sozialisation ihrer Kinder wahr. Zusammenfassend kann für die Gruppen der Einwanderer festgehalten werden, dass ihr Vaterschaftskonzept nicht das von ihnen geäußerte Männlichkeitskonzept angriff, sondern sich auf der Ebene der alltagspraktischen Umsetzung verändert hat. Dadurch wurden im Vergleich zu westdeutschen Männern abweichende Formen väterlicher Praxis verwirklicht, die nicht in einem diskursiven Kontext von partnerschaftlicher Arbeitsteilung standen.

8 Literatur

Böcker, S., Herlth, A., Ossyssek, F. (1996). Modernität der Familie und Kompetenzentwicklung von Kindern – Konsequenzen familialer Rollenarrangements für die Entwicklung von Kindern. *Zeitschrift für Sozialisationsforschung und Erziehungssoziologie, 16* (3), 270–283.

Bommes, M. (1990). Lebenszusammenhänge von Migrantenjugendlichen türkischer Herkunft. *Informationsdienst zur Ausländerarbeit*, 1, 52-61.

Bommes, M. (1990). Die meisten türkischen Väter sind so. *Informationsdienst zur Ausländerarbeit*, 4, 35-38.

Bommes, M. (1992). Individualisierung von Jugend – ausgenommen Migrantenjugendliche? *Migration.* 14, 62-90.

Connell, Robert W. (1995). Neue Richtungen für Geschlechtertheorie, Männlichkeitsforschung und Geschlechterpolitik. In L.C. Armbruster, U. Müller & M. Stein-Hilbers (Hrsg.), *Neue Horizonte? Sozialwissenschaftliche Forschung über Geschlechter und Geschlechterverhältnisse* (S. 61-84). Opladen: Leske + Budrich.

Connell, R.W. (1999). *Der gemachte Mann, Konstruktion und Krise von Männlichkeiten.* Opladen. Leske + Budrich.

Honig, M. S. (1996). Normative Implikationen der Kindheitsforschung. *Zeitschrift für Sozialisationsforschung und Erziehungssoziologie, 16* (1), 9-25.

Knijn, T. (1995). Hat die Vaterschaft noch eine Zukunft? Eine theoretische Betrachtung zu veränderter Vaterschaft. In L.C. Armbruster, U. Müller & M. Stein-Hilbers (Hrsg.), *Neue Horizonte? Sozialwissenschaftliche Forschung über Geschlechter und Geschlechterverhältnisse,* (S. 171-192). Opladen: Leske + Budrich.

Lange, A. & Lüscher, K. (1996). Von der Form zum Prozess? Ein konzeptioneller Beitrag zur Frage nach der Bedeutung veränderter familialer Strukturen für das Aufwachsen von Kindern. *Zeitschrift für Sozialisationsforschung und Erziehungssoziologie, 16* (3), 229-245.

Nauck, B. (1994). Die (Reproduktions-)Arbeit tun die anderen – oder: Welchen Beitrag leisten Gruppen traditionaler Lebensführung für die Entstehung moderner Lebensstile? *Berliner Journal für Soziologie, 2,* 203-216.

Nauck, B. (1996). Intergenerative Konflikte und gesundheitliches Wohlbefinden in türkischen Familien. Ein interkultureller und interkontextueller Vergleich. In U. Schönpflug (Hrsg.), *Familien in verschiedenen Kulturen* (S. 324-354). Stuttgart: Enke.

Schiffauer, W. (1991). *Die Migranten aus Subay – Türken in Deutschland – eine Ethnographie.* Stuttgart: Klett-Cotta Verlag.

Spohn, M. (2002). *Türkische Männer in Deutschland. Familie und Identität – Migranten der ersten Generation erzählen ihre Geschichte.* Bielefeld: transcript Verlag.

Stein–Hilbers, M. (1994). *Wem gehört das Kind? Neue Familienstrukturen und veränderte Eltern-Kind-Beziehungen.* Frankfurt: Campus.

Westphal, M. (2002). Vaterschaft und Erziehung. In L. Herwartz-Emden (Hrsg.), *Einwandererfamilien: Geschlechterverhältnisse, Erziehung und Akkulturation, IMIS-Schriften Band 9.* (S. 121-204). Osnabrück: Rasch Verlag.

Zeiher, H. & Zeiher, H. (1993). Organisation von Raum und Zeit im Kinderalltag. In M. Markefka & B. Nauck (Hrsg.), *Handbuch der Kindheitsforschung* (S. 389-401). Neuwied: Luchterhand Verlag.

XVI. Vaterschaft heute. Zentrale Ergebnisse auf Basis des Population Policy Acceptance Survey

Irene M. Tazi-Preve

1 Einleitung

Die Betreuung und Erziehung von Kindern wird gemeinhin unter „Elternschaft" subsumiert, wobei die Mutter für das Allgemeine und die kontinuierliche Fürsorge steht, der Vater hingegen für das Besondere, für Spiel und Sport. Dieses Gegensatzpaar setzt sich in der Wissenschaft fort. Waren Mütter in vielen Bereichen der Wissenschaft (Psychologie, Pädagogik, Soziologie u.a.) schon lange Gegenstand der Forschung, wurden es Väter im Vergleich dazu erst spät. Auf dem Hintergrund des aktuellen Geburtenrückganges in vielen Teilen Europas wird der Vater zum neuen „Objekt der Begierde".

Die Zugänge in der Väterforschung erstrecken sich mittlerweile von pädagogischen, psychologischen und soziologischen bis zu populärwissenschaftlichen Ansätzen. Zu Beginn der 80er Jahre ist die Männerforschung entstanden, die sich aus unterschiedlichen Blickwinkeln mit dem brüchig gewordenen patriarchalen Welt- und dem männlichen Selbstbild beschäftigt. Diese beinhaltet Ansätze der „Rückbesinnung auf die wahren Werte der Männlichkeit" und erfolgte vielfach in Erlebnisberichten (Bly, 1997). Auf der wissenschaftlichen Ebene etablierte sich die kritische Männerforschung als neue Forschungsrichtung, deren Auftreten eng mit der feministischen Forschung verbunden ist (Marschik & Dorer, 2001). In diesem Beitrag werden Thesen vorgestellt, die an die Patriarchatskritik der feministischen Forschung anschließen, die seit den 70er Jahren nichts von ihrer Gültigkeit und ihrem Anspruch – nämlich die Veränderung der gesellschaftlichen Verhältnisse – eingebüßt hat. Als Grundlage der Ergebnisse zur Vaterschaft dient der Population Policy Acceptance Survey (PPA), der im Folgenden dargestellt wird.

2 Der Population Policy Acceptance Survey (PPA II)

Die Studie PPA II[1] befasst sich mit Wissen und Einstellungen zu Bevölkerung (Geburten, Alterung, Familienformen u.a.), zur Familienpolitik und dem Geschlechterverhältnis in Österreich (Gisser, 2003). Die Grundlagen der repräsentativen Studie wurden unter der Beteiligung von 13 europäischen Staaten[2] mit besonderer Berücksichtigung demographischer Fragestellungen erarbeitet. Die Befragung wurde 2001 durchgeführt, die Anzahl der Befragten betrug rund 2.000 Personen im Alter zwischen 20 und 65 Jahren. Die Feldarbeit erfolgte durch das Meinungsforschungsinstitut Fessel+GfK. Die Studie wurde mit Förderungsmitteln des Fonds der Wissenschaftlichen Forschung und dem Jubiläumsfonds der Österreichischen Nationalbank durchgeführt.

Ergebnisse aus der Befragung werden unter dem Blickpunkt einzelner Thesen zur Wahrnehmung und zum Erleben von sozialer Vaterschaft untersucht. Es geht um eine Bestandsaufnahme der väterlichen Beteiligung an der Kinderbetreuung und -erziehung und darum, ob sich ein Wandel bei der Verteilung der reproduktiven Aufgaben abzeichnet. In Auswertungen von Mikrozensuserhebungen zur Zeitverwendung in Österreich wurde nämlich mehrfach festgestellt, dass in Partnerschaft lebende Frauen über alle Altersgruppen – unabhängig davon, ob sie in den Arbeitsmarkt integriert sind oder nicht – den Alltag der Hausarbeit und der Kinderbetreuung zu einem Großteil im Alleingang bewältigen (Gross, 1995).

Anhand der Datenlage der Studie wird der Frage nachgegangen, ob im Verhalten der befragten Männer bzw. in ihrer Einstellung zur Aufteilung der Familienarbeit eine moderne Einstellung zu verzeichnen ist. Überprüft wird weiters, ob Selbst- und Fremdwahrnehmung von Vätern auseinanderklaffen. Zudem wird der Frage nachgegangen, ob es die „neuen Väter", die die traditionelle Aufgabenteilung ablehnen, in zunehmendem Maße gibt. Nicht zuletzt wird die Einstellung zur politischen Väterförderung erhoben.

2.1 Theoretischer Hintergrund

Zur Problematik der Teilung der Familienarbeit hat sich eine Reihe von theoretischen Ansätzen entwickelt:

1. Ein weit verbreiteter Ansatz ist jener, ökonomische Erklärungsmodelle auf die häusliche Arbeitsteilung anzuwenden. So wird zur Erklärung des Geburtenrückganges oder aber des Ungleichgewichts in der reproduktiven Arbeit vielfach als Rahmenbezug jene ökonomische Theorie verwendet, wonach Individuen ihr Wohlbefinden zu maximieren suchen (Becker, 1991). Danach sei die Fertilität bzw. die

[1] Eine - allerdings thematisch eingeschränktere - erste Befragung (PPA I) hat in Österreich bereits 1992/93 stattgefunden.

[2] Neben Österreich auch Belgien (flämischer Teil), Deutschland, Estland, Finnland, Italien, die Niederlande, Polen, Rumänien, Slowenien, die Tschechische Republik, Ungarn und Zypern.

Arbeitsteilung zwischen den Geschlechtern Teil dieser Optimierungsstrategie, da eine Person Nutzen nicht nur aus der Konsumierung von Gütern oder Freizeit bezieht, sondern auch aus dem Vorhandensein von Kindern. Nach der Familienökonomie werden Entscheidungen über die Zeitallokation der Haushaltsmitglieder nach dem Kriterium getroffen, welcher der beiden Partner auf dem Arbeitsmarkt mehr Einkommen erwirtschaften kann. Nach Beckers „Human Capital Theory" seien Frauen aufgrund ihrer biologischen Gebärfähigkeit dazu prädestiniert, Kinderbetreuung und Haushalt besser zu besorgen als Männer, die wiederum im Berufsleben effizienter seien. Diese Konstellation erkläre das Ungleichgewicht bei der innerfamiliären Arbeitsverteilung.

Ökonomen erklären damit die „Naturgegebenheit" reproduktiver Arbeit, die so aus der volkswirtschaftlichen Rechnung ausgeklammert werden kann. Zu diesem biologistischen Ansatz kommt hinzu, dass im Hausfrau-Familienernährer-Modell indirekte Kosten (Opportunitätskosten) konsequent vernachlässigt werden. „Fertilitätskosten" beinhalten nämlich neben den Ausgaben für Kinder auch Einkommensausfälle während der Zeit der Arbeitsunterbrechung bzw. bei reduzierter Dauer der Berufstätigkeit, wenn ein Kind zu betreuen ist. Der geschlechtsspezifische Charakter von Fertilitätskosten wurde erst spät und erst durch die zunehmende Berufstätigkeit von Frauen aufgedeckt.

2. Systemtheoretische Ansätze gehen vom Unterschied zwischen Interaktionen und Beziehungen in einem System aus. Unterschiedliche Interaktionen zwischen Mutter und Kind bzw. Vater und Kind ergeben demnach nicht zwangsläufig eine Unterschiedlichkeit in der jeweiligen Beziehung (Stechhammer, 1981). Systemtheoretiker nehmen an, dass die unterschiedliche Menge an Zeit, die Mütter und Väter mit ihren Kindern verbringen, nicht notwendigerweise mit einem geringeren Einfluss der Väter auf die Kinder verbunden sein muss. In Betracht zu ziehen sei vielmehr die spezifische Qualität ihres Beitrages im sozialen Netzwerk ihres Kindes. Die funktionelle Differenziertheit, also die unterschiedlichen Funktionen, die die Familienmitglieder innehaben, sei in Bezug auf das Familiensystem als Ganzes zu sehen. Anderen theoretischen Zugängen zur Väterforschung wird aus dieser Perspektive vorgeworfen, nur einen partiellen, ausschnitthaften Blick auf die Vater-Kind-Beziehung zu werfen. Obwohl ein solcher Ansatz seine Berechtigung dort hat, wo Väter Funktionen übernehmen, die ansonsten eine Leerstelle hinterließen (Hilfe bei Hausaufgaben, Sport), zeigt sich bei den – zumeist männlichen – Systemtheoretikern die Tendenz, Väter und deren Platz in der Familie vom Vorwurf der „Nichtpräsenz" rehabilitieren zu wollen.

3. Statt auf die Nutzenmaximierung konzentriert sich die Sozialstruktur-Theorie auf den ungleichen Zugang zu Marktressourcen. Es wird davon ausgegangen, dass der Arbeitsmarkt derart strukturiert ist, dass er Frauen von Karrierechancen weitgehend ausschließt, weil weibliche Arbeit tendenziell unterbewertet wird. Durch mangelnde berufliche Chancen werden Frauen eher in das Arrangement einer Ehe gedrängt, in

der sie die Hauptverantwortung für Kinder und Haushalt übernehmen. Die Einkommensschere zwischen den Geschlechtern perpetuiert also das traditionelle Verhältnis in der Familienarbeit. Würden sich aber die strukturellen Arbeitsbedingungen ändern, so gehen VertreterInnen dieser Theorie davon aus, dass sich die Verteilung der Haushaltstätigkeiten auch umkehren würde.

Die Sozialstruktur-Theorie schließt zwar biologische Dispositionen aus ihren Annahmen aus, enthält aber einige geschlechtsneutrale Annahmen bezüglich Faktoren am Arbeitsmarkt, die sich als naiv erweisen. Es kann etwa davon ausgegangen werden, dass die Verhältnisse am Arbeitsmarkt – auch mittel- und langfristig – nicht einfach umgedreht werden können.

4. Feministisch orientierte Beiträge (Eckart, 1992) thematisieren die fehlende Partizipation des Vaters am innerfamilialen Leben. Titel wie „Neue Väter“ (Boeven, 1988) oder „Neue Männer“ (Leube, 1988) signalisieren eine vermutete Veränderung der Vaterrolle und konstatieren andererseits, dass sich wenig geändert habe. Arber & Ginn (1995) behaupten den relativen Erfolg von Frauen im öffentlichen Leben, nicht aber im privaten Sektor der Familie. Der Frage, inwieweit die betrieblichen Strukturen die gesellschaftliche Arbeitsteilung zwischen den Geschlechtern begünstigen oder behindern, war Gegenstand der Studie „Nebenjob Vater und Hausmann“ (König, Amesberger & Demel, o. J.). Männer, so die Autorinnen, können Beruf und Familie „nahezu problemlos vereinbaren“, da es zumeist deren Frauen sind, die sich der Haus- und Familienarbeit widmen und dafür häufig ihre Berufstätigkeit einschränken. Für Männer dagegen stellt eine mögliche Berufstätigkeit auf Basis von Teilzeit keine realistische Option dar. Im Hinblick auf den Geburtenrückgang wird daher eine „Politik der neuen Väterlichkeit“ gefordert (Beck-Gernsheim, 1985). Der Generationenvertrag, so Beck-Gernsheim, sei als Geschlechtervertrag zu begreifen, wobei nicht mehr vorrangig die Frauen für dessen Erhaltung zuständig sein dürfen. Im Unterschied zu „Social Structural“- und „Human Capital Theory“ geht der feministische Ansatz davon aus, dass die Zuständigkeit für den reproduktiven Bereich entscheidend für die Verortung der Frau im öffentlichen Terrain ist. Die Tatsache, dass Frauen weit gehend für die Familienarbeit zuständig sind, hat unterschiedliche Auswirkungen auf den Zugang zu sozialen Lebenschancen etwa am Arbeitsmarkt (ungleiche Zugangs-, Einkommens- und Karrierechancen) (Cyba, 2000; Garhammer, 1996; Irwin, 1999; McRae, 1997; Rosenberger, 1995).

2.2 Frauen bleiben für den reproduktiven Bereich verantwortlich

Ausgehend von der Theorie vom Ungleichgewicht innerhalb des Geschlechterverhältnisses wurden in der deskriptiven Analyse Indikatoren der zeitlichen Verfügbarkeit für Kinder, der Zufriedenheit mit der Aufteilung der Kinderbetreuung, des männlichen Selbstbildes und der Rolle des Staates herangezogen. Geschlechterrollen-Indikatoren umfassen im Detail die traditionelle Zuschreibung der Kinderbetreuung an die Mutter bzw. des Berufes an den Vater, das Bekenntnis zu einer aktiven Vaterrolle und die Ansicht, eine zu starke Konzentration der Väter auf die Berufsarbeit schade der Familie.

Im Folgenden wird von der These ausgegangen, dass die familiäre Arbeitsteilung in ihrem Kern unverändert geblieben ist. Weiters wird der Frage nachgegangen, ob das Defizit an väterlicher Beteiligung darauf zurückzuführen ist, dass reproduktive Tätigkeiten weder entlohnt noch mit Prestige entgolten werden.

Bezogen auf die Daten des PPA II zeigt sich, dass 77% aller Frauen – mit oder ohne zu Hause lebende Kinder – den Haushalt alleine bewältigen. Die befragten Männer schätzen ihren eigenen Beitrag aber etwas höher ein als dies Frauen tun. Sie geben an, dass ihre Partnerin zu rund 72% den Haushalt allein bewältigt, während sie selbst dies zu 4% tun. Auch bei jenen Befragten, die angeben, die Hausarbeit zu teilen, gehen Männer eher als Frauen davon aus, dass dies egalitär geschieht (22% zu 17%). Bei altersspezifischer Betrachtung zeigt sich, dass Männer im Alter zwischen 25 und 34 Jahren die größte Tendenz zur partnerschaftlichen Teilung der Hausarbeit haben: Rund 38% der 25- bis 29-Jährigen geben an, die häuslichen Tätigkeiten mit der Partnerin zu teilen.

Deutliche geschlechtsspezifische Unterschiede zeigen sich, wenn die Zufriedenheit mit dem im gemeinsamen Haushalt lebenden Partner/der Partnerin in der Frage der Haushaltsführung eruiert werden soll (Tabelle 10). Sehr zufrieden zeigt sich rund die Hälfte der Frauen, während über 80% der Männer die Aufteilung der häuslichen Verrichtungen als sehr zufrieden stellend empfinden. Allerdings geben rund 32% der Frauen an, in dieser Frage immerhin teilweise zufrieden zu sein, bei 8% entspricht die Situation überhaupt nicht ihren Erwartungen.

Tabelle10: Zufriedenheit mit der Teilung der Hausarbeit (20 bis 65 Jahre) (Angaben in Prozent)

Die Teilung der Hausarbeit mit meinem Partner/meiner Partnerin ist …	Frauen	Männer
zufrieden stellend	56	81
teilweise zufrieden stellend	32	12
nicht zufrieden stellend	8	1
betrifft mich nicht	4	5

Quelle: Population Policy Acceptance Survey (PPA II)

Um die Arbeitsleistung rund um die Betreuung von Kindern zu erfassen, wurde diese in einzelne Kategorien unterteilt und jenen Männern und Frauen vorgelegt, die mit mindestens einem unter 15-jährigen Kind zusammenleben (Tabelle 11). Rund ein Viertel aller Befragten lebt mit Partner/in und Kind/ern zusammen. Bei den untersuchten Tätigkeiten handelt es sich um das Kochen für den Nachwuchs und das Ankleiden der Kinder, den Arztbesuch mit Kindern, Behördengänge für Kinder, im Notfall eine Kinderbetreuung zu organisieren sowie die Wahl der Kinderbetreuungsstätte bzw. Schule. Es wurde auch danach gefragt, wer mit den Kindern spielt oder etwas unternimmt bzw. wer den Kindern bei den Hausaufgaben hilft.

Tabelle 11: Aufteilung der Kinderbetreuung (Befragte mit einem Kind unter 15 Jahren im Haushalt; 20 bis 65 Jahre) (Angaben in Prozent (gerundet))

	Die jeweilige Betreuungstätigkeit erfolgt			
	Überwiegend von mir		Gemeinsam	
	Frauen	Männer	Frauen	Männer
Sich um das Essen der Kinder kümmern	82	8	11	10
Kinder anziehen	84	5	13	17
Arztbesuch mit den Kindern	81	6	16	24
Behördengänge für Kinder erledigen	65	18	20	32
Im Notfall eine Kinderbetreuung organisieren	74	6	21	32
Wahl der Kinderbetreuungsstätte/Schule	38	4	58	69
Mit den Kindern spielen bzw. etwas unternehmen	25	4	69	75
Kindern bei den Hausaufgaben helfen	64	7	30	40

Quelle: Population Policy Acceptance Survey (PPA II)

Das Kochen und Anziehen der Kinder wird praktisch zur Gänze den Müttern überlassen – Männer wie Frauen geben zu rund 80% an, dass es die Frauen sind, die diese Aufgaben überwiegend alleine übernehmen. 81% der Frauen geben an, alleine mit den Kindern zum Arzt/zur Ärztin zu gehen, während die Väter angeben, dass dies zu 69% ihre Partnerinnen[3] übernehmen. Als gemeinsame Aufgabe sehen dies 24% der Männer und 16% der Frauen. Bei den Behördengängen geben 18% der Männer, aber 65% der Frauen an, dies überwiegend selbst zu erledigen. Die Wahl der Kinderbetreuungsstätte bzw. Schule fassen die meisten Eltern als gemeinsame Aufgabe auf: Männer geben dies zu rund 70% an und Frauen zu rund 60%. Auch das Spielen mit den Kindern und Unternehmungen geschehen meist arbeitsteilig bzw. gemeinsam. Väter und Mütter geben hier Werte von 75% bzw. 69% an. Den Kindern bei den Hausaufgaben zu helfen, sind nur 7% der Männer bereit, aber 64% der Frauen. Gemeinsam mit dem Partner/der Partnerin tun dies allerdings 40% der Väter und 30% der Mütter. Bei allen Fragen ist der Anteil der Männer, die etwas überwiegend alleine tun, sehr gering.

Bei der Frage nach der Zufriedenheit mit dem Anteil bei der Betreuung der gemeinsamen Kinder zeigt sich, dass die Hälfte der Frauen mit ihrem Partner zufrieden sind. 60% der Männer geben dies in Bezug auf ihre Partnerin an. Weitere rund 20% der Frauen geben an, teilweise zufrieden zu sein. Die Zufriedenheit bei Frauen steigt bis zum Alter von 34 Jahren an und sinkt danach kontinuierlich ab (Abbildung 28). Bei Männern ist ein ähnlicher Trend zu verzeichnen, allerdings steigen hier die Werte bis zum Alter von 44 Jahren und sinken anschließend wieder ab.

[3] Hier nicht in der Tabelle angegeben.

Abbildung 28: Zufriedenheit mit der Aufteilung der Kinderbetreuung nach dem Alter (Angaben in Prozent)

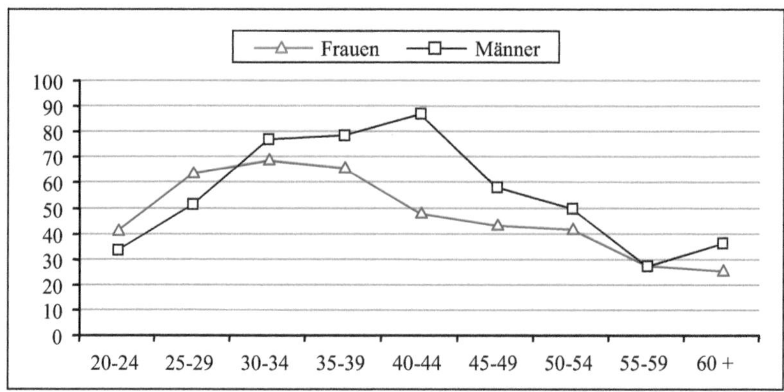

Quelle: Population Policy Acceptance Survey (PPA II)

Auf der Einstellungsebene, aber noch verstärkt auf der Verhaltensebene vermittelt die innerfamiliäre Arbeitsteilung das Bild eines statischen Gefüges, das sich im Kern den aktuellen Transformierungsprozessen widersetzt. Primär leisten Frauen die für das Aufkommen der Kinder notwendige tägliche Versorgungsarbeit. „Während Mütter eine zweckrationale Pflichtethik leben, sind Väter distanziert und kapriziös" – und dies unabhängig vom Zeitausmaß der Berufstätigkeit –, schreiben Walter & Künzler (2002) in ihrer Untersuchung zum parentalen Engagement. Die Daten des PPA II belegen aber auch den auf den ersten Blick überraschenden Befund, dass die Ungleichverteilung der Hausarbeit von einer großen Zahl von Frauen nicht als Verletzung ihrer Ansprüche erachtet wird. Frauen unterstützen also vielfach ein traditionelles Rollenverhalten.

Der Schluss liegt nahe, dass sich die Institution der Familie als resistenter gegen einen Wandel erweist als Sektoren wie Bildung oder Arbeitsmarkt. Hinweise auf diese Diskrepanz zeigen sich auch in einer am Institut für Demographie durchgeführten Untersuchung (Kytir, Buber, Bichlbauer & Forster, 1999). Die Ergebnisse der repräsentativen Studie für Oberösterreich ergeben, dass 45% der Mütter, aber nur 33% der Väter der Meinung sind, dass sich Väter zu wenig um ihre Kinder kümmern. Frauen fordern somit weit mehr an väterlicher Partizipation ein als dies nach Einschätzung der Männer erforderlich wäre. Anhand der Daten des PPA wurde in einer weiteren Untersuchung (Tazi-Preve, Bichlbauer & Goujon, 2004) der Einfluss des Geschlechterverhältnisses auf den Kinderwunsch untersucht. Dabei wird unterschieden zwischen egalitärem und traditionellem Verständnis von Partnerschaft. Die Ergebnisse belegen, dass sich ein traditionelles Partnerschaftsmodell negativ auf den Kinderwunsch auswirkt. D.h. bei den – zahlenmäßig geringen – „neuen" Männern zeigt sich der Kinderwunsch ausgeprägter als bei den „alten".

2.3 Die „neuen Väter“ sind ein Mythos

Während das Thema der gravierenden Vereinbarkeitsprobleme von Berufstätigkeit und Mutterschaft in der wissenschaftlichen und politischen Diskussion bereits breiten Raum einnimmt, haben die veränderten Ansprüche an Männer bezüglich der Fürsorgeleistungen für ihre Kinder bisher nur geringe Aufmerksamkeit gefunden. Obwohl von Frauen neue Anforderungen an die Vaterschaft gestellt werden, lässt sich – wie oben dargestellt – auf der Verhaltensebene wenig Veränderung ablesen. Ob sich ein Wandel des Vaterbildes hin zum liebevollen, sorgenden und zeitlich engagierten Vater, zumindest auf der Einstellungsebene zeigt, wird in der vorliegenden Untersuchung erhoben. Es wird die Frage aufgeworfen, ob und inwiefern sich das männliche Selbstbild nach Ansicht der Befragten gewandelt hat (Tabelle 12). Die Indikatoren zum männlichen Selbstbild sagen uns etwas über die Bewertung von Familienarbeit und Berufstätigkeit durch Männer aus. Auch die Akzeptanz der Väterkarenz als Möglichkeit die Kinderbetreuung in den ersten Lebensjahren in den Mittelpunkt der Lebensplanung zu stellen, gilt als Indikator für eine Einstellungsänderung.

Tabelle 12: Männliches Selbstbild: Zustimmung zu Aussagen (20 bis 65 Jahre) (Angaben in Prozent)

	Frauen	Männer
Ein Vater kann am besten Familie und Beruf vereinbaren, wenn er halbtags berufs tätig ist	14	17
Es ist nicht gut, wenn der Mann zu Hause bleibt und sich um die Kinder kümmert, während die Frau außer Haus berufstätig ist	30	35
Die Rolle eines Mannes ist es, Geld zu verdienen; die der Frau, sich um Haushalt und Familie zu kümmern	34	41
Das Familienleben leidet oft, weil Männer sich zu sehr auf ihre Arbeit konzentrieren	72	69
Im Allgemeinen wird von einem Mann erwartet, dass er Karriere macht	62	69

Quelle: Population Policy Acceptance Survey (PPA II)

Auf die Frage, ob eine halbtägige Beschäftigung von Männern für die Vereinbarkeit von Beruf und Familie „am besten“ sei, stimmten im Durchschnitt 15% „völlig“ bzw. „eher“ zu. Zwei Drittel votieren gegen eine solche Aussage. Frauen stimmen sogar zu einem etwas höheren Prozentsatz dagegen als Männer (66% versus 61%). Ähnlich, jedoch negativ formuliert, lautete die Aussage: „Es ist nicht gut, wenn der Mann zu Hause bleibt und sich um die Kinder kümmert, während die Frau außer Haus berufstätig ist“. Gegen diese Aussage, also für ein neues männliches Rollenbild votieren 44% aller Befragten. Rund 41% der Männer, aber 47% der Frauen stehen einer Umverteilung der Familienarbeit zu Lasten der Männer positiv gegenüber. 32% der ÖsterreicherInnen geben sich traditionell. Männer erweisen sich als konservativer als Frauen. Männer unter 30 und über 50 Jahren zeigen sich wesentlich konservativer als gleichaltrige Frauen. Je mehr Kinder im Haushalt sind, desto eher plädieren Männer für das Hausfrauen-Familienernährer-Modell.

Dass Männer eine eventuelle Karenzzeit nicht in Anspruch nehmen, wird häufig mit der Unabkömmlichkeit von Männern im Beruf begründet. Das Selbstbild von Männern zeigt, dass sich Männer tatsächlich in stärkerem Maße über die Berufstätigkeit definieren als Frauen. Vollzeit erwerbstätige Männer stimmen konservativen Leitbildern eher zu als Frauen in derselben Position. Männer in leitenden Positionen befürworten zu 30% das traditionelle Familien-Modell. Bei Frauen in gleicher beruflicher Stellung sind es rund 10 Prozentpunkte weniger. Um festzustellen, wie sich die Prioritäten in Bezug auf die Berufstätigkeit bzw. die Familienarbeit darstellen, wurde die Antwortverteilung für folgende Behauptung erhoben: „Die Rolle eines Mannes ist es, Geld zu verdienen; die der Frau, sich um Haushalt und Familie zu kümmern". 41% der Männer akzeptieren die traditionelle Aufgabenverteilung zwischen den Geschlechtern, während es bei den Frauen mit rund 34% deutlich weniger sind. 44% der Frauen und 37% der Männer plädieren für einen neuen „Geschlechtervertrag". 20- bis 39-jährige Frauen stimmen in geringstem Maße einem konservativen Partnerschaftsmodell zu. Die Einstellung wird mit zunehmendem Alter konservativer. Festhalten am herkömmlichen Familienbild wollen besonders 55- bis über 60-jährige Männer. Bei zwei oder mehr Kindern im Haushalt beharren Männer eher auf der herkömmlichen Aufgabenverteilung als kinderlose Männer oder Väter mit einem Kind. Dass das Familienleben allerdings häufig leidet, weil Männer sich zu sehr auf die Arbeit konzentrieren, konzedieren 70% aller Befragten. Dies geben sowohl Frauen als auch Männer an, wenn auch die Frauen zu einem leicht höheren Prozentsatz (72% versus 69%).

Die Väterkarenz wurde 1991 eingeführt, in der Praxis jedoch blieben Väter bisher nur sehr selten zu Hause bei ihren Kindern. Seit 1992 bewegen sich die Anteile der karenzierten Väter zwischen einem und 2%. Ob sich die geringe Akzeptanz auch auf der Einstellungsebene feststellen lässt, wurde anhand der Daten untersucht. Aus der Grundgesamtheit befürworten 70% die Karenz für Väter – 68% der Männer und 73% der Frauen –, 17% nehmen eine ablehnende Haltung ein. Von den Frauen, die der Väterkarenz positiv gegenüberstehen, sind es vor allem die jüngeren Frauen (20 bis 39 Jahre), die zu rund 80% für die Väterkarenz eintreten (Abbildung 29). Diese Idee sehen Männer in der Lebensmitte (45 bis 49 Jahre: 32%) und die über 60-jährigen Männer (34%) besonders kritisch. Interessant ist weiters, dass sich Frauen in leitenden Positionen der Väterkarenz gegenüber weit aufgeschlossener zeigen als Männer in gleicher Position.

Das Ergebnis zeigt, dass innovative Regelungen für Männer prinzipiell von beiden Geschlechtern begrüßt werden. In der Praxis werden sie jedoch von Männern kaum genutzt. Als Gründe für diese Diskrepanz werden die schwierige Vereinbarkeit mit dem Beruf und der zu große Einkommensverlust genannt. Als irrelevant erachtet werden dagegen besonders von Männern Geschlechterrollenklischees wie ein eventueller Verlust des Ansehens im Freundes- und KollegInnenkreis. Auch glauben weder Männer noch Frauen, dass Männer mit Kleinkindern nicht umgehen können.

Abbildung 29: Akzeptanz der Möglichkeit der Karenzierung von Vätern nach dem Alter (20 bis 65 Jahre) (Angaben in Prozent)

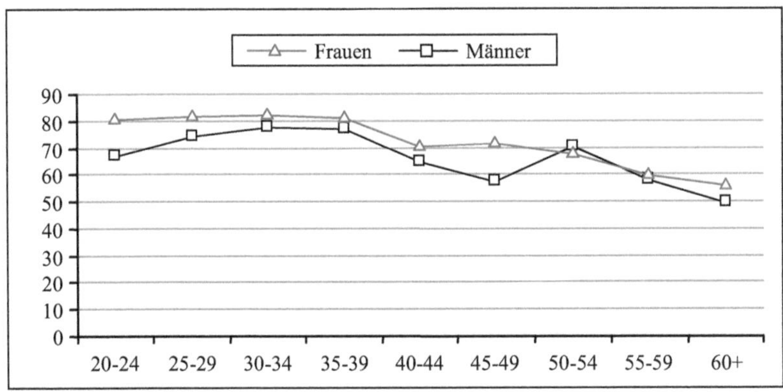

Quelle: Population Policy Acceptance Survey (PPA II)

Vaskovics & Rost (1999) konstatieren, dass die Schaffung einer gesetzlichen Option des Erziehungsurlaubs für Männer deren Verhalten wenig beeinflusst. Die Ergebnisse des PPA II deuten darauf hin, dass die Einstellung zur Vaterschaft im Wandel begriffen ist und sich weit ausgeprägter darstellt als auf der Verhaltensebene. Die Berufstätigkeit als zentrales Merkmal des männlichen Selbstbildes wird zunehmend hinterfragt. Männer entfernen sich also in ihrem Selbstverständnis von Vaterschaft zunehmend vom traditionellen Vater.

Grundsätzlich lässt sich folgende Typologie von Vaterbildern identifizieren:

- Der traditionelle Vater: Dieser symbolisiert Macht, Autorität und öffentliche Kompetenz. Er verfolgt primär seine Karriere und tritt nur in der Dyade mit der Mutter als Garantin für die Familienarbeit auf. In der Moderne büßt er seine Autorität zunehmend ein.
- Der partnerschaftliche Vater ist in seiner symbolischen Bedeutung für das Kind mehr Vorbild, Förderer und Interaktionspartner, während er im Alltag neben seinem traditionellen Arbeitsbereich seinen Kindern auch als Freizeitkamerad, Spielgefährte und aktiver Erzieher gegenübertritt (Barth, o. J.). Dieser Vater ist auch in alltäglichen Interaktionen für das Kind verfügbar.
- Der „neue“ Vater mischt sich in weibliche Erfahrungsbereiche wie Schwangerschaft, Entbindung und Säuglingspflege ein. Die Anzahl dieser Väter ist sehr gering. In Partnerschaften von „neuen“ Vätern werden die familialen Funktionen verhandelbar. Der genuin männliche Beitrag zur Erziehung und Sozialisierung der Kinder bleibt auch unter Väterforschern unklar (Schneider, 1989). Die neue Vaterschaft scheint sich vielmehr an der bisher von Müttern geleisteten Arbeit zu orientieren.

Trotz der Bildungsreform nehmen Väter gemeinhin eine höhere berufliche Stellung ein als Mütter. In dieser Funktion besteht aktuell die Tendenz, dass Väter von den Müttern abgelöst werden können. Mit Vaterschaft assoziiert war nämlich bisher die Aufgabe des Vermittlers zwischen der Intimität der kindlichen Welt des Heimes und der Außenwelt. Die Eroberung des außerhäuslichen Bereichs geht in unserem Kulturkreis zunehmend auch durch Frauen von statten. Die Außenorientierung von Frauen und pädagogische Institutionen übernehmen nun tendenziell die Vermittlerfunktion.

In der Väterforschung wird von einigen Vertretern beklagt, dass Männer aus der Familie verdrängt wurden. Mitscherlich (1973) spricht von der „vaterlosen Gesellschaft", in der das Bild des berufstätigen Vaters in der Anonymität moderner Betriebe und Verwaltungen verschwunden sei. Mit dem Verlust der Anschauung der väterlichen Arbeit sei eine wesentliche Komponente der Identifikation für das Kind verloren gegangen. Während die einen die „Verdrängung der Väter" konstatieren, sprechen die anderen von der „Unterväterung" der Gesellschaft (Zulehner & Volz, 1999) bzw. der Erziehung und prangern damit ebenfalls die Abwesenheit der Väter an.

Befragungen mit Kindern – siehe z.B. Canitz (1982), Novy & Adam (1998) – zeigen, dass Kinder den Vater als Ernährer für austauschbar halten, und zwar in erster Linie durch die Mutter sowie durch staatliche Sicherungssysteme. In der Wahrnehmung der Kinder (Novy & Adam, 1998) zeigt sich allgemein, dass die geschlechtsspezifische Arbeitsteilung die überwiegende Realität im elterlichen Haushalt darstellt und auch weit gehend unhinterfragt hingenommen wird. Im Prinzip entsprechen die aus Sicht der Kinder dargestellten Väter dem Muster des „Freizeitvaters". Die Präsenz der Väter scheint jedoch in keinem Fall ausreichend zu sein zur Vorbildwirkung einer männlichen Identität.

Auch die Soziologinnen Benard & Schlaffer (1993) stellen die Diagnose, dass zu Hause, in der Familie, der Frau die Rolle der einzigen „Erwachsenen" aufgebürdet wird. Sie konstatieren, dass zur Vaterdiskussion die kulturelle Geläufigkeit eines Vokabulars fehle, wie es von populärpsychologischer Seite für die Mutter präsent sei. Zudem unterliege der Vater immer noch einem „Tabu". Die Literatur über die „neue Vaterschaft" setze Tabus im Wesentlichen fort, indem sie „Kritik an väterlichem Verhalten streng untersagt und jegliche Form väterlichen Wirkens schon von vornherein positiv bewertet" (S. 23). Die Autorinnen halten fest, dass sich zwar die Erwartungshaltung der Frauen geändert hat, Männer jedoch ihre traditionelle Vaterrolle nur zögerlich zu ändern bereit sind. Die Soziologinnen identifizieren dafür mehrere Gründe. Hierzu zählen das mangelnde positive Vatervorbild; die Neigung der Männer, die Beziehung zu den Kindern an die Beziehung zur Mutter dieser Kinder zu knüpfen;[4] der Beruf gewinne für Männer häufig eine Dimension, in der für die Beziehung zu ihren Kindern kaum mehr Platz bleibt; geortet werden weiters „subjektive Ambivalenz und mangelnder Wille".

---

[4] Eine Trennung von der ehemaligen Partnerin bedeute für Männer oft eine emotionale Distanzierung zu den Kindern.

Aus den Daten des PPA II geht hervor, dass über die Hälfte der Befragten für ein neues Geschlechterverhältnis stimmen, rund ein Drittel will traditionelle Vorstellungen zur Arbeitsteilung beibehalten. Frauen zeigen sich durchwegs progressiver als Männer. Die mit Vaterschaft assoziierte Funktion als Ernährer hat mit der zunehmenden Berufstätigkeit von Frauen in den letzten Jahrzehnten an Bedeutung verloren. So sind allein erziehende Mütter zu rund 80% berufstätig. Die zunehmende Müttererwerbstätigkeit geht einher mit dem Ausbau staatlicher Versorgungs- und Betreuungsangebote für minderjährige Kinder. Zugespitzt kann also formuliert werden, dass Mütter im Verbund mit dem Staat die Aufgaben des Vaters übernehmen. Dass nur noch eine Minderheit der Männer das traditionelle Selbstbild ablehnt, sagt allerdings wenig über ihr tatsächliches Verhalten bei der Aufteilung der Familienarbeit aus. Und jener kleine Teil der tatsächlich als „neue Väter“ Agierenden neigt dazu, - eher der Not gehorchend als aus Überzeugung - mütterliche Handlungsweisen zu imitieren. Walter & Künzler (2002) sprechen vom „normativen Modell der feminisierten Elternrolle“. Sind Mütter also „Väter mit Eierstöcken“?

2.4 Ersetzt Vater Staat den sozialen Vater?

Die dritte Frage, die sich anhand der vorliegenden Untersuchung stellt, ist, ob strukturelle Eingriffe das Verhältnis der Geschlechter verändern können, wie also die Rolle des Staates in Bevölkerungs- und Familienfragen wahrgenommen wird. Im Programm der letzten Regierungsperiode wurden im Rahmen der familienpolitischen Agenda verschiedene Forderungen formuliert. Väter – so wurde festgestellt – sollen dazu ermutigt werden, ihren Anteil an der Elternarbeit zu leisten. Aktivitäten[5] zur Ermutigung von Vätern gehen in Richtung didaktische Motivierung, digitale Leitfäden für Väter werden u.a. vom Bundesministerium für Soziales bereitgestellt. Zum anderen wurde aus Sicht der Wirtschaft erkannt, dass Frauen durch die Alleinverantwortung für die Betreuung und Erziehung ihrer Kinder in den wichtigen Phasen der Berufskarriere selten ganztägig eingesetzt werden können. Wenn Männer die Karenzzeit nicht in Anspruch nehmen, liegt dies allerdings auch an der Haltung des jeweiligen Arbeitgebers. Initiativen der Wirtschaftskammer werben um die Bereitschaft der Unternehmen mit dem Argument, dass kinderbetreuende Väter neue soziale Kompetenzen für den Arbeitgeber gewinnen. Walter & Künzler (2002) halten solche Strategien allerdings für obsolet, da sie an den normativen Vorstellungen von Vaterschaft ansetzen, die keine nennenswerte Wirkung auf das tatsächliche Verhalten haben.

Frauen sind nach den Ergebnissen des PPA II grundsätzlich eher der Meinung, dass es in der Verantwortung des Staates liegt, für Männer die Vereinbarkeit von Beruf und Familie zu ermöglichen (Frauen: 72%, Männer: 65%). Nur die Hälfte der 40 bis 49-jährigen Männer, aber rund 70% der gleichaltrigen Frauen sind dieser Meinung. Vollzeit erwerbs-

[5] Z.B. Tagung der Familienallianz des BMsSG und der Wirtschaftskammer am 14.12.2005.

tätige Männer sind in diesem Punkt skeptischer als Frauen, die ganztägig arbeiten. Frauen mit mehr als zwei Kindern vertrauen eher auf die Effizienz des Staates als Väter mit mehreren Kindern.

Wie stehen die Befragten der Studie nun der gezielten Väterförderung gegenüber? Frauen zeigen wiederum weit höhere Zustimmungswerte als Männer (Männer: 58%, Frauen: 69%). In allen Altersgruppen ist deren Vertrauen in den Staat zur Ermutigung von Vätern, sich verstärkt an der Kinderbetreuung und -erziehung zu beteiligen, weit ausgeprägter als das der Männer. Je mehr Kinder im Haushalt (2 oder mehr), desto stärker wird die Forderung nach der väterlichen Beteiligung, die durch politische Maßnahmen sichergestellt werden soll. Vollzeit berufstätige Frauen (67%) wünschen dies ebenso wie Hausfrauen (65%).

Klagen darüber, dass Kinder vielfach vaterlos aufwachsen, und den Wunsch nach Veränderung dieser Verhältnisse richten also primär Frauen an den Staat. Das von Männerforschern vielfach konstatierte Verdrängen von Vätern aus der Familie stellt sich nach den vorliegenden Befunden eher als Fernbleiben der Männer dar. Und dieser Umstand hat sich in den letzten Jahrzehnten nur unmerklich gewandelt. Die Erwartungshaltung der Frauen dagegen veränderte sich rascher. Der „neue Vater“ ist nicht nur das Traumbild der Kinder, sondern auch das der Partnerinnen.

3 Resümee

Für eine Bestandsaufnahme zur Vaterschaft wird im vorliegenden Beitrag von Daten des Population Policy Acceptance Survey ausgegangen. Zur Analyse wurden die Bereiche reproduktive Arbeit, männliches Selbstbild und Vaterförderung gewählt. Die deskriptive Darstellung liefert zum einen Hinweise darauf, dass auf der Verhaltensebene bezüglich der Aufteilung von Kinderbetreuung und Hausarbeit kaum ein Wandel festzustellen ist. Männer arbeiten tatsächlich selten unbezahlt. Dennoch belegen die Daten den auf den ersten Blick überraschenden Befund, dass die Ungleichverteilung der Familienarbeit von der Hälfte der Frauen nicht als Verletzung ihrer Ansprüche erachtet wird.

Die These, dass der „neue Vater“ viel eher ein Produkt der Medien sei als den tatsächlichen Verhältnissen entspricht, lässt sich auf der Verhaltens-, jedoch weniger auf der Einstellungsebene belegen. Das männliche Selbstbild wird zunehmend hinterfragt, wenn sowohl Männer als auch Frauen zu einem beträchtlichen Teil die berufsbedingte Abwesenheit des Vaters in der Familie beklagen. Traditionelle Modelle der Aufgabenverteilung innerhalb der Partnerschaft verlangen zudem nach Ansicht der Befragten größeren Verhandlungsspielraum. Väter in Karenz sind für Männer und für Frauen weit gehend vorstell-, aber nicht realisierbar. Es kann zudem konstatiert werden, dass sich die Erwartungshaltung der Frauen an die Männer rasch verändert.

Auf das Fernbleiben der Männer von der Familienarbeit reagiert der Staat mit verschiedenen Appellen. Was dessen Rolle und Effizienz betrifft, so ist das Vertrauen der Frauen in die staatliche „Väterförderung“ relativ groß. In der Realität übernehmen aber Mütter im Verbund mit dem Staat zunehmend die Aufgaben des Vaters. Vater Staat ersetzt also eher väterliche Aufgaben, als dass es gelingt, mittels familienpolitischer Maßnahmen väterliches Engagement einzufordern.

4 Literatur

Arber, S. & Ginn, J. (1995). The mirage of gender equality: Occupational success in the labour market and within marriage. *British Journal of Sociology 46* (1), 21-43.

Barth, S. (o. J.) *Vaterschaft im Wandel* [online]. URL: http://www.stephanbarth.de /vatersch.htm [19.3.2004].

Beck-Gernsheim, E. (1985). *Vom Geburtenrückgang zur neuen Mütterlichkeit? Über private und politische Interessen am Kind.* Frankfurt a.M: Fischer-TB-Verlag.

Becker, G. S. (1991). A treatise on the family (enlarged ed.). Cambridge, Massachusetts: Harvard University Press.

Benard, C. & Schlaffer, E. (1993). *Sagt uns, wo die Väter sind. Von Arbeitssucht und Fahnenflucht des zweiten Elternteils.* Reinbek bei Hamburg: Rowohlt.

Bly, R. (1997). *Eisenhans. Ein Buch über Männer.* München: Kindler.

Boeven, H. (1988). Teilzeitbeschäftigte Männer und Hausmänner – eine neue Form partnerschaftlichen Zusammenlebens. In E. Brähler & A. Mayer (Hrsg.), *Partnerschaft, Sexualität und Fruchtbarkeit. Beiträge aus Forschung und Praxis* (S. 33-45). Berlin: Springer.

Canitz, H.L. (1982). *Väter. Die neue Rolle des Mannes in der Familie.* Frankfurt a.M: Ullstein.

Cyba, E. (2000). *Geschlecht und soziale Ungleichheit. Konstellationen der Frauenbenachteiligung.* Opladen: Leske + Budrich.

Eckart, C. (1992). Suchbild Vater. Interpretationen des Tochter-Vater-Verhältnisses aus der Sicht der Töchter. *Psychoanalyse im Widerspruch, 8*, 7-24.

Garhammer, M. (1996). Auf dem Weg zu egalitären Geschlechterrollen? Familiale Arbeitsteilung im Wandel. In H.P. Buba & N. Schneider (Hrsg.), *Familie zwischen gesellschaftlicher Prägung und individuellem Design* (S. 319 – 336). Opladen: Westdeutscher Verlag.

Gisser, R. (Hrsg.). (2003). *Population Policy Acceptance Survey (PPA II). Familie, Geschlechterverhältnis, Alter und Migration. Wissen, Einstellungen und Wünsche der Österreicherinnen und Österreicher. Tabellenband und Zusammenfassung ausgewählter Ergebnisse* (Forschungsbericht Nr. 25) Wien:. Österreichische Akademie der Wissenschaften,Institut für Demographie.

Gross, I. (1995). Erhebung über die Zeitverwendung 1981 und 1992. Hauptergebnisse – 1. Teil. *Statistische Nachrichten, 2,* 116-121.

Irwin, S. (1999). Resourcing the Family. Gendered Claims and Obligations and Issues of Explanations. In E.B. Silva & C. Smart (Eds.), *The new family?* London: Sage.

König, I., Amesberger, H. & Demel, K. (o. J.). *Nebenjob Vater und Hausmann. Betriebliche Strukturen und gesellschaftliche Arbeitsteilung.* Wien: Bundesministeriums für Frauenangelegenheiten und des Bundesministeriums für Jugend, Familie und Umwelt.

Kytir, J., Buber, I., Bichlbauer, D. & Forster, U. (1999). *Bevölkerung und Familie in Oberösterreich* (vorläufiger Endbericht). Wien: Österreichische Akademie der Wissenschaften, Institut für Demographie.

Leube, K. (1988). Neue Männer, neue Väter – neue Mythen? In Deutsches Jugendinstitut (Hrsg.), *Wie geht's der Familie? Ein Handbuch zur Situation der Familien heute* (S. 145-154). München: Kösel.

Marschik, M. & Dorer, J. (2001). Kritische Männerforschung. Entstehung, Verhältnis zur feministischen Forschung, Kritik. *SWS-Rundschau, 1*, 5-16.

McRae, S. (1997). Household and labour market change: Implications for the growth of inequality in Britain. *British Journal of Sociology, 48* (3), 384-405.

Mitscherlich, A. (1973). *Auf dem Weg zur vaterlosen Gesellschaft.* München: Beltz.

Novy, K. & Adam, G. (1998). *Von Spielgefährten, Arbeitstieren, Sportlern und anderen Vätern. Wie Kinder ihre Väter erleben und wie Väter sich selbst sehen. Bericht zur Lage der Kinder* (Projektbericht). Wien: Bundessekretariat der Katholischen Jungschar Österreichs.

Rosenberger, S. (1995). Auswirkungen sozialpolitischer Maßnahmen auf die Gestaltung der Geschlechterverhältnisse. In Bundesministerium für Frauenangelegenheiten/Bundeskanzleramt (Hrsg.), *Bericht über die Situation der Frauen in Österreich. Frauenbericht 1995.* (S. 387-397). Wien: Bundeskanzleramt.

Schneider, W. (1989). Die neuen Väter – Chancen und Risiken. Zum Wandel der Vaterrolle in Familie und Gesellschaft. Augsburg: AV-Verlag.

Stechhammer, B. (1981). *Der Vater als Interaktionspartner des Kindes. Ein pädagogischer Beitrag zur Erfassung sozialer Bedingtheiten des väterlichen Interaktionsverhaltens.* Frankfurt a. M.: Haag & Herchen.

Tazi-Preve, I., Bichlbauer, D. & Goujon A. (2004). Gender trouble and its impact on fertility intentions. Yearbook of Population Research in Finland, p. 5-24. Helsinki.

Vaskovics, L. A. & Rost, H. (1999). *Väter und Erziehungsurlaub* (Schriftenreihe des Bundesministeriums für Familie, Senioren, Frauen und Jugend, Bd. 179). Bonn: Kohlhammer.

Walter, W. & Künzler, J. (2002). Parentales Engagement. Mütter und Väter im Vergleich. In: N.F. Schneider & H. Matthias-Beck (Hrsg.), *Elternschaft heute. Gesellschaftliche Rahmenbedingungen und individuelle Gestaltungsaufgaben.* (S. 95-120). Opladen: Leske + Budrich.

Zulehner, P.M. & Volz, R. (1999). *Männer im Aufbruch. Wie Deutschlands Männer sich selbst und wie Frauen sie sehen.* Ostfildern: Schwabenverlag.

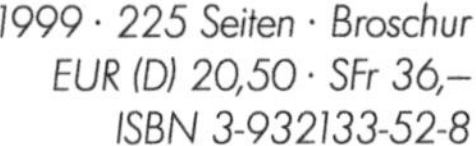

1999 · 225 Seiten · Broschur
EUR (D) 20,50 · SFr 36,–
ISBN 3-932133-52-8

Was tun, wenn Eltern mit ihren Kindern nicht mehr zurecht kommen? Wie kann man die Sorgen und Nöte verstehen, mit denen diese Eltern ebenso zu kämpfen haben wie die Kinder?

Dieses Buch zeigt, in welcher Weise die unbewusste Bedeutung von Eltern-Kind-Problemen erschlossen und in die Beratungspraxis Eingang finden können. Darüber hinaus werden die Grundlagen und Grundzüge psychoanalytisch-pädagogischer Erziehungsberatung dargestellt und anhand zahlreicher Fallbeispiele diskutiert.

2002 · 222 Seiten · Broschur
EUR (D) 19,90 · SFr 34,90
ISBN 3-89806-165-5

Nahezu unbemerkt hat sich eine neue pädagogische Leitvorstellung etabliert: die Selbständigkeit des Kindes. Doch wie ist die erzieherische Norm der Selbständigkeit einzuschätzen? Welche Form von Selbständigkeit kann als sinnvolle Herausforderung oder aber als unsinnige Überforderung gelten? Welche Entwicklungsprozesse von Kindern können besser verstanden werden, wenn man sie als Prozesse der Selbstbildung und des Selbständig-Werdens begreift? Sind Kindheit und Kindlichkeit nur noch Störfaktoren auf dem Weg der fortschreitenden Modernisierung oder doch ein Raum der besonderen kindlichen Subjektivität, die des Schutzes und der Fürsorge bedarf?

PSV
Psychosozial-Verlag

Goethestr. 29 · 35390 Gießen · Tel. 0641/9716903 · Fax 77742
bestellung@psychosozial-verlag.de
www.psychosozial-verlag.de

März 2006 · 239 Seiten · Broschur
EUR (D) 24,90 · SFr 43,–
ISBN 3-89806-391-7

Drei- bis sechsjährige Kinder erleben die Welt auf besondere Weise: noch stark bezogen auf primäre Bezugspersonen und verhaftet in magischen Vorstellungen, machen sie vielfältige soziale Erfahrungen in Vorschuleinrichtungen. Die Beziehungen innerhalb der Familie wie auch zu Gleichaltrigen und PädagogInnen in Kindertagesstätten gestalten maßgeblich das Aufwachsen und somit die psychische Entwicklung der Vorschulkinder. In diesem Band wird aus psychoanalytisch-pädagogischer Perspektive der Frage nachgegangen, wie Kinder die vielfältigen sozialen und institutionellen Realitäten erleben und verarbeiten. Zentral wird diskutiert, wie Vorschuleinrichtungen – als erste Bildungsinstitutionen – den kindlichen Bedürfnissen und gesellschaftlichen Anforderungen gerecht werden können.

April 2006 · 228 Seiten · Broschur
EUR (D) 22,– · SFr 38,50
ISBN 3-89806-407-7

Aus unterschiedlichen Perspektiven – der sozialwissenschaftlichen, neurobiologischen, psychoanalytischen und pädagogischen – geht dieser Sammelband der Frage nach, wie Lernen zustande kommt und durch welche Umstände es behindert oder gefördert wird. Der besondere Beitrag der Psychoanalytischen Pädagogik hierzu liegt darin, die für das Lernen wichtigen psychodynamischen Antriebs- und Gefühlskomponenten zur Geltung zu bringen und für die pädagogische Beziehung im Einzelfall handhabbar zu machen.

PV
Psychosozial-Verlag

Goethestr. 29 · 35390 Gießen · Tel. 0641/9716903 · Fax 77742
bestellung@psychosozial-verlag.de
www.psychosozial-verlag.de

Dezember 2006 · ca. 180 Seiten · Broschur
EUR (D) 19,90 · SFr 34,90
ISBN 3-89806-568-5 · 978-3-89806-568-9

Kaum ein Krankheitsbild wie das des ADHS hat in den letzten Jahren solch kontroverse Diskussionen provoziert. Es treffen nicht nur heftige Affekte, sondern Weltanschauungen aufeinander, diametral unterschiedliche Auffassungen von Krankheit, des Verhältnisses von Körper und Geist, Kausalität, Determinismus und Finalität, Individuum und Gesellschaft.

Dem vorherrschenden Krankheitsverständnis des ADHS als einer monokausalen, körperlich genetischen Erkrankung soll hier ein beziehungs- und sozialorientiertes, sinnverstehendes und psychoanalytisches zur Seite gestellt werden. Die Zusammenschau ermöglicht einen Zugang zum komplexen Bedingungs- und Entstehungsgefüge des ADHS – verstanden als eine psycho-sozio-somatische Einheit und ein Sinnbild der Moderne, eine Erscheinung unserer Zeit.

Juli 2006 · 192 Seiten · Broschur
EUR (D) 19,90 · SFr 34,90
ISBN 3-89806-938-9 · 978-3-89806-938-0

Wolgang Melzer bietet in diesem Buch einen Überblick über Forschungsergebnisse zu »Gewalt in der Schule«, die in quantitativen und qualitativen Studien gewonnen wurden. Es enthält Analysen zur Täter-Opfer-Typologie, zur Bedeutung des Selbstkonzepts für das Gewalthandeln von Schülern und zu geschlechtsspezifischen Aspekten schulischer Gewalt sowie Beiträge zu einem Tabu-Thema, dem Gewalthandeln von Lehrern. Zwei praxisbezogene Beiträge, die für die Prävention und Intervention wichtig sind, runden das Thema ab.

Wie notwendig und zugleich aktuell dieses Buch ist, welches auf einer Ausgabe der Zeitschrift »psychosozial« aus dem Jahr 2000 basiert, lässt sich an den gegenwärtigen Debatten über Gewaltvorkommnisse in Niedersachsen und Berlin (Rütli Schule) ablesen, die häufig Sachverstand vermissen lassen.

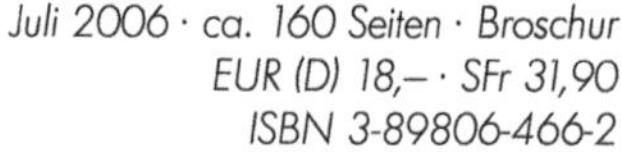

Juli 2006 · ca. 160 Seiten · Broschur
EUR (D) 18,– · SFr 31,90
ISBN 3-89806-466-2

Die Fortführung der Zwischenschritte in neuem Gewand:

Frank G. Grootaers: Gruppenmusiktherapie im Wochenlauf – ein flacherhabenes Drama

Wilhelm Salber: Zur Psychästhetik

Rosemarie Tüpker: Musikalische Alltagsimprovisationen

Ulrich West: Psychotherapie mit Musik. Eine Einführung

Ulrich West: Fagott üben – Wie sich Seelisches in Wiederholungen bildet.

Eckhard Weymann: Der Wirkungsraum der musikalischen Improvisation

Februar 2006 · 248 Seiten · Broschur
EUR (D) 24,90 · SFr 43,–
ISBN 3-89806-458-1

György Hidas und Jenö Raffai zeigen neue Zusammenhänge zwischen Störungen der Mutter-Fötus-Bindung und Störungen der Persönlichkeitsentwicklung nach der Geburt auf. Ihre unvergleichliche Methode zur Analyse der Bindung zwischen Mutter und Fötus eröffnet neue Therapiemöglichkeiten für Fachleute der prä- und perinatalen Psychologie und weist werdenden Eltern Wege zur vorgeburtlichen fördernden Kontaktaufnahme mit ihrem Baby.

PSV
Psychosozial-Verlag

Goethestr. 29 · 35390 Gießen · Tel. 0641/9716903 · Fax 77742
bestellung@psychosozial-verlag.de
www.psychosozial-verlag.de

www.ingramcontent.com/pod-product-compliance
Ingram Content Group UK Ltd.
Pitfield, Milton Keynes, MK11 3LW, UK
UKHW040024200726
13854UKWH00001B/339

9 783898 065511